职业操作技能训练

An Introduction to Vocational Skills Training

武任恒　时佩峰 ◎ 著

江西人民出版社
Jiangxi People's Publishing House
全国百佳出版社

图书在版编目（CIP）数据

职业操作技能训练/武任恒，时佩峰著. —南昌：江西人民出版社，2017.2
　ISBN 978-7-210-09173-8

　Ⅰ.①职… Ⅱ.①武… ②时… Ⅲ.①职业技能—训练 Ⅳ.① C975

中国版本图书馆 CIP 数据核字（2017）第 033049 号

职业操作技能训练

武任恒　时佩峰 著

责任编辑：徐明德　饶　芬
书籍设计：同异文化传媒
出　　版：江西人民出版社
发　　行：各地新华书店
地　　址：江西省南昌市三经路 47 号附 1 号
编辑部电话：0791-86898965
发行部电话：0791-86898815
邮　　编：330006
网　　址：www.jxpph.com
E-mail:jxpph@tom.com
2017 年 2 月第 1 版　2017 年 2 月第 1 次印刷
开　　本：787×1092 毫米　1/16
印　　张：23.5
字　　数：320 千字
ISBN 978-7-210-09173-8
赣版权登字—01—2017—311
版权所有　侵权必究
定　　价：58.50 元
承 印 厂：虎彩印艺股份有限公司
赣人版图书凡属印刷、装订错误，请随时向承印厂调换

目录 contents

| 第一编 | 职业操作技能概述 | 1 |

第一章　技能与职业操作技能　2

第一节　技能的概述　2
一、技能的概念　2
二、技能的分类　3
三、技能与知识　4
四、技能与能力　5
五、熟练与习惯　5
六、技能与脑　7

第二节　职业操作技能概述　8
一、职业操作技能的概念　8
二、职业操作技能的特征　9
三、职业操作技能的构成成分　11

第三节　职业操作技能的分类　15
一、一维分类系统　15
二、金泰尔二维分类法　18
三、动作技能分类的新探　23

第二章 操作技能学习概述   26

第一节 操作技能学习的绩效和概念   26
    一、绩效特征和绩效曲线   26
    二、操作技能学习的概念   29

第二节 操作技能学习理论   31
    一、行为主义学派理论   31
    二、信息加工理论   33
    三、认知学派理论   34

第三节 操作技能学习的阶段性   36
    一、费茨和包斯纳的三阶段模型   36
    二、金泰尔的两阶段模型   38
    三、亚当斯的两阶段模型   40
    四、加加耶娃的三阶段理论   40
    五、冯忠良的四阶段理论   42

第四节 职业操作技能的形成   48
    一、职业操作技能形成的标志   48
    二、职业操作技能形成的变化规律   49
    三、职业操作技能形成的心理机制   58

第二编 职业操作技能训练的影响因素   61

第三章 反馈与动作控制   62

第一节 反馈   62
    一、反馈的概念   62
    二、反馈的分类和信息通道   63
    三、反馈的作用及应用   66

第二节　动作控制理论　　71
一、闭环和开环控制系统　　72
二、以动作程序为基础的控制理论　　75
三、动力模式理论　　77

第三节　视觉和本体感觉控制　　80
一、技能操作的视觉控制　　81
二、技能操作的本体感觉控制　　84

第四章　职业操作技能的迁移　　88

第一节　迁移的概述　　88
一、迁移的一般概念　　88
二、迁移的测量　　89

第二节　迁移的理论　　97
一、传统的迁移理论　　97
二、当代的迁移理论　　108

第三节　正迁移与负迁移　　118
一、正迁移　　118
二、负迁移　　124

第四节　职业操作技能训练中的两侧迁移　　127
一、关于身体的侧化优势　　127
二、两侧迁移的实验证据　　128
三、双侧迁移产生的原因　　129
四、两侧迁移的对称性和不对称性　　131
五、两侧迁移与职业操作技能训练　　132

第五节　迁移与职业操作技能教学　　133
一、为什么要学习迁移　　133
二、职业操作技能迁移的影响因素　　134
三、为迁移而教　　136

第五章　注意与职业操作技能训练　　140

第一节　注意的概述　　140
一、什么是注意　　140
二、注意的分类、品质和功能　　142
三、有限注意容量　　146
四、注意与自动化　　151

第二节　注意方式与注意焦点　　152
一、注意方式　　152
二、注意焦点　　158

第三节　职业技能操作中的选择性注意　　161
一、选择性注意　　161
二、选择性注意的信息选取　　162
三、职业技能操作与视觉选择性注意　　163
四、职业技能操作与听觉选择性注意　　172

第六章　记忆与职业操作技能训练　　174

第一节　记忆的概述　　174
一、记忆的概念　　174
二、记忆的分类　　175
三、记忆的结构　　178
四、动作记忆　　179

第二节　记忆的三个系统　　185
一、感觉记忆系统　　185
二、短时记忆系统　　188
三、长时记忆系统　　191

第三节　职业操作技能训练中的记忆与遗忘　　195
一、职业操作技能中动作记忆的特点　　195

二、与记忆成绩有关的操作动作特点　　196
　　三、如何提高职业操作技能记忆成绩　　198
　　四、职业操作技能训练中的遗忘　　200

第三编　职业操作技能指导与训练方法　　205

第七章　职业操作技能指导方法　　206

第一节　示范　　206
　　一、职业操作技能教学示范的分类　　207
　　二、示范如何影响职业操作技能学习　　210
　　三、学生能从示范中获得哪些信息　　212
　　四、示范与职业操作技能教学　　213

第二节　讲解　　219
　　一、讲解的作用　　219
　　二、讲解与个体注意　　221
　　三、言语线索　　223
　　四、职业操作技能教学中的讲解　　225

第八章　表象训练　　229

第一节　表象训练概述　　229
　　一、表象　　229
　　二、表象能力　　232
　　三、表象训练　　235

第二节　表象训练与技能学习　　243
　　一、表象训练在技能形成中的作用　　243
　　二、表象训练的影响因素　　246

三、表象训练的程序以及注意的问题　　252
　第三节　操作技能训练中表象训练的实证研究　　259
　　一、研究对象与方法　　260
　　二、实验实施过程　　261
　　三、实验的结论　　263

第九章　动觉训练　　264

　第一节　动觉的概述　　264
　　一、动觉的概念　　264
　　二、动觉的心理学特征　　265
　　三、动觉对职业操作技能形成的作用　　266
　第二节　动觉训练概述　　267
　　一、对传统训练法的思考　　267
　　二、动觉训练的含义　　268
　　三、动觉训练的实施　　270
　第三节　动觉训练在技能训练中的实证研究　　272
　　一、动觉训练对动作技能形成影响的研究　　272
　　二、动觉训练在金属锉削和锯削动作技能训练中的运用研究　　274
　　三、实验者关于动觉监督早期介入对动作技能形成的影响的思考　　277

第十章　力觉交互训练　　280

　第一节　力觉交互技术概述　　280
　　一、虚拟现实技术　　280
　　二、力觉交互技术　　283
　第二节　力觉交互训练法概述　　288
　　一、力觉交互训练法概念　　288
　　二、力觉交互训练法运用于技能训练的研究　　289
　　三、力觉交互训练系统　　290

四、技能培训方法　　　　　　　　　　　　　　　　　　　　293
　第三节　力觉交互技术在技能训练中的实证研究　　　　　　　294
　　一、"录播模式"与"轨迹纠偏模式"实验　　　　　　　　294
　　二、面向动作技能训练的力觉交互系统实验研究　　　　　　298

第十一章　模拟训练法与图解训练法　　　　　　　　　　　　301

　第一节　模拟训练法概述　　　　　　　　　　　　　　　　　301
　　一、模拟训练法　　　　　　　　　　　　　　　　　　　　301
　　二、模拟教学　　　　　　　　　　　　　　　　　　　　　309
　第二节　模拟训练法在操作技能训练中的实证研究　　　　　　314
　　一、情景模拟训练法
　　　　——情景模拟训练应用于实习学生输液故障排除　　　314
　　二、智能模拟训练法
　　　　——腹腔镜操作模拟训练系统用于手术基本技能训练　316
　第三节　图解训练法概述　　　　　　　　　　　　　　　　　318
　　一、图解　　　　　　　　　　　　　　　　　　　　　　　319
　　二、图解训练法　　　　　　　　　　　　　　　　　　　　319
　　三、图解训练法与职业操作技能训练　　　　　　　　　　　324
　第四节　图解训练法在职业技能操作训练中的实证研究　　　　325
　　一、趣味图解法用于基护教学的研究　　　　　　　　　　　326
　　二、操作流程图片法在基础护理操作技能教学中的效果研究　327

第十二章　变换练习法、逐步训练法和其他训练方法　　　　　331

　第一节　变换练习法概述　　　　　　　　　　　　　　　　　331
　　一、变换练习法的概念　　　　　　　　　　　　　　　　　331
　　二、变换练习法的理论基础　　　　　　　　　　　　　　　331
　　三、变换练习法分类　　　　　　　　　　　　　　　　　　334
　　四、变换练习法的优势　　　　　　　　　　　　　　　　　335

五、变换练习法的实验组织　　337
　　六、实施变换练习法教学应注意的问题　　338
第二节　变换练习法在技能训练中的实证研究　　338
　　一、研究对象与方法　　339
　　二、研究结果　　340
　　三、研究讨论　　342
　　四、研究结论　　343
第三节　逐步训练法　　343
　　一、逐步训练法　　343
　　二、逐步训练法的发展——分解训练法　　344
第四节　其他训练方法　　347
　　一、重复训练法　　347
　　二、间歇训练法　　348
　　三、循环训练法　　348
　　四、整体训练法　　349
　　五、简化训练法　　349
　　六、注意指向训练法　　351
　　七、负练习法　　352

参考文献　　353
后记　　366

第一编

职业操作技能概述

第一章 技能与职业操作技能

第一节 技能的概述

一、技能的概念

技能是指个体运用已有的知识经验,通过练习而形成的一定的动作方式或智力活动方式。例如,打字、骑自行车、体操、游泳、唱歌、跳舞、阅读、写作、解题等都是复杂程度不同的技能。

技能包括通常所说的狭义的技能和广义的熟练技能(叶奕乾等,2008)。前者是指技能的初级阶段或初级水平,后者是指技能的高级阶段或高级水平。技能的初级阶段,是指在一定知识基础上,按一定的方式通过反复练习或由于模仿而达到"会做"某件事或"能够"完成某种工作的水平。例如,刚学会打字的人,可以说他有了打字的技能;刚学会骑自行车的人,可以说他有了骑自行车的技能;会解各类应用题的学生,可以说他初步掌握了解应用题的技能。当初级技能反复练习,使活动方式的基本成分达到自动化程度时,则称为熟练技能。如书法家的写字技能、雕刻家的雕刻技能,文学艺术家的写作、绘画技能等,都可称为熟练技能。熟练技能也可称为技巧或技艺。

技能是先天因素与后天因素的融合体。前者主要指生理解剖素质。如神经系统、脑、感觉器官和运动器官的解剖生理特点;后者主要指练习。

素质是技能形成和发展的自然前提。技能离开了素质就谈不上其形成和发展。然而，具备一定素质的人，其技能的形成与发展则完全取决于练习。例如，一个身体富有弹跳和动作协调能力的人，如果不刻苦锻炼，也未必能成为一名优秀的跳高运动员。

技能随社会的发展而发展，并受社会历史条件所制约。例如，古代人没有修理电视机、驾驶汽车的技能，也不会有操作计算机和编制计算机程序的技能。这些技能只有到了现代才能为人们所掌握。人的技能的发展依赖于人类社会历史经验，在不同的社会历史条件下，技能的形成和发展也不尽相同。

技能是完成各种活动任务的必要条件。不论生活、学习、工作和劳动都需要有相应的技能。没有技能，人们就无法进行有效的活动。高水平的技能是人们进行创造性活动的重要条件。

二、技能的分类

技能按其本身的性质和特点，可分为动作技能和心智活动技能（简称心智技能）两种。

所谓"动作"是指写字、演奏、体操、操纵生产工具等在学习活动、体育运动和生产劳动中的种种实际动作。这些动作主要是肌肉、骨骼运动和与之相应的神经系统部分的活动。在完成一项任务中，所涉及的一系列实际动作，以完善、合理的方式组织起来并顺利地进行时，就成为动作技能。

动作技能是一种习得的、能相当精确地执行且对组成的动作很少或不需要有意识注意的一种操作，表现为迅速、精确、流畅和娴熟的身体运动（邵瑞珍等，1990），它可存在于使用装置或器具的运动之中，如打字、使用实验仪器、操作机床等，也可存在于如舞蹈、游泳等不使用装置或器具的运动之中。对于职业教育来说，由于动作技能几乎都与使用装置或器具有关，故有的研究者将这一技能称为操作技能（黄强，1991）。

所谓"心智活动"是指借助于内部言语在头脑中进行的认知活动。

它包括感知、记忆、想象和思维，但以抽象思维为主要成分。在认识特定事物，解决具体课题中，这些心理活动按一定合理的、完善的方式进行就是心智技能。掌握正确的思维方式、方法是心智技能的本质特征。在任何心智活动中心智技能与智能都是不可分的，但心智技能与智能仍有本质的区别：心智技能是指顺利完成某些任务的心智活动方式，而智能则是在掌握各种心智技能过程中所形成的和发展起来的更为概括的一种认识能力。

心智技能又可分为各种专门的心智技能和一般的心智技能。专门的心智技能是在某种专门的心智活动中形成起来的。例如，阅读、写作和计算等心智技能是学生在学习活动中必须掌握的最基本的专门技能。一般的心智技能是在一般的心智活动中形成的，它有比较概括的特点。例如，一般的观察、倾听、理解、分析问题和解决问题等技能就是属于一般的心智技能。

三、技能与知识

技能与知识是有区别的。第一，他们属于不同的经验范畴。知识是人对客观事物和现象的属性、联系和关系的反映，是人类对自然和社会现象、本质及其发展规律的认识经验的总结和概括。人类已积累的知识经验既是人的心理活动的结果，又是个体心理活动的对象和内容。知识学习要解决的是事物是什么及怎么样、做什么及怎么做等问题，即知与不知、知多与知少的问题。因此，知识属于认知经验范畴。技能是通过练习在个体身上固定下来的、巩固了的自动化的动作方式或智力活动方式。技能学习要解决的是完成活动任务要求的动作会不会及熟练不熟练等问题，即会不会及做得怎么样的问题。因此，技能属于动作经验范畴。第二，知识与技能虽然都是一些巩固了的概括化系统，但概括的水平不同。知识是对客观事物和现象的属性、联系和关系的抽象与概括；技能则是对动作方式或操作程序的具体概括。第三，知识的获得与技能的形成和发展是不同步的。一般来说，技能的形成与发展较知识的获得要晚。

技能与知识又是紧密联系相辅相成的。知识是技能形成与发展的基础和前提，并制约着技能掌握的难易、快慢、灵活性和熟练程度，而技能的形成与发展将有助于知识的获得与巩固，所以任何技能的形成与发展都离不开与之相应的知识。学习者学习的各种知识，不能直接转化为技能，只有把知识运用到实践中去，经过实践、练习这个中介环节，才能把知识转化为技能。

在现代职业教育中，职业技术学校的学生既要学习一定的理论知识，还要掌握一定的职业技能，二者缺一不可。众所周知，必须具有一定的初步知识（如识图知识、工艺知识以及各工种各岗位的操作规程、各种生产工具的使用知识等），才能依照一定程序完成一定的操作活动，从而形成一定的操作方式，形成相应的职业技能。另外，职业技能的掌握要符合理论、原理和操作规程；理论知识的学习也要结合操作实践。因为脱离实际操作，这个理论即使学了，也学不扎实。比如，学习烹饪，营养、配料、操作程序学了不少，就是不去下厨实践，谁敢说你已懂得烹饪了呢？因此，理论知识的学习和操作技能的掌握在职业技术学习的过程中是并重和相辅相成的，任何重理论轻操作或重操作轻理论的学习方式都是不可取的。

四、技能与能力

技能和能力既有不同，但又密切联系。技能是指完成一定任务的活动方式，能力则是顺利完成学习和其他活动任务的个性心理特征。技能的形成以一定的能力为前提，也体现了能力发展的水平和个体差异，它表现在掌握相应技能的难易及对技能调节的难易上。另一方面技能又是从知识掌握到能力形成与发展之间的中间环节，技能的形成对能力发展有重要的促进作用。

五、熟练与习惯

熟练是高级水平的技能。它是通过练习而巩固的、自动化了的动作方式。但是，自动化了的动作方式除熟练外，还有习惯。熟练与习惯既有联系又有区别。

习惯和熟练都是自动化了的动作方式。任何习惯离开了熟练的动作是无法完成的。如有卫生习惯的人，其刷牙、洗脸、洗衣、扫地等动作是很熟练的；有看书习惯的人其阅读动作也是很熟练的。正因为这样，人们在完成习惯动作时，意识的调节与控制作用是很低的。

熟练与习惯虽然都是自动化了的动作方式，但它们又都有各自的特点，其主要区别如下（叶奕乾等，2008）：

首先，习惯是实现某种自动化动作的需要，实现了这种动作也即满足了这种需要。如果这种需要得不到满足，就会引起不愉快或不满意的情绪体验。例如，一个人养成了饭前洗手的习惯，只要用餐就会自动地去洗手。如果不洗，会觉得浑身不自在。一个养成每天看报习惯的人，一天不看报就会感到不安。熟练则不同，它本身不是一种需要，而是实现与需要相适应的某种目的而采取的一种动作方式或手段，因而熟练不一定与机体的需要直接发生联系。熟练是否实现，并不直接引起愉快或不愉快的情绪体验。所以习惯与人的主观需要、情感有关，而熟练则不一定。

其次，熟练是通过有意识、有目的、有组织的练习而形成的。如打字、阅读、写作等。虽然有的习惯也可以通过有意识、有目的、有组织的练习而培养，如劳动习惯、学习习惯、卫生习惯等，但不少习惯都是在无意中由于多次重复某种动作而形成的。如随地吐痰、走路姿势、讲话的口头禅、躺在床上看书等。

第三，熟练水平有高低之分，但无好坏之别，而习惯则可以根据对个人和社会的意义，分为好习惯和坏习惯。例如，有礼貌、讲卫生、爱劳动、遵章守纪等，有益于社会、有益于他人和自己，因此它们都是好习惯；而吸烟、随地吐痰、打人骂人等，不但污染环境、危害社会治安，而且影响个人的身心健康和安全，这些都是坏习惯。习惯对人的生活、学习和工作都有很大影响。

第四，技能既和一定的情境又和一定的任务相联系，习惯则只与一定情境而不与一定任务相联系。也就是说，技能是由任务始动的，而习惯则是由一定情境始动的。所以习惯是被动的，而技能则是主动的。

第五，技能要与一定的客观标准或别人的示范，或者技术指标，或者活动的产品做对照，而习惯则不然，它只和先前动作方式做对照。由于技能与一定的客观标准做对照。因此在练习过程中，它逐渐向一定的标准动作模式发展，而习惯则只与先前动作方式做比较，所以它越来越保持原来的动作系统，使其固定化、定型化。因此习惯是保守的，而技能则不断向一个标准模式趋近。

六、技能与脑

技能学习是人类的重要活动，人们在行为水平上对技能学习有过许多研究，但迄今为止，技能学习的脑机制研究还很少。

最近有瑞典专家研究了手指运动和脑血流量的关系。研究表明，手指动作简单时，脑血流量约比手不动时增加 10%，但在手指做复杂、精巧的动作时，脑血流量就会增加 35% 以上。脑血流量的增加，说明脑激活状态的变化，表明手指动作与脑之间的密切关系。

近年来，实验上用无损伤的脑功能成像技术进行过有关技能学习过程的脑功能成像。蒙奇利（M. Riachle）等曾用正电子发射断层显像技术（positron emission tomography，简称 PET）研究过联系效应的脑功能图像。在他们的试验中，要求被试对指定的名词产生相应的动词。在开始时和对同一个名词字单经过多次练习后，分别对被试进行脑功能成像。实验表明，技能动作是由脑内许多相关脑区和通路协同实现的。实验还发现，人在多次练习后完成相同作业时，前扣带回、侧额叶、颞叶、小脑等脑区的激活水平比开始时降低。卡尼（A. Karni）曾对对指运动的脑功能成像进行过研究。在实验中，他们采用两种对指运动顺序，要求被试用非利手做对指运动。试验中，要求被试每天用一种顺序练习 10-20 分钟，练习 4-6 周，另一种顺序作控制顺序。每星期运用核磁共振功能成像技术进行脑功能成像。研究结果表明，实施练习顺序时，大部分大脑运动皮层处于激活状态。实验发现，

随着练习量的增加,相关脑区的激活水平呈现逐渐降低的现象。(叶奕乾等,2008)

第二节 职业操作技能概述

一、职业操作技能的概念

技能是指职业操作技能。职业操作技能就是指"在练习的基础上对职业活动形成的按某种规则或程序顺利完成的身体(肢体)协调任务的方式"。显然,这里强调的是职业技能是一种利用身体(肢体)动作去完成某项职业活动的、习得性的本领。换句话说,也可以认为,职业技能是人们在职业活动中经过练习而获得的完善化了的动作方式。例如,驾驶汽车、操纵机器、打字等,都是一种需经练习才能获得的完善的动作方式,即职业操作技能。

职业操作技能是一个复合概念。一方面,技能与具体的职业活动或职业任务相联系,是职业概念与技能概念的复合,以区别于日常生活技能和娱乐技能等概念;另一方面,与技能概念一样,在理论上职业技能似乎也可细分为职业动作技能和职业心智技能,但在实际中一般不作如此细分。这是因为职业技能实质是一组技能的序列,在技能序列中有的属于动作技能,有的属于心智技能;而在整体上,我们可以把职业技能看作是动作与心智的复合体,包含动作与心智两种成分。例如钳工的职业技能是锯切、锉削、凿槽、测量、计算、识图等技能的组合序列,前三项属于动作技能,后三项属于心智技能,但在整体上,钳工的职业技能动作成分多于心智成分。将职业技能定义为技能的序列,可以避免在职业技能训练实践中片面强调动作技能训练或片面强调心智技能训练的偏向。

许多职业技能活动都是由一系列的动作组成的。能否顺利地完成这些活动,在于对实现这些活动的一系列动作方式的掌握。任何一种动作方式,初学者都不能完善地掌握它,而需要经过反复练习才能实现。只有当意识对动作方式的控制降低到最低限度，动作系统中的各个连贯动作能准确、有效、顺利地完成时，我们说这就形成了职业操作技能。

当然，职业技能也有水平高低之分。如前所述，我们把技能的一般掌握称为初级技能，而把高水平的技能称为技巧。技巧是技能的高度发展，其动作方式的准确、完善、敏捷、灵活程度都达到了近乎炉火纯青的地步。

二、职业操作技能的特征

（一）职业操作技能的外显性

职业操作技能是凭借骨骼肌和相应的神经系统的活动来实现的，它表现为一系列的外部动作，人们可以通过外部感觉直接感知到它的存在，故它具有外显性。对于这一特征，我们可以比较一下心智技能就能更好地理解。心智技能活动，如阅读、心算，我们不能从外部感知到别人在阅读或心算时的内部心理活动。心智技能具有内隐性。

（二）职业操作技能具有固定的结构

职业操作技能是由许多动作构成的动作系列，这个动作系列内部存在着固定的结构。职业操作技能的固定结构来源于职业技术活动本身的要求。如汽车在换挡时，司机必须左脚先踩下离合器，然后右手再推动变速杆，最后左脚松开离合器，动作顺序不可颠倒。可见职业操作技能的各动作间存在着相对固定的结构。所谓固定的结构，一是指构成职业操作技能的一系列动作彼此间的时相相对固定，即该同时进行的动作要同时进行，该先后进行的动作其顺序不可颠倒；二是指动作成分的固定，各动作均不可省略。这区别于心智技能活动。我们知道，心智技能活动的进程是以简缩的方式进行的，如棋手对棋局的思考，所进行的推理活动并非一定按完整的程序进行，它可以跨越几个环节直接得出结论。而职业操作技能若要达到高效则不可能以省略某个动作来实现，它只能以加快各个动作的速度来达到这一目的。

（三）职业操作技能注重动觉和触摸觉

职业操作技能离不开动觉和触摸觉。这些感觉是职业操作技能的支撑物。这个道理很简单，因为职业操作技能本身就是由躯体和肢体的运动所实现的。

　　动觉即运动感觉，也叫本体运动感觉，是指人体对身体运动和位置状态的感觉。我们闭上眼睛，能够感知自己是站着、坐着或躺着，能够感知手和脚的种种位置，这就靠运动感觉。动觉的刺激物是身体各部位的运动和姿势，它使肌肉、肌腱、韧带和关节等部位的感受器产生神经兴奋，从而产生动觉。动觉接受动作刺激的器官是本体感受器（肌肉组织、肌腱、韧带、关节）。动觉的适宜刺激有机械力和运动两种形式。当本体感受器，即肌肉中肌梭、肌腹中的高尔基腱器官、韧带和关节中的帕氏环层小体受到外部机械力或运动刺激时，便产生动觉。所以，动觉来源于肌肉运动，而不是任何其他刺激。动觉是形成动作技能和职业技能的前提。职业技能形成的重要指标是动作链的自动化。生理心理学研究认为，动作链达到自动化水平所依据的监督系统是动觉，由动觉所获得的先行动作的信息正是支配或调节后继动作的依据。因此，动觉是职业技能达到自动化水平直接依赖的心理—生理因素。欲提高动觉能力，必须在技能教学中，有目的地对藏有本体感受器的肌肉施加锻炼，使其灵敏性得到加强，从而为培养职业操作技能打下良好的基础。

　　触摸觉是动觉和肤觉的联合。手跟物体接触，肌肉紧张的运动感觉结合皮肤感觉，发出物体某些属性的信号，如弹性、软硬、光洁度等。手臂运动和手指的分开程度发出关于物体大小、形状的信号；提起物体所需肌肉的屈伸力量则发出关于物体重量的信号。有了动觉和触摸觉所获得的信息，人们可以在离开视觉帮助的情况下进行操作活动，甚至有的操作活动是凭视觉无法把握而只有依靠动觉和触摸觉才能实现的。熟练的打字人员可以只依靠动觉和触摸觉来进行打字活动，熟练的枪械师可以在黑夜把枪支零件全部拆下来再装配还原。

　　（四）职业操作技能包含相应的智力因素

　　智力因素通常是指人在认识方面的能力，主要包括记忆力、观察力、注意力、想象力、思维能力等，即认识能力的总和。职业操作技能学习与训练的过程离不开智力因素的参与，各种职业技能都包含有相应的智力因素。例如，乒乓球运动员在比赛时，为了更好地接球、发球等，就必须有敏锐的观察力和迅速的反应能力等；汽车司机在驾驶时须根据路况、来往的车辆和行人的多寡等情况来把握车速和方向盘，这就离不开思维和判断。职业技术活动的不同对智力因素要求也不同，一般来说，职业操作技能越复杂，参与的智力因素就越多，对智力因素的要求就越高；反之操作中变化越简单，对职业因素的要求就越低。例如，外科医生做手术要求的智力因素就远远要高于护士给病人注射药物。

三、职业操作技能的构成成分

关于操作技能的构成成分，目前尚未有统一的共识。一般认为，操作技能的构成成分包含以下三点：

（一）动作

动作包括反射动作和基本动作。

1. 反射动作

反射动作是指机体在中枢神经系统参与下对内外环境刺激所做的有规律的应答。如膝跳反射、抓握反射等都是反射动作。

哈罗（A. J. Harrow）和辛普森（E. J. Simpson）认为反射动作可分为两个亚类：脊髓节反射和节上反射。脊髓节反射又可分为分节反射和节间反射。分节反射可分为屈肌反射、肌伸张反射、伸肌反射、交叉伸肌反射；节间反射可分为合作性反射、竞争性反射、相继感应反射、反射体态。节上反射可分为伸肌僵直反射、可塑性反应、姿势反射。姿势反射又可分为支撑反射、转动反射、僵直-定势反射、翻正反射、抓握反射、定位与弹跳反射。分节反射是通过一个脊髓节发生的反射；节间反射是通过两个或两个以上的脊髓节发生的反射；节上反射包括大脑的参与。

反射动作就其性质而言，是不随意动作，它们是与生俱来的，随成熟而发展，它们是所有动作行为的基础，是动作技能形成与发展的先决条件。

2. 基本动作

基本动作是指有一系列反射动作结合而形成的固有的动作形式。如跑、跳、推、拉等都是基本动作。哈罗等认为基本动作可分为位移动作、非位移动作、操作动作、抓握动作、灵巧动作等亚类。

基本动作是建立在反射动作的基础上的。这些动作形式是知觉能力和体能进一步提高的起点，是技巧动作发展的必要条件。

（二）知觉能力

在完成操作技能任务时，知觉的参与是必需的、重要的，知觉的缺失往往会导致不能完成某些动作技能，因此，知觉能力是动作技能形成与发展的重要组成因素。知觉能力，在动作技能领域是指个体对刺激情景的准确感知和动作的协调能力。

弗莱希曼（E. A. Fleishman）曾花了多年的时间，以数千人为研究对象进行系统的研究，企图找出各种操作活动所需的知觉能力。所谓操作活动，是指以实物或物质化的客体作为动作对象的活动方式。在操作活动中所需的能力大多属于感官（主要为视觉、听觉与动觉）与手脚协调的能力，所以这方面的能力称知觉能力（Preceptual Abilities）或称心理运动能力（psychomotor ability）。弗莱希曼运用因素分析方法对所得结果进行分析归纳，发现技能的形成与下述知觉能力有关。

1. 控制的精确性

指能对肌肉运动作随意精确控制的能力。这种能力是操作机器或工具时所不可缺少的。特别是对某些技能来说，如拉提琴等，手指放置的位置必须准确，而且随时作快速移动。缺乏此种能力者，不能操作精密而快速变化的工具。

2. 四肢运动协调能力

指两手、两脚或手脚协调、适当配合能力。很多技能的形成，如骑自行车、驾驶汽车、踏缝纫机等都必须具有此种能力。

3. 定向反应能力

指选择正确刺激做出正确反应的能力。特别是在快速活动的情况下，此种能力更为重要。例如，超音速战斗机的驾驶员，在作战时非具有这种能力不可。

4. 反应时间

指对刺激做出迅速反应的能力。它与定向反应能力不同，反应时间强调反应速度，而定向反应则强调选择的正确性。

5. 手臂运动速度

指手臂快速运动的能力，即能随意支配手臂做前后左右迅速运动的能力。

6. 速度控制能力

指手眼协调并能跟随运动物体控制肌肉动作的能力。例如，人们对运动目标进行射击时，就必须具有此种能力。

7. 腕手灵活性

指手指、手部、腕部动作的灵活性。此为掌握各种工具性技能所需要的基本能力。凡是用手抓、握、拉、推等动作都需要此种能力。

8. 手指灵活性

指手指作出技巧性、协调性动作的能力。凡是手工工艺品的制作、精密仪器的操作等，必须依赖于此种能力。

9. 臂手稳定性

指手与臂协调的稳定能力。如射击、针孔穿线的动作等就需要此种能力。手表的制作和修理、外科医生做手术等，臂手的稳定性也是不可少的。

10. 腕指速度

指手腕使手指做迅速运动的能力。绘图是在纸上打点的动作，则需依赖于此种能力。

11. 瞄准

此为一种手眼协调、精细肌肉控制的能力。射击、针孔穿线、工笔细画都需要此种能力。

（三）体能

体能是指人体各种器官的运动能力。体能是学习者学习动作技能不可缺少的条件或基础，因为掌握技能的程度不仅受体格、感官灵敏度和反应时间的影响，而且也受力量、灵活性与速度、平衡性、协调性、耐力等因素的影响。如果缺乏某种体能或不能充分发挥其动能，就可能限制高级技能的形成和发展。

1. 力量

它包括以下三种基本体能：

（1）弹力。弹力指不依靠任何工具使自己身体由单一动作而移动到最远或最高的能力。

（2）动态力量。动态力量指移动重物或支持自己身体持续活动的能力。

（3）静态力量。静态力量指由身体支撑重量持久不动的能力。

2. 灵活性与速度

灵活性和速度包括五种基本体能：

（1）伸展性。伸展性指使腹肌与背肌最大伸展的能力。

（2）柔韧性。柔韧性指能使肌肉快速紧张而复原的能力。

（3）快速变向。快速变向指在行进或奔跑中迅速改变方向的能力。

（4）跑行速度。跑行速度指快速奔跑的能力。

（5）四肢运动速度。四肢运动速度指两臂与两腿迅速运动的能力。

3. 平衡性

平衡性包括以下三种能力：

（1）静态平衡。静态平衡指支持身体定位的能力。

（2）动态平衡。动态平衡指在运动中保持身体平衡的能力。

（3）托物平衡。托物平衡指手托物体很快找到重心并维持不坠的能力。

4. 协调性

协调性包括以下两种能力：

（1）手脚协调。手脚协调指双手或双脚同时配合运动，或是一手一脚同时配合运动的能力。

（2）全身协调。全身协调指能自己控制全身各部位适当配合运动的能力。

5. 耐力

耐力指能连续进行活动的能力。

第三节 职业操作技能的分类

一、一维分类系统

一维技能分类法包含三种动作技能分类系统（张忠秋等，2006）。

（一）根据肌肉系统参与程度的大小

操作技能时参与工作的肌群大小可以作为一种动作技能分类的特征。行走和蛙跳与弹钢琴和用筷子相比，参与工作的肌群大小是完全不同的。根据完成动作时需要参与工作肌群的大小，可以将动作技能分为"小肌肉群动作技能"和"大肌肉群动作技能"或者称之为"精细技能"和"粗大技能"。

在完成大肌肉群动作技能任务时，人需要动用较大的肌肉系统才能完成动作。这类技能与小肌肉群动作技能相比，要求较低的动作精确度。我们通常谈到的基本动作技能——行走、跳跃等都属于典型的大肌肉群运动。

小肌肉群动作技能要求对小肌肉群的高度控制，尤其是指那些需要手眼配合和涉及高精确度手指、手腕动作的技能。书法、打字、绘图、缝纫和钉纽扣是连续区间上小肌肉群动作技能最有代表性的实例。尽管有些小肌肉群动作技能中很可能包含大肌肉群的参与，但只要在实现技能目标过程中小肌肉群的工作起主导作用，我们就可以把它归为小肌肉群动作技能。

这种根据参与肌群大小对动作技能进行分类的方法，广泛应用于技能教学、特殊技能教学、某些体育教学和测试情景中。同时，我们也可以在康复医学领域中见到这种技能分类方法。身体康复医生所面对的患者大多需要恢复大肌肉技能，如走路；而职业医生更多的是帮助患者学习小肌肉群技能。从事少儿早期身体发展教育的工作人员也发现大/小肌肉群分类法在他们的工作中非常实用，并从大/小肌肉群基础上发展了一套测试幼儿运动发展状况的操作方法。另外，在工业和军事领域的能力倾向测试中，也广泛采用大/小肌肉群的动作技能分类方法。

（二）根据动作开始和结束特征

另外一种动作技能分类方法是根据动作开始和结束的特定位置对动作技能进行分类。我们通常把需要指定动作开始和结束位置的技能称为分立动作技能（discrete motor skill）。分立技能包括按压开关、开车时踩离合器和用手指敲击琴键等技能。这些技能都有特定的开始和结束动作的位置。分立技能属于简单的、包含一个动作的技能。

与分立技能相对应的另一种技能称为连续动作技能（continuous motor skill），这种技能动作开始和结束的位置是任意的。此外，连续技能通常包含重复性运动，如驾驶汽车、用操纵杆跟踪电脑监控器上运动的指针、游泳和行走等都属于连续技能。虽然像游泳和行走这样的连续技能有明显的动作开始位置，但结束位置却是任意的，并且动作是不断重复的。

有时一项技能由一系列分立动作或一个动作序列构成，如开车时换挡和弹奏一段钢琴乐曲。我们把这种类型的技能称为序列动作技能（serial motor skill）。这些技能不仅包含连续技能动作的重复性特征，而且也具有分立技能动作开始和结束位置确定的特点。因此，最好在连续技能和分立技能的连续体上确定出序列技能的位置。开车时的换挡操作能很好地说明这个问题。在换挡过程中，司机必须操作一系列的分立动作。比如，如果从二挡换到三挡，司机要连续执行由七个分立动作构成的序列。首先抬起踩油门的脚，然后用另一只脚踩下离合，这时将变速杆前退至中央，再向右拨，然后向前推至三挡，接下来松开离合，最后踩油门。

这种分类系统在运动技能研究中非常流行。例如，研究人员发现分立运动技能的控制规律并不适用于连续技能，反之亦然。如果从人体工学和人类学角度分析，分立运动技能与连续运动技能之间的差异就更加明显。

(三)根据环境背景的稳定性

有一种分类系统在工业、教育和康复医学领域应用非常普遍,研究人员根据技能操作中环境背景的稳定性对操作技能进行分类(Centile, 2000)。在这种分类系统中,环境背景包括个体操作技能的支撑平台,技能操作目标以及操作情境中涉及的其他人。例如,对于驾驶而言,相关的环境背景便是指路面和周围环境的特征。

在这种分类方法中,稳定性是指与操作有关的环境背景是稳定状态还是运动状态(不稳定状态)。如果技能操作涉及的支撑面、目标和其他人是稳定的,那么,在这种环境背景下操作的技能被称为封闭性动作技能(closed motor skill)。对于这类技能而言,与操作相关环境背景特征是稳定的,也就是说环境背景特征在技能操作过程中不会发生位置上的变化。例如,坐在椅子上拿茶杯就属于封闭性技能;椅子(即支撑面)和茶杯(即目标)在拿茶杯的整个过程中都不会移动。在布满家具的房间里行走同样是一项封闭性技能,因为在行走过程中环境背景中没有任何物体移动或发生位置变化。封闭性技能还包括扣纽扣、上楼梯和棒球运动员击固定球等等。上面提到的例子中,操作者都有充分的时间做好准备,然后再进行技能操作。由于这类技能的动作时间特征,一些动作技能学习和控制的研究人员也称其为自我步调型技能(self-paced motor skill)。

相反,开放性动作技能(open motor skill)是指在操作目标、支撑面和其他人始终处于运动状态条件下操作的技能。要想成功的操作这类技能,操作者必须根据支撑面、目标和其他人的运动情况对动作进行相应的调整。因此,一些动作技能学习和控制的研究人员也把这类技能称为外在步调型技能(externally paced motor skill)。也就是说,对开放性技能而言,操作者执行操作时的时机和采取的动作都由相关环境背景特征决定。例如,驾车过程中,踩油门就属于支撑面发生了变化;棒球运动中接和击打飞行的投球都属于目标是运动的;驾驶中周围的车辆和行人则属于操作环境中物体和人是运动的。

前面讨论的行走既可以是开放性技能也可以是封闭性技能。区分的标准主要是看环境背景中是否存在障碍物和其他人；如果存在，还要看它们是稳定状态还是运动状态。另外需要考虑的因素是支撑面是否稳定。也就是说，在没有任何障碍物和其他行人的走廊中，行走属于封闭性技能。即使时走廊中有障碍物和其他人，但如果它们是静止的，行走仍然属于封闭性技能。然而，如果障碍物和其他人是运动的，行走则变成了开放性技能。同样，在跑步机上，行走也属于开放性技能，因为支撑面是运动的。我们可根据这样的规律来判断所有技能的种类。

如果从对操作者要求的角度分析，也能发现开放性技能和封闭性技能的区别所在。当操作封闭性技能时，操作者可以随意开始动作。此外，操作过程中操作者不需要根据条件的变化调整动作。例如，上楼梯时，人可以以随意的方式迈上第一个台阶。但在操作开放性技能时的情形则完全相反，人必须调节自己的动作使其与支撑面、其他人和操作的运动相适应。例如，人在上电动扶梯时，迈上第一级台阶的时机必须与电梯的速度和台阶的位置相配。对许多开放性技能而言，外界条件的变化往往出现在动作执行的过程中，需要人及时地调整动作进行适应。

二、金泰尔二维分类法

美国心理学家玛吉尔（Richard A. Magill）指出，虽然一维动作技能分类方法简便易行，但当技能结构和操作环境相对复杂时，练习组织者便不容易把握技能的主要特征对技能进行分类。为了克服一维分类法的局限性，金泰尔（Gentile，2000）在一维分类法的基础上增加了一个维度，即从两个维度上分析技能特征：①操作的环境背景特征；②表征技能的动作功能。她还将这两个维度的特征进行进一步分类，形成了一个 $2\times2\times2\times2$ 共16种技能类型构成的相对庞大的分类系统，如表1-1所示。

表 1-1　金泰尔动作技能分类法

环境背景 动作功能	身体稳定性		身体移动	
	无操纵	操纵	无操纵	操纵
固定调节条件、无尝试间变化	身体稳定、无操纵、调节条件固定、无尝试间变化 例如，独自站立在房间里	身体稳定、操纵、调节条件固定、无尝试间变化 例如，独自站在水池旁刷牙	身体移动、无操纵、调节条件固定、无尝试间变化 例如，上楼梯	身体移动、操纵、调节条件固定、无尝试间变化 例如，手持一本书上楼
固定调节条件、存在尝试间变化	身体稳定、无操纵、调节条件固定、存在尝试间变化 例如，在不同的地面上站立	身体稳定、操纵、调节条件固定、存在尝试间变化 例如，拎一袋食品在不同的地面上站立	身体移动、无操纵、调节条件固定、存在尝试间变化 例如，在不同的地面上行走	身体移动、操纵、调节条件固定、存在尝试间变化 例如，拎一袋食品在不同的地面上行走
运动调节条件、无尝试间变化	身体稳定、无操纵、调节条件运动、无尝试间变化 例如，坐在由他人推动轮椅上行进在空走廊中	身体稳定、操纵、调节条件运动、无尝试间变化 例如，转动轮椅行进在空走廊中	身体移动、无操纵、调节条件运动、无尝试间变化 例如，在跑步机上做匀速行走练习	身体移动、操纵、调节条件运动、无尝试间变化 例如，手持一杯水在跑步机上做匀速行走练习
运动调节条件、存在尝试间变化	身体稳定、无操纵、调节条件运动、存在尝试间变化 例如，坐在行驶的汽车中	身体稳定、操纵、调节条件运动、存在尝试间变化 例如，抱着小孩坐在行驶的汽车中	身体移动、无操纵、调节条件运动、存在尝试间变化 例如，行走在行人拥挤的商业街上	身体移动、操纵、调节条件运动、存在尝试间变化 例如，抱着小孩行走在行人拥挤的商业街上

在创建了动作技能分类系统后，金泰尔建议身体康复医生利用她的分类方法来判断患者的运动功能障碍，并作为给患者选择有效活动方式的依据。然而，金泰尔分类法的应用并不局限在身体康复治疗领域，它还为我们了解不同动作技能对操作者的要求提供了一个可行的参考依据。每一个从事动作技能教学的工作者都应该掌握，至少是了解金泰尔的动作技能分类法，因为它是了解动作技能间的区别、联系，指导练习和制定训练计划的一个有效工具。

（一）环境背景

金泰尔分类法的第一个维度主要是指技能操作的环境背景，其中涉及了两种特征。

第一种环境特征指调节条件，金泰尔用"调节条件"（regulatory conditions，也译为调整条件）来形容相关的环境背景特征。在前面以环境背景稳定性为基础的分类方法中，已经作过关于环境背景特征的介绍。调节条件是指技能操作中必然存在并影响操作者运动特征的环境背景特征。回顾关于开放性和封闭性技能的讨论，其中环境背景包括操作过程中的支撑面、目标和操作可能涉及的任何物体和其他人。

下面是关于行走的操作情景中包含了调节条件的一些例子。如果一个人的动作目标是从一个位置走到另一个位置，起始点到目标地点间的路面状况决定着行走的运动特征，并且要实现动作目标必须经过此段路面，那么路面就属于调节条件。路面可以柔软或坚硬，可以粗糙或光滑，还可以是平地或斜坡，所有这些状况都有可能存在。在沙滩上行走与在水泥路上行走相比，人的身体、双腿和双脚的运动方式会完全不同。同样，当人行走在水平路面上和行走在斜坡上的运动形式也会有很大的差别。在行走环境背景中的物体和其他人可能属于调节条件。例如，在过道中间摆放了一辆自行车，行走的动作与没有摆放任何物体时会有不同；或者与其他人一起走，行走的动作与独自行走时又会有不同。

当个体在使用器械时，环境背景中可能存在的调节条件。假设操作者的动作目标是把工具递给另一个人，或者是接别人传递的工具，其中最主要的调节条件是与该工具有关的某些特征,如工具的大小、形状和重量等。

在金泰尔分类法中,一个区分动作技能的重要特征就是:在操作过程中调节条件是运动状态还是静止状态。有时调节条件是固定的,如在没有行人和车辆的人行道上行走等。有时调节条件是运动的,如上电动扶梯时,调节条件都是处于运动状态的。如果调节条件固定,技能便被认为是封闭性技能;而当调节条件是运动状态时,技能则被认为是开放性技能。然而,仅仅考虑开放性和封闭性的差别还远远不能区分人们日常生活中各种各样的技能,鉴于其局限性,金泰尔引入了另外一种环境背景特征。

金泰尔分类法中环境背景的第二个特征是尝试间的变化(intertrial variability)。尝试间变化是指在操作过程中调节条件是保持不变还是在不同的操作间会发生变化。我们可以根据环境背景在操作过程中是否出现尝试间变化来对动作技能进行分类。例如,当人走过一个摆设整齐的房间时,环境背景并不会出现尝试间变化,因为人每次走过房间时调节条件都不会发生改变;当人走过随意摆放了各种物体的房间时,便存在环境背景的尝试间变化。因为在走过每个房间时,人必须是以不同运动方式行走以避免碰撞到凌乱摆放的物体。

(二)动作功能

分类的第二个维度是动作技能(the function of the action)。金泰尔指出,我们可以根据技能操作过程中是否存在身体位移和器械操作来判断一个动作的功能。她还把动作功能进一步分为:身体定向(body orientation)和操纵(manipulation)。

身体定向是指身体位置的改变或保持。身体定向的两种不同状态在动作技能分类中起着重要作用。身体稳定性是身体定向的一种状态,指技能操作过程中身体位置不发生变化,如站立、用茶杯喝水、踩缝纫机等。在需要身体产生位移的技能操作中,身体定向的另一种状态被称为身体移动(body transport),如行走、跑步和驾驶等技能都包含身体转移。动作技能中的身体移动还包括主动身体移动和被动身体移动两种形式。例如,行走属于包含主动身体移动的技能,而在行驶的公共汽车上站立则属于包含被动身体移动的技能，但两种身体移动都属于身体移动状态。

第二种动作功能是操纵。有些动作技能需要我们改变或保持操纵对象的位置，如球、器械等，而另外一些动作技能则不需要进行操纵。特别需要指出的是，在操纵某一对象时，人必须同时完成两个任务，这无疑增加了技能的复杂性和难度。人必须准确地操作技能所涉及的对象，与此同时，还必须调整身体姿势，克服由于操纵对象的原因而产生的身体失衡。

（三）十六种技能种类

前面谈到的环境背景的四种特征和动作功能的四种特征的相互作用产生了十六个技能类别。金泰尔指出，每个技能类别所涉及的变量数量和特征各不相同，因此对操作者的要求也有所区别。技能对操作者的要求越少，说明技能越简单；对操作者要求越多，说明技能越复杂。

金泰尔（2000）基于这类分类法提出，任何动作技能都必须分析操作的环境背景和动作功能。因此，这两个维度成为十六种动作技能分类的基础，两个维度的不同特征和状态的组合，描述了与之对应的动作技能类别。环境背景维度主要包括调节条件和调节条件在操作尝试间的变化状况。提出动作功能维度的基本前提是：所有动作技能操作都是为了实现特定目标或功能。这个维度包括操作者身体位置的保持或改变，操纵对象的保持或改变。

进一步分析金泰尔动作技能分类法可以发现，环境背景维度的每一行都可以分为开放性技能和封闭性技能。当这两类技能与尝试间变化存在和不存在两种可能性联系到一起时，便产生了四个技能连续区间，如图1-1所示。在连续区间的最左端是绝对封闭性技能（固定调节条件并不存在尝试间变化）；而绝对开放性技能在连续区间的最右端（运动的调节条件并存在尝试间变化）。这两个端点之间是存在尝试间变化的封闭性技能和没有尝试间变化的开放性技能。当我们把这些技能特征的连续体与金泰尔分类法中的动作功能相联系时，身体定向的两种状态（身体稳定性和身体移动）和操纵的两种形式（存在和不存在操纵）又会将前面提到的四个技能种类继续扩大。

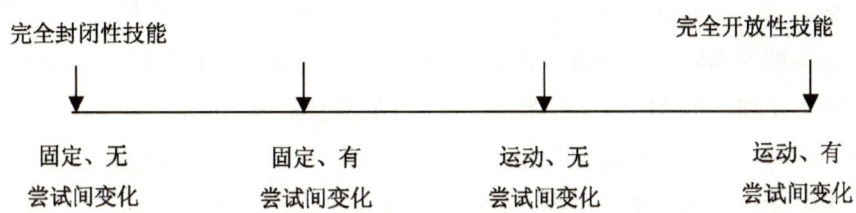

图 1-1　金泰尔动作技能分类法中环境背景维度的四个子维度在封闭性和开放性技能连续体上的分布状况

三、动作技能分类的新探

我国学者张振元（2007）认为，技能分类问题事关重大，应当引起学术界和有关方面的高度关注；技能分类新理论体系的形成更是一个艰苦的探索过程，需要不同视角、不同层面学术思想的交流、碰撞和扬弃。他提出了社会通用性的强弱这一技能分类探新的标准，并将动作技能分为普通技能和特殊技能两大类。

（一）技能分类探新的标准

张振元认为，凡未能付诸行动、转为动作，而仅仅局限于"心里做事"的所谓"技能"（如智力技能）均不能称为"技能"，而应当归入"知识"的范畴，并予以适当命名（不妨仍然归属于认知心理学所谓的"程序性知识"）；"技能"应当专指"动作技能"。在此前提下，还需要对技能进行重新分类。分类当然可以有许多种标准，但是张振元认为，当前首要的是要根据社会分工的历史法则及其当代社会的人才标准，从适应经济社会发展和全体社会成员自身全面发展的角度，选择一个合适、合理、易于执行的标准。而这个标准应当是社会通用性的强弱。

1. 社会通用性的强弱反映社会需求的状况

就内部分类而言，有些技能有着巨大社会需求量，在许多产业、行业、职业、职业群的岗位中能够通用，就业面较宽；有些技能则社会需求量很小，仅在十分有限的行业、专业、职业、职业群的工作岗位中有一些需求，就业面很窄。前者有着较强的社会通用性，后者的社会通用性则较弱。社会通用性的强弱是社会需求状况的晴雨表，因而也应当是技能分类的主要标准。比如，工程技术人才有着较为广泛的社会需求，因此，选择学"工"，向着成为"知识—技能型"和"技能—知识型"人才道路迈进的人就相对较多；体育竞技、杂技表演人才的社会需求量较小，因此，选择学"技"、学"艺"，想成为特殊技能人才的人就相对较少。因此，相对而言，工程技术类的技能有着较高的社会通用性，而体育竞技、杂技表演类技能的社会通用性就较低。

2. 社会通用性的强弱反映教育改革与发展的需求

我们需要采用一种科学、合理、符合教育发展实际的标准，对技能进行具体的分类。而这个标准正是社会通用性的强弱。作为社会人才需求晴雨表的教育，必须忠实地反映社会人才需求发展变化的状况；而对于培养技能人才的教育来说，它也必须忠实地反映技能教育自身的规律和特点。

3. 社会通用性的强弱反映技能人才自身的特点

技能分类不仅应该反映社会需求状况和教育改革与发展的需求状况，而且应该反映技能人才自身的特点。有些人动手能力较强，操作技能素质较高，对相应的技术理论知识也有较强的接受和消化能力，就可以选择接受社会通用性强自己又能适应的普通技能教育，以便将来成为相应的普通技能人才（即知识—技能型和技能—知识型人才）；有些人在运动或表演方面很有天赋，超越常人，则应当选择接受虽然社会通用性较弱但自身却恰恰能够适应的某种特殊技能教育，以便将来成为某种特殊技能人才。

（二）对动作技能分类的探新

根据社会通用性的强弱，张振元提出，动作技能可以分为普通技能和特殊技能两大类别。

1. 普通技能

普通技能是指以动手能力为核心的操作技能，它是人类在长期发展进化的过程中"制造和使用工具"、从动物中分离出来所依赖的、最能够体现人的本质特征的根本性技能。就人才类型的对应性而言，普通技能的拥有者主要是知识—技能型人才和技能—知识型人才，前者技能的知识含量较高、操作复杂程度较低，属于技术层面的技能和间接的生产力；后者的技能操作复杂程度较高、知识含量较低，属于生产层面的技能和直接的生产力。

2. 特殊技能

特殊技能是指操作技能之外的其他超常规技能，这些技能既需要一定的禀赋，也需要特殊的后天训练。主要包括身体技能（即身体做出超常规动作的技能，如体育竞技技能、杂技表演技能等）、器官技能（即人体器官如发音器官、视觉器官等表现出超常规的技能，如歌唱技能、绘画技能等）。这些技能也以操作技能为基础，并且反作用于操作技能，是人类自身发展的重要成果，对于人类自身发展来说也具有重要意义，在人类精神文化生产、生活中发挥重要作用。例如，包括体育竞技、艺术表演在内的文化产业已经成为许多发达国家的支柱产业，而这些产业的核心从业人员——体育竞技人才、艺术表演人才——也成为我们这个时代能够创造巨大经济效益和社会效益的重要人才，我国的姚明、成龙、李连杰，英国的贝克汉姆、维多利亚，美国的乔丹、伍兹、杰克逊等就是典型的例证。

第二章 操作技能学习概述

生物体通过学习适应环境的特征，并从经验中获益，以达到生存和延续物种的目的。对于人类来说，学习能力同样是至关重要的。因为人类与生俱来的技能非常有限，人类通过学习才获得了交谈、书写、阅读以及音乐、运动、工业等较复杂的技能。而各种操作技能的获得更是不断学习的结果。与初学者相比，由于"专家"经过长期的专门训练和学习，能熟练、精确地完成操作，显示出精湛的技艺。因此是否经过某技能的专门"学习"常用于区分初学者和"专家"。我们都知道，学习是一个过程，在此过程中学习者的技能操作水平不断提高，最终成为熟练操作者（skilled performer）。无论是教师、教练还是康复理疗师，正确认识学习的本质对于学习过程的安排都将是很有益处的。因此，本章将着重介绍操作技能学习的绩效、学习的相关理论、学习阶段以及操作技能形成的特点。

第一节 操作技能学习的绩效和概念

一、绩效的特征和绩效曲线

（一）绩效及其特征

绩效（performance）可以简单地认为是直接观察到的操作行为效果。相对于操作技能来说，绩效就是个体完成技能操作动作时我们所观察到的行为，例如操作工完成机械操作、护士完成输液时的动作。

绩效水平的提高是练习所带来的最直接、最明显的结果，这种绩效的提高可以通过多种方法进行测量。但是操作技能学习的含义并不等同于绩效的提高，只是具备某些特征的绩效改变才表明操作技能学习的发生。技能学习过程中，绩效主要有四个特征（张忠秋等，2006）。

1. 提高性

首先，技能的绩效表现为在一段时间内绩效水平的提高。这里个体操作技能的水平是随着时间的推移逐渐提高的，而且学习并不总能提高操作水平。这些情况下，练习不当会产生一些不好的习惯，这些不好的习惯还会阻碍技能绩效的进步，绩效还可能随着这种不当练习的持续而变得越来越糟糕。但是，由于本书仅关注技能的获得与掌握，所以，我们将集中讨论学习时绩效能力的提高。

2. 一致性

其次，随着学习的进步，绩效一致性提高，即从一次绩效到下一次绩效，个体的绩效特征会变得更为相似。在学习的早期阶段，各练习间的绩效特征通常是不稳定的。但是，到了最后绩效特征会变得更为一致。

在这里有一个相关概念——稳定性，当技能操作一致性提高时，一些绩效行为特征会更加稳定。在这里是指已经习得的新行为不会轻易因个体或环境特征的微小变化而受到干扰。

3. 持久性

我们观察到学习的第三个绩效特征是绩效提高具有持久性，即随着个体在某项技能中不断取得进步，已经得以提高的绩效能力能够保持相当长的时间。某人如果学会了某项技能，他就能够在今天、明天、下一周等时间内表现出绩效水平的提高。任何情况下都表现出练习阶段末的绩效水平。

4. 适应性

最后一个重要的与技能学习有关的绩效特征，是已经提高了的绩效能力与绩效环境特征的变化相适应。我们不会永远在绝对相同的情景下操作某项技能，而总是在不同的情景下操作技能。这些差异是由于我们自己的情绪状态、技能本身的特点、环境的不同（如气候条件、技能操作的地点）等原因造成的。因此，成功操作技能需要适应个人、任务和环境特征的不同变化。当某人学习一项技能取得进步时，他在变化了的环境中也能保持基本相同的绩效。

（二）绩效曲线

评价操作技能学习进展最简单的办法就是通过测定和收集个体各次练习的绩效，绘制绩效曲线。随着练习的进行，个体的绩效变化可以通过"绩效曲线"的走势和变化表示出来。通常，个体练习次数的增加，其绩效也会随之提高，并且各练习之间的绩效波动逐渐减小，即通过练习，个体的绩效逐渐提高。这样就可以根据绩效曲线所反映的操作绩效特征来推测操作技能学习的情况。例如，你正在教授一个学生学习职业操作技能，你在每天的特定时间观测记录这个学生操作的正确次数，并对完成操作的不同动作质量赋予不同的分值。一个学期后，通过这些操作绩效的记录以及根据记录绘制的绩效曲线，你能清楚地看到学生绩效的改善和成绩一致性方面发生的变化。

但是，绩效曲线不一定能准确代表学习，仅仅通过观察技能的绩效就对学习做出评价，很可能得出错误的结论。原因至少有以下两个方面：一是因为练习的情境中可能包含的一些绩效变量，往往夸大或减弱动作真实的绩效情况，例如，疲劳、药物、气氛、动机等非学习变量的影响；第二个原因是出现了"高原现象"，这种绩效也不能代表学习的真实情况。因此，通过绩效曲线观测操作技能学习时一定要谨慎，将该方法与其他方法结合起来测量效果可能会更好。

练习绩效可能会夸大或低估学习。解决这个问题的方法就是运用保持测试或迁移测试来评估学习。如果某人的练习绩效确实代表了学习的话，那么，此人在保持测验中就会表现出持久性的特征，这些特征与他在练习末的操作情况相差不多。同样，迁移测验中的绩效则证明了此人提高了适应新环境的能力。

在技能学习的过程中，某人在学习方面觉得没有任何进展是常见的事情。但是由于某些原因，经过一段时间之后，此人又会重新开始进步。在这一阶段中，此人没有取得进步的现象就被称为"高原现象"。

出现绩效高原现象的原因大致有以下几方面：一是高原现象代表了个体正从技能学习的一个阶段向另一个阶段过渡。在此期间，个体将发展任务所需的新策略以提高技能操作水平。因此，只有新策略完全形成并得以实施，技能水平才会有所提高。二是绩效高原显示个体在此期间动机不足、非常疲劳或者不能集中注意去操作技能。

二、操作技能学习的概念

如前所述，绩效并不能完全代表学习的真实情况，但是某种条件下绩效的提高可以显示学习的发生。根据这一观点，操作技能学习可以界定为：个体因练习或经历而使反应能力（或潜在反应能力）发生相对持久改变的过程（Schmidt）。

该定义的表述中包括了操作技能学习的四个本质特征：(1) 操作技能学习是一系列内部过程；(2) 操作技能学习是练习或经历的直观产物；(3) 操作技能学习的内部过程无法直接观察；(4) 操作技能学习过程是个体熟练操作能力发生相对持久改变的过程。

操作技能学习的本质特征如下（孙少强等，2006）：

（一）操作技能学习是一系列内部过程

"过程"就是一系列事件（events）共同作用以产生某种状态或改变。例如，阅读时我们将视觉信息进行编码转化为某种意义、运动，或者我们从记忆中提取或恢复（retrieve）某种运动程序等。同样，操作技能学习也可以视为一系列内部过程，在此过程中众多事件和环节共同作用以产生某种能力的提高。而且这些内部过程是以人体神经生理机制为基础的。研究证实，操作技能学习过程中，中枢神经系统会发生相应的形态学变化。这些变化包括：神经分支结构的增加、神经元间突触连接的增加以及从中枢神经系统内某区域（或结构）传入或传出的通路发生结构性变化。除了这些形态学方面的改变，在中枢神经系统中还可以观察到许多相应的功能改变。还有研究显示，学习过程中某些反射通路也发生相应的改变。

(二)操作技能学习是练习或经历的直接产物

许多因素都会带来技能操作能力的提高（如随着个体的成长，其技能操作的能力不断增长），然而，操作技能学习是练习或经历的直接产物，而不是发育、成熟、情绪、动机等因素的作用。在操作技能学习情境中，一些条件或变量只影响操作绩效（performance），却不影响学习，这些变量称为绩效变量（如疲劳、厌恶、某种练习顺序等）。而另一些变量既影响绩效又影响学习，这些变量称为学习变量（如练习、经历等）。绩效变量对操作绩效所产生的影响是暂时性的，随着条件的变化或适当的休息调整后，这些作用会消失。而练习、经历等学习变量对操作绩效的作用是持久的，并在必要时发挥作用。

(三)操作技能学习的内在过程无法直接观察

操作技能学习的实质是相应能力的改变，并以中枢神经系统形态、功能等方面的变化为基础。但是，这些复杂的过程，如通过学习感觉信息组织方式的变化，刺激登录（stimulus identification）自动化过程的增加、反应选择和参数化能力的提高，形成更准确的参照体系等都无法直接观察。尽管无法观察到操作技能学习的内在过程，但是学习过程所产生的结果（更熟练的技能操作、操作绩效的提高等）都是可以直接观察的。因此，通过运用适当的方法评估绩效可以间接推测操作技能的学习。

(四)操作技能学习过程是个体操作能力发生相对持久改变的过程

操作技能学习过程是个体熟练操作能力发生相对持久改变的过程，而不是短暂的、可逆转的即时绩效改变。这一特征至关重要，它可以将学习效果从情绪、药物、疲劳等绩效变量所造成的暂时绩效改变中区分出来。只有通过对个体操作绩效的反复观察才能客观地推测学习效果。教师（教练）在判断某种教学方法是否有效时，常使用这一策略。经过时间的检验后，可以利用这些直接观察到的绩效来制定个体在学习过程中的进步程度。

第二节 操作技能学习理论

操作技能学习理论遵循一条由行为主义学派向认知学派转化的发展道路。20世纪初，学者们最先用行为主义理论解释操作技能的学习过程，出现了联结学说、行为强化学说等。至20世纪50到60年代，由于信息加工心理学理论的建立，操作技能学习的理论基础也相应地发生了变化。80至90年代，认知心理学的发展，为操作技能的研究提供了新的理论。

一、行为主义学派理论

20世纪初，行为主义兴起，成为心理学的主流。行为主义对动作技能的研究最初关注的是经典条件反射学习，此后转向研究操作性条件学习。行为主义基于学习是S-R联结的基本观点，提出了动作学习的习惯论。从S-R联结的观点看，动作学习就是人的外显动作行为在外部影响作用下的变化过程，动作学习的结果就是形成稳定、连贯、准确的动作序列和动作习惯，动作技能的提高就是动作序列和动作联结不断延长，动作技能形成后用于完成新的任务，就是动作行为习惯的泛化。

行为主义心理学的核心概念是反应，因而他们用刺激-反应来解释人的行为，特别重视用强化概念来说明有机体行为的塑造、保持与矫正。他们认为，有机体的某种学习行为倾向完全取决于先前的这种学习行为与刺激因强化而建立的牢固联系，如果有机体的某些活动产生积极的后果，行为受到强化，那么有机体就会增加其反应，再次重复该行为，并逐渐巩固下来，成为它的全部行为储备中的一部分。同时，这些活动便获得了习惯强度，以后，只要出现适当的环境刺激，活动便会自动地出现。动作技能的学习本质上就是形成了一套刺激-反应的相互联结系统。例如，儿童学习使用钥匙开门，就必须学会一个系列的肌肉反应动作：首先要用手拿钥匙对准锁孔，然后确认插入的位置是否准确，还要将钥匙完全插入并向正确方向旋转，最后推开门。如果最后环节上缺少强化物（打开了门），儿童使用钥匙开门的行为就会发生消退，整个联结也将随之消失。

最早对于人类学习行为进行全面研究并提出完整理论的是桑代克（Thorndike, 1913），他是行为主义学习理论的典型代表。他认为，学习是一种尝试－错误的过程，通过不断地尝试各种动作，逐渐将错误反应淘汰，保留正确的反应。因此，学习也就是刺激与反应之间自动联结的过程。桑代克提出了效果律概念，指出刺激和反应之间如果伴随着满意的状况，即有效行为，就会记住有效行为，增强刺激和反应的联结。反之，如果伴随着不满意的状况，就会削弱刺激和反应的联结。桑代克的联结理论来源于其对动物的学习研究，其中最著名的是关于猫的学习研究。猫通过尝试学习学会了获取食物的操作技能，并由此得出，学习是一种渐进的、盲目的、尝试与错误的过程，随着错误反应逐渐减少，正确反应逐渐增加，终于形成固定的操作反应，即刺激反应之间形成联结。

桑代克于1927年将学习理论应用到人类动作学习过程上，并进行了实验性研究。在实验中，被试的任务为蒙上眼睛做不同长度的画线任务。结果发现，在动作学习过程中，曾获得结果反馈的被试，动作学习有明显的进步。相反，没有获得结果反馈的学习者，动作学习效果并不显著。因此，桑代克认为，反馈是影响动作学习的重要因素之一，只有通过反复的练习和尝试与错误，最终才能习得动作技能。但应该看到，用生物学的观点来推导人类动作技能的学习规律，有不科学之处，人的尝试是积极主动的，伴随有复杂的分析和综合的加工过程，我们只能说在人的动作技能学习过程中，存在某种程度的尝试与错误成分。

斯金纳提出了操作性条件作用理论来解释操作技能的形成。他的理论认为，一切动作技能都是在强化的影响下，通过训练获得的。在操作技能的学习和训练中，对正确的动作给予强化，就会使这种动作发生的概率增加。从而，使有机体掌握这种动作。因此，斯金纳的理论又称为强化理论。

斯金纳设计了著名的"斯金纳箱"实验。他的箱子是为了去掉所有的无关刺激而专门制造的。在实验中，把一只小白鼠放入箱内，并允许它自由探索。在一般的探究行为中，小白鼠或快或慢地、偶然地按压了一下能启动食物仓的杠杆，于是一食物丸掉进盘内。在强化几次之后，条件作用通常就迅速地形成了。这里值得注意的是，小白鼠的行为是操纵环境（按压杠杆）的，并且是获得食物的工具。因此又叫工具性条件作用或操作性条件作用。

由于行为主义学派的代表人物华生认为有机体的认知活动是弄不清楚且很难控制的，所以他要把它（意识）从心理学中赶出去。因此，斯金纳的操作条件反射只研究刺激反应。当然，并非讲条件反射就不考虑大脑的活动，事实上经典条件反射的创始人巴甫洛夫就十分重视脑内的活动，提出了暂时神经联系的一套高级神经活动（即大脑皮层的活动）的学说。

二、信息加工理论

季浏等人（2010）的研究指出，技能获得的信息加工理论主要是从信息加工角度对技能学习过程中所涉及的加工装置、加工流程及加工阶段特点进行描述，揭示技能操作习得的内部机制（Singer，1980）。动作信息需要在中枢系统依次经过一连串的加工处理后才能产生动作，信息的加工过程是由感觉输入、知觉过滤、短时储存、有限注意通道、运动控制、运动输出和信息反馈依次循环进行的，每一阶段有其自身的特点。

施密德（Schmid，1991）将动作技能的信息加工过程分为三个阶段，即刺激辨别、反应选择和应答编程。

在第一阶段，系统要确定刺激是否存在，如果有，它是什么，这一阶段的功能是获得刺激的一些表征。

第二阶段为反应选择阶段，它的任务是根据现有的环境特点，决定做什么动作。这一阶段需要选择一个有效的动作，如是刹车还是加速，这是感觉输入和动作输出之间的一个转换阶段。

第三阶段的任务是对运动系统进行组织以完成所希望的动作，在动作实施前，系统必须在脑干和脊髓等低级中枢为操作做好准备，组织好一个最终控制动作输出的运动程序，指挥肌肉以正确的次序、适当的力量和时机收缩，以产生这个有效的动作。

三、认知学派理论

　　早期的认知理论与信息加工理论有十分密切的联系。认知心理学是在控制论、系统论、信息论的出现以及在电子计算机、人工智能和语言心理学突破的条件下产生的一种极富影响的、生机勃勃的心理学思潮。在这种思潮的冲击下，西方许多原持刺激—反应联结论观点的学习心理学家逐渐转变为认知理论观点的支持者，形成一个认知—联结的新阵营。

　　认知学派的学者认为，人类学习（包括动作技能学习）并非是一个直接的、机械的 S—R 的联结过程，而应在 S—R 形成联结之间镶入一个"中介变量"，即个体的内部条件和内在动机，包括认知、目的、意识能动性等。学习在于构造（组织）一种完形（整体），是通过领悟、理解、推理等来实现的。如这种观点的代表人物，当代西方著名的学习实验心理学家 R. M. Gagne 把学习（包括动作技能的学习）解释为：是不断形成一个在意义、态度、动机和技能各方面相互联系着的，越来越复杂抽象的模式体系（即认知结构）。所以，新的学习一定要适合学习者当时的认知水平。他把动作技能形成看成是一个多因素构成的多阶段过程并由多种记忆成分所贮存的模式结构。

　　这种认知论观点，把动作技能的学习（形成）解释为：是在特定的情境（动作行为环境）下，知觉在意识的支配下，理解性、目的性地筛选、检索外部信息，所摄信息通过机体的外导系统（视觉、听觉、触觉）和内导系统（动觉、平衡觉）的输入，在相应的神经中枢内进行整合，经过反复多次的反馈强化后，动作达到对特定情境的适应。也就是说，此时被校正的信息由短时记忆逐渐转成长时的动作记忆形式，在大脑皮质内贮存起来。这种贮存不能脱离已经建立的旧的认知结构和动作经验，其中意识又是动作信息贮存过程的伴随物，有着能动的过程。换句话说，动作技能的学习，不仅仅是通过反复的试误（练习）而习得一个"巩固的刻板的链锁反射"的机械反应过程，而练习者的学习意义、目的、态度、经验、理解、领会、认知结构和认知策略（智力技能）等内部因素，是实现动作技能形成成功的关键"自变量"。但又不能否认，动作技能一旦形成，变成熟练和技巧，意识对其的控制又趋向减弱，甚至消失的这一现象。（刘速，1985）

操作技能理论的现代发展，越来越重视认知在技能形成中的作用。研究者强调操作技能的学习离不开感知、记忆、思维、想象等认知活动的参与。在操作技能的形成中，学习者必须理解与某动作技能有关知识、性质和功用，回忆过去学习过的与眼前任务相关的动作行为，预期与假设解决问题所需要的反应和动作，形成目标意象和目标期望，把自己的反应与示范者的标准反应进行比照，找出误差，采取对策监控，调节自己的反应。动作技能水平越高，越需要学习者有较高水平的认知参与。

例如，韦尔福德（A. T. Welford）提出了动作技能形成的模型，该模型分为三个连续的阶段。一是感觉接受阶段，该阶段的学习者面临着一定时间内输入多少信息的问题，学习者必须通过知觉对信息加以选择性注意，才能把重要的信息储存于短时记忆中。二是由知觉到运动的转换阶段，这一阶段有双重意义，既对感觉的输入作出反应，又激起效应器的活动。三是效应器阶段，它是指转换完成后，大脑发出神经冲动沿着运动神经纤维传到相应的效应器官，产生动作；同时，动作的进行受到反馈的调节，形成一个反应环路。

再如施密特的图式理论，它以"图式"这一认知学派的经典术语来解释运动学习。该理论认为，图式的一个重要特征就是从有关的经验中抽取重要的信息，并将这些信息组成一套法则。操作者从每一次的运动经历中抽象出四个方面的信息：一是与反应有关的最初条件的信息，如机体所在的位置，作出反应的环境条件等，这些信息都是在反应作出之前的一些信息；二是作出某一反应所需的信息，它们是对运动的具体要求，如方向、速度、力量等等；三是反应感觉结果的信息，这是运动实际作出时和作出后通过各种感觉系统所得到的反馈信息；四是反应结果本身的信息，这是通过对比实际操作结果与预想结果而产生的。随着反应被不断地练习，这些抽象的信息被综合成用于控制反应的图式。运动图式又分为回忆图式和再认图式，各个图式有其自己的作用。回忆图式负责确定所需要的反应，该图式将具体的反应指令加到运动程序中，并使运动得以执行。回忆图式本身是一个运动程序。再认图式使操作者通过对比实际感觉反馈信息与预期感觉反馈信息，进而评价最初运动的正确性，然后作出运动矫正。图式理论的主要特征是：它为预测在新的反应情境中的成功操作提供了一条途径。

我们可以看到，研究者越来越重视认知在技能形成中的作用，现代技能形成理论无一不打上认知学派的烙印。

第三节 操作技能学习的阶段性

操作技能学习的一个特征是分阶段进行的，处于不同技能学习阶段的个体，其操作表现的特征是不同的。随着不断地练习，在适当的条件下学习者的操作将发生某些变化，而这些变化又可以通过各种指标反映出来。为了更好地理解操作技能形成的过程，研究者提出了各种阶段模型（张忠秋等，2006；孙少强等，2006；祝蓓里等，2000）。

一、费茨和包斯纳的三阶段模型

费茨（Fitts）和麦克尔·包斯纳（Michael Posner）在1967年提出了经典的操作技能学习三阶段模型。他们的模型至今还被研究人员引用。他们提出学习一项运动技能包含了三个阶段。第一阶段被称作认知阶段（cognitive stage），学习者集中在以认知为主的问题上。例如，学习者经常试着去回答这些问题：我的目标是什么？我该把胳膊移多远？握这个器械的最好方式是什么？当我的腿放在这儿时我的胳膊应该在哪里呢？除此之外，当学习者得到教练员的反馈时，他必然有相应的认知活动。

第一阶段的练习会出现许多错误，这些错误往往会是一些大错。第一阶段的操作同样也极易发生变化，从一次练习到下一次练习，缺乏一致性。并且学习者即使可能意识到他们的动作不正确，一般也不知道如何来改进它。

在费茨和包斯纳模型中的第二个学习阶段被称作学习的联结阶段（associative stage）。这表明人认知阶段的认识活动特征在这个阶段发生了改变，因为人们已经学会把某些环境线索与完成技能目标所需要的活动联系起来。自从掌握了技能的基本原理或技术后，尽管还需要继续提高，但是他们犯的错误会越来越少，也越来越不太严重。费茨和包斯纳把这个阶段称作为改进精炼阶段。在这个阶段中，人们主要将注意力集中于如何能成功地完成技能，并且使它从一次练习到下一次练习更具有一致性。在这个过程中，操作的可变性程度开始减小。在联结阶段中，人们掌握了在操作中发现和找出错误的能力。

在经过一段时间可能几年的练习和体验之后，个体进入到了学习的最后阶段，即学习的自动化阶段（autonomous stage）。在这个阶段，技能几乎变成自动的、习惯化的，人们不再有意识地去考虑他们应该怎样做，因为当操作技能的时候，已经不需要去思考具体细节了。他们在完成动作的同时还能做另一些事情，例如，当他们正在打字时也能交谈。在此阶段操作的变化性是非常小的：熟练的人能连贯地去完成从一个动作到下一个动作过渡的技能。另外，这些熟练的操作者能发现自己的错误并做出恰当的调整去纠正它们。费茨和包斯纳指出，并不是每一个学习一种技能的人都可能达到这个阶段。练习的量、指导和练习的程度是决定这个最终阶段成果的重要因素。

正如费茨和包斯纳的模型，如图 2-1 所示，该模型强调三个阶段是练习连续过程中的一部分。学习者没有从一个阶段到另一个阶段的突然变化，而是逐渐地转移或改变。正是因为这个原因，所以在一个特定时期去区分某个个体到底是处于哪个阶段是非常困难的。

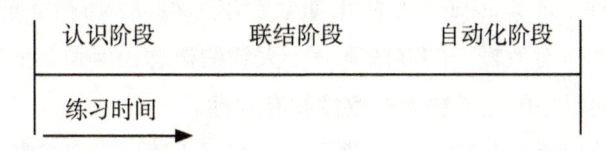

图 2-1 费茨和包斯纳模型时间轴上的各个学习阶段

二、金泰尔的两阶段模型

金泰尔（Gentile）在1972年从不同视角提出了一个操作技能学习的两个阶段。与费茨和包斯纳提出的模型相比，她认为运动技能学习进展需要经历两个阶段，她是根据学习者在每一阶段的不同目标提出来的。

金泰尔把第一阶段称为"最初阶段"。在这一阶段，学习者有两个重要的目标需要完成。一个目标的是获得运动协调模式，这种协调模式可以帮助学习者成功地达到技能动作目标。这就意味着学习者必须完善与在一般环境中操作技能相匹配的特征。例如，一个人开始康复抓握技能，就必须集中于根据抓握目标的物理特征，形成其胳膊和手的运动特征。如果这个人必须触及并抓到桌子上的杯子，这些调整的情况包括杯子的大小和形状、杯子的位置等。

学习者的第二个目标是在他练习技能时，学会区分所处周围环境中的调整和非调整的条件状况。与调整条件不同的是，非调整条件是指不影响完成动作目标的操作环境特征。仍然举拿到杯子的例子，杯子的颜色以及放杯子的桌子形状是与触及并抓住杯子无关的信息，并且此信息并不影响技能动作的完成。

为了达到这两个重要的目标，初学者试图探索运用不同的动作。通过一次次的尝试和失败，学习者体验到了与调整条件的要求相匹配和不匹配的动作特征。因此这些经验除了不成功之外就是成功的。此外。学习者为了要达到动作行为目标需要解决许多的问题，因此进行了大量解决问题的认知活动。当学习者达到这个阶段末时，他就已经发展了一种可以完成一些活动目标的动作协调模型，但是这种成功的操作并不具有一致性，而且操作的有效性也不是很强。然而正如金泰尔（2000）所描述的那样："现在尽管学习者对有效操作的办法有一个大致的概念，但是，他的操作还并不熟练。运动目标的完成缺乏一致性和有效性。"

第二个阶段金泰尔称为后期阶段。在这一阶段，学习者需要获得以下3种主要特征：第一，人们有必须发展运动模式的能力，以适应不同的操作情景；第二，人们必须提高完成技能目标的一致性；第三，人们必须学会经济有效地操作技能的方法。

在金泰尔模型中，第二个阶段的一个独有特征是，要依靠技能类别来制定学习者的目标，即开放的或闭锁的技能方式限定了这些目标。在最初阶段，闭锁技能要求获得稳定的动作协调基本模式，这就意味着学习者必须完善这个模式，以便能够一致性地完成动作目标。学习者试图用很少的力（如自如地）和最小的体力能量去完成这种动作模式。因此，在这个阶段一种闭锁技能的练习，必须让学习者将所需动作协调模式定型，这样才有能力去一致性地操作。

另一方面，在学习的最初阶段，开放性技能需要形成基本运动模式的多样性。因此，与闭锁技能不同，开放技能的一个重要特征在于，要求操作者很快地去适应不断开放变化的空间和时间的调整条件。这些条件在一个操作尝试和两个尝试间都会发生变化。因此，这个阶段的学习者必须获得检测周围环境，并作出相应调整的能力，而不是学着自动完成一系列的动作。因此，在这个阶段练习开放技能必须为学习者提供调整需要的经验。

进一步考虑金泰尔学习模型中的第二个阶段，它要求操作者改变已经获得了的动作模型特征来达到操作环境的要求。闭锁技能模式与开放技能模式的获得是不同的。

对于闭锁技能而言，模式的改进主要是指动作特点的变化，而不是模式本身固定特征的变化。例如，打保龄球时由于第二次打球与第一次打球剩下的球瓶数和摆放位置不同，打球者需要改进动作特点（如发球的位置和球速）来击中球，而不是改变动作协调模式。在不同类型的草地或沙滩上打高尔夫的时候，打球者需要变化他们的站姿或挥杆的轨迹，而不是改变打高尔夫本身固有的动作特征。同样，由于会出现不同的情况，还需要考虑调整力度的大小，但是握杆动作的基本特征是不变的。然而，对于开放技能而言，操作者可能需要改变运动模式的固定特征或特点。例如，当一个网球运动员的动作目标是回击对方的发球时，他可能准备去用正手回球；当球发出后，他又可能要改变为反手回击。再例如，一个行人的行为目标是穿过一个十字路口，开始他可能是步行，但是由于红绿灯变了，他就不得不跑着穿过剩下的路程。

最后，有必要指出的是，闭锁性技能和开放性技能有不同的动作变化类型，要求操作者有不同的动作计划和准备。操作者操作闭锁性技能没有时间限制或仅有少量的时间限制去制定计划和做准备。而在开放技能的学习中，则没有太多的时间允许操作者去制定计划和做准备工作。这些不同之处就表明：在开放技能的练习过程中，不仅要具备预料环境变化的能力，而且还要具备迅速适应环境的能力。

三、亚当斯的两阶段模型

孙少强等人的研究指出，与费茨和包斯纳的三阶段模型不同，亚当斯（Adams）在1971年提出了动作技能学习的两阶段模型。他认为动作技能学习的最初阶段并不单纯只存在认知成分的学习，学习者在该阶段同样学习了技能中一些最基本的动作形式，比如踩油门、踩刹车、踩离合器、换挡、控制方向盘等。因此，将动作技能学习的第一阶段界定为语言－运动阶段（verbal-motor phase），以求较全面地概括运动技能学习的特点。该阶段相当于费茨和包斯纳模型中的认知和联结阶段。亚当斯模型的第二阶段与自动化阶段相对应，称为运动阶段（motor phase），该阶段主要是动作结果的输出。但是，在几乎自动化的动作输出阶段，学习者虽然不需要有意识地注意整个动作的输出过程，但是仍要加工认知信息。这样，亚当斯对模型第二阶段的命名同样是不全面的。因此，孙少强等人认为我们必须充分认识操作技能学习过程的复杂性，在此过程中认知成分和动作成分是相辅相成、不可分割的，只是动作技能学习的不同阶段认知和动作成分的特点不同而已。

四、加加耶娃三阶段理论

该理论是由苏联学者加加耶娃（Γ.M.ΓaraeBa，1952）创立的，她在纯生理学的基础上把动作技能的获得过程分为以下三个相互联系且各具特点的发展阶段。

（一）掌握局部动作的阶段

该理论认为，练习者在学习动作技能的初期，神经过程处于泛化阶段，内抑制过程尚未精确建立，因此常常会产生一些多余动作；或者由于神经、肌肉过度紧张而使动作呆板、不协调，掌握动作的时间、空间不准确。练习者在这一阶段主要是通过观察教师的示范动作进行模仿练习，即借助于视觉来直接控制自己的动作。由于动觉的感受性较差，动作的控制力不强，尚难以发现自己动作的错误和缺点。

所谓泛化是巴甫洛夫的用语，指的是任何一个刺激一旦成为条件刺激时，在初期不仅本身能引起条件反射，就是和它相似的刺激也会产生条件反射的这种效果。大脑皮层内兴奋过程的扩散是引起泛化的主要机制。所谓内抑制也是巴甫洛夫的用语，指的是在一定的条件下使原来在条件刺激作用下，出现过的兴奋过程的那些皮层细胞有条件地加以抑制。只有在中枢神经系统的高级部分发生内抑制的条件下，才能消除多余的动作或错误动作。所以，为了使练习者正确地掌握一系列局部动作，教师在讲解新动作时，应突出动作的主要特征，并与邻近的动作相区分，以便使练习者的注意指向于动作的主要特征和及时纠正错误动作或多余动作。

（二）初步掌握完整动作的阶段

该理论认为，练习者处在这一学习阶段时，经过练习已能把许多局部的动作联合成一个完整的动作系统，其神经过程逐渐形成了分化性抑制，即对于近似于条件刺激的刺激，经过若干次的不予强化使之不再引起与条件刺激所引起的同样反应。大脑皮层的兴奋过程和抑制过程在时间和空间上日趋准确，内抑制过程逐步加强，从而使神经或肌肉的紧张程度有所降低，多余动作逐渐消失，识别错误动作的能力也逐渐增强。与此同时，肌肉的动觉感受性逐渐提高，而视觉的监控作用逐渐减弱，依靠肌肉运动感觉来判断和控制动作的能力逐渐加强。

（三）动作协调、完善的阶段

该理论认为，练习者处在这一学习阶段时，动作技能的动力定型已经巩固地建立起来，各个动作已联合成一个有机的系统，并且稳定巩固下来。所谓动力定型，是指条件反射的连锁系统。其特点是，当它形成以后，一旦有关刺激物作用于有机体，这个条件反射的连锁系统就自动地出现。所以，又称之为自动化的条件反射系统。形成了动力定型之后，可以大大地节省我们脑力和体力上的消耗，提高活动效率。而且，意识的控制作用减弱，或者只需要对个别动作起调节作用。只有当要求注意全部动作的情况下，每个动作成分才被清晰地觉察到。

五、冯忠良的四阶段理论

我国教育心理学家冯忠良教授从职业操作技能掌握过程出发，认为职业操作技能的形成过程可以划分为操作定向、操作模仿、操作整合、操作熟练四个不同的阶段，如图2-2所示。

（一）第一阶段：操作定向阶段

1. 操作定向的含义与作用

操作定向即了解操作活动的结构与要求，在头脑中建立起操作活动的定向映像的过程。虽然操作技能表现为一系列的操作活动，但在形成之初，学习者必须了解做什么、怎么做的有关信息与要求，形成对动作的初步认识，即首先要掌握与动作有关的陈述性知识与程序性知识。有了这种定向映象，学习者在以后实际操作时就可以受到该映像的调节，知道做什么、怎么做。

操作定向是操作技能形成过程中的一个重要环节，是操作活动的自我调控机制。也就是说，准确而清晰的定向映象可以有效地调节和控制实际的操作活动，去做这样或那样的动作，注意或利用有关的信息。缺乏定向映象或受到错误的定向映象调控的操作活动经常是盲目尝试，效率低下，难以形成合乎要求的操作活动方式。操作的定向映象在操作技能形成中的作用已为许多研究所证实（参见冯忠良，1981），例如，苏联著名心理学家查普罗塞兹等对4～7岁儿童的运动技能形成的研究表明，在形成那些对灯光和声音信号的呈现次序相符合的按压反应程序、走迷宫与初级的体

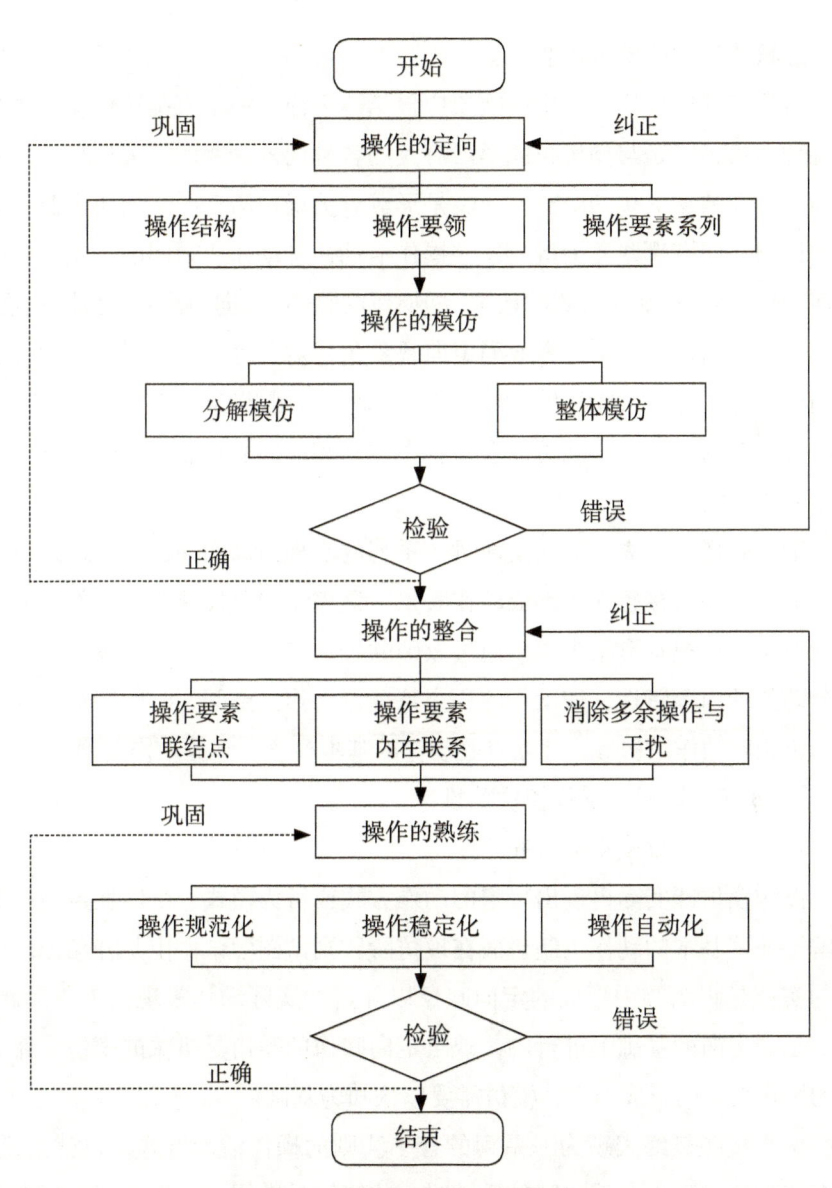

图 2-2　操作技能形成过程示意图

育运动技能时，有预先的定向和无预先的定向，不仅对这些运动技能的形成有重大影响，而且对这些技能的运动也有重大影响。因此，不应忽视操作的定向环节在操作技能形成过程中的作用。

2. 操作活动的定向映象

所形成的操作活动的定向映象应包括两方面，一是有关操作动作本身的各种信息，二是与操作技能学习有关的各种内外刺激的有关信息。第一方面的定向映象又包括两类：一类是形成有关操作活动的结构要素及其关系的认识，即有哪些要素构成某一操作活动，各动作要素间的关系、顺序如何；另一类是对活动方式的认识，即操作的轨迹、方向、幅度、力量、速度、频率、动作衔接等。第二方面的定向映象包括对各种有关和无关的内外刺激的认识与区分，如有哪些反馈信息可以利用，哪些刺激容易引起分心等。学习者了解这些信息，就可以在头脑中建立相应的心理表征，即起到定向作用的心理映象。

定向映像的建立、形成是通过一系列的心理活动而完成的。通过对教师示范动作的直接感知而形成动作表象，该表象主要反映肌肉动作的外部直观形象，以视觉形象为主；通过教师的进一步讲解，学生在头脑中正确区分动作的内部特性，如动作的用力特征，动作的空间、时间特征，动作间的协调和动作结构等，建立有关动作的基本概念，掌握动作要领。

（二）第二阶段：操作模仿阶段

1. 操作模仿的含义与作用

操作模仿即实际再现出特定的动作方式或行为模式。个体在定向阶段了解了一些基本的动作机制，而在模仿阶段则试图尝试做出某种动作。模仿的实质是将头脑中形成的定向映象以外显的实际动作表现出来，因此，模仿是在定向的基础上进行的，缺乏定向映像的模仿是机械的模仿。就有效的操作技能的形成而言，模仿需要以认知为基础。

操作技能最终表现为一系列的合乎法则的操作活动方式，也就是说，只有实际地表现出合乎法则的活动时，才能算是掌握了操作技能。仅在头脑中了解这种活动结构及其执行方式是不够的，如果没有实际的操作，那始终是纸上谈兵。通过模仿，把知转变为行，将头脑中各种认识与实际的肌肉动作联系起来。

模仿是形成操作技能的重要环节，这表现在两方面：一是模仿可以检验已形成的动作定向映象，使之更完善、巩固、充实，有助于定向映象在技能形成过程中发挥更有效的作用；二是可以加强个体的动觉感受。动觉是一种反映身体各部分运动和姿势的内部感觉，它在操作技能形成中调节、控制动作的进行，是非常重要的一种控制机制。通过模仿，个体可以获得初步的动觉体验，有利于准确的动觉体验的产生。

2. 操作模仿阶段的动作特点

（1）动作品质

动作的稳定性、准确性、灵活性较差，这主要是由于学习者尚未建立起稳定的、清晰的内部调节系统。所谓内部调节系统，主要是指根据动作映象和动觉体验等来调控操作动作。但在模仿阶段，学习者缺乏充分的动觉经验，其作用的发挥必然受到限制。

（2）动作结构

各个动作要素之间的协调性较差，互相干扰，相互衔接不连贯，经常出现顾此失彼的现象，并且有多余动作产生。不能有意识地调配个别动作来完成动作系统，也难以改变动作之间的联系，以组成新的技术动作结构。

（3）动作控制

主要靠视觉控制，动觉控制水平较低。不能主动发现错误与纠正错误，注意范围有限，表现出顾此失彼的现象。

（4）动作效能

完成某一操作的效能较低，表现在用较长的时间、花费较大的体力与精力来从事某项活动。在该阶段，完成一个动作往往比标准速度要慢，个体经常感到疲劳、紧张。

（三）第三阶段：操作整合阶段

1. 操作整合的含义与作用

操作整合即把模仿阶段习得的动作固定下来，并使各动作成分相互结合，成为定型的、一体化的动作。学习者在模仿阶段只是初步再现出定向阶段所提供的动作方式，但对于大部分的复杂的操作技能而言，不仅要准确地做出每一个操作动作，而且还应掌握各动作间的动态联系，而这种动态联系在模仿阶段是难以实现的。只有通过整合，各动作成分之间才能协调联系，动作结构才逐步趋于合理，动作的初步概括化才得以实现。在整合阶段，个体对动作的有效控制也逐步增强。因此，整合是操作技能形成过程中的关键环节，它是从模仿到熟练的一个过渡阶段，也为熟练的活动方式的形成打下基础。

2. 操作整合阶段的动作特点

由于操作整合是动作由模仿到熟练的过渡阶段，所以其动作特点也体现了这种过渡性。

（1）动作品质

在外界条件保持不变的情况下，操作动作可以表现出一定的稳定性、精确性和灵活性，但当外界条件发生变化时，动作的这些特点都有所降低。

（2）动作结构

动作的各个成分趋于分化、精确，整体动作趋于协调、连贯，各动作成分间的相互干扰减少，个体有意识地将部分、个别动作组成整体，而不是生硬地将各动作要素拼凑。多余动作也有所减少。在有些情况下，还可以根据要求将部分动作进行重新组合而产生新的动作结构。

（3）动作控制

视觉控制不起主导作用，逐渐让位于动觉控制。肌肉运动感觉变得较清晰、准确，并成为动作执行的主要调节器。知觉范围扩大，发现错误的能力增强，注意力主要集中于动作的改进与完善。但动觉控制不稳定，外界条件变化时，视觉控制仍先起作用。

（4）动作效能

效能有所提高，疲劳感、紧张感降低，心理能量的不必要的消耗减少，但没有完全消除。由于动作衔接、转化不熟练、不灵活，所以表现出完成一个动作时快时慢，不稳定。

（四）第四阶段：操作熟练阶段

1. 操作熟练的含义与作用

操作熟练指所形成的动作方式对各种变化的条件具有高度的适应性，

动作的执行达到高度的完善化和自动化。自动化并非无意识，而是指它的执行过程不需要意识的高度控制，可以将注意分配于其他活动。操作熟练的内在机制是在大脑皮质中建立了动力定型，即大脑皮质的概括的、巩固的暂时神经联系。

操作熟练是操作技能形成的高级阶段，是由于操作活动方式的概括化、系统化而实现的。操作熟练是操作技能形成中的一个重要阶段，也是由操作技能转化为能力的关键环节，各种技术能力的形成都是以操作熟练为基础的。

2. 操作熟练阶段的动作特点

在操作熟练阶段，动作的特点实际上体现了操作技能的关键特征。

（1）动作品质

动作对各种变化的条件表现出高度的灵活性、稳定性和准确性，在各种变化的条件下都能顺利完成动作。

（2）动作结构

各个动作之间的干扰消失，衔接连贯、流畅，高度协调，多余动作消失。局部动作已综合成大的动作连锁并在神经系统中发展了一个内部程序，使完整的操作畅通无阻地进行。

（3）动作控制

动觉（肌肉线索）控制增强，不需要视觉的专门控制和有意识地活动。当动作技能达到熟练程度时，操作者凭借其动觉就能指导他的反应。据心理学家希金斯等人的研究发现，熟练的能手甚至尚未等到肌肉信号的到来，便能预料到他给自己的肌肉发出了不正确的指令，在错误发生之前，能收回这个指令。相应的，视觉注意范围扩大，能准确地觉察到外界环境的变化并调整动作方式。

（4）动作效能

在动作技能的学习进入熟练阶段时，很少需要视觉系统的监控，就可以连续地进行，一长串的动作系列似乎是自动做出来的，无须特殊的注意。这时的动作已程序化了，可以大大地减少注意和心理上的努力，心理消耗和体力消耗降至最低，表现在紧张感、疲劳感减少，动作具有轻快感。

第四节　职业操作技能的形成

职业技能的形成是职业技能掌握的一个重要阶段，也是由职业技能向技术能力转化的重要环节，人的各种技术能力必须在掌握相应的多种职业技能的基础上才能形成。本节将介绍职业操作技能形成的标志、变化规律以及心理机制。

一、职业操作技能形成的标志

职业操作技能按照水平的高低可以分为初级技能和技巧，技能的高度发展，即技巧的实现是职业技能最终形成的标志。据研究显示，在职业技能形成时技巧动作表现出下面几个显著特性：

（一）动作协调性、连贯性加强并完善

所谓协调性指的是技能系统各动作之间的相互配合和连贯。配合指的是各个动作在同一时间内的相互一致性；连贯指的是一个动作或先后相关的几个动作在继时上的不间断性。初学者的操作通常分成许多小步骤，动作忙乱僵硬，各步骤动作之间缺乏协调与连贯。而到练习后期，个别的中间反应逐渐减少，动作协调性与连贯性逐步加强和完善。练习者在动作练习的后期，动作协调连贯，姿势优美，高手更是将动作的协调连贯练至炉火纯青的地步。

（二）动作反应速度加快，敏捷性得到强化

敏捷性指的是动作的速度迅速。敏捷性增加了单位时间内的工作量，这是区别生手和熟练者的标志之一，也是职业技能形成的标志之一。技能练习的后期，由于动作协调性和连贯性的加强，动作的反应速度明显加快，动作执行非常敏捷。

（三）多余动作逐步减少至消失，有效性增加

有效性是就准确度而言的。技能练习后期，多余动作逐步减少，直到

消失，有效动作得到强化，动作的准确性增加，有效性加大，并且能根据各种情境的变化，重新组合技能动作，达到与情境的最佳匹配。操纵矿井载人升降机，其按键的准确性比反应速度重要得多；而在飞行驾驶中，要求迅速并准确地执行动作，敏捷性与有效性并重。

（四）动作实现自动化

所谓自动化指的是操作中的某些动作的意识控制减弱，操作工具的动作似乎是自动地进行。此时，动作意识的参与减少到最低限度。比如一边看电视一边织毛衣，这时织毛衣的动作就是近乎自动化的动作。

（五）动作灵活性提高，表现出极强的应变能力

灵活性指的是根据各种情境的变化，重新组合技能动作，以适应新的情况并顺利地完成活动任务。此外，由于部分动作的自动化，人们的意识活动就可以从动作过程本身解放出来，而把注意力放到处理情境的变化上，因此使技能具有灵活性，从而在操作过程中受到外界或自身刺激时，能够迅速调整自己的心理状态，做出应激反应。比如优秀的飞行员能在出现可调节的故障时迅速将故障排除。

二、职业操作技能形成的变化规律

上面所讲的五个标志构成了我们判别职业技能或技巧是否形成的标准。职业技能的形成过程也就是这些标志的形成过程。为了更好地说明形成过程中的变化规律，我们从心理和生理变化、动作变化及动作结构变化三个方面进行阐述。

（一）职业操作技能形成的心理和生理变化规律

1. 动作控制的意识性减弱

根据费茨和包斯纳的学习阶段模型，在早期的练习中，学习者几乎需要有意识地思考动作的每一部分，但随着技能练习的次数增加，操作者变得更加熟练，指向操作的有意注意逐渐减少，直至能自动化地完成操作动作。

在技能练习的初期，练习者主要通过视知觉来观察教师示范动作的大

体结构，然后进行模仿练习。练习者的每一个动作总是小心翼翼、高度注意地去完成，练习者的注意集中性和视觉定向性都比较强，动作控制表现为意识的高度参与性。比如刚开始学习驾驶时，必须对每个步骤的动作都高度注意，才能降低动作的出错率。技能的形成是一种动觉控制的自动化过程，当技能达到熟练之后，动作的完成基本不需要视觉和意识的控制，即动作基本不用视觉监控和有意思考，但却需要最高水平的动觉控制即人体内部的运动感觉神经的控制作用。这种动觉控制即动作技能的"自动化"。自动化就是在大脑皮层建立了巩固的动力定型。在反复的练习中，大脑皮层经常接受到按一定顺序出现的刺激物的作用，从而形成一种暂时联系系统，即动力定型。当始动刺激出现时，就会引起这种按确定的顺序排列的暂时联系的一系列反应。例如，驾驶汽车的技能形成后，对那些成套的常规动作只要稍加注意就行，其注意力主要放在道路的选择和躲避来往的行人、车辆和障碍物上。

2. 视觉反馈的变化

视觉反馈的第一个变化是视觉选择注意力的变化。练习初期，练习者往往把许多事物都纳入视野，这将导致他们把视觉注意力放在不当的环境线索上。随着练习进程的发展，练习者往往会把视觉注意力转移到更利于指导他练习的信息资源上。也就是说，他们获得了一种将视觉注意力集中到能为技能练习提供最有效信息的调节能力。同样，在练习技能的过程中，人们更加擅长恰当调节自己的注意力。转移视觉注意力的时机选择是非常重要的，因为它为人们能够选择和做出情景所需要的活动提供了更多的时间。

视觉反馈的第二个变化是视觉反馈向动觉反馈转化。当职业操作技能还不熟悉的时候，人往往需要借助视觉将动作的信息反馈到大脑，继而调节动作的准确性。在这一过程中由于视觉是人类获得动作信息最便利的感觉通道，往往通过视觉观察获得动作的外显形式（动作的空间图形），并依据它执行动作和判断所做动作正确与否，进而矫正动作，即对动作的视觉监督。这是必要的，但也表现出局限性。视觉监督终究要转化为动觉监督。动作技能的形成标志之一是动作链的自动化，它依赖于动觉的反馈功能，而不是视觉的功能。动觉是动作技能形成的关键性心理因素。

视觉反馈减弱，动觉反馈增强，这对职业技术活动十分重要。首先，这可以使操作者的视觉从动作控制中解放出来，而放到活动的其他环节或活动的情景上，以保证全部活动顺利进行。例如，打字员的视觉可以放在文稿上，而不必照顾键盘；汽车司机把视觉注意放在窗外，而不必照顾操纵杆。其次，一些职业活动主要是凭借触摸觉和动觉来完成的。例如，纺织女工接线头的动作就是以触摸觉的控制为主。

因此，在动作技能的训练过程中应自觉地利用动觉的功能，以促进动作技能的形成；应避开其自发性局限，使动觉监督因素在训练全过程中充分发挥其作用，提高训练的科学性。

3. 动作知觉向动作表象转化

技能动作的形成首先是借助示范活动，使练习者掌握动作的形象，即形成动作知觉。动作表象是指在动作知觉的基础上，经反复练习和矫正从而在练习者头脑中形成的一个与该技能动作相符合的动作形象，它反映了技术动作在一定的时间、空间和力量方面的特征。这个表象系列的形成是职业技能形成过程中的必然。比如说我们可以"感到"驾驶汽车时脚踩油门、手握方向盘等的动作知觉。动作表象是在没有真实进行该动作时在头脑中对过去动作知觉形象的唤起。

动作表象在操作中具有重要的意义，因为凭借动作表象（包括触摸觉表象）我们可以支配和调节当前动作的准确程度。体操运动员、舞蹈演员要凭借动作表象来控制身体各部位的动作；汽车司机要凭借动作表象来调节变速杆和油门。因此，动作表象是当前动作进行的一个重要依据。在许多情况下，我们仅按照动作表象支配和执行当前的动作。

4. 紧张感下降

职业操作技能形成的初期，练习者一个较为普遍的情绪反应就是紧张和焦虑。紧张具有双重意义：积极意义和消极意义。当操作者在工作时抱有一定的紧张感时，这种紧张感可以提高操作者的兴奋水平，使人处于一定的觉醒状态，这可以缩短动作的反应时间。这种紧张感是操作活动所必要的。但当操作者过度紧张时，就会使动作慌乱，动作的有效性明显降低。焦虑在操作中则只起消极作用，任何焦虑都不能导致积极有效的行为。心理的过度紧张和焦虑会导致一系列的外周反应，如心跳加快，血压升高，肌肉紧张和肢体震颤。紧张和焦虑的程度受下列因素的影响：（1）完成操作活动的自信心；（2）完成操作活动时可供借鉴和迁移的过去经验的多寡；（3）对操作错误可能带来的危险后果的预想；（4）成功与失败对自我的性质及其大小；（5）群体或权威人士的关注带来的心理压力；（6）自我期望水平的高低。

由于过度的紧张和焦虑是状态性的而非特质性的，所以随着练习次数的增加和练习成绩的提高，会促使练习者自信心的提高，从而使过度紧张和焦虑这些消极的情绪得到减弱或消除。

5. 察觉与纠正错误动作能力的变化

在练习期间，操作水平提高的一个特征是识别并纠正自己错误动作能力的变化。练习前期，练习者觉察与纠正动作错误的能力较弱；练习后期，练习者觉察与纠正动作错误的能力变强。这点对于不要求速度的动作来说还不明显，因为个体能够在动作操作中对正在执行的动作进行纠正。例如，一个人握住杯子并放到嘴边喝水，伴随这个过程，个体能够做出一些调整，从而准确地完成这个动作。然而对于快速的动作，初学者就无法在动作实施期间及时地做出调整。例如，捶打物件，这是一个快速动作，在他想做出动作调整时锤子已打偏了。但是，对于熟练者而言，即使是快速的动作，也有可能在动作实施过程中纠正错误的动作。

6. 参与技能操作肌肉的变化

肌电图（EMG）显示表明，人们在早期的技能练习中都没有合理地使用自己的肌肉。下面两个特征尤其值得注意：第一，在练习早期人们常常会有一些额外的、不必要的肌肉运动；第二，此阶段激活肌肉群的时间有误。随着练习不断地进行，涉及的肌肉数量不断下降，最终可以通过激活最少量的肌肉来完成动作，并且激活肌肉的时间选择也会更加准确。

参与肌肉的变化反映了技能获得过程中,个体动作控制系统的再组织。正如本斯顿(Bernsrein)第一次提出的,这种再组织是来自于动作控制系统解决新技能自由度控制的需要。通过正确激活肌肉,动作控制系统可以利用物理环境条件的优势,如重力或其他的基本自然规律。通过这样做,动作控制系统减少了学习者的工作量,并为成功操作技能建立了基础。

7. 能量消耗的降低

由于练习了一项技能,操作者和他所执行的动作都会发生改变。因此,可以有理由期望学习者会变为一个较经济的能量使用者。那么,这就与金泰尔学习阶段理论中的预测是一致的:在学习过程中,能量的经济使用是后一阶段的重要目标。经济的操作是指在操作一项技能时消耗最少的能量。初学者往往有很大的能量消耗,但是熟练的动作操作者总是用很低的能量消耗更有效地完成动作。

(二)职业技能形成的动作变化规律

1. 动作协调性的变化

在技能逐步形成的过程中,动作协调性逐步增强。在练习初期,练习者只能注意个别动作,若同时进行两种或两种以上的动作,便发生动作间的相互干扰或动作根本无法进行,做出的动作僵硬不协调,呈现支离破碎的状况;在练习后期,练习者则可以同时完成几个动作,且动作的完成很顺畅熟练,协调性很好。例如,熟练的卡车司机在倒车时,脚要踩油门,手要把握方向盘,身子还要求伸出开着的车门,头扭转着向背后探望倒车的前进方向。这一系列的动作必须同时进行。而不太熟练的司机,当他把头伸出车门外时往往会造成熄火,这就是踩油门的脚没有配合好的缘故。动作协调性的加强还表现在练习初期继时性的动作也不能连贯,表现为一个动作过渡到另一个动作之间出现停顿。这是因为练习者需要先集中注意做一个动作,然后再集中注意做下一个动作。到了练习后期,先后的动作连贯起来,不再出现迟疑和停顿。这样,同时性的局部动作和继时性的先后动作就构成了一个完善的技能动作整体,从而大大地提高了活动的效率。

2. 多余动作的变化

技能形成的过程中，多余动作逐步减少甚至消失。与协调性加强的同时，练习者操作时的多余动作（指降低效率或与效率无直接关系的动作）也逐步消失，有效动作增加。在训练初期，练习者往往会出现许多多余动作。多余动作的出现，主要是运动分析器皮层部分的兴奋过程扩散的结果。在条件反射形成初期，某一点所发生的兴奋的扩散，产生泛化现象，因此引起肢体的无关部分的不必要动作。由于多余的动作对整个活动不产生效果或产生不良效果，因此在练习过程中逐渐受到抑制，而那些有效的动作则得到强化，逐渐建立起动力定型。反复锻炼的基础上形成的动力定型阶段，由于大脑皮层中兴奋过程集中，抑制性条件反射牢固，因此每次完成动作的质量较高。这时在大脑皮层的调节下，运动中枢和植物性中枢的联系更为协调，练习者表现出很高的动作水平。技能形成的过程就是多余动作不断消失、有效动作不断加强的过程。

3. 反应的敏捷性和动作速度的变化

反应的敏捷性指的是当刺激物出现后能迅速地做出动作反应；动作速度指的是肢体移动一定的距离所花的时间。当职业活动的复杂程度不变时，操作者反应愈敏捷，速度愈快，说明其技能的掌握就愈娴熟。技能形成的过程中，随着练习的增加，练习者对技能的掌握日趋娴熟，其动作反应敏捷性提高，动作速度加快。

在飞行驾驶训练中，面对突如其来的情景变化，初练者不能迅速地做出适当的操作反应，而熟练的飞行员却能应付自如。打字员也强调反应的敏捷性，看到不同的文字，立刻击打键盘上不同的按键；农民手工插秧、割稻主要强调的也是动作的速度；流水线上的装配工作也要求以一定的速度进行操作。

从初学阶段到具备高水平技能阶段的技能学习过程中，练习水平的提高速度也随之相应提高。尽管在不同的技能学习阶段有不同的练习曲线，分别代表不同的进步速度，但是，负增长模式在动作技能学习过程中较其他学习过程更为常见。这里是指，在早期的动作练习中，一个学习者常常会快速提高技能水平，随着练习进程的进行，技能提高的速度逐渐放慢。

在练习前期和后期的差异，技能的提高速度在某种程度上取决于某一时段的进步量。最初，有一个很大的进步空间，这是因为在早期的练习测验中人们所犯的错误很多，并且导致了在技能练习过程中很多尝试都是失败的，因为这些错误是很容易改正的，所以学习者才会有很大的进步。然而随着练习的进行，进步的速度会慢慢下降。在此期间人们所犯的错误很少，因此，他们对错误动作更正带来的进步要比前期少。从学习者的角度来看，获得明显的提高要比以前花费更多的时间。

4. 动作准确性的变化

动作的准确性对于任何职业都是重要的。动作的准确性指的是有效动作的增加。对于某些职业活动准确性要求占第一位，在准确的前提下再要求技能的其他方面。例如，精密机械的加工要求高度准确。会计、出纳、售货员等都要求把准确性放在第一位。对于另一些职业活动，动作的准确性和敏捷性并重。例如，驾驶超音速飞机。

在训练初期，练习者的动作准确性一般较低。通过训练，他们的动作协调型提高，动觉反馈增强，不规则动作得到矫正，紧张感下降，因而其准确性也就得到提高。

5. 动作强度趋于合理

动作强度指的是人在活动中克服动作阻力时肌肉收缩的紧张程度。在职业活动中要求操作者的动作强度与操作中所需克服的阻力相匹配。抡锤不能用绣花的动作强度，踩油门也不能用蹬三轮的动作强度。在练习的初期，练习者往往不能准确地把握自己的动作强度，不是用力过猛就是用力不足。比如初学木工者对于刨子的使用就是这样，不是刨不动，就是把刨子一下推得很远。经过一段时间的练习，练习者逐步认识到了动作强度与工具和工件三者之间的关系，能根据工具、工件的特性来调节自己动作的强度。

6. 旧的动作协调模式的变化

在我们的一生当中，我们已经学会了各种各样的动作技能，所以我们有自己最习惯的活动方式。事实上，我们每个人都已经形成了一套自己习惯的动作模式。在学习一种新技能时，我们总是认为它与熟悉的某项技能具有相似性。结果，我们就开始利用熟知的动作技能代替新技能去进行练习。例如，当一个经验丰富的汽车驾驶员第一次去练习驾驶铲车时，他会用一种与驾驶汽车相似的操作动作去驾驶铲车。当一个人需要改变一种固有的模式而学习一项新技能的时候，一个从旧到新的模式转变就会发生。

李、斯维南和渥舒瑞（Lee, Swinnen, Verschueren）通过实验说明了几个问题：第一，人们在进行技能操作时都会出现独特的动作模式偏好现象。为了达到学习新技能的目标，他们需要克服这种偏好。第二，对于学习者来说，他们可以克服这些偏好但需要大量的练习（实际的练习量因人而异）。

郑日昌等（1999）认为，在操作技能形成阶段，个体形成了新的操作控制机制。这是因为此时个体所形成的操作形式具有了灵活性和可变性的特点，个体的操作结构具有广泛的可迁移性和适应环境变化的能力。与操作整合阶段所形成的具有合乎规范性的操作活动结构相比，此时的职业操作技能不仅具有固定的动作反应形式，并且能根据不同的情境作出相应的反应，这说明个体不仅掌握了固定的操作形式，还具备了其他的活动调节机制，能够使其作出合乎操作要求的反应，从而使职业操作技能表现出广泛的适应性与可变性。这说明个体操作的认知与动作结构发生了本质变化，并且掌握和发展了符合自己操作风格的操作策略。

那些提供技能指导的人应该注意的是，这个转变阶段对于学习者来说是非常困难的，是充满挫折的时期。对于教师而言，他们意识到这一点对于帮助学生顺利过渡好这个转变阶段是很重要的。帮助操作者继续练习的一种有效方式是为他们提供更多的鼓励和支持。

（三）职业技能形成过程的动作结构变化

在练习者掌握职业技能的过程中，其执行动作显现出动作结构的变化。动作结构的变化分为三个阶段：

1. 掌握局部动作阶段的结构变化

练习者在学习一项新技能时，主要通过指导者的言语讲解或观察别人的动作示范，或从标志每一个局部动作的外部线索中，试图理解任务及其要求。同时也做一些初步的尝试，试图通过视觉和听觉在头脑中形成新技能的知觉，进而形成相应的运动表象，并对新技能的动作程序进行初步的认知和定向，以发现任务的组成动作是如何构成整体的。

这段学习期间，由于练习者对新动作比较生疏，因而注意的范围尚较狭小，动作的反应系统尚未形成，只能集中于局部动作，而且也不能控制动作的细节，并易处于紧张状态，动作忙乱而不协调，出现多余动作。

2. 动作的初步联系阶段的结构变化

这一阶段的主要特点是技能的局部动作被综合成更大的操作单位，最后形成一个连续的整体技能。随着练习的深入，动作逐渐准确、协调，多余的动作一点点地减少，并能注意到动作的细节，表现为基本完成动作的次数增多，失败的次数减少，可以独立做出一些合乎标准的动作。这是由于练习者不断获得来自视觉器官和身体效应器官的反馈信息，使原有的动作表象得到进一步充实和完善。练习者已经逐步掌握了一系列局部动作，并开始将这些动作联系起来逐步结合为动作系统。但各个动作结合得不紧密，从一个动作转换到另一个动作，常出现短暂的停顿现象。练习者的协同动作是交替进行的，即先集中注意做出一个动作，然后再注意做出另一个动作。随着练习次数的增多，这种交替逐渐加快，以至在大体上成为整体的协同动作，动作的相互矛盾和干扰也逐步减少，多余动作趋于消失。简言之，在这一阶段职业技能的同时性局部动作被整合为大体协调的协同动作，反应时间缩短，多余动作趋于消失，但继时性动作转换尚存在短暂停顿。

3. 动作系统的形成阶段的结构变化

技能学习进入这一阶段时，一长串的动作系列已联合成为一个有机的整体并已固定下来。整个动作相互协调达到自动化程度，无须特殊的注意和纠正，学习者不再需要考虑下一步的操作动作。各个动作已联合为一个有机的系统，并巩固下来。各个动作相互协调，能依照动作顺序和同时性的动作结构以连锁反应的自动化方式实现出来。在动作执行时，意识的参与减少到最低的程度，许多动作的控制由动觉反馈来自动完成。总之，这个阶段的职业技能动作系统完善、协调、自动，逐步达到了应有的标准。

以上三个阶段的划分不是绝对的，也有学者将动作系统的形成阶段划分为认知阶段、动作连贯阶段、动作熟练阶段。不管怎样划分，这三个阶段每个阶段都与邻近的阶段紧密联系，相互渗透。前一阶段为后一阶段的发展打下了基础，后一阶段是前一阶段发展的必然趋势。因此，我们说职业技能形成过程的动作结构变化规律既存在阶段性又具有连续性。

三、职业操作技能形成的心理机制

关于职业操作技能机制的形成，心理学家提出了许多心理模式（郑日昌等，1999）。有限容量理论认为，通过练习个体获得了对操作信息的加工经验，把许多有关信息编码成了组块，从而提高信息加工效率。图式理论则认为，自动化操作是个体形成、微调和重构动作程序以形成职业技能的过程。图式的形成可以使个体在记忆中形成很长的有关动作的记忆串，仅需要很少的意识控制进行操作。这一过程是自动实现的，通过反馈回路加以校正。图式理论将指导动作反应的运动图式称为回忆图式，而对要作出动作反应的图式作为再认图式。另外，自动化过程中，除了个体信息加工的容量提高以外，动作操作也进行了协调和整合，并重新组成新的信息加工与动作单元，多余的动作程序消除了，并重新组成新的信息加工与新的动作单元，从而提高了职业活动的效率。而信息加工效率的提高主要在于个体所掌握的刺激信息线索的特征，从而形成了一种有效的信息过滤的方法，这两种过程就类似于计算机的硬件与软件效率的提高。加工容量的提高如同硬件改进提高了速度，而重构的过程则类似于软件的改进。

应该说，职业操作技能的形成同时存在着组块机制与缺损加工机制。组块机制认为，个体通过不断练习，对操作过程中需要加工的信息进行编码，可以使操作过程对工作记忆容量的要求降低。缺损机制认为，由于练习，人们获得了更多的动作经验，于是可以在信息缺损的情况下对操作活动信息进行加工，从而完成操作活动。这两个机制发挥作用的情况是不一样的。对于一般作业过程而言，个体练习的过程主要是对信息进行加工构成组块的过程，这表现为经验的积累效果。当遇到新的情景时，原有的经验难以提供详尽的信息，此时个体需要进行缺损加工，做出各种选择。

从总体上讲，职业操作技能的形成有三个不同的过程：其一，规则的积累过程，这可以使个体原有的活动系统增加新的操作规则；其二，微调过程，即对已掌握的动作程序精确化；其三，重构活动结构的过程，这时个体将原有的动作程序以更简略的方式重新组织成新的动作单元，并加入相应的信息加工策略与操作策略。

第二编
职业操作技能训练
影响因素

第三章 反馈与动作控制

了解反馈与动作控制原理对职业操作技能的教学有重要意义。本章将首先介绍反馈的概念、分类、作用以及在职业操作技能训练中的应用。其次，介绍动作控制的相关理论。第三，介绍动作控制的两个重要部分：视觉控制和本体感觉控制，并阐述了二者对技能操作的重要作用。

第一节 反 馈

与操作有关的信息分两类：一是在操作之前得到的；二是在操作之中或操作之后得到的。在操作之前得到的信息如操作技能练习前的言语指导和示范。这些信息可以告诉练习者手臂的位置、用力大小之类的信息。在操作之中或操作之后，练习者会接到操作产生的信息，如感觉到、听到、看到操作在环境中产生的结果。这种信息通常叫作操作产生的反馈，简称反馈。Adams 认为：没有反馈就没有学习。现有研究已经证明，反馈是影响操作技能学习的最重要因素。

一、反馈的概念

反馈一词出自控制论。控制论创始人维纳（Venal）认为，反馈是输出信息的一部分，而这部分的输出信息，又返回到输入信息中，通过伺服机构（servomechanism）的调整，使再次输出更为精确。通俗来讲，反馈就是在反映过程中产生的输出信息又传回到控制部分,并影响控制部位的功能,使传出的信息更精确。信息从输入到输出,再从输出(部分信息)反馈到输入,使信息的传送形成一个持续不断的闭环,经过调整使动作更加完美。伺服机构同时获得了两种信息,一种是新的输入信息,另一种是反馈信息。因此,反馈就像是一个监测器,时时刻刻根据内外环境的实际情况,把输出的部分信息反映到伺服机构中去,经过伺服机构的调整,把一些不精确、不适应的反应,调整成精确的反应,对内外环境刺激做出正确的应答(如图 3-1)。

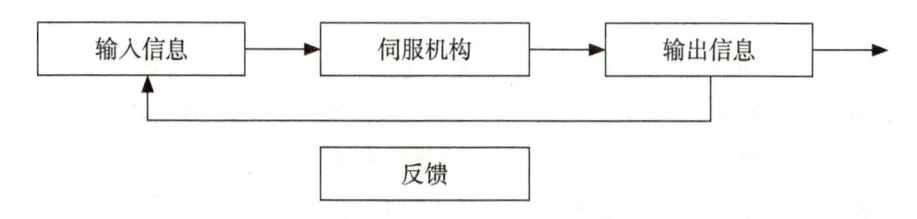

图 3-1 简单的反馈模式(杨锡让,2004)

人类的反馈范围是极其广泛的,反馈可以来自教学、生活、社交、运动等。例如,在练习射击技能时,无论是否击中目标,练习者都会自觉或不自觉地引起反馈。如果击中目标,他就会反复体会自己的动作,如用力方法与程度、动作的协调性等,这种反复体会,不断改进完善操作的过程,就是依靠反馈来完成的。如果没有击中目标,则会通过反馈来纠正自己的动作。

二、反馈的分类和信息通道

(一)反馈的分类

生理学的反馈根据反馈效果可分为正、负反馈两种。正反馈的作用是通过反馈信息加强控制部位的活动,而负反馈的作用是通过反馈信息抑制控制部位的活动。

根据时间变化的不同,操作技能的反馈又可分为同步的或终末的反馈:
1. 同步反馈是指练习者在整个练习过程中,根据各种感受器所提供的反馈信息，来决定自己的动作，如学习驾驶技能时，需要根据道路的情况、天气情况和车辆状况等来决定驾驶动作。

2. 终末反馈是指动作结束后即刻产生的反馈。例如，练习射击技术时，只有在完成射击的一刹那，才能从击中与未击中中分析出瞄准角度、射击时机等因素的掌握情况。教师应分清所教技术属于哪一类的反馈信息，采取相应的教法，去解决不同的教学和训练问题，以提高反馈信息的强化作用，提高动作质量。

根据信息来源的不同，操作技能的反馈可以分为任务内在反馈和追加反馈两种：

1. 任务内在反馈（task-intrinsic feedback），有时称固有反馈（intrinsic feedback）：通过各种感觉通道，练习者可以获得自己动作的许多方面的信息，这些信息形式是由具体的操作所产生的，称之为任务内在反馈。任务内在反馈是练习者不依赖外来帮助而通过自己的感觉通道所获得的反馈。它可以是练习者在执行某个动作时肌肉中的动觉感受器提供的感受，如在做了一个错误的潜水动作后，所感觉到的刺痛感；也可以是练习者对自己行为结果的直接观察，如练习者在完成机械组装后看到产品是否符合标准。

在许多情境中，固有的反馈可以很容易地得到：我们能看到制作的零件不符合规格，或者在驾驶时感觉到了错误动作。但有些固有的反馈不大容易识别，如学习金属锯削时，需要学会感觉关节在某个运动中是否弯曲。

2. 追加反馈（augmented feedback），有时也称非固有反馈（extrinsic feedback）：追加反馈是由教师、教练或某种自动化的记录装置提供给练习者的反馈信息，通常是练习者得不到任务内在反馈信息时给予的，是对任务内在反馈的增加和补充。如当你的车超速时，你会接到导航器传来的信息——这种信息通常在开车时是得不到的。追加反馈可以从不同维度进行描绘：第一，同时性与终结性的反馈。前者是在操作之中给予的，后者是在操作完成之后给予的。第二，即时性和延迟性的反馈。这是从给予时间上作的区分。第三，言语的与非言语的反馈。

常见的追加反馈主要分为两种：结果反馈和绩效反馈。

（1）结果反馈

广为人知的一类追加反馈是结果反馈（knowledge of results，简称 KR）主要是以技能操作结果或是否达到绩效目标为内容的外部的信息。在一些情境中，结果反馈描述的是个体的操作结果。例如，教师告诉学生："五个产品合格"，此时教师提供的就是操作结果。同样，如果康复师让患者看电脑绘制图显示，这次练习比前一次练习的腿多伸展了3度，此时康复师使用结果反馈向患者提供腿伸展运动的结果。

有时，结果反馈并没有描述操作结果，而是简单地告知操作者达到绩效目标的程度。外部的一些仪器通过"是"或"否"来显示是否达到绩效目标，就属于这种情况。例如，向练习腿部伸展的患者提供追加的本体感觉和视觉反馈，康复师可以设置一个蜂鸣器在患者达到运动目标时鸣响。尽管如果患者没有达到目标时，蜂鸣器无法告诉他与目标相差的远近程度，但是患者将知道他没有达到目标。

（2）绩效反馈

第二类追加反馈是绩效反馈（knowledge of performance，简称 KP）。绩效反馈是关于操作特征的信息。绩效反馈与结果反馈的区别在于两者分别提供不同方面的信息。例如，在练习机械操作时，教师通过告诉学生"启动时慢慢晃动控制杆"来提供绩效反馈。此时，教师通过告诉学生哪些动作特征导致了当前的操作结果，从而追加了任务内在反馈。

除了提供言语形式的绩效反馈外，还可以用多种非言语的手段提供绩效反馈。例如，录像播放是一种常用的方法，可以展示个体操作技能的动作。录像播放可以使个体明白是什么动作导致了当前的绩效结果。随着电脑软件的发展，另外一种提供绩效反馈的方式正在变得普及，就是用电脑显示个体操作动作的操作特征。在临床情境中，康复师还可以使用生物反馈仪来提供绩效反馈。例如，康复师可以在肌电仪上接一个蜂鸣器，当患者激活对应的肌肉时蜂鸣器鸣响。在以上的各情景中，通过提示操作者与操作结果相关的操作特征，增强了任务内感觉反馈。（张忠秋，2006）

（二）操作技能形成中的信息反馈通道

当感觉器官接受刺激冲动（信息后），传入神经将信息传至中枢，中枢对所获得的信息进行综合加工，然后下达指令（信息），指令传至脊髓运动神经元，然后再传给效应器（肌肉），引起随意运动。这是操作反射的信息通道。但操作机能的形成是一个反复练习、逐渐改进和逐步完善动作的过程。这一过程是与反馈的检测作用分不开的。因为本体感受器具有感知位置的能力，使由中枢输出的部分信息（指令），不断地返回到中枢，经中枢调整后再次下达指令，使动作不断地矫正和完善。

在操作技能形成的信息反馈通道中，小脑起着相当于耦合器的作用，当肌肉收缩时，肌梭、肌腱、高尔基腱将肌肉活动情况及时向小脑报告，与此同时，来自大脑皮质的指令信息也到达小脑，在小脑汇合，两种信息再次通过比较，了解实际完成动作偏离目标的程度，然后由小脑红核发出信息，经丘脑外侧核，返回到大脑皮质发出指令信息的区域，及时发出纠正动作的指令信息。由此可见，操作技能形成的信息反馈通道，实际上是一种人体自我控制系统。操作技能正确概念储存于大脑的一定部位（记忆），通过反馈时刻监视完成动作的过程，一旦发现误差（实际动作不符合正确概念），则可及时反映到中枢进行调整。在职业操作技能训练中，必须使学生建立正确的动作概念，否则学生在练习中就失去了"目标"，改进动作也就不知从何下手，校正失去了标准。

三、反馈的作用及应用

（一）反馈的作用

在实际教学过程中，教师可以通过语言或口令直接控制追加反馈。这些反馈不但对学生动作学习具有激发动机、强化学习和提供信息的特性，而且它也能够诱发学生对反馈的依赖（朱晓峰，2008）。

1. 激发动机

动机与达到学习目标紧密相关，当学生取得动作学习上的进步时，能够强化他们动作学习和取得更好成绩的动机。所以，外来反馈的一个重要功能是不断向学生提供有关他们学习进展的信息，激发他们更加努力达到学习目标。

早期的研究发现对于枯燥、需要长时间重复的动作任务，通过提供反馈，可以立刻提高动作表现的熟练性，就好像反馈似乎能够刺激人继续不断地工作。在执行动作任务过程中接受"动机反馈"（motivating feedback）的人也反映，他们乐于更加努力地在更长的时间内完成更多工作。如果教师没有过度使用的话，学生一般会喜欢这种反馈，并且可以收到良好的学习效果。

在教学中，教师应重视利用反馈的这种激发动机的特性。一般来说，教师提供的反馈要及时，学生需要知道他们练习中完成动作的情况。如果没有反馈，学生的学习动机就会削弱、练习效果就会下降，甚至放弃练习。我们知道，学生练习中的努力程度会直接决定动作学习效果。

在学生学习的进步不明显，产生挫折感的情况下，外来反馈对他们达到学习目标也具有帮助作用。这时教师也可以指出学生某些方面的进步，并且鼓励他"继续努力，你现在做得很好"。还有一些情况是学生在练习中做出了正确的操作，可自己又没有发现，这时也需要老师指出操作的进步，激发学生的学习动机。另外，对于学生在学习过程中的刻苦精神给予口头表扬，也能够激发学生更加努力地练习。

2. 强化学习

（1）反馈的强化、惩罚与负强化

在学生做出了一个理想的操作动作时，教师往往会脱口而出："不错！"。这种情景反映出反馈的第二个主要功能，即"强化"（reinforcement）学习的功能。在学生执行操作之后从老师那里得到正面反馈时，反馈就具有强化功能。强化的目的是鼓励学生，增加在类似的情况下重演这个操作的可能性。

另一方面，惩罚的目的正好相反，是希望减少做出某种操作反应的概率。但是，惩罚对于操作行为的影响并不总是可预料的（Adams，1979），而"正强化"（positive reinforcement）则能够对操作表现产生稳定、一致和良好的影响。

教师可以采用语言和非语言方式对学生的操作进行强化或惩罚，如微笑或皱眉有时就能够向学生传达比语言更清晰的反馈信息。为了增强反馈效果，教师可以向学生传达表示有同样意义（如赞扬和肯定）的语言（如"很好"）和非语言（如微笑）信号。

常见的错误认知是把惩罚和"负强化"(negative reinforcement)等同起来，其实它们的目的截然相反。与惩罚不同，负强化增加了在未来的相似情况下再次作出某种反应的可能性，但它与正强化在执行方式上有所不同。现有的研究表明，正强化能够对操作技能产生最大的促进作用，负强化次之，惩罚的促进作用最小。此外，由于教师以负强化和惩罚方式提供给学生的反馈更加不容易理解，所以它们促进动作学习的效果不如正强化突出，也不容易预料。惩罚性反馈只告诉学生他们做出的操作是不被接受的，但并没有说明原因。另一方面，正强化则清楚地传达了这样的信息：学生做出的操作是可以被接受的，并且鼓励学生在将来的相似情况下重复这个操作。

（2）反馈的间歇强化与渐退过程

教师在动作学习指导中应该遵循的一个原则是，偶尔提出反馈间歇强化（intermittent reinforcement）所产生的操作学习效果，通常比在每次操作练习后都提供反馈的效果更好。研究表明，与那些在每次操作练习后都接受强化反馈的受试者相比，在操作练习过程中接受间歇强化的受试者能够持续作出更高水平的操作表现。也就是说，需要在取消强化反馈的过程中才能够见到最好的强化效果，提供反馈太频繁反而会丧失它的某些功能。

教师提供间歇强化反馈的另一种有效方式是运用"渐退过程"（fading procedure），即逐渐减小强化反馈的频率，使学生变得更加适应执行操作任务。

3. 提供信息

在大多数操作学习的情况下，学生遇到的问题并不是更加频繁地做出正确操作和减少错误操作，而是更加有效地做出一个特别的操作。学生都在试图形成自己的操作风格，达到一个明确的操作目标。因此，教师需要向学生提供关于不同的操作技术技巧及其相应的产生条件方面的信息，帮助学生更加有效地学习操作动作。另一方面，教师提供的"信息反馈"（information feedback），可以帮助学生最大限度地减少操作错误、更快地纠正错误，以及形成更接近于操作目标需要的操作动作类型。

4. 诱发依赖

最近科学家发现，包含纠正错误信息的外来反馈也具有诱发依赖的特性。如果教师不能引导学生运用自身更加可靠和有效的反馈调节机制，而是频繁地向学生提供外来反馈也会产生诱发依赖的负面作用。当没有提供这些外来反馈的条件时，学生就难以做正确的操作动作。幸运的是，教师可以采取许多方式减少学生对于反馈的依赖。

（二）反馈技术的应用

有人（朱晓峰，2008）从四个方面论述了反馈技术的应用问题。

1. 提供动作技术反馈的是与否

我们已了解到如果反馈太频繁还会诱发反馈依赖。另外，最近的研究发现，教师在学生主动要求时提供指导性反馈，要好于向学生频繁地提供反馈。一旦学生能够自己做出有效的操作，他就很少需要外来反馈信息。

2. 提供反馈的内容

（1）程序反馈与参量反馈

程序反馈是指向学生提供的关于他的基本操作动作顺序存在错误的信息反馈。参量反馈是指向学生提供的关于他们为了使操作动作适合需要所选择的动作参量值（如动作的幅度、速度存在错误）的信息反馈。

一般来说教师最好在学生开始学习操作动作时先提供反馈纠正他们基本动作形式中的失误（如基本动作程序），而不是针对他们选择的参量值。否则，如果形成了错误的动作程序就不容易改变了。一旦学生学会了大致的正确动作形式才能够向他们提供参量选择方面的反馈。

（2）视觉反馈

教师能够提供的最常用的视觉反馈形式就是录像重放和镜子反馈，这对初学者很重要。

(3) 描述性的与指示性的反馈

教师提供反馈内容的性质可以是描述性的,也可以是指示性的。描述反馈只是指出学生刚才做过什么。例如教师对学生说:"你刚才做得不对",其中就没有包含更具体的信息。而采用更加具体的指示反馈,如"你刚才的操作动作中手臂幅度太小了",就更加准确,学生在下次练习中就能够进行纠正。指示反馈向学生指出了在他们随后的操作练习中对错误进行有效纠正的信息。有研究表明,指示反馈促进操作学习的效果好于描述反馈。

3. 提供反馈的精度

"反馈精度"是指提供的反馈信息接近实际操作动作表现的程度。一般来说,操作技能学习的早期阶段提供精确的动作信息反馈作用不大。而对于掌握了高水平操作技能的学生,向他们提供更加精确的信息反馈就可以收到较好的操作动作效果。

4. 提供反馈的频度

提供反馈的频度原理来源于"桑代克效应定律"。桑代克认为动作学习就是加强某个刺激和某个反应之间的联系,外来反馈强化了这个联系。他认为教师应该尽可能频繁地提供反馈,提出如果在一次操作练习之后没有提供反馈学生就不能根据他们自身的固有反馈决定操作结果,所以就不会加强这种联系。但以后的研究产生了一些不同观点。

(1) 绩效反馈频率与操作技能学习绩效

Boyce(1991)进行了一项绩效反馈频率对操作技能学习绩效的实验研究,被试为135名在校大学生,实验任务为学习"来福枪"立姿射击。被试被随机的分为三组:100%绩效反馈组、20%绩效反馈组(每试做完5次后给一次绩效反馈)和无绩效反馈组。一个训练期后的测验结果发现,三组的学习成绩都有明显的进步,100%绩效反馈组和20%绩效反馈组的成绩皆优于无绩效反馈组。但100%绩效反馈组与20%绩效反馈组之间没有显著性差异。

（2）总结反馈

总结反馈是指在学生完成了一系列操作练习之后提供的反馈。教师可以通过提供"总结反馈"最大限度地增加反馈信息量和减少反馈依赖的产生。例如教师在学生完成一定的练习数量（如10次）前不提供反馈，然后以总结的形式提供操作动作反馈。教师提供的外来反馈越少，学生本身的固有反馈就变得越重要。这样做有利于学生做出稳定的操作动作，并加强了对正确操作动作的记忆。

（3）延迟反馈

反馈的频度还与提供反馈的时机有关。传统观点认为，延迟绩效反馈不利于操作技能的学习。但近年来实验研究表明，在受试者完成操作动作后，实验人员立即提供外来反馈会降低操作效果。例如 Swinnen 等（1990）认为即刻反馈妨碍操作技能学习的一个原因是，它使人不能处理自身操作动作反应产生的信息和评估自身的动作错误。所以教师应该在提供反馈前允许学生有足够的时间完成这个自我信息处理过程。金亚虹（2005）的同类研究表明，当操作任务简单时，应延迟提供反馈，使学员形成对自身错误的觉察能力。而复杂的任务则应立刻提供即刻反馈。

第二节　动作控制理论

为了完成各种职业操作技能，我们必须协调不同的肌肉和关节，使它们起协同作用。不同技能所需的肌肉和关节组合不同。有些技能，如厨师颠勺技能，需要协调躯干和肢体的肌肉和关节；有些技能需要手和手指的协调，例如，使用注射器注射药物和安装螺帽。仅用一侧手臂和手就能完成的技能，我们只需要协调少数的肌肉和关节。需要手脚并用的技能，我们需要协调较多的肌肉和关节，汽车换挡时就是这样的。

了解控制动作理论的基本内容是十分必要的。动作控制理论主要描述和解释人类的协调运动是如何被调控的。

一、闭环和开环控制系统

大部分有关控制的理论，都会提到两个基本的控制系统，即闭环控制系统和开环控制系统（张英波，2003）。它们是以机械控制设计模型为基础的。这两个模型没有为复杂的人类运动的控制过程提供精确描述，只是描述了中枢及周围神经系统发动和控制动作的不同方式。这些模型说明了控制过程中的一些基本成分。

（一）闭环控制系统（closed-loop control system）

动作控制可以利用许多不同的感觉信息来源。在日常生活中，一种常见控制方式是系统通过比较执行任务的目的要求与实际环境信息反馈之间存在的差异而进行的。例如，房间空调系统的运作。系统运作的目的是保持室内的理想温度，为了达到这个目的，系统需要有"比较器"（comparator）、"执行器"（executive）和"效应器"（effector）几个组成部分，如图3-2所示。

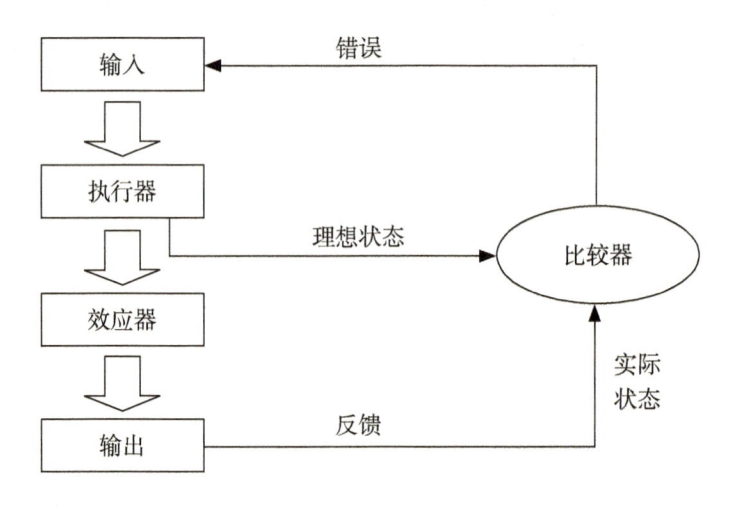

图 3-2 闭环控制系统

注：引自 Schmidt & Wrisberg, 2000。

在上面这个例子中的比较器是一个温度感应装置，感应理想室温和实际室温的差异，如果它感受到无差异（错误为零），它就不发出任何指令。

如果它感受到差异，比如室温低于理想温度，就向执行器（或控制中心）发出一个指示信号（太冷），由执行器再向效应器即采取行动的机制（这个例子中是加热器）发出一个指令。这个行动（加热器）一直持续到重新达到理想室温为止。此时，比较器感受到零错误，把指令信息传送到执行器，接着再把信息传给效应器"关机"。只要需要系统保持室温接近理想温度，这个过程就无限期地延续下去。这一系统叫作闭环系统，是因为它的输出或行动，是由执行器指挥，由效应器完成，然后又以感觉信息，或"反馈"的形式返回到比较器。反馈在闭环控制系统中用于对正在进行的运动做出修正。这个反馈"环路"提供给系统必要的信息，来保持理想状态。

人们常常使用"闭环控制"过程来执行动作，如驾驶赛车。赛车手使用道路和与其他队员相对位置的视觉信息，得到实际位置和理想位置差别的反馈。如果发现有差别，赛车手就把它们感觉为错误。当需要纠正时，就决定使用手臂动作使车回到正确位置。神经系统向肌肉发出指令完成这些动作，肌肉执行这些动作直到车回到正确位置。

从这个例子中可以了解，用来保持理想状态的反馈来自感觉信息，包括外源信息（如对车和路的视觉）和本体感觉与动觉信息（对方向盘和手臂动作的感觉）。每一种信息都通过比较器与理想状态进行比较，然后把纠正错误的指示发给执行器进行纠正。一旦系统制定出解决方案，它就把必要的动作计划传递给效应器（手臂）完成动作。

闭环控制系统具有的主要优势是：能够使人做出还没有经过练习的动作；信息处理过程便于动作控制，使动作具有结构的可塑性和调节的灵活性，允许根据任务需要和环境条件采用多种动作策略和选择；能够产生精确的动作。而闭环控制系统的主要劣势是：需要高度集中注意力执行和纠正动作；耗费时间，尤其是在反应程序阶段；有效性局限于执行相对慢速的动作。

（二）开环控制系统（open-loop control system）

开环控制系统是采用由中枢神经系统决定的，预先组织好的指令传达到效应器系统的一种动作控制形式,其中所有按计划启动和实施的动作所需的信息均包含在传送到效应器的初始指令中。例如,当投掷者扔飞镖时,特定的手臂运动使飞镖飞出都由运动指令决定,此指令在手臂运动发生前就已经完成。

动作程序形成的基础是"开环控制"系统,它基本由执行器和效应器两个部分组成,如图3-3所示。

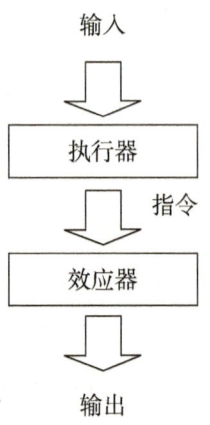

图3-3 "开环控制系统"的动作控制模式

注:引自 Schmidt &Wrisberg, 2000。

控制系统由输入进行执行器开始,输入信息被处理后产生了动作决定,然后再把动作指令传达到效应器输出动作。动作完成的同时,开环系统的工作也完成了。由于没有反馈,系统"不知道"动作是否成功地达到目的,动作过程中无法修正和调整动作。开环控制系统是控制那些在稳定和可预料的环境中发生的,不需要修正和调节动作的最有效方式。它具有如下特征:第一,预先接受了动作专门的方式、序列和时间信息的指令。第二,一旦动作程序开始,系统忠实地执行指令,几乎没有任何修正和调整的可能。第三,由于在完成程序化的动作中没有反馈的参与,实际上不可能发现和纠正动作错误。

开环控制机制具有的优势是:它能够使人产生非常快速的动作;很少需要注意力纠正动作。而它的劣势是:在动作环境不断变化和动作需要高如果它感受到差异，比如室温低于理想温度，就向执行器（或控制中心）发出一个指示信号（太冷），由执行器再向效应器即采取行动的机制（这个例子中是加热器）发出一个指令。这个行动（加热器）一直持续到重新达到理想室温为止。此时，比较器感受到零错误，把指令信息传送到执行器，接着再把信息传给效应器"关机"。只要需要系统保持室温接近理想温度，这个过程就无限期地延续下去。这一系统叫作闭环系统，是因为它的输出或行动，是由执行器指挥，由效应器完成，然后又以感觉信息，或"反馈"的形式返回到比较器。反馈在闭环控制系统中用于对正在进行的运动做出修正。这个反馈"环路"提供给系统必要的信息，来保持理想状态。

人们常常使用"闭环控制"过程来执行动作，如驾驶赛车。赛车手使用道路和与其他队员相对位置的视觉信息，得到实际位置和理想位置差别的反馈。如果发现有差别，赛车手就把它们感觉为错误。当需要纠正时，就决定使用手臂动作使车回到正确位置。神经系统向肌肉发出指令完成这些动作，肌肉执行这些动作直到车回到正确位置。

从这个例子中可以了解，用来保持理想状态的反馈来自感觉信息，包括外源信息（如对车和路的视觉）和本体感觉与动觉信息（对方向盘和手臂动作的感觉）。每一种信息都通过比较器与理想状态进行比较，然后把纠正错误的指示发给执行器进行纠正。一旦系统制定出解决方案，它就把必要的动作计划传递给效应器（手臂）完成动作。

闭环控制系统具有的主要优势是：能够使人做出还没有经过练习的动作；信息处理过程便于动作控制，使动作具有结构的可塑性和调节的灵活性，允许根据任务需要和环境条件采用多种动作策略和选择；能够产生精确的动作。而闭环控制系统的主要劣势是：需要高度集中注意力执行和纠正动作；耗费时间，尤其是在反应程序阶段；有效性局限于执行相对慢速的动作。

（二）开环控制系统（open-loop control system）

开环控制系统是采用由中枢神经系统决定的，预先组织好的指令传达到效应器系统的一种动作控制形式，其中所有按计划启动和实施的动作所需的信息均包含在传送到效应器的初始指令中。例如，当投掷者扔飞镖时，特定的手臂运动使飞镖飞出都由运动指令决定，此指令在手臂运动发生前就已经完成。

动作程序形成的基础是"开环控制"系统，它基本由执行器和效应器两个部分组成，如图3-3所示。

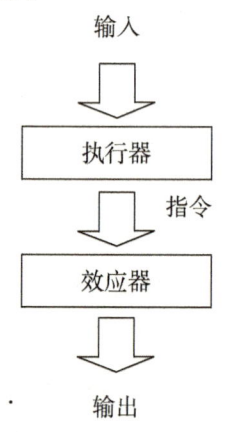

输入
↓
执行器
↓ 指令
效应器
↓
输出

图3-3 "开环控制系统"的动作控制模式

注：引自 Schmidt &Wrisberg, 2000。

控制系统由输入进行执行器开始，输入信息被处理后产生了动作决定，然后再把动作指令传达到效应器输出动作。动作完成的同时，开环系统的工作也完成了。由于没有反馈，系统"不知道"动作是否成功地达到目的，动作过程中无法修正和调整动作。开环控制系统是控制那些在稳定和可预料的环境中发生的、不需要修正和调节动作的最有效方式。它具有如下特征：第一，预先接受了动作专门的方式、序列和时间信息的指令。第二，一旦动作程序开始，系统忠实地执行指令，几乎没有任何修正和调整的可能。第三，由于在完成程序化的动作中没有反馈的参与，实际上不可能发现和纠正动作错误。

开环控制机制具有的优势是：它能够使人产生非常快速的动作；很少需要注意力纠正动作。而它的劣势是：在动作环境不断变化和动作需要高度的反应准确性时就丧失了有效性。

（三）两个控制系统间的区别

这两个系统的区别表现在两个方面。（张忠秋，2006）第一，闭环系统中有反馈，而开环系统没有。在人类的运动中，反馈是各种感受器传入中枢的信息。这些反馈能使控制中心及时地修正运动。

闭环和开环控制系统之间的第二个重要区别在于控制中心发出的运动指令。在开环系统中，不利于反馈对运动进行在线式控制。指令已包含所有的必要信息，使效应器完成指定的运动。即使产生了可利用的反馈，但没有用来控制正在进行中的运动。这可能因为反馈并不是必要的，或者因为在运动触发之后，没有足够的时间利用反馈来有效地控制运动。在闭环系统中的运动指令则有明显区别。首先，控制中心给效应器发出启动指令只是为了启动运动，真正地执行、完成这个运动还有赖于到达控制中心的反馈信息。反馈提供有关运动状态的信息，使控制中心完成：按初始指令继续进行运动，或者提供新指令使运动继续，或者修正运动中的错误。

二、以动作程序为基础的控制理论

以动作程序为基础的控制理论的代表人物是理查德·施密特（Richard Schmidt）。施密特克服了前人将动作程序局限在特定的动作和动作序列上的不足，提出了一般动作程序（generalized program）的理论，用以说明人类协调动作行为的适应性和灵活性。它包括固有特征和参数。（张忠秋，2006）

（一）一般动作程序

一般动作程序是指具有一般固有特征的一类动作记忆表征，它为控制这类动作中的特定动作提供基础。施密特认为，一般动作程序控制的是一类动作，而不是一种特定运动或序列。他将一类动作定义为，具有一般而独特特征的一套不同动作。施密特把这些特征称为固有特征，它们是一般动作程序的"标记"，而且构成了记忆储存的基础。这些运动相关特征在动作表现改变时保持不变。执行者为了能够产生与表现情景要求相适应的特定动作，再附加特定的运动参数。这些就是在动作表现改变时能被改变的运动相关特征。

（二）固有特征和参数

施密特在描述一般动作程序特征时，用电唱机来做类比。唱机的固有特征限定了音乐的节奏和力度（力量）。参数包括适宜的速度和音量控制。即使唱机的速度比正常加快或音响加大了，音乐的节奏和力度的结构还能保持原样。

固有特征（invariant features）是指限定一般动作程序的一套独有的特征，不随所要完成动作的变化而变化。虽然许多特征都可作为一般动作程序的固有特征，而其中三个是被普遍认可的，包括技能中的相对时间（类似于节奏）、技能表现中的相对力量、各部分的顺序或次序。

参数（parameters）是指随技能表现的变化而改变的一般动作程序的特征。执行者为适应环境的特殊要求，在技能操作之前，参数必须附加在一般动作程序的固有特征之中。虽然动作程序理论认为，一个一般动作程序的固有特征，在一项技能转变成为另一项技能时是固定不变的，但是还有其他一些特征是可以变化的，这些可变的特征就称为参数。例如，在技能表现中要用的总力量、总时间及参与肌群。在动作表现的情景发生变化时，技能表现者可以很容易地改变这些参数，以适应每种情景的特殊要求。

下面这个例子说明了固有特征和参数之间的关系。例如以参加肌群作为参数。研究表明，无论你签名时用习惯用的手或另一侧手执笔，或用脚夹住或用牙咬住笔，这些签名都具有明显不变的空间特征。就像相对时间和力量特征一样（Wright，1990）。这些结果显示，你签名的时候可以改变书写时所用的肌肉，但一般动作程序中表现出的固有特征是不变的。

（三）图式理论

施密特的图式理论（Schmidt，1975，1988）是关于一般动作程序怎样运作以控制协调运动的理论。图式是指一种或一套规则，为认知和行为提供了基础。它的形成过程是，从相关经验中提取重要的信息片段，并将其组成一类规则。例如，"汽车"的概念是在你见过许多不同类型的汽车的基础上形成的一套规则。这样，你就可以对一辆从未见过的品牌的汽车，正确地进行判断。

施密特应用"动作图式"这个概念说明技能学习和控制过程中的两个控制成分（这两个成分的特征都以抽象的规则为基础）：第一个就是一般动作程序，是用来控制各类动作基本特征的控制机制，如投掷、踢、走和跑；第二个是动作反应图式，它的作用是提供在特定情景下管理动作的特定规则，也就是说，动作反应图式为一般动作程序提供参数。

这种图式理论为人们如何很好地适应新情景或新的环境内容，提供了一种可能的解释。人们可以成功地完成一项以前从未操作过的技能。例如，当你走过拥挤的商场或在打网球时回击对方的发球，情景是你过去从未经历的，你之所以能成功地完成这项技能，是因为人可以应用动作反应图式的规则，产生适宜的参数特征，并把这些参数附加到一般动作程序之中来完成这些数据。

施密特的图式理论指出，通过组织动作程序和图式执行控制，可以在协调运动时解决自由度的问题。这种理论强调，控制中心的储存具有抽象的或概括的本质。一般动作程序和反应图式共同起作用，提供一定环境下开始一项动作所需的特定运动特征。动作的启动是开环控制过程。然而，动作一旦启动，如果有足够时间处理反馈和修正动作，那么，反馈也会参与进来影响该动作的过程。

三、动力模式理论

动力模式理论（dynamic pattern theory）是描述和解释协调运动控制的一种理论，它强调了环境信息的作用以及躯干、肢体的动态特征，也称为动力系统理论、协调动力理论、生态学理论以及动作理论。玛吉尔曾系统论述了这一理论（张忠秋，2006）。这种理论的提倡者，将人类的运动控制当作一种复杂的系统，其行为方式与那些复杂生物或物理的系统相似。这种理论对人类动作控制有着自己一套区别于一般动作程序理论的观点。

动力模式理论认为人类动作控制是遵循非线性的动力学观点，即行为的改变不是持续的、线性的过程，而是突然发生变化的。

凯尔索（Kelso，J.A.S.）是这个理论的代表人物之一。动力模式理论提出了一些新的核心概念来支撑其理论，它们包括稳定性和吸引子、指令参数和控制参数、自组织、协调结构等。

（一）运动行为中的非线性变化

凯尔索及其同事们的一系列实验指出，在人类协调运动中，变量水平系统的改变可以导致非线性的行为改变（Kelso，1984；Kelso & Scholz，1985）。

从协调模式的观点看，这些实验证明在某一特定的变量变化时，不同的协调模式可以自发地转变。在凯尔索试验所应用的手指运动任务实例中，异相位和同相位手指运动间的关系就是稳定的协调模式。这些实验的重要性在于，他们做了初始的关于协调运动转变的探索，而没有用某种机制，如动作程序，来说明这种转变。

有规律的增加或减少某一变量，造成协调模式自发转变的另一个例子是，在特定速度时发生的从走到跑的协调模式的转变。这一实验是由罗皮夏等人完成的（1981）。此后，从走到跑和从跑到走的步态转变，作为速度变化函数的实验，已多次引证，成为大量研究的基础（Diedrich & Warren，1995，1998：Wagenaar & Van Emmerik，1994）。

（二）稳定性和吸引子

动力模式观点的核心就是稳定性（stability）这一概念。稳定性是指系统在行为上的稳定状态，它代表了一种优选的行为状态。未定的系统在收到轻微扰乱之后可自发地回到稳定状态，提示其包含有固定性的意思。必须强调，这个术语与固定性的概念不同。这里用的稳定性是含有可变化性的意思，也就是当一个系统被轻微扰乱时，它会自发回到稳定状态。

吸引子（attractors）是指系统稳定行为的恒定状态。在人类协调运动中，吸引子使优选行为状态特征化。吸引子是指活动的稳定区域，在此区域内，系统可以在优选状态下运作，这时出现了典型的行为。例如，当人们以 4.8

公里/小时的速度运动时，手臂和腿被"吸引"协调的关系来产生走的步态。这种步态模型就是完成行走动作优选的运动状态。但是，当人们以16公里/小时速度运动时，走的步态就不是优选的运动状态。在这个速度上，大多数人是在跑，所用的协调模式与走的步态模式不同。

（三）指令参数和控制参数

指令参数（order parameters）是指限定系统整体行为的功能性特定变量；它们使运动的协调模式能够再现，并有别于其他模式（如相对相位），也称为集合变量。因为指令参数可以限定一个运动模式，所以它对于确定运动类型是十分重要的。研究者们确定最重要的指令参数是节律运动相对相位。相对相位是数量值，它表示两个运动部分之间的运动关系。

控制参数（control parameters）是指协调运动的控制变量（例如，温度或速度以及力量），可以根据动作情景特征自由变化。根据动作控制的动力模式观点，当控制参数有规律地变化时（例如，速度由慢而快地增加），指令参数可以保持稳定，或者在控制参数变化到一定程度时，改变其稳定状态特征。当控制参数所代表的变量增加或减少时，可以影响指令参数的稳定性和特征。

（四）自组织

动力模式观点中的一个重要概念就是自组织（self-organization）。它是由于一定的环境特征条件而显示的特定的稳定行为模式，而不是由于组织行为的特定的控制机制。它意味着，当某种情景具有一定的条件特征时，就会出现行为的特定稳定模式。

当自组织概念应用到人类协调运动时，是指当某种情景具有一定的条件特征时，就会出现肢体运动的特定模式。这样，运动的协调模式不是由动作程序规定的，而是在情景条件和肢体动态特征的行程中进行的自组织。

（五）协调结构

动力模式理论还有一个重要的概念就是协调结构（coordinative structures），它是指肌肉和关节特定的功能性组合，在神经系统控制下协调地产生动作。动力模式理论的提倡者认为，一个人熟练动作的产生，是神经系统对特定的功能性肌肉和关节配合的控制，以使动作协调；这样，个体才能根据环境指令完成动作。

与接近并抓住目标物体的动作有关的肌肉和关节为例，特别的肌肉关节组合必须一起运动，才能使一个人成功接近并抓住目标，这些组合要通过练习"转变"为任务－专门化的整体。当一个人具有抓住一个杯子的意图时，只要条件许可，这个动作就会发生。协调结构通过自组织来完成这个动作。

协调结构一般是通过后天的练习而获得的，但或许也存在先天固有的模式。与先天固有协调结构有关的动作包括走、跑和两手协调运动。当我们完成这些动作时，相关肢体的肌肉和关节具有一种自然的趋势，按照肢体内在协调模式来活动。这一模式是在以往生活中形成的。相反，通过练习形成的协调结构是新的肌肉和关节的组合，它们一起活动以产生协调模式，从而实现动作目标。

学习特定技能时，内在协调动作结构导致起始的动作表现困难。然而，在克服了这些内在困难之后，人们的技能表现就会得益于新形成的协调结构，即使在动作中出现少许混乱，人们也能完成动作目标。例如，在骑车时，因路面不平，使自行车偏离了方向，骑车人能很快很容易地调整动作，使自行车保持原来的方向。同样，如果一个人在便道上慢跑时，他会迅速且轻松地调整步态特征，以越过一块石头而避免绊倒，与此同时，仍保持慢跑的协调模式。

第三节　视觉和本体感觉控制

反馈由遍布全身各处的感觉器官提供，发现感觉信息的过程称作感觉。当信息被整体地反映时称作知觉。感觉与知觉紧密相连的。因此，当提到感觉和知觉时，要考虑到感觉和知觉及感觉和知觉之间的相互作用。对于多数操作技能来说，提供反馈信息最多的就是视觉和本体感觉。

一、技能操作的视觉控制

张英波对动作的视觉控制有过详细的阐述。(张英波,2003)

(一)眼睛的构造与两种视觉系统

1. 眼睛的构造

正常人的眼睛呈球形,角膜是一层清晰的、圆顶形的薄膜,它覆盖和保护眼内器官,主要包括虹膜、瞳孔和眼内晶体。角膜是眼睛最外层的屈光器官,它是凸形的,进入眼睛的光线的折射和屈光大部分是由角膜完成的。眼内透明的晶体位于虹膜的后面,由睫状肌牵引,它也是凸形的,"微调"通过角膜和瞳孔的聚焦光线,使光线在视网膜上聚成清晰的影像。对于正常眼睛和健康的晶体,这种"微调"是通过晶体的自如伸缩来完成对远方和近处物体的聚焦成像。这个伸展和收缩的过程是睫状肌拉紧和放松将晶体定位的悬韧带来完成的。

虽然控制动作的感觉信息源很多,而事实上,只有视觉在动作控制过程中起主导作用。在过去的研究中,科学家注意到有两种基本上独立的视觉系统影响着人的动作学习和控制过程。视觉信息从眼睛的视网膜发出,沿着两条独立的通路到达大脑的两个不同区域。大量研究结果证实,在控制人的动作行为方面,这两条通路的作用截然不同。确切地说,这两个视觉系统及其功能是:中央视觉专门确认物体;周边视觉专门控制动作。

2. 中央视觉系统

中央视觉位于视野中央,主要由锥体细胞组成,专门负责有意识地确认物体。它的主要功能是为"它是什么?"提供答案。中央视觉使我们能够有意识地感知所注意、所选择的物体,进行确认并做出可能的动作。由于锥体细胞是明视觉感受器,主要感受物体的细节和颜色,在明视环境中起作用,所以当光线变暗时,中央视觉系统会受到严重影响。

3. 周边视觉系统

周边视觉与中央视觉不同,它主要由棒体细胞组成。周边视觉占据了中央和周边的全部视野，而且由于棒体细胞为暗视觉感受器，主要感受物体的明暗，在暗视环境下起作用，所以它的功能不受到光线变暗的影响，科学家认为周边视觉专门作用是帮助动作控制，具有发现运动物体及其位置的功能。周边视觉提供关于动作及其与周围物质相互关系的信息，所以，能够利用周边视觉的帮助回答诸如"它在哪里？"和"我的位置和它的关系怎样？"等问题。有趣的是，周边视觉还可以在人们没有意识的情况下，帮助其进行动作的细微控制。

（二）中央视觉系统与动作控制

尽管人们主要利用中央视觉确认物体，但它也对操作动作控制发挥作用。中央视觉与意识相联系，所以这个系统掌握的视觉信息可以通过各个信息处理阶段进行处理。通过对视觉信息处理并产生动作，与对其他信息的处理方式非常相似。在认知模型中，视觉是来自环境的另一外源信息源。人只有通过各个信息处理阶段，处理视觉信息来控制动作。在光线昏暗时，中央视觉对动作控制起到的作用受限，如夜间开车，视觉系统的精确性就大大降低。因此，夜间多发交通事故。

（三）周边视觉系统与动作控制

1. 视觉流

当人们观察五光十色的外界环境时，所有的影像都是多种光束以不同的角度进入眼睛所引起的。当物体和人之间发生相对运动时，这些光线就以各种角度在人的视网膜上流过，这种由于相对运动产生的光线信息在视网膜上的流动，叫作"视觉流"（optical flow）。

视觉流能够提供给人关于动作的如下重要信息：

（1）稳定性和平衡；

（2）人在环境中的运动和动作速度；

（3）相对于环境中静止物体的动作方向；

（4）环境中相对于人的物体运动；

（5）人和环境中运动物体即将接触的时间。

视觉虽然是一种外源性信息，它也可以提供关于本体感觉的信息，所以也有学者（Lee，1980）把它称为"视觉本体感觉"（visual proprioception）。

2. 视觉对动作控制的作用

（1）提供与物体接触剩余时间的信息

不断接近的物体，产生的视觉流形式提示了它到达眼前直至接触的剩余时间。这个不断接近的物体在视网膜上的影像不断扩大，影像扩大的速率提示了物体接近人体的速度。

（2）维持身体的平衡

视觉在维持身体平衡方面也发挥着重要的作用。你可以做一个简单的实验，向前直视墙上的一个物体，不要改变你的视线方向，前后移动你的头，注意视觉信息的变化。你可能会注意到你的周边视野中的物体好像在动，而这个运动错觉取决于你的头部动作方式。由此可见，平衡感觉会受到视觉信息的重要影响。因此在实际操作中控制好视线非常重要。

（3）引导盯住操作目标

进行操作技能训练时，盯住操作目标很重要，如护士在练习给病人打针时，眼睛紧紧盯住针头，能够帮助他更好地完成打针动作。原因在于视觉流的作用。在护士打针的过程中，保持头部的稳定很关键。头部任何微小的动作变化都可以被视觉流发现，进而下意识地产生了对这些多余动作的反射性肌肉补偿调节动作。这就严重影响了动作的稳定性和准确性。

我们还应注意到中央系统与周边系统的视觉反馈环路的不同。中央系统的信息通过的是外反馈环路，信息的处理过程是有意识参与、缓慢和需要注意力的，并且须通过信息处理的各个阶段。中央视觉信息能够对动作控制产生影响，但需要经过相对较长时间的延迟。然而，中央视觉环路具有很强的灵活性。

（4）对程序化的动作进行细微调节

周边视觉的信息传输也有专门环路。由于周边视觉信息的处理是以下意识、相对较快和不灵活的方式进行的，信息被送到相对低级水平的中枢神经系统。处于反应选择和开始动作反应程序的完成较高级处理过程的中枢以下，肌肉和脊髓以上。因此周边视觉处理系统的中级水平运作，对已经程序化的动作进行细微的调节。通往肌肉的最终共用通路主要取决于预先编排好程序的动作指令，但这些指令至少受到四个反馈环路控制信息的补充。

（四）视觉在操作技能训练中的作用

人的视觉器官十分敏感，能分辨各种物体的大小、形状、明暗、颜色、距离、动静及在空间里的相互作用。在学生还没有熟练掌握操作技能之前，视觉起着主导作用。在操作过程中，学生靠视觉掌握操作环境状况，产生空间感觉，控制操作动作，观察操作结果的变化具有十分重要的意义。例如，在机械操作过程中，操作员要有良好的视力、良好的立体视觉和开阔的视野。

视觉对维持身体平衡起重要作用。人可以在完全没有前庭感觉和本体感觉的情况下，仅靠视觉来维持身体平衡。但快速活动或闭眼时活动的能力则需要前庭感觉和本体感觉的参与，才能保持身体平衡和正确的姿势。视觉发生障碍或有缺陷时，会使学生减弱或者丧失方向和平衡感觉，不容易保持身体平衡和正确的姿势。在职业操作技能教学和训练中，培养学生掌握操作技能的同时，也要注意视觉功能的训练。

二、技能操作的本体感觉控制

本体感觉是我们对肢体、躯干和头部位置及运动的反映。本体感觉的信息是关于方向、空间位置、速度和激活肌肉等的动作特征传入中枢神经系统的信息。在动作控制的闭环模式中，本体感觉反馈起到显著作用；而在开环模式中，中心指令控制动作不需要本体感觉反馈。关于在没有本体感觉反馈参与时，我们是否能够控制动作，以及本体感觉反馈在协调动作控制中起什么样的作用等问题，学者们多年来一直在不断地研究。

（一）本体感受器的结构与功能

本体感觉的感受器位于肌肉、肌腱和关节中。肌肉中的感受器叫作肌梭，肌腱中的感受器叫作腱梭。

1. 肌梭的结构与功能

肌梭是位于肌肉中的一种梭形感受器，位于肌纤维之间并与肌纤维平行排列。肌梭内含 6 ~ 10 根肌纤维，称为梭内肌纤维。肌梭外的一般肌纤维称为梭外肌纤维。肌梭附着于梭外肌纤维上，并与其平行排列呈并联关系，因此，肌梭的功能是感受肌肉长度的变化。

肌梭的传入纤维有Ⅰ类（较粗）和Ⅱ类（较细）两类。中枢的传出运动神经有支配梭外肌纤维的 α 神经元和支配梭内肌纤维的 γ 神经元。当 γ 神经元活动加强时，梭内肌纤维收缩，可提高肌梭内感受装置的敏感性。

2. 腱梭的结构与功能

腱梭是分布在肌腱胶原纤维之间的一种张力感受器，与梭外肌纤维串联。当肌肉收缩、张力增加时，腱梭因受到刺激而发生兴奋，冲动沿着感觉神经传入中枢，反射性地引起肌肉舒张。

腱梭的本体感觉反应是一种安全机制。腱梭是一种高阈值感受器，对主动肌有抑制作用，对拮抗肌具有易化作用。当肌肉的收缩力和外部因素引起的力之和，达到可能损伤肌腱或骨的程度时，腱梭的传入冲动会使运动神经元胞体产生抑制性突触后电位；当肌肉收缩缩短，由于过度屈或伸可能损伤关节时，腱梭可通过抑制性突触后电位，抑制主动肌，同时通过兴奋性突触后电位刺激拮抗肌的工作，从而防止肌肉的损伤。

当肌肉被牵拉或主动收缩与放松时，均会对肌梭、腱梭构成刺激产生兴奋，兴奋冲动传到大脑皮质的运动感觉区，经过分析综合，能感知身体各部位的空间位置、姿势以及身体各部位的动作状态。当肌肉受到被动牵拉时，肌梭和腱梭的传入冲动频率均增加。肌梭和腱梭的冲动可使中枢神经系统分别了解肌肉的长度受到牵张的力量。例如，当举起一物体时，肌肉被牵拉，如果负荷很重，牵拉也很重，那么将动员更多的运动单位来举起这一重物；如果负荷较轻，牵拉也较轻，那么仅有少数运动单位参加活动就能举起这一物体。

（二）本体感受器在反馈中的作用

既然反馈有开环和闭环控制系统的主要区别，那么探讨动作控制对反馈的需要就非常重要。玛吉尔（张忠秋，2006）通过实验说明了动作控制对反馈的依赖或是否需要本体感觉反馈的问题。

外科的传入神经阻滞术是一种用来研究本体感觉在动作控制中的作用的方法。外科神经阻滞术会将与研究的动作有关的传入神经通路用外科手术切断或去除。陶布和伯曼（Taub & Berman 1963，1968）曾经用猴子进行过此类实验。在实验过程中，研究人员通过观察了解猴子完成运动技能动作（如爬、够、抓）的熟练程度后，去除猴子从四肢到中枢神经系统的传入神经通路，对切除神经前后猴子完成动作技能的情况进行比较。结果显示，被切除传入神经的猴子，仍然能够完成这些动作。

陶布和伯曼二人的研究是针对动物的熟练技能而做的。如果在实验中是学习新的技能，用同样的外科传入神经阻滞术的方法会发生什么结果呢？比齐及其同事（Bizzi & Polit，1979；Polit & Boizzi，1978）在麻省理工学院做的许多试验中，运用了这种方法。他们训练猴子用"手"指着一串灯中点亮了的那盏。起初猴子可以看到亮着的灯，但是不会指。在猴子学会按要求准确指出亮着的灯以后，就给它们做外科传入神经阻滞术，即它们不能获得来自指灯手的运动本体感觉反馈信息。再次让猴子指出每盏点亮了的灯，它们能够做到。事实上，它们能够准确做出起始位置与训练时不同的指点动作。

如果控制过程中没有反馈信息的话，其中最主要的就是精确度问题。例如，在陶布和伯曼的研究中，猴子所表现的爬、抓、够的动作都比去除传入神经之前笨拙。比齐（Bizzi）在实验中，则很难比较出正常和去除传入神经条件下，猴子的反应精确度有何区别，但有本体感觉反馈信息参与的动作其精确度有明显提高，这一点是肯定的。

朱迪丝（Judith）等进行了以人为研究对象的封闭神经的研究，实验中为了达到神经封闭的效果，将血压计的绑带缚于肘臂之上并对其充气，直至受试者的手指失去感觉为止。再阻塞传入神经通路，要求受试者按要求完成弹指反应。研究结果显示，在没有手指、手、前臂的传入感觉信息的情况下，也能很好地完成弹指这一动作技能。

这证明，即使在没有本体感觉反馈的情况下，某种随意运动也能准确完成。

（三）本体感觉在操作技能训练中的作用

王瑞元等（王瑞元，2012）认为学生的一切操作技能都是在本体感受的基础上才能形成的。通过本体感受器感知肌肉、肌腱、关节和韧带的缩短、放松和拉紧的状况，连续地反映到中枢神经系统，通过这种反馈系统，不断地调整、矫正操作动作，使操作技能更加协调精确。如在牵张反射通过反馈机制控制肌肉张力时，如果肌肉的张力变得过强时，来自腱器官的抑制作用，将使其张力减少到较低水平；相反如果张力变得过小，腱器官将停止发放冲动，抑制作用减弱，使张力又增强到原来的较高水平。操作技能训练中常使用"想练结合"的训练方法，或通过模仿性动作练习，来提高本体感觉对操作动作反馈调节的能力。

一般情况下，视觉、位觉及本体感觉相互联系，经大脑皮质的综合分析功能控制肌肉活动。肌肉活动时发生的本体感觉往往被视、听和其他感觉遮蔽，故本体感觉也称为暗淡的感觉。本体感觉能力必须经过相当长时间的训练，才能比较明显而精确地在自己的动作过程中体验到。例如，学生在完成已经熟练掌握的操作动作时，略有变化就能感觉出来，而新学的操作动作虽然有很大毛病，往往也不易感觉到。因此，要使操作动作准确无误，必须反复练习。

人体各种感觉都可帮助练习者产生正确的肌肉本体感觉，没有正确的肌肉本体感觉，就不可能形成操作技能。在建立运动条件反射过程中，肌肉本体感受性传入冲动起重要作用，没有这种传入冲动，条件刺激得不到强化，操作条件反射就不能形成，新学习的动作技能也就不能掌握。本体感受器的机能，对形成操作技能具有特殊重要作用。所以，在实践中只有勤学苦练，使本体感受机能得到提高，让动作在时间和空间上更加协调，就可以促进操作技能的形成，提高操作技能水平。

第四章　职业操作技能的迁移

我们练习一项职业操作技能就是为了提高操作该项技能的操作能力。在操作职业技能时，我们都希望在需要这项技能的时候能够完成特定的操作动作。事实上，练习某项操作技能的目的之一就是为了能够将已经学会的操作技能迁移到其他需要这项技能的环境中去，以便同样能够很好地完成操作动作目标。

在职业操作技能学习中，新的学习内容建立在原有知识的基础上，在学习几种操作技能时，既可能相互促进，也有可能互相干扰。如何使职业操作技能之间互相有良好的迁移，是学习职业操作技能的重要目的之一。

第一节　迁移的概述

了解"迁移"对职业操作技能教学有十分重要的意义。本节主要从迁移的概念、测量、分类以及产生条件这几个方面对迁移进行阐述。

一、迁移的一般概念

迁移现象普遍存在于各种技能的学习中，比如，学会了自行车有助于学习驾驭摩托车；学会了一种外文有助于掌握另一种外文；提高了阅读能力有助于提高写作能力等。关于操作技能迁移的概念不同学者有着不同的解释。

鲍威尔（Bower，1981）认为动作技能的迁移是过去学习的某些相似动作，影响了新学习的动作，并加速其技能的形成，就这样使以前学习过的动作，迁移到新动作上了。施密特（Schmidt，1988）认为操作技能的迁移是新操作动作的获得，以及原有操作动作的丧失，新操作动作是来自于旧操作动作所获得的操作动作经验。马吉尔（Magill，1993）认为以前学习过的操作技能，对当前正在学习的新操作技能，有正面的、负面的或者中性的影响。

以前的心理学教科书都把先前的学习对后继学习的影响称为迁移，其实，这一定义并不准确。因为后继学习也可能对先前的学习发生某种影响，心理学家把这种影响也看作是学习的一种迁移。因此，本书把迁移定义为："一种学习对另一种学习的影响"。把先前的学习对后继学习的影响称为顺向迁移，把后继学习对先前学习的影响称为逆向迁移，如图4-1所示。

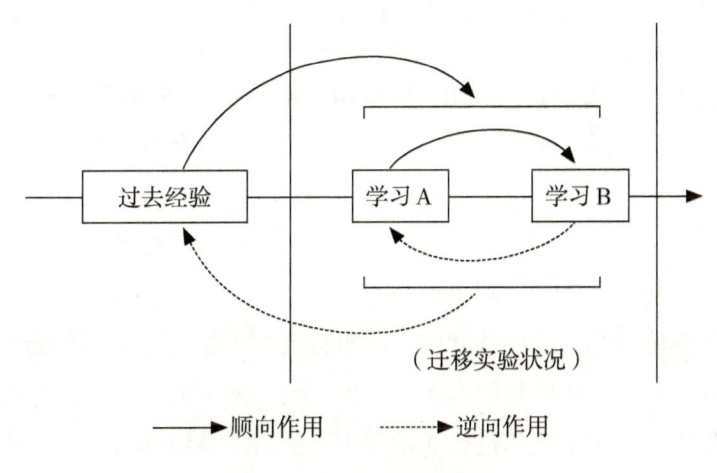

图4-1 顺向迁移与逆向迁移

二、迁移的测量

在职业操作技能教学与训练中，操作技能迁移的效果可以通过对迁移的测量结果来衡量。根据迁移的定义，要判断是否出现了迁移现象以及其迁移量是多少，必须先测出学习者的作业是否发生了某种变化。在测量迁移时，必须区分作业变化的原因是由练习引起的还是由一种学习对另一种学习的影响。迁移所要测量的是后一种变化，即是由别的学习影响而产生的作业变化。要确定先后两项学习之间是否存在迁移及迁移量是多少，必须进行适当的迁移实验设计和测量。心理学家一般通过下列的迁移实验模式测量学习迁移（见表 4-1）。

表 4-1　迁移实验的基本类型

迁移方向	分组	先学	后学	测量
顺向计划	实验组	A	B	B
	控制组	—	B	B
逆向计划	实验组	A	B	A
	控制组	A	—	A

实验中，一般设立两个组（实验组、控制组），实验后，通过测量比较两组的学习结果，判断是否存在迁移或迁移量的大小。实验的基本步骤如下。

（1）建立等组。通过取样和预测尽量使两个组在各方面（如人数、年龄、男女比例、智力、知识水平等）相当。

（2）实施计划。顺向计划中，让实验组学生先学习 A，控制组不进行 A 的学习，休息或从事与学习 A 无关的活动，然后两组都进行 B 的学习；逆向计划中，两组学生都进行 A 的学习，然后实验组学习 B，控制组则不进行此项学习。

（3）测量并比较两组的学习结果。顺向计划中两组都测量 B；逆向计划中，两组都测量 A，然后将两组的学习结果进行统计处理。

（4）得出结论。说明迁移是否发生，如果发生迁移要说明迁移发生的量。研究结论可能的情况为正迁移、负迁移、零迁移。

对于两种学习所产生的迁移效果有多种测量方法，默多克（D. D. Murdocu）

提出的测验公式较为常用：

$$迁移率（\%）= \frac{实验组成绩 - 控制组成绩}{实验组成绩 + 控制组成绩} \times 100$$

迁移量的大小除了通过成绩计算外，也可用完成任务所需的时间长短，或者被试达到某一学习标准所需的学习次数，以及学习中出现的错误次数为指标进行计算。因此，上面公式可改为：

$$迁移率（\%）= \frac{控制组错误次数 - 实验组错误次数}{控制组错误次数 + 实验组错误次数} \times 100$$

以上的实验和测量只是一种基本的、经典的有关学习迁移的实验设计和研究，随着迁移问题研究的不断深入，其研究的模式和测量也随之更加复杂，产生了许多变式。例如，在关于训练方法对迁移影响的实验设计中，研究者把实验组分为两个组分别考察和比较，实验组Ⅰ只进行必要的练习，实验组Ⅱ所用的时间与实验组Ⅰ相同，其中一半时间用于指导，另一半时间用于练习，控制组只在实验开始和结束时进行测验，不进行任何练习（如表 4-2 所示）。

表 4-2 训练方法对迁移影响的实验设计

控制组	前测	——	后测
实验组Ⅰ	前测	一般训练	后测
实验组Ⅱ	前测	特殊的训练方法	后测

采用这种实验设计的目的在于探讨如何更为有效地提高迁移的水平，它不仅对实验组和控制组之间的变化进行对比，而且，对实验中采用不同的方法之间的迁移效果也进行了比较。

桑代克（Thorndike）早期的著名迁移实验设计中则没有设控制组，只设一个实验组。其实验步骤如下：(1)测量被试的 A 作业成绩；(2)训练被试的 B 作业；(3)再测被试的 A 作业成绩。如果后测的 A 作业成绩比先测的 A 作业成绩有显著变化，则可将后测 A 的变化归因于训练 B 对 A 所产生的影响。这类设计的缺点是先测 A 时可能产生学习效应，它将对后测 A 的结果产生影响。

三、职业操作技能迁移的分类

随着迁移研究的不断深入，研究者逐渐认识到，在不同的技能操作任务中，迁移的机制及其所需的基本成分是不同的，需要从不同的角度对操作技能迁移进行分类（刘万伦等，2011）。

（一）根据职业技能操作动作的特点及其关系来划分，可以将操作技能迁移分为以下三种形式：

1. 肢体两侧迁移

当我们学会了用右（左）肢操作某种动作的时候，就很容易学会另一侧肢体来操作这种动作。这种迁移叫作两侧迁移。有时也习惯地被称为交叉迁移。两侧性迁移实质是身体一侧肢体进行的学习向另一侧肢体的迁移。研究发现这种迁移在人体中对称的部位迁移（右手-左手，右腿-左腿）表现最强，其次是同侧部位迁移（右手-右脚，左手-左脚），最弱是对角线部位的迁移（右手-左脚，左手-右脚）。这也说明操作技能学习的迁移是中枢神经系统的协调过程在起着主导作用，在职业操作技能学习的实际训练中应注意交叉练习。关于两侧迁移的内容，详细见第四节。

2. 语言—操作迁移

事先的语言训练，包括关于职业技能的操作知识、操作动作要领、术语的讲授，以及念动、暗示、默念等训练，通过第二信号系统的充分应用，对技能操作动作的掌握有促进作用。实验证明，对于有一定文化要素的学生，他们已有了较多的实践知识和对理论的理解能力，学习中应充分利用语言教学的优势，促进他们操作技能的掌握与提高。

3. 职业技能操作技术之间的迁移

这是指一种职业操作技术的学习，向另一个操作技术学习的迁移，主要体现在学习内容安排的顺序。

操作技能与操作技能之间的迁移是比较复杂的，既有直接迁移，也有间接迁移，既有正迁移，也有负迁移。共同因素越多，越容易产生迁移；基础技术动作越相同，迁移也越大，面也比较宽。比如，驾驶汽车是由基本的踩油门、控制方向盘、操纵变速杆等基础技术构成，这些基本的操纵技能有利于操控其他工程车辆的技能的迁移，如驾驶铲车、挖掘机等都需要这些基础技术。

当然操作技能与操作技能之间在迁移时，还要具体问题具体分析，利用有利的正迁移，排除消极的负迁移。例如，护士给病人静脉注射和做皮下测试，从形式看两者相似，都是运用针头给病人注射药物，但在操作时具体的操作要求却不是完全一样。静脉注射是将药物注射到病人静脉中，而皮下测试时却是将药物注射于皮下组织里，二者进针角度和用力程度都不一样，初学可能在开始学习时会产生负迁移，这时就必须注意这种要求的不同。但二者在操纵注射器时却也有共同之处。因此要具体问题具体分析。要注意即使两个相似程度很高的操作动作，也必须在动作熟练掌握之后再进行另一个练习，否则往往容易产生负迁移。

（二）根据迁移的影响结果，可以把迁移分为正迁移、负迁移和零迁移

1. 正迁移

正迁移是指一种学习对另一种学习产生了积极的影响。已有的操作技能在学习新的操作技能的过程中，能够很好地得到利用，从而产生触类旁通、举一反三的学习效果。例如，学会了驾驶小轿车，再练习大客车的驾驶，就会比没有驾驶经验的人学得更快。这就是先前的学习对后继的学习所产生的正迁移现象。

2. 负迁移

负迁移则是指一种操作技能的学习对另一种操作技能的学习产生了消极的影响。已有的操作技能在学习新操作技能的过程中，可能会产生干扰和混淆。例如：习惯于左驾右行的中国大陆司机在英国要右驾左行就会有干扰作用，这是旧技能对形成新技能的干扰。负迁移一般是暂时性的，经

过有效的练习是能够克服的。

必须指出，一种操作技能学习对另一种操作技能学习的影响，并非只有正迁移或只有负迁移，实际上常常是在某方面起正迁移作用，而在另一方面又起负迁移作用。如果能充分注意正迁移及其产生作用的条件，在一定程度上能减少和防止负迁移的消极影响。

3. 零迁移

还有一种状态称为零迁移，这是指两种技能学习间不存在直接的相互影响，有时也称为中性迁移。许多技能操作经验间存在着各种直接或间接的关系，但如若个体未能意识到这些经验间的内在联系，不能主动地进行迁移，而使某些经验处于惰性状态，则表现为零迁移。

（三）根据迁移的顺序，可以把迁移分为顺向迁移和逆向迁移

先前技能操作学习对后来技能操作学习的影响，称为顺向迁移；后来技能操作学习对先前技能操作学习的影响，称为逆向迁移。

以上两个维度可组合起来，形成顺向正迁移、顺向负迁移、逆向正迁移和逆向负迁移四种形式。例如先学习驾驶小汽车，后学习驾驶工程车辆，驾驶小汽车的能力的提高有助于驾驶工程车辆能力的形成，这样我们说驾驶小汽车对驾驶工程车辆能力的形成产生了顺向正迁移。又如学习右手使用器械对后来学习左手使用器械可能会产生顺向负迁移。

（四）根据迁移的不同层次，可以分为纵向迁移和横向迁移

纵向迁移也叫垂直迁移，主要是指处于不同抽象概括层次的各种技能学习间的相互影响。从学习内容的逻辑关系来说，有的学习内容的抽象性和概括性较高，这种学习内容在其形成的认知结构方面，属于上位结构；有的学习内容的抽象性和概括性较低，其形成的认知结构属于下位结构。纵向迁移也就是上位的较高层次的经验与下位的较低层次的经验之间的相互影响，如学习哺乳动物概念后，有助于对不熟悉的鲸或海豹的识别。

横向迁移也叫水平迁移，是指处于同一抽象概括层次的不同学习间的相互影响。其中，学习内容间的逻辑关系是并列的，抽象性和概括性相当。

如学会了自行车，有助于学习驾驶摩托车的技能。

加涅十分重视这种分类。他认为，个体通过学习所要形成的心理结构是一个网络化的结构，要解决其上下左右的沟通与联系，必须通过纵向迁移与横向迁移才能实现。

（五）根据迁移的范围，可以分为一般迁移和特殊迁移

一般迁移是指将在一种学习中获得的一般原理或学习策略应用到另一种学习中，如学生学会了发动机的一般原理可以运用到其他各种车辆发动机的故障排查和修理中去。

特殊迁移是指具体知识内容和基本技能的迁移，或者从一个具体问题的解决到另一个具体问题的解决之间的迁移。例如，某人学习了 WORD 文档处理软件后会促进他对 WPS 文档处理软件的掌握。

迁移到底是具体的知识或技能的特殊迁移还是抽象原理的一般迁移呢？研究者持不同的观点。一种观点认为，特殊迁移是一种经常发生的迁移现象。如，罗伯特森（Robertson，2002）强调，当两种情境中的特定知识有较大重叠时，特殊迁移就产生了。

另一种观点强调一般迁移的重要性。如，巴瑟克（Bassok）和霍约克（Holyoak）在 1989 年通过实验发现，先学习了代数问题的学生能够将其中的方法迁移到相应的物理问题中，而最初学习了物理问题的学生却不能将其中的方法迁移到相应的代数问题中。他们认为从物理到代数的迁移明显地受隐含在物理方程中具体内容的阻碍。

一般迁移是一种范围较宽的迁移，而特殊迁移是一种范围较窄的迁移。美国心理学家布鲁纳提倡一般迁移，他说："学习为将来服务有两种方式。一种方式是先行学习对后继学习和工作具有特殊的适用性。心理学家把这种现象称为特殊迁移；也许应该把这种现象称作习惯或联想的延伸。它的效率好像大体上限于我们通常所讲的技能。已经学会怎样敲钉子，往后我们就能更好地学习怎样敲平头钉或削木片。先行学习使日后工作更为有效的第二种方式，则是所谓的非特殊迁移，即原理和态度的迁移。一开始是学习一个普遍的观念，而不是学习技能，然后这个普

遍的观念可以用作认识原先所掌握的观念的一些特例的后继问题的基础。这一种类型的迁移应该是教育过程的核心，即用基本的普遍的观念来不断扩大和加深知识。"

（六）根据迁移的相似性程度，可以分为近迁移和远迁移

近迁移是指将所学的操作技能迁移到与原来的学习情景相似的情景中去。远迁移是指将所学的操作迁移到与原来的学习情景不相似的情景中。通常学生根据老师所演示的操作动作迁移到课堂实践，属于近迁移；而将小汽车的驾驶原理运用到挖掘机的驾驶中去，通常是远迁移。如，老师演示如何进行对小块金属切割的操作动作，学生根据老师的演示对大块金属进行了切割，这就是近迁移；而根据驾驶小汽车的原理完成了驾驶挖掘机的操纵动作，就是远迁移。近迁移问题与已经习得的知识比较相似，而远迁移问题与已经习得的知识差别较大。还有一些研究者将迁移划分为近迁移、中等迁移和远迁移。

更多的心理学家主张，在教育情景下，观察到了近－远迁移就足够了。还有的心理学家认为，只需将近－近迁移、近－远迁移任务当作评价训练效果的评估标准即可。

远、近迁移的划分往往是相对的，要视研究的具体问题而定。Barnett 和 Ceci 提出了关于影响迁移的内容因素和线索因素两个方面的九个维度的分类学，根据这九个维度就能比较正确地预测迁移的远、近。Barnett 和 Ceci 认为，迁移的内容因素可以划分为三个维度：迁移的一般性、迁移的实质、迁移对记忆的要求；线索因素可以分为六个维度：知识领域、物理环境、时间线索、功能性线索、社会线索和形式。他们认为，迁移的远近应从多维的角度进行界定。（张惠等，2003）

（七）根据迁移的意识程度，可以分为低路迁移和高路迁移

这是美国心理学家所罗门（G. Salomen）和帕金斯（D. Perkins）于1989年提出的。高路迁移是指从一种情景中有意识地提取要素，并将其运用到新的情景中。这是一种有意识的、主动思考目前的问题与先前经验之间关系的迁移。高路迁移既可以是顺向的高路迁移，也可以是逆向的高路

迁移。前者指学习者在一种情境中习得了一些知识技能，然后对其进行有意识的抽象和概括，寻求在其他地方应用的可能性；后者指在面临一个问题情景时，从此情景中提取出主要的特征，然后从自己的经验中寻找与之匹配的特征，以求找到解决问题的办法。如，学习护理基本操作原理时，想到将来如何在实际操作中运用这些原理，这是一种顺向的高路迁移；而在护理操作实践中遇到实际问题时，思考如何运用学习过的护理操作的基本原理来解决问题，这是一种逆向的高路迁移。

低路迁移是指通过大量的、广泛的练习而自动将引发出的学习行为运用到一个新的内容中。这是一种自动化的、不需要有意注意的，自动使用先前经验来解决新问题的迁移。低路迁移是在那些与原来学习情景存在大量知觉相似性的新情景中，学生已形成的良好的知识技能的自动激活。低路迁移的发生有两个必不可少的条件：一是迁移的知识或技能要达到或接近熟练化或自动化的程度；二是迁移情景与学习情景要存在知觉相似性。

所罗门和帕金斯认为，高路迁移包括有意识地思考，并把理论知识有意识地运用到新情景中去；低路迁移是在相似情景中自发的、自动化的迁移。

第二节 迁移的理论

迁移现象在职业技能训练中是普遍存在的，而且起着重要的作用。究竟迁移的实质是什么？发生的原因、条件和规律是什么？针对这些问题，心理学家从不同的角度加以研究，从而形成了众多的迁移理论。

一、传统的迁移理论

（一）形式训练说

对学习迁移现象最早的系统解释，是由形式训练说提出的。形式训练说在哲学和科学史中是一种古老的见解，它主张迁移要经历一个"形式训练"过程才能产生。形式训练说是主张一般迁移的最早代表,其心理学基础主要是官能心理学(faculty psychology)。官能心理学认为注意力、记忆力、想象力、推理能力、意志力、气质以至性格和其他特性都看成是心智的能力。心的各种官能(成分)是各自分开的实体,分别从事不同的活动,如利用记忆官能进行记忆活动,利用思维官能从事思维活动。每一种能力都是一个具有确定的、统一体的一般能力或性质。各种官能可以像肌肉一样,通过练习增强力量。这些官能可以在所有情境中发挥效用。比方说,记忆官能增强以后,可以更好地识记各种知识或物体。更进一步,由于人的各种官能统一组成一个整体,一种成分的改进,也触类旁通地加强了其他的所有官能。可见,从形式训练的观点来看,迁移是通过对组成心的各种官能的训练,以提高各种能力如注意力、记忆力、推理力、想象力等而实现的。而且,迁移的产生将是自动的。

形式训练说把训练和改进各种官能作为教学的最重要的目标,认为某些学科可能具有改善某种或某些官能的价值,如学习数学可以使一个人善于运用自己的注意力,并能加强和训练推理能力。为了发展性格、加强意志、培养良好的气质,最好的训练莫过于运动竞技。该理论认为学习的内容并不重要,重要的是活动的形式。它把一些难记的古文词汇、自然科学中的难题视为训练心的最好的材料,在这样的训练中,"学生学会了观察、分析、比较、分类,学会想象、记忆、推理、判断,甚至于创造……有了这样的造诣,足以使学生们在日后的学习和工作中受益无穷"。相反,如果学生仅记住了一些具体的知识,其价值却十分有限。

形式训练说在欧洲和北美盛行了约200年,但自19世纪末20世纪初,这种理论遭到教育心理学工作者的怀疑与反对。詹姆士、施来特、桑代克、伍德沃斯等通过实验进行检验,认为形式训练说是缺乏科学依据的。

形式训练说的错误不在于它设想学习上存在迁移,而在于它设想的迁移的实质,把心智官能看作由训练而发展,并把官能看成是非物质的灵魂,是灵魂进行一定活动的能力,这是唯心主义的。其次在迁移的条件下,形式训练说脱离学习内容,偏重形式,并把迁移看作是自动的、无条件的,导致教育上忽视教育内容，偏重形式，脱离实际，这也是错误的。当然，形式训练说重视学习迁移，重视能力的训练和培养是可取的。

（二）相同要素说

19世纪末和20世纪初，心理学家着手用实验来检验形式训练说的迁移理论。美国著名心理学家詹姆士1890年在哈佛大学做了世界上第一个关于迁移研究的实验。他所用的这一最早的实验方法被后人称为个别法或单独法，后人在单独法的基础上又发展了单组法。James和他的4个学生记忆某些作家著作中的一些段落，然后又用一个多月的时间记忆另一作家著作中的一些段落。结果发现有三个学生在进行记忆练习之后的成绩好一些，但James本人和另外一个学生却没有得到改善。因此他得出结论，记忆能力不受训练的影响；记忆的改善不在于记忆能力的改善，而在于方法的改善。

继詹姆士之后，许多心理学家纷纷设计更为严密的实验，从各种不同角度向形式训练说提出了挑战。其中桑代克和伍德沃斯（R. S. Woodworth）的研究影响最大。桑代克首先在知觉方面进行了一系列的实验。他在1901年做了一项研究，以大学生为被试，目的在于训练他们判断不同大小和形状的图形面积。为了预测他们判断面积的一般能力，先让被试估计了127个矩形、三角形、圆形和不规则图形的面积。然后用90个10平方厘米~100平方厘米的平行四边形让每一被试进行判断面积训练。最后被试受到两种测验：第一种测验要求判断13个与训练图形相似的长方形面积；第二个测验要求判断27个三角形、圆和不规则图形的面积。这27个图形是预测中用过的。研究表明：通过平行四边形训练，被试对矩形面积的判断的成绩提高了，但他们对三角形、圆和不规则图形的判断成绩没有提高。

此外，桑代克还做过长度和重量方面的实验，如让被试估计1英寸~1.5英寸直线的长度，经过练习，取得相当进步。然后用6英寸~12英寸的直线进行迁移测验，然而，被试估计长度的能力并不因先前的训练而有所增进。桑代克在记忆和注意方面也做过类似的实验。他发现，经过练习，这些训练可以迁移到类似的活动中去，使被试的成绩明显提高，但这种迁移的成绩远不如直接训练的成绩。而且，在知觉、注意和记忆方面的训练，并未迁移到不相似的活动中去。

桑代克迁移实验的结果与形式训练说的迁移理论大相径庭。桑代克的实验表明，注意力、记忆力和观察力不可能通过某种活动加以训练而得到普遍迁移。那么，什么东西可以普遍迁移呢？同形式训练说相对立，桑代克提出了相同要素说。

相同要素说，后来被伍德沃斯修改为共同成分（common components）说，意指只有当学习情境和迁移测验情境存在共同成分时，一种学习才能影响到另一种学习，即产生迁移。例如，在活动 A12345 和 B45678 之间，因为有共同成分 4 和 5，所以这两种活动之间才会有迁移出现。用桑代克的话来说，"只有当两种心理机能具有共同成分作为因素时，一种心理技能的改进才能引起另一种心理机能的改进"。所谓共同的心理机能，桑代克认为包括经验上的基本事实（如通过不同组合一再重复的长度、颜色和数量）、工作方法乃至一般原理或态度。但由于桑代克对学习持联结主义观点，实际上，他所谓共同的心理机能，只是指共同的刺激和反应的联结而已。他还设想，这种共同的刺激和反应的联结，是"凭借同一脑细胞的作用"而形成的。

桑代克和许多心理学家在知觉、记忆、注意和运动动作方面的实验证明，这些方面经过一定的训练，确实存在一定的迁移。但实验者一致认为，只存在特殊经验的事实、技能、方法乃至态度的迁移。特殊的训练并不能改进个别的心理官能。也就是说，特殊的训练对于提高一般的记忆力、观察力、注意力收效甚微。这些迁移实验的研究启示人们，要提高教学效果，在教学中如果忽视了学生对于知识、技能、学习方法等的掌握，而一味追求提高其观察力、记忆力、注意力，那只是一种天真的幻想。

既然通常的观察力（知觉方面的能力）、记忆力、注意力不易经过特殊训练而得以改善，桑代克由此设想能否让学生选学某些特殊的学科，经过较长时间的训练，他们的一般智力能否得到提高。桑代克在 1924 年和

1927年做了两次规模很大的实验。受试的学生13000多人，学生分别选修的科目包括几何、拉丁语、公民课、戏剧、化学、簿记和法语。学习时间为一年。实验者测验了学生学习这些科目前后的智商（IQ）变化，结果并未发现某些学科对改善学生智力特别有效。

韦斯曼（A. Wesman）在1944年重新验证了桑代克早年的结论。在一个学期的开始和结束，他对中学生进行了一系列一般智力和成绩测验，研究表明，学生选修的任何一门科目并不比其他没有选修的科目优越；在所测量的任何一种成绩范围内，智力也没有更多的增长。在60年代以后，还有人进行了新的研究，仍然证实了桑代克的早期学说。

桑代克在迁移方面的研究，指出了形式训练说的谬误，这是他的功绩。但他坚持认为，"头脑……就它的功能方面来说，是对特殊情境作特殊反应的一架机器"。根据这种观点，人们一定要学习了某种特殊的刺激—反应的联结才能在特殊情境中运用所需要的每一种知识、技能、概念或观念。这样就大大地缩小了迁移的范围，这也是他错误的机械主义的联结观的反映。

（三）概括说

概括说也称经验类化说，是由贾德（C·H、judd）与肖尔考夫（Scholskow）于1908年进行一项实验研究提出来的。贾德认为，在先期学习A中所获得的东西，之所以能迁移到后期的学习B，是因为在学习A时获得了一般原理，这种一般原理可以部分或全部运用于A、B之中。根据这一理论，两个学习活动之间存在的共同成分，只是产生迁移的必要前提，而产生迁移的关键是，学习者在两种活动中概括出它们之间的共同原理。

贾德在1908年所做的"水下击靶"实验被称为概括化理论的经典实验。他以五年级和六年级学生为被试，把他们分为两组，让他们练习用镖枪投中水下的靶子。贾德给第一组被试充分解释水的折射原理，而不给第二组被试说明关于水的折射原理。第一次练习投掷时，靶子置于水下12英寸处。练习的结果是两组被试的成绩无明显差异。这说明，在开始的测验中，理论对于练习没有起很大的作用，因为所有的学生必须学会运用镖枪，理论的说明不能代替练习。第二次练习投掷时，靶子被移到了水下 4 英寸处，这时的练习结果出现了显著差异。第二组没有给予折射原理说明的学生成绩远远不如第一组得到充分解释折射原理的学生成绩。第二组被试错误不断，不能适应水下 4 英寸的投靶实验。而第一组的被试能迅速适应水下 4 英寸的实验条件。

贾德在解释实验结果时说："理论把有关的全部经验——水外的、深水的和浅水的经验——组成了整个的思想体系。……学生在理论知识的背景上，理解了实际情况以后，就能利用概括了的经验，迅速地解决需要按实际情况作分析和调整的新问题。"

贾德的解释强调了概括化在迁移中的作用。他认为迁移不是简单地依靠相同联结的转移，而是依赖经验类化的结果。他说："类化与迁移是同义词。在学生充分掌握了一种科学的类化之后，也就是说，当他获得一种广阔关系的观点之后，他就具备了独立而广泛的理智力量，就可以使训练效果迁移到新的情境中。"

由于贾德把经验的类化与迁移看成是等同的，而经验的类化又是学习与教学的结果，所以他十分重视教学方法在迁移中的作用。他曾指出："根据学校教学的经验，有一个显著的事实，就是同样的教材，用这种教法可能发生积极的迁移，用另一种教法则可能发生相反的作用。所以，迁移的出现，教法是主要的，教材是次要的。"在贾德看来，迁移是不可能自动发生的，关键在于教师的教法。

贾德的概括说，揭示了概括化了的经验（即掌握原理、原则）在迁移中的作用，是有积极意义的，应加以肯定。但是他把迁移与类化看成是同义词，这是不确切的。因学习的迁移，不仅有新课题的类化，也还有旧经验的具体化，而且他的类化又指的是已有的经验，则更不能说明迁移现象的实质。同时，经验的概括水平，仅仅是影响迁移的一个条件，它本身就不是迁移的全部条件，也不能说明迁移现象发生的心理机制。总之，贾德的概括说对迁移理论的发展是有一定贡献的，但同时也存在一定局限性。

1941年赫德里克森（G. Hedrickson）和施罗德（W. H. Schroeder），1967年奥弗林（R. L. R. Overing）和特拉韦斯，都做了类似的实验，进一步证实了贾德的概括化理论，同时还指出，概括不是一个自动过程，它与教学方法有密切的关系。这与课堂教学实践经验是一致的，即同样的教材内容，由于教学方法不同，会使教学效果大为悬殊，迁移的效果也大不相同。

（四）关系转换说

关系转换说（transposition theory）是格式塔心理学家对概括化理论的补充和深化。格式塔心理学家强调"顿悟"是迁移的一个决定因素，同时他们也不否认依赖于学习原理的迁移。他们认为，有机体在迁移中是对新情景中的关系作出反应，而不是对共同要素作出反应。迁移不是由于两个学习情景具有共同成分、原理或规则而自动产生的，而是由于学习者突然发现两个学习经验之间存在关系的结果。人所迁移的是顿悟，即一种突然把两个情景联系起来的意识。

关系转换说强调个体的作用，认为学习者必须发现两个事件之间的关系才能产生迁移，但转换现象是复杂的。早期的格式塔心理学家柯勒用两种灰色深浅不同的物体进行条件反射实验，被试是小鸡和一个3岁的幼儿。他让被试在两张纸中的一张纸上找到能吃的食物，一张纸是浅灰，一张纸是深灰。食物总是放在深灰纸上。被试者学会只在深灰纸上才能得到的食物（小鸡学会需400～600次，小孩学会需45次）。当这个训练课题完全学会以后，再用一张比原来用的两张都深的灰纸代替浅灰的那张纸（即原来深灰的那张纸相对于新用的更深的一张纸来说，成了浅灰纸）再让被试去取食。实验结果表明，小鸡对新刺激的反应为70%，对原来的刺激的反应为30%；儿童则不变地对更加灰的刺激作出反应。柯勒认为以上的实验说明顿悟关系是获得迁移的一般训练的真正手段。格式塔心理学家后来又用三种不同大小的物体进行变换实验。在训练时奖励物体（即强化物）为中等大小的物体（如倒置的盘子）。经过训练，被试学会了这种反应。以后在迁移情景中不断地改变物体的大小，但奖励物仍置于中等大小的物体之下。实验结果表明，被试随着实验物体大小的改变而产生转换关系是难以发生的。研究还表明,转换现象会受到早先学习课题的掌握程度、诱因的大小和练习量的影响。也就是说,早先学习的课题掌握得好、诱因大和练习量增加,转移现象就越容易产生。

(五)学习定势说

学习定势说(learning set),是哈洛(H. F. Harlow)提出并用以解释顿悟现象的一个概念。哈洛认为:"学习情境的多样化决定我们的基本人格特征,并使在某些人变成会思考的人中起重要作用。这些情境是以同样的形式多次重复出现的。不应以单一的学习结果,而应以多变但类似的学习课题的影响所产生的变化来理解学习。"

学习定势既是指在解决一类问题、学习一类课题时的一般方法的改进(学会如何学习),亦是指在从事某种活动的暂时准备状态(准备动作效应或预热效应)。这两个方面都对作业的变化产生影响。

练习一类课题有助于类似课题的学习,这一现象首先是在实验室用无意义音节进行研究发现的。渥德(L. B. Ward)早在1937年报告:被试在记忆数列无意义音节时,前面的练习,影响后面的记忆,记忆的速度越来越快。

哈洛1949年的研究也发现了类似的现象。他首先用猴子作被试进行研究,然后以儿童为被试进行重复实验。对猴子作辨别训练时,在猴子面前呈现两个物体,一个是立方体,另一个是立体三角形。在一个物体下面藏着葡萄干,以葡萄干为强化物。通过几次尝试,猴子很快"知道"葡萄干放在立方体下在,而不在立体三角形下面。当它解决了这个问题以后,立即给它呈现另一个类似的问题,如两个物体均为立方体,但颜色不同,一为白的,另一为黑的。它必须进行新的学习以解决这个新的辨别问题。当它解决了这个问题以后,又呈现一个新的辨别问题,如此继续多次。当猴子解决了许多这样的辨别课题之后,它解决新问题的速度越来越快,尝试的次数越来越少。于是,实验者认为,猴子学会了如何解决问题或者说学会了如何学习。哈洛在谈到这个现象时说:"猴子已经获得了解决问题

的学习定势。"（详见图 4-2）

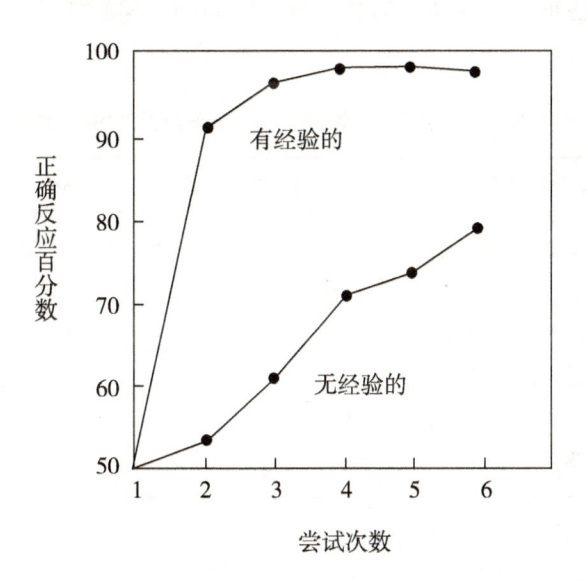

图 4-2　有经验与无经验的猴子解决辨别问题的成绩

（下面一条曲线代表猴子解决前 8 个辨别问题的平均成绩，上面一条曲线代表在解决 200 个问题以后的平均成绩）

类似的学会如何学习的现象，在以儿童为被试的实验中得到了证实。例如，在一个实验中，智力落后的儿童（年龄为 10 岁，智龄只有 4 岁）在解决一个辨别问题时感到非常困难，但先从较容易的问题开始训练，然后转到较难的问题，学习效果就明显提高。

实验分三组。课题是辨别油漆在方瓦片上的图形：黑的正方形，黄的空心 T 形。实验中甲组无预备训练，学习成绩很差，虽然 500 次尝试并有反馈，仍不能始终如一地选出正确的图形。乙组和丙组先作预备训练。乙组在作预备训练时，要辨别的图形（即实验辨别图形）被割掉了一部分（瓦片被切割了一部分），被试可以借助于触觉帮助，辨别的难度降低。当他们在连续 5 次辨别尝试中有 4 次正确以后，转入实验课题，他们的成绩显著高于甲组的成绩。丙组用被切割的红色十字图形和绿色十字图形作预备训练，也在 5 次选择中达到 4 次正确之后，转入实验课题。虽然丙组在预备训练以后所要解决的课题是新的，但其成绩仍然超过甲组。（详见表 4-3）

表 4-3　在练习容易的课题后，辨别平面图形的能力提高

分组	预备训练辨别课题	实验辨别课题	正确选择的百分数
1	无预备训练	漆在瓦片上的黑色■和黄色♆	20（在 500 次尝试后）
2	已切割的黑色■和已切割的黄色♆	同上	70（在 250 次尝试后）★
3	已切割的红色✚和绿色✚	同上	50（在 250 次尝试后）★

★包括预备训练中的尝试数。

学习定势的实验研究启示我们，在安排练习内容时应由浅入深、循序渐进，练习课题之间要保持一定的同一性，这样才有助于学习与迁移。

在学习定势中，学会如何学习的效应与准备动作的效应这两个概念是不同的。前者指一种相对稳定的认知变化，它涉及来自过去学习经验中的学习策略，这些变化影响正在进行的学习活动的实际内容与方向。后者是由暂时的准备状态构成的，它包括注意的暂时集中，鼓起干劲，克服原先从事某种其他活动的惯性，这种效应会迅速消失。

苏恩（L. E. Thune）1950 年的研究可以说明学习定势中上述两种效应的区别。实验以大学生为被试，实验材料为 15 列难度相等的配对形容词，每列由 10 对无关的形容词组成。被试每天连续学习 3 列，每列有 10 次尝试。学习用预期法。每对形容词每次呈现 4 秒，其中 2 秒呈现刺激形容词，2 秒由被试预期说出相应的配对词，然后呈现配对词，让被试检验预期的结果。实验结果见图 4-3。

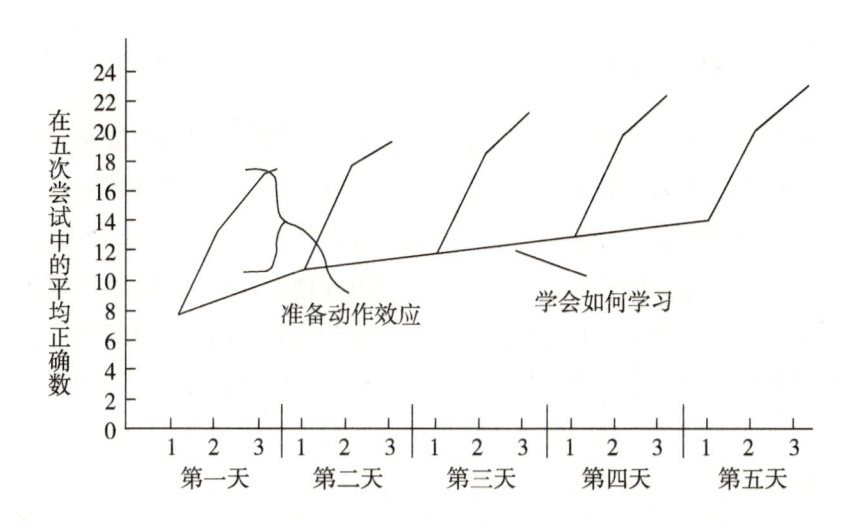

图 4-3　大学生在记忆配对形容词时所产生的准备动作效应与学会如何学习的效应

图中较陡而粗的线是每天练习三列配对形容词的成绩的连线。例如在第一天的练习中，每一列的正确预期成绩为 8，第二列和第三列的正确预期成绩分别为 14 和 18。如果把每天练习头一列配对形容词的成绩连起来，就成了一条较平稳增高的线。因为实验假定每列配对形容词的难度相等，那么每天练习的第一列配对形容词的预期成绩的稳定增长，就是学会如何学习的效果。在同一天，经过第一列训练后，第二列与第三列的预期成绩显著增加，主要是准备动作的效应。这由第二天开头练习成绩的显著下降可以证明。准备动作的效果主要出现在第一列练习之后，从第二列到第三列成绩的提高开始下降。

在有意义学习中，这种准备动作效应也起作用，但不及在机械学习中的效果显著。

学习定势，可以促进同类或相似课题的学习与迁移。但在某些条件下可能干扰需要灵活性的课题的学习。因此在练习时既要考虑课题的同一，又要考虑课题的变化。

二、当代的迁移理论

早期的迁移理论缺乏科学的知识观，只是在动作技能和联想学习的基础上寻找学习中的一般迁移规律，这必然造成众多研究结果的不一致性和迁移理论在应用上的局限性。随着全新知识分类理论和学习理论的提出，迁移理论也随之发展更新。目前，探讨学习迁移的内部认知机制已成为迁移理论研究的主旋律，并出现了以认知心理学为基础的三类迁移理论，即与陈述性知识和认知结构同化论相对应的认知结构迁移理论、与程序性知识和产生式理论相对应的产生式迁移理论、与策略性知识和元认知理论相对应的认知策略迁移理论。每一迁移理论都有许多实验证据。

（一）认知结构迁移理论

1. 从认知结构观点看学习的迁移

奥苏伯尔用他的认知结构的观点重新考察迁移后，认为原先的迁移模式在有意义学习中仍然适用，顺向的迁移仍然指先前的学习对后继学习的影响。对此，奥苏伯尔做了与传统的解释截然不同的新解释。

（1）一般的迁移模式如图 4-1 所示，在这里仍然适用。但先前的学习不只是 A，还应该包括过去经验，即累积获得的、按一定层次组织的、适合当前学习任务的知识体系，而不是最近经验的一组刺激—反应的联结。

（2）在有意义的学习与迁移中，我们所说的过去经验的特征，不是指前后两个学习课题在刺激和反应方面的相似程度，而是指学生在一定知识领域内的认知结构的组织特征，诸如清晰性、稳定性、概括性、包容性等。在学习课题 A 时所得到的最新经验，并不是直接同课题 B 的刺激—反应成分发生相互作用，而只是由于学习课题 A 时的最新经验影响原有的认知结构的相关特征，进而间接影响新的学习或迁移。

（3）在一般的课堂学习中并不存在孤立的课题 A 和课题 B 的学习。学习 A 是学习 B 的前提和准备，学习 B 也和学习 A 有一定关联。在学校学习中很少有像在实验室条件下严格意义的迁移，因此在这里的迁移所指的范围更广，而且迁移的效果主要是指提高了相关类属学习、总括学习和并列结合学习的能力，而不是指运用一般原理与特殊事件的能力（派生类属学习的能力）。所以，无论是在接受学习还是解决问题中，凡有已形成的认知结构影响新的认知功能的地方，就存在迁移。

2. 操纵认知结构变量以影响新的学习和保持的实验研究

奥苏伯尔通过设计组织者（也称"先行组织者"）来改变被试的认知结构变量。所谓"组织者"（organizer）是指先于学习任务本身呈现的一种引导性材料，它要比原学习任务本身有更高的抽象、概括和包容水平，并且能清晰地与认知结构中原有的观念和新的学习任务关联。设计"组织者"的目的，是为新的学习任务提供观念上的固定点，增加新旧知识之间的可辨别性，以促进类属性的学习。也就是说，通过呈现"组织者"，把学习者已知的东西与需要知道的东西通过架设一道知识桥梁而连接起来，让学习者更有目的地学习新材料。

后来，研究者们在奥苏伯尔原来的定义基础上发展了"组织者"的概念。"组织者"是指学习者在学习一个新材料之前或之后呈现的一个引导性材料，帮助学生理解新材料。它既可以是在抽象、概括性上高于学习材料的材料，也可以是具体概念，在抽象、概括水平上低于原学习材料。"组织者"的内容既可以是一个内容，也可以是一个问题，或者是一个报道、述评，或者是前面学过的内容。它可放在教学内容之前也可放在教学内容之后。

"组织者"可分为两类：一类是陈述性（expository）"组织者"，它与新的学习产生一种上位关系，目的在于为新的学习提供最适当的类属者；另一类是比较性（comparative）"组织者"，用于比较熟悉的学习材料中，目的在于比较新材料与认知结构中相类似的材料，从而增强新旧知识之间的可辨别性。

（1）设计陈述性"组织者"，为新的学习提供上位的固定点，促进学习和保持。

奥苏伯尔等人在60年代用有意义的材料进行了一系列的实验。他们发现，学习者通过学习陈述性"组织者"，有助于他们以后的相关学习和保持。例如，1960年奥苏伯尔比较了两组被试学习有关钢的性质的材料。

实验组在学习该材料之前,先学习了一个陈述性"组织者"。"组织者"强调了金属与合金的异同、各自的利弊和冶炼合金的理由。控制组在学习有关钢的性质的材料之前,先学习了一个关于炼钢和炼铁方法的历史说明材料,虽然这个材料可以提高被试的学习兴趣,但没有提供可以作为理解钢的性质的观念框架的概念。结果两组在学习钢的性质的材料之后,其学习成绩产生了显著差异(详见表4-4)。

表4-4 陈述性"组织者"对后继学习的影响

组　　别	先学习的材料类别	平均分数
实验组	陈述性"组织者"	16.7
控制组	历史介绍	14.1

研究表明,"组织者"的效果对言语和分析能力较低的学习者更为明显。因为这些学习者自身不能发展一种适当的图式(scheme)把新旧材料联结起来。陈述性的"组织者",不仅用学生能懂的语言为他们的学习提供了适当的固定点,而且也促进了他们有意义学习的心向,避免了不必要的机械记忆。

在70年代,心理学家对"组织者"的作用问题展开了许多争论,同时又进行了许多新的研究。如巴恩斯(H. L. Barnes)在1972年的博士论文中指出,"组织者"不仅对学习施加了一种有统计意义的影响,而且产生了实质性的影响。她发现,在98%实施了"组织者"学习的研究例子中,平均学习分数增加了10%~18%;同未使用先行"组织者"的组相比,利用先行"组织者"的被试的概念迁移所增加的百分数,按学习材料不同,达到16%~50%不等。又如劳顿(J. P. Lawton)和旺斯克(K. S. Wanska)在1976年研究了6岁~10岁的儿童,发现先行"组织者"促进了儿童从前运算水平到具体运算水平的过渡。

(2)设计比较性"组织者",操纵新旧知识的可辨别性,促进学习和保持。奥苏伯尔和约瑟夫(M. Youssef)利用比较性"组织者"促进了对虽相似但有矛盾的材料的学习。他们在实验中将被试分成两个等组，实验组和控制组，都是先学佛教材料，后学禅宗佛教材料。实验组在学习佛教材料前，先学习一个比较性"组织者"，它指出了佛教与基督教的异同。该组在学习禅宗佛教材料之前，又学习另一个比较佛教与禅宗佛教异同的"组织者"。控制组在学习第一个材料之前先学习一个历史材料，在学习第二个材料之前先学习一个传记性材料。实验结果见表 4-5。

表 4-5 比较性"组织者"对后继的学习与保持的影响

组　　别	平均测验分数	
	佛　教	禅宗佛教
实　验　组	19.4	14.8
控　制　组	17.6	14.2
差异显著水平	显著	不显著

研究者认为，前一个比较性"组织者"对佛教知识的学习与保持起显著促进作用；后一个"组织者"对禅宗佛教的学习与保持未起显著作用，其原因可能是先前学习的佛教知识本身为后继的禅宗佛教学习充当了"组织者"的角色，从而部分抵消了外加的"组织者"的作用。

通过大量的比较性"组织者"学习的研究，得出以下结论：

① 当先学的知识不稳定和不清晰时，采用一个比较性"组织者"比过度学习新材料效果更好。因为比较性"组织者"指出了新旧知识的异同，它增强了原有的起固定作用的观念的稳定性与清晰性。

② 当原有的知识本身已清晰并巩固时，提高可辨别性的唯一方法就是过度学习新知识。

③ 在概念学习中，呈现一系列刺激，连续地比较概念的有关特征与无关特征，有利于促进概念的形成。

④ 形成一种比较新旧知识的心向，而未实际呈现比较性的"组织者"，也可以促进学习与保持。

（3）操纵原有知识的巩固程度，促进新的学习和保持。

利用及时纠正、反馈和过度学习等方法，可以增强原有的起固定作用的观念的稳定性。原有知识的稳定性有助于新的学习与保持。若能同控制组比较，就可以测出认知结构这一变量的迁移效果。例如，奥苏伯尔等人在1961年研究了原有知识的巩固性对新的学习的影响。研究中让被试先学习基督教知识，经过测验将被试的成绩分成中上水平和中下水平。然后将这些被试分成三个等组：第一组在学习佛教材料前，先学习一个比较性"组织者"（它指出了佛教与基督教的异同）；第二组在学习佛教材料前，先学习一个陈述性"组织者"（它仅介绍了一些佛教观念，其抽象水平与要学习的材料相同）；第三组在学习佛教材料前，先学习一个有关佛教历史和传记的材料。在实验后的第三天和第十天进行了保持测验。结果表明，不论在哪一组，凡原先的基督教知识掌握较好的被试，在学习佛教知识后的第三天和第十天的保持成绩均较优。（详见表4-6）

表4-6 起固定作用的观念的稳固性和清晰性对后继学习与保持的影响

	原先的基督教 知识掌握水平	第一组 比较性"组织者"	第二组 陈述性"组织者"	第三组 历史材料
第三天的保 持分数	中上 中下	23.50 20.50	22.50 17.32	23.42 16.52
第十天的保 持分数	中上 中下	21.79 19.21	22.27 17.02	20.87 14.40

（二）产生式迁移理论

迁移的产生式理论是由信息加工心理学家J·R·安德森提出的。这一理论用于解释基本技能的迁移。它的基本思想是：先后两项技能学习产生迁移的原因是两项技能之间产生式的重叠。重叠越多，迁移量越大。

J·R·安德森认为，这一迁移理论是桑代克共同元素说的现代化。在桑代克时代，心理学没有找到适当的形式来表征人的技能，以致错误地用外部的刺激和反应（即S—R）来表征人的技能。信息加工心理学家用产生式和产生系统表征人的技能，这样就抓住了迁移的心理实质。他们认为，导致先后两项技能学习时产生迁移的原因是它们之间的产生式的重叠的数量而不是共有 S — R 联结的数量。

  J·R·安德森等设计了许多实验来验证这一迁移理论。例如，他和逊格利（M. K. Singley, 1989）用不同计算机文本编辑程序的学习，证实了他的迁移理论。实验中的被试为打字熟练的秘书人员，他们能理解文本编辑的含义。被试分三组：A 组在学习编辑程序（被称为 EMACS 编辑器）之前，先根据已经做好标记的文本练习打字；B 组先练习一种编辑程序，后练习 EMACS 编辑器；C 组为控制组，从第一天起至最后一天（即第 6 天）一直学习 EMACS 编辑器。学习成绩以每次尝试按键数量为指标，因为被试按键越多，说明他们出现错误需要重新按键数越多（因被试打字熟练，其错误不可能是打字造成的）。错误的下降说明掌握文本编辑技能水平提高。图 4-4 为实验结果。控制组每天练习 3 小时 EMACS 编辑器，前 4 天成绩显著进步，至第 5 天和第 6 天维持在相对稳定水平。A 组先练习打字，共

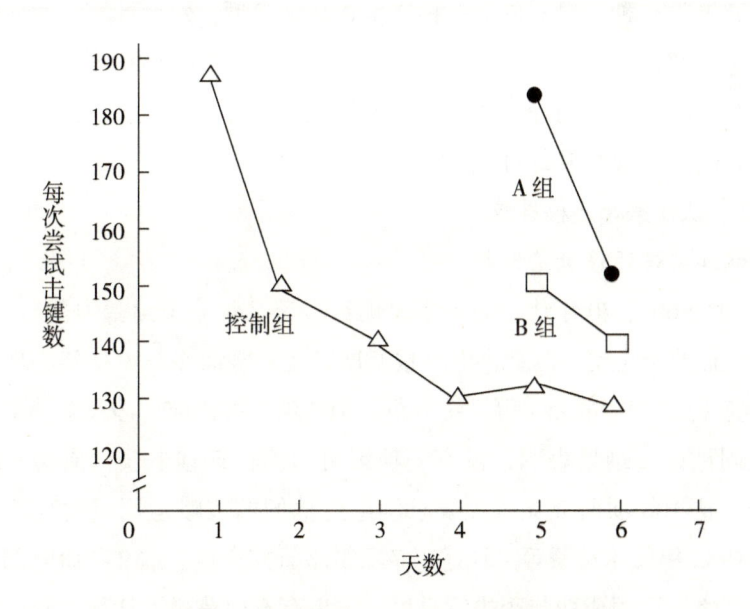

图 4-4 三组被试学习 EMACS 编辑器的成绩

4天，每天3小时，第5天和第6天练习EMACS编辑器的成绩同控制组第1和第2天的成绩相似，打字对编辑学习未产生迁移。B组前4天练习一种文本编辑程序，每天练习3小时，在第5和第6天练习EMACS编辑器时，成绩明显好于A组。这说明第一种文本的练习对第二种文本学习产生了显著的迁移。

J·R·安德森认为，导致A、B两组迁移效果不同的最重要原因是：在B组中两种文本编辑之间有许多重叠的或者说是共同的产生式，这样就产生了学习的迁移，从而促使B组的成绩明显好于A组；而A组中打字和文本编辑之间没有重叠的产生式，因此无法产生迁移现象。也就是说打字的练习对文本编辑的成绩并无促进和提高作用。

为了进一步证实重叠的产生式导致迁移这一思想，J·R·安德森又仔细比较了两种行编辑器和一种全屏编辑器之间的学习迁移情形。被试先学习A种行编辑器，再学习B种行编辑器，结果节省时间95%。先学习行编辑器，再学习全屏编辑器，结果节省时间60%。

研究者为三种编辑器创造一种产生式规则模型，然后计算它们之间共有的产生式数量。研究者应用这一数量对迁移的程度作出预测，然后用预测数量与实际观测到的迁移数量进行比较，结果表明，预测的迁移量和实际测量到的迁移量有很高的一致性。

（三）认知策略迁移理论

1. 认知策略迁移研究历史

20世纪60至70年代，心理学家侧重将记忆策略教给智力落后儿童，以帮助他们改进记忆。与此同时，也开展其他策略训练。1977年心理学家贝尔蒙特（J.M. Belmont）等系统分析了100项有关研究，涉及多种多样策略和不同被试。结果表明，没有一项策略训练在迁移上获得成功。研究者指出，这100项研究无一项要求学生对他们的策略运用成功与否进行反思。1982年贝尔特蒙等又评述了7项策略研究资料。这7项研究都要求被试对策略的运用成功与否进行反思，结果有6项获得了迁移。心理学家在进行了许多类似的研究之后证实了学习者的自我评价是影响策略迁移的一个重要因素。

2. 认知策略迁移理论

按当代认知心理学关于知识的分类，认知策略属于程序性知识。程序性知识尽管都可以用产生式来表征，都具有动态性这一显著特征，但其本身仍具有不同的类型。从领域纬度看，有一般领域的程序性知识和特殊领域的程序性知识。前者又称"弱方法"，即通常所说的一般方法，其特点是适用范围广泛，即适用于众多领域和多变情景，但对完成特定的任务来说却常常缺乏力度和效率；后者与前者相对，故又称"强方法"。从意识纬度看，有自动化的程序性知识和意识控制的程序性知识，前者几乎无须意识参与就能顺利运作，几乎不占用记忆空间，不耗费认知资源，因此又称为自动化的基本技能；而后者在运作时不可须臾脱离意识的控制，必然要利用认知资源，占用工作记忆的部分甚至全部能量。

3. 关于策略作用的自我评价实验

加泰勒（E. S. Ghatala）等于1985年研究了自我评价对策略迁移的影响。研究中的被试为二年级小学生。所教的策略是精加工策略。研究中呈现配对名词，要求儿童尽可能记住并准备回忆学过的词。在正式实验前，研究者对被试儿童进行三种不同的自我评价训练。其中1/3的儿童为策略—用途组，接受策略有效性评价训练。方法是反思自己使用或未使用某一策略是怎样影响回忆结果的。要求儿童徒手和用圆规各画一个圆。继而问：用哪种方法画的圆更好？下次叫你画圆，你会选择哪一种方法？另1/3的儿童为策略—情感组，要求他们评价使用某一策略是否感到"开心"。同样要求他们在两种情况下画圆后，并问：哪一种方法更"开心"？最后1/3儿童为控制组，不接受任何评价训练。正式实验分三个阶段进行。

第一阶段，研究者不教任何记忆策略，让儿童自行记忆配对名词并进行回忆测验。其目的是确定儿童的基线水平。

第二阶段，将被试儿童分成两个等组。其中一组学习精加工策略；另一组采用数名词中的字母数的策略帮助记忆。显然前一种策略的记忆效果好，后一种策略的记忆效果差。

第三阶段，所有儿童接受相同的指导语：可以选择自己所希望的任何方法来记忆呈现的材料。学完以后要求回忆学过的材料。

为了测量儿童在第三阶段是否继续使用先前习得的策略，研究者问儿童在学习每一配对名词时用了什么策略和为什么选择该策略，以确定他们是否意识到策略的用途。而且，把前两次学习的配对词再呈现给儿童，问他们什么时候记得多和为什么会记得多。这样进一步确定儿童对策略作用的意识程度。

表 4-7 列出了采用不同学习策略的被试平均回忆配对词的百分数，由此可以得出如下结论：

表 4-7 不同训练组平均回忆配对词的百分数

	训 练 条 件		
	策略—用途组	策略—情感组	控制组
第一阶段 　精加工策略 　数字母策略	39.5 36.2	37.1 36.2	31.9 29.0
第二阶段 　精加工策略 　数字母策略	98.6 19.0	96.7 19.0	97.1 9.5
第三阶段 　精加工策略 　数字母策略	92.4 42.9	89.0 29.5	79.5 29.0

（1）在实验第二阶段，学习了精加工策略的儿童，回忆成绩普遍高于采用数字母策略的儿童。到实验的第三阶段，虽然未要求应用精加工策略，但在第二阶段接受精加工策略训练的儿童继续应用这一策略，其回忆成绩仍然很高。但是接受数字母策略训练的儿童，在第三阶段放弃了这一策略，

而又未学习精加工策略,所以记忆成绩普遍较低。

(2)三种不同策略评价方式(策略—用途评价、策略—情感评价和无评价)对直接回忆或迁移成绩未产生明显影响。

为了考察儿童对策略—用途进行评价是否产生长远影响,在第三阶段研究之后,又对儿童进行追踪研究。儿童对他们为什么选择某一策略的回答表明,受到策略—用途评价训练的儿童更倾向于解释选择某策略的原因是为了提高记忆效率。(详见表4-8)

表4-8 在实验第三阶段儿童说出选择不同策略理由的人数百分比

训练条件	理由		
	记忆	开心	容易
1. 精加工策略			
策略—用途组	100.0	0.0	0.0
策略—情感组	0.0	90.5	9.5
控制组	0.0	71.4	28.6
2. 数字母策略			
策略—用途组	76.2	0.0	23.8
策略—情感组	4.8	52.4	42.8
控制组	4.8	28.6	66.7

在实验结束后第一周和第九周分别用新的配对词对被试进行了两次延后测验。结果表明,策略—用途组的成绩明显优于策略—情感组。在第一周测验时,前者有90%的儿童在新的学习材料中运用精加工策略,后者仅有57%的儿童;在第二次延后测验中,前者的人数为100%,后者只有50%。这一结果表明,经过策略的有效性自我评价训练的儿童能长期运用训练过的策略,并能迁移到类似的情景中,而在其他训练条件下,策略训练仅有短期的效果。

第三节　正迁移与负迁移

促进职业操作技能的正迁移,是职业操作技能训练的重要目的。因此,我们有必要学习正迁移产生的原因及其产生的条件,以此来提高教学效果。尽管负迁移在职业操作技能的训练中很少出现,并且十分短暂,但是,教师还是很有必要知道可能发生负迁移的情况,以便懂得如何避免这种影响,并且当它们发生的时候可以进行恰当处理。

一、正迁移

(一)正迁移产生的原因

关于正迁移产生的原因,研究者已经提出很多理论和假设来进行解释,下面将介绍两个重要的理论(孙少强等,2006)。这两个理论都认为解释正迁移的关键是两种情形之间的相似性。

1. 相同要素理论

如前所述,桑代克提出相同要素理论来解释迁移效果,他认为迁移的产生是由于技能之间或技能操作情景间有许多共同成分。对于桑代克来讲,共同成分意义很广泛,既可以是技能操作的一般特征,如反应目的或与操作相关的态度,也可以是操作技能的某具体成分,甚至是与相关身体动作共同分享脑细胞活动的心理过程。后来,奥斯古德(Osgood)修正了桑代克的观点,他指出迁移的数量和方向与两个任务在刺激、反应方面的相似性相关,即操作技能之间或操作情景之间具有相似性就可以产生迁移,并且两种技能或操作情景间的相似程度越高,两者之间的正迁移数量就越多。如钳工的金属锉削技能与金属锯削技能之间的相似程度比较高,所以这两种操作技能之间可能产生的正迁移量更多。同样,与实际操作情景相似的练习条件也将产生较高的正迁移。

2. 加工需求相似性理论

另一种解释正迁移的假说是加工需求相似性理论。该理论按照特定迁移加工理论对迁移作用的解释，发现并清晰地表达了其观点。这个观点主张通过技能和相关成分的相似性来解释一些迁移的现象。加工需求相似性理论认为：正迁移产生的原因是两种技能或操作情景认知加工特征的相似性，而不是操作技能的身体成分或操作情景特性的相似性。尽管技能操作的身体成分和情景特征的相似性可以解释一些迁移效果，但是有许多迁移效果却不能用这种观点解释。例如：在新情景中操作一个新异反应，按照共同要素说的观点，此时操作技能以及技能操作情景之间的相似性很小，将不会产生正迁移。然而，过去经验或经历可能会产生更好的新异反应迁移绩效。这种有益的先前经历并不一定要求技能高度相似，更重要的是这两种操作技能认知加工过程的相似性。库勒和罗蒂尔（Kolers & Roediger, 1984）、戴墨斯和威肯（Damos & Wickens, 1980）等人进行的实验研究都对加工需求相似性理论提供了有力的支持。

（二）正迁移产生的条件

正迁移的产生是有条件的，并有规律可循。在职业操作技能训练中，为了促进正迁移的产生和防止干扰的作用，必须注意下列条件：

1. 掌握有关的基本知识和技能

各种知识和技能之间或多或少有一些共同的要素和一定的关系。一般说来，学生所掌握的知识和技能越多，越容易顺利地掌握新知识和新技能。比如，语文知识是学习各科知识的共同基础，语文学得好，学习各科都要容易些。这就是为什么有些学生在知识和技能的学习过程中能够举一反三、触类旁通。因此，对于职业操作技能教学而言，注意基础知识和技能的学习也是十分重要的。

2. 已有经验的概括水平

实验证明，学生已有知识和技能经验的概括水平是影响正迁移的重要因素。心理学家奥佛门将二年级学生分为四个等组，每组各112人。采用四种不同的方法训练他们学习两个两位数相加、三个两位数连加以及两个二位数与一个一位数相加。各组分别使用了四种训练方法。A组：不概括，教师只告诉学生怎样写和怎样加。B组：要求概括，教师不但告诉学生怎样写和怎样加,并且帮助他们概括出"写数字须使右行对直"这一规则。C组:只说理,即只告诉学生个位数只能与个位数相加,十位数只能与十位数相加的原理,但不告诉"写数字要使右行对直"的规则。D组:兼用B、C两法。训练15天后,用未教过的题目(54+32+2)进行测验,求出迁移的百分率,以比较上述四种方法的效果。实验结果见表4-9。

表4-9 四种方法的迁移效果的平均百分率

组 别	方 法	迁移百分比	超过方法A
1	A	59.6	——
2	B	72.4	12.8
3	C	62.8	3.2
4	D	71.8	12.2

实验结果表明,方法C,即说理并不比只揭示"怎样"的方法A有更多更有意义的迁移;但概括出右行对直的规则方法B及概括与说理相结合的方法D产生了较大的积极迁移。这表明帮助学生进行概括的重要性和教学中提高学生概括水平的必要性。

教学经验也表明,对外界事物之间的关系有比较好的概括水平的学生,就能较好地理解或处理许多很生疏的问题。比如学生通过观察或学习,能概括地认识到低等动物的活动受光度、温度与酸碱度等制约,那么他们就可以据此解释蝗虫之所以成群飞行,是由于蝗虫活动受温度影响的正确结论。已有知识经验的概括性之所以影响迁移,主要是由于在迁移过程中学生必须依据已有的知识经验去识别或理解当前的新事物。因此,已有知识经验的概括水平越高,就越能揭示没有认识过的某些同类新事物的实质,并把新事件纳入到已有的知识经验系统中去,因而也越能顺利迁移。

学生分析问题的能力也是影响迁移的重要因素。有的学生具有回答各种问题的现成的知识经验，但不能独立地分析面临的新问题，即原有的知识经验不能迁移。例如，把一些复杂的技能操作动作分解成几个简单的操作动作让学生去做，一般说来不会发生很大困难。可是，如果要求学生独立地完成这些复杂的操作动作时，有些学生就会束手无策，因为这些学生缺乏分析能力，不善于把复杂操作动作分解成简单操作动作。

学生往往用盲目的尝试与猜测去探求解题的途径，缺乏明确的思维组织性，他们并不知道这种尝试根据是什么，会得到什么，解决什么问题，不能一步步地循序思考问题。同时，这些学生也缺乏思维的灵活性，往往只能沿用惯例，盲目模仿别人的动作，不善于概括新情景特点选取合适的解决方法。能力强的学生则相反，思维具有明确的目的性、严密的组织性和高度的灵活性，善于抓住新情景的特点，准确地进行归类。这两种学生在学习迁移上迥然不同，表明操作技能的学习同概括水平与分析能力之间有着相互制约的关系：一方面操作技能的迁移有赖于概括水平和分析能力；另一方面概括水平和分析能力又是在操作技能的学习或不断迁移的过程中形成发展起来的。

3. 定势的作用

定势也叫"心向"，指的是先于一定活动而指向一定活动的一种动力准备状态，也有人称之为预备性顺应或反应的准备。例如，赛跑人准备很快起跑的姿势，就是一种定势。由于定势是指向于一定活动的动力因素，所以使人倾向于在认识方面或外显行为方面以一种特定的方式去进行反应。同时，定势本身也是在一定活动的基础上形成的，活动的反复与活动的需要是活动定势形成所不可缺少的因素。所以定势本身实际上是关于活动方向的选择方面的一种倾向性。这种倾向性本身也是一种经验。

就定势的作用来说，它可以使定势反应（准备反应）更容易实现，并且抑制与其竞争的反应倾向。但定势在迁移方面，有时表现为一种具有负迁移效果的机能固定性，使人盲目地搬用某种经验，而不利于问题的解决。

例如陆钦斯在一次实验中（1942）要求被试解决以某些量壶来量出一定水量的"数字问题"。量壶和要量的水量如表4-10所示。

表4-10 陆钦斯量壶量水实验题

问题的序数	给予的量壶			要量得的水（单位：夸脱）
	A	B	C	
1	29	3	——	20
2	21	127	3	100
3	14	163	25	99
4	18	43	10	5
5	9	42	6	21
6	20	59	4	31
7	23	49	3	20
8	15	30	3	18
9	28	76	3	25
10	18	48	4	22
11	14	39	8	6

在让被试对初步给予的两个壶的问题思索三五分钟之后，然后对他作如下的说明："把29夸脱的壶装满水，再从它倒出3夸脱的水，这样地倒3次，即29-3-3-3＝20"。随后再提出第二个问题，让被试独立想办法解决以下问题。这些问题是：从2-11题，除第9题外，都可以用B-A-2C这个公式解决。这就是要想象先把最大的壶（B）装满水，然后把A壶倒满一次去掉，再把C壶倒满两次去掉。可是从第7题起到第11题，都可以不用最大的B壶，而仅用A-C或A+C，即可迅速解决。

实验结果表明，实验组的被试，无论是小学生还是大学生，大多数都具有强烈的用三壶量法的定势。对于控制组被试，只给出第一题即最初两个量壶的问题，接着就令解决第 7 — 11 题。这一组被试通常继续用两壶量法，可是那些学过必须用三壶量法的实验组的被试，通常坚持沿用三壶量法去做完这一系列课题，而忽视更简单的可能解法。实验者企图用各种方法提醒被试，使他们避免这种可怜的盲目，但是很难成功。

又如黎德（J. W. Reid）曾向被试提出："用 6 根火柴构成 4 个三角形。这三角形的每边都是一根火柴那么长"。结果在参加实验的 35 名大学生中，最初只有 10 人在没有任何帮助的条件下解决了这个问题（即把所要构成的三角形，设想构成一个锥形）。后来，实验者给予一个算术的暗示："现在只有 6 根火柴，可是要用它来构成 4 个三角形。那么每根必须同时作为两个三角形的边才能办到。"在这种暗示下，又有 8 个被试不再需要别的帮助，解决了这个课题。此后，实验者又给予被试进一步的几何学的暗示，说明布置必须是紧凑的，位于这边和那边的三角形必须用一种方法把它们归到一起，使三角形变成相互邻接并且每根火柴都必须成为两个三角形的公共边。在这种帮助下，又有 10 个被试成功了。可是最后，还剩下 7 个人不能解决。这个问题的重大困难是因为被试默认一切三角形都要在一个平面上，即平放在桌子上面这个假定。这显然是由于过去通常在平面上绘画图形，所造成的一种定势，限制着问题的设想范围，因而不利于问题解决。

4. 良好学习方法的指导

学习的指导方法，对迁移有重要影响。伍德罗（H. Woodrow）在一项研究中，先令受试者记忆若干材料作为初次测验，然后概括初次测验的结果，将受试者分为三个等组：第一组为控制组，不加任何训练；第二组为练习组，要受试记忆材料，但不加指导；第三组为指导组，实验者在受试记忆材料的时候，提示有效的记忆方法。最后分别对两组施行记忆测验。伍德罗把两组受试的前后两次测验结果进行了比较，观察其学习的进步。另外，他还把两组进步状况分别与控制组进行比较，其结果如表 4-11 所示。

表 4-11 练习组与指导组新得的进步百分比

记忆材料	练习组	指导组
诗　　歌	0.3	6.1
散　　文	0.8	7.5
事　　实	0.2	7.2
日　　期	1.3	8.8
生　　字	1.0	10.9
平均进步分数	0.75	8.5

从表 4-11 所列结果来看，指导组的迁移量远远超过练习组。从平均进步分数来看，超过 10 倍以上，这就有力地说明迁移的效果受指导的影响。学习的指导实质上是学习方法的指导。当然并不是任何指导对学习迁移都起促进作用，只有"指导得法"才能对学习有益，而"得法的指导"必须适合学生的学习规律和心理特点。因此，在职业操作技能训练中，想要学生产生良好的迁移，教师就要提供"得法的指导"。

（三）促进正迁移的教学方法

在职业操作技能教学中促进操作技能正迁移的方法是：

1. 首先要使学生对原来的技能有充分地理解和熟练地掌握。
2. 教师示范并指出新和旧的操作技能的相似与差别之处。
3. 让学生区分新旧操作技能的相似与差别，并且用语言进行描述。
4. 在教学方法上采用渐进式教学法。

二、负迁移

（一）负迁移发生的情景

当一个旧的刺激需要新的但相似的反应时，负迁移就可能发生。这就是说两种技能操作情景是相似的，但是操作的特征是不同的。特别容易发生负迁移的两种情景包括技能操作空间位置的改变和技能操作时间结构的改变（张忠秋，2006）。

有一个关于空间位置改变的例子：当你必须驾驶一辆与自己的车不同的汽车时，假设两辆车都是5挡变速，但是这辆车变速挡的位置与你已经习惯的位置正好相反，将会发生什么样的情况？很显然，你会发现自己很容易在习惯的位置上换挡，这就刚好错了。特别是在你没有集中注意力而去换挡的时候，更容易发生这样的情况。这个例子说明，当我们通过学习一个具有明确空间导向的动作去完成一个目标动作的时候，我们需要一定的注意力和实践来学习在新的方向或末端位置上的相似动作，因为原先的学习经验产生了负迁移作用。

引起负迁移效应的第二种情形是已经习得的系列操作动作的时间结构改变。这里包括两种不同的时间结构情形。一个是节奏的模式或者说是时间相关模式，指的是一系列连续操作动作的学习。当学生在时间相关模式下学习一系列的有序动作时，如学习弹吉他时，我们常强调操作动作的顺序而忽视它的节奏结构，他们需要重新进行多次的尝试才能建构新的节奏结构模式。第二个时间结构模式看起来与内在的、双手时间协调可能有关系。这种情形在李、斯维南和维斯切尔（Lee, Swinnen & Vers-chueren, 1995）的实验结果中能够看到。要求被试操作一个他们感到非常困难并且与他们天生的协调模式趋向明显不同的双手协调模式，如在短时间内同时移动双臂。当第一天进行的新模式练习快要结束并获得一定的进步之后，然后被试重新操作他们原来的双手协调模式。这样的话，原来固有的协调趋向暂时在空间对称方面对新活动模式产生了干扰。

当一个人要"忘却"以前的技能操作方式或必须学习一种新的技能操作方式时，经常会出现负迁移现象，很多操作技能学习过程中都会出现类似的情况。例如，初级技工想要成为高级的技工，必须学习一种不同于初级的方式来进行技能操作。即使他们在初级对该项技能的操作时很成功，但是为了在高级的级别里取得成功，仍然要学习不同的技能操作方式。

（二）负迁移作用是暂时的

玛吉尔认同负迁移的作用不会贯穿于学习的整个过程。这是因为负迁移的作用在本质上是暂时的，并且只是在学习的前期会有所影响。意识到这个特征对于学生来说是非常重要的，因为学生在操作技能学习的前期阶段所遇到的负迁移，可能会影响他学习新技能或影响他寻找新的方式来操作已经学会的技能。另外，认识到负迁移的这些影响和作用，就会获得一些具有指导意义的暗示，以帮助他们克服这些负面影响。

（三）负迁移发生的原因

职业操作技能发生负迁移，至少有两个主要原因（张忠秋，2006）。第一种原因是操作技能学习所形成的记忆表象。用一种特定的方法练习操作一项技能，便会产生一种连接目标记忆特征和动作系统的记忆行为。这种连接逐步成为动作记忆表象的一部分。当一个人在技能操作的具体情景中，看到了记忆中非常熟悉的动作特征，动作系统便会以自己的偏好方式开始运作，对这些特征做出反应。尽管这种记忆与行为的连接既快又准确，但是当熟悉的知觉情景不同于以前已经学会的动作技能时，就会出现问题。从一种偏爱状态转变到另一种状态是非常困难的，需要进行更多的练习。

第二个原因可能是由于认识模糊产生负迁移。在汽车换挡的例子中，如果需要司机在未驾驶过的新车上在相反的位置上换挡，毫无疑问会产生暂时的困惑，不知道该怎么办。毫无疑问，当你在新的键盘（键的固定位置发生了改变，如后退键和删除键的固定位置的改变）上打字时，也会有类似的经历。当你第一次在新键盘上打字时，敲打那些不在以前固定位置上的键，你总会感到困惑。在这里值得注意的是：你的肢体控制能力出了问题，而使你感到困惑，你的困惑不是因为你不知道如何敲击键盘，仅仅是位置不是你所熟悉的。

但是，负迁移的作用可以通过练习来克服。可能你在换挡或打字的过程中，已经有过这样的经历，或者是在这两种情景中都有类似的经历，而你所需要的练习量则取决于个体和任务本身的情况。

(四)减少负迁移的教学方法

在职业操作技能教学中,减少负迁移的方法是:

1. 教师注意有意放大两种操作技能的差别,使学生容易区分两种操作技能的不同之处。

2. 教师示范并指出新旧操作技能的相似与差别之处。

3. 让学生区分新旧操作技能的相似与差别,描述操作动作,并有意识抑制负面的干扰。

第四节　职业操作技能训练中的两侧迁移

双侧迁移在职业操作技能教学和训练中具有广泛的运用领域,了解双侧迁移相关知识对职业操作技能训练有着重要的意义。因此,本节将介绍职业操作技能迁移中的两侧迁移。

在职业操作技能训练中,当我们学会用一侧的手或脚操作一项特殊技能时,同时也就很容易学会用另一侧的手或脚来操作这项技能,原因就是操作技能的两侧性迁移。

一、关于身体的侧化优势

所谓身体的侧化优势(lateral dominance)是指人在动作时由于经常使用身体的某侧,以致某侧肢的工作能力较另一侧强。右侧优势的人经常使用右手、右耳、右脚操作。反之,左侧优势的人喜欢使用左手、左耳、左脚操作(Harris,1966)。亨特(Hunter,1968)指出,身体的侧化优势是内在空间的范畴,身体的方向性是外在空间的范畴。

身体的侧化优势还有交叉优势(crossed dominance)和混合优势(mixed dominance)。交叉优势的人,喜欢用左手、左耳与右眼、右脚,或者是喜欢用右手、右耳与左眼、左脚,我们称其为交叉优势。混合优势的人,可以两手或两脚并用,无优势之分。

为了理解身体的侧化优势还应当简单了解一下人体左右大脑两半球的

功能分配。人体左右大脑两半球呈交叉状态控制着人体的机能,左脑主管分析、逻辑、推理等,右脑主管创意、灵感、音乐、图像和运动等。左右大脑两半球一方面互相协调配合,一方面相互控制压抑。换言之,左脑活动时,右脑被抑制;当右脑活动时,左脑被抑制。

杨锡让从文献（Goodglass & Quadfasel,1954）得出语言与思维的大脑优势,与动作技能的优势没有完全对应的关系,即使改变优势的惯用手,大脑的优势也不受影响。从众多的研究中,林德隆、林清河两位学者（1997）对惯用手与动作技能的关系总结出五点结论,可供参考:

（一）人类大脑左半球偏重于逻辑性推理,控制身体右侧的动作;右脑半球的主要任务是负责整体的本能反应,控制身体左侧的动作。因此,左手的操作动作,理应优于右手,应当予以重视和训练。

（二）惯用手的形成绝对不是一种单纯的现象,它受遗传、环境、文化等因素的影响。

（三）人类双手在完成某些操作技能时,惯用手和非惯用手并不是决定成绩好坏的关键因素,在操作技能的学习中,左右两手都能通过学习,而获得所要学习的技能和表现出优异的成绩。

（四）从习惯上看,惯用手明显地优于非惯用手,但是在解决需要双手同时工作的问题时,两手之间的动作是紧密联系的,从中枢神经系统对动作的控制来检测,是大脑在同时支配和控制双手的动作。

（五）惯用左手的人往往在运动成绩方面表现比较突出,这可能是在运动比赛的战略上有其好处的原因,而不是其本身天生的在运动方面的优势。

二、两侧迁移的实验证据

下面所设置的实验方法可以证明两侧迁移是否真正存在。具体实验设置如表4-12所示:

表 4-12　两侧迁移的实验设置

	前测	实验干预	后测
优势肢	X	X	X
非优势肢	X		X

设置这个实验就是为了证明：锻炼一侧的肢体是否可以导致两侧迁移发生，即在另一侧肢体上产生影响。需要指出的是，在此实验设置中参加锻炼的肢体是优势肢。但这不是固定的模式，优势肢和非优势肢都可以作为参加锻炼的肢体。无论你是哪一侧肢体参加了锻炼，研究者都把两端肢体所取得的进步进行比较。结果发现，不仅参加锻炼的肢体取得了很大的进步，同时没有参加锻炼的肢体也取得了明显的进步。这就说明了两侧迁移的确发生了。

玛吉尔的研究提出，从20世纪30年代到20世纪50年代，关于两侧迁移的调查研究非常多，在当时的心理学期刊上可以找到大量证明动作技能中存在两侧迁移的证据。在20世纪早期，对两侧迁移进行调查的人库克是比较著名的一位。从1933年到1936年，库克发表了一系列（五篇）关于两侧迁移方面的文章，那时他们把两侧迁移称作为交叉教育。后来，库克宣称存在足够的证据能够说明在运动技能中的确存在两侧迁移，然后他停止了这方面的研究。

在库克给出了这些基础证据之后，很少有相关的调查专门研究两侧迁移的发生。从20世纪30年代之后，大量的研究文献着重于两侧迁移的另外几种领域。这些领域包括两侧迁移的方向和两侧迁移产生的原因。

三、双侧迁移产生的原因

玛吉尔指出，可以用认知控制论和动作控制论解释两侧迁移为什么发生。认知控制论认为从练习的肢体到没有练习肢体正迁移的基础是认知信息。这种重要信息的内容是：需要做些什么才能达到技能目标。不管所涉及的是哪侧肢体，这种信息都与技能操作有很大的关系，且是技能学习初试阶段获得的关键信息。由于对某一肢体进行锻炼需要用到相应的认知信息，这将会使得另一肢体在操作该项技能的时候用到这些信息。

我们可以把认知控制论和桑代克提出的"共同要素"理论联系起来，这个理论在前面已经讨论过。关于操作者"做什么"方面的技能要素在认知论的解释中被深刻地认识到了。例如，我们可以认为先后用不同的两只手去操作一项技能在本质上是不同的技能：用右手使用锤子击打目标和用左手是完全不同的一项任务。但是，如果不考虑使用锤子所用的是哪一只手的话，它们的技能要素是相同的：他们都需要用眼睛盯着目标，并且随之落下锤子。每一个要素都表现了如何成功地把锤子击打向目标，但是和用哪只手没有关系。

这种观点的支持者提出：如果一个人能够用右手精确地操作某项技能，那么当他开始练习用左手操作这项技能时，不需要去学习相同的认知要素"做些什么"。这个人用左手操作这项技能的水平要比那些没有用右手练习过这项技能的人要高很多。

解释两侧迁移的动作控制理论包括一般动作程序和通过神经系统产生的动作迁移特征。可以通过两种途径来建立这种理论。第一，理论家提出的一般动作程序，我们已经讨论过了。回想一下，需要作出动作的肌肉在一般动作程序中不是变量。一个人要想完成动作目标，相关的肌肉必须作为参数。

因为一般动作程序是通过锻炼形成的，我们必须通过对某一肢体足够的锻炼来获得稳定动作特征，以便在一段时间之后能够用另外的肢体操作这个动作。这样使个体在开始阶段就能够以较高的水平用另一肢体操作动作。但是，由于其他因素，比如感知问题、生物力学问题和训练的特殊情况，我们不能期望没有锻炼过的肢体会像锻炼过的肢体一样去操作一个动作。但是，我们可以期望它要比没有对另一肢体进行任何锻炼的情况好得多。

支持动作控制论的另一个观点的基础是：动作任务某些要素的两侧

迁移至少在大脑的两个脑半球之间是相互协调的。研究者通过测量四肢的 EMG（Electromyography，肌电图）活动证明当一个人操作某一动作时，这种协调是存在的。当 EMG 动作发生时，研究者发现，中枢神经系统向肌肉发出了指令。实际上，1942 年进行的一项研究已经表明，大量的 EMG 动作会发生在对侧的肢体上。另外有少许的 EMG 发生在斜对的肢体上。

在这两种解释中，到底是哪一种正确呢？调查证据证明认知和动作因素在两侧迁移过程中都被涉及了。毋庸置疑，认知成分与"做些什么"有很大的关系，这是通过锻炼某一肢体导致迁移发生的结果。

四、两侧迁移的对称性和不对称性

关于两侧迁移作用的问题中，两侧迁移的方向是非常令人感兴趣的一个问题。其内容是：假设进行锻炼的肢体是另一侧，而非实际上已经锻炼过的那一侧，发生两侧迁移的量是否会更多（非对称两侧迁移）还是大致相似（对称两侧迁移）。（张忠秋，2006）

对这个问题进行研究，既有理论意义又有实践意义。从理论的角度来看，如果确定两侧迁移是对称的或非对称的，将会帮助我们深入了解两个脑半球在控制身体运动方面的角色：两个脑半球在对身体运动的控制中是扮演一样的角色还是不同的角色。

对这个问题进行研究更重要的实践意义是为了设计一种练习方法使两侧肢体更容易获得最佳技能。如果不对称传递占主导地位，这将提示我们在训练一侧肢体前，要首先确定优先训练哪一侧肢体；而对称传递占主导地位时，先训练哪侧肢体都无关紧要，因为没有区别。

关于两侧互相迁移方向最广为接受的观点是不对称性。但对于不对称因素是否能启动优势或非优势侧肢体练习也有一些争议存在。阿莫司（Ammons，1985）的研究结论是：更多的迁移是从优势侧肢体到非优势侧肢体。然而，也有证据显示相反方向的迁移占优势。例如，泰勒（Taylor，1980）用一系列复杂的手指练习，从非优势侧开始训练（本实验中受试者非优势侧为左手），结果是导致了向优势侧手更多的迁移。值得一提的是，实验中受试者在运动时不能看到自己的手，当受试者能看到自己的手时，却变为对称迁移。

虽然对这个问题的争议继续存在，但是在技能训练的例子中，有充分的证据可以证明从优势肢到非优势肢确实存在着迁移。这种方法不仅和两侧迁移的研究资料相一致，并且其他一些应该考虑到的因素也可以说明这一点，如动机。最初的优势肢锻炼很可能会产生更大的激励因素，鼓励人去继续追求和实现其目标——能够利用任意一肢体熟练地进行技能操作。

五、两侧迁移与职业操作技能训练

在某些职业操作技能的训练中，有时需要对身体两侧的技能操作进行训练。例如，专业的厨师往往需要左右手都掌握颠勺技能；护士也应该掌握非优势手注射技巧，以应对一些突发情况。但是，职业操作技能的学习由于受练习时间的限制，初学者都有很强烈的愿望掌握一项操作技能。他们往往总是选择用优势侧肢体来练习。大多数情况下，优势侧肢体更容易取得成功，因而常常忽视另一侧肢体对操作技能的学习。

解决这个问题最合适的方法莫过于给两侧肢体同等的练习机会。但在实际练习中，难免会出现下面的问题：一是练习的时间有限。如果练习时间受到限制，即在固定的时间内练习，练习者更习惯练习优势肢体，在时间相同的情况下，这样做可能更容易取得好的成绩。而此时进行双手/足的练习，就无法达到单手或单脚练习的成效。第二个问题是练习者本身不想给两侧肢体同样的练习时间，因为他们更喜欢练习优势一侧肢体。

如上所述，两侧肢体的操作技能有互相传递现象的存在，即当一侧肢体已经掌握了一种操作技能时，另一侧肢体在进行学习时就相对容易。两侧肢体操作技能互相传递，不同的肢体学习同一种技能会从一侧胳膊传到另一侧胳膊或从一侧腿传到另一侧腿。对一侧肢体进行训练，结果，另一侧未练习的肢体也可获得益处。

现有研究表明，在职业操作技能训练时，如果按照下列三种原则进行训练，就比较容易造成手脚对手脚之间的正面转换。

（一）从比较习惯的某侧肢体开始练习。

（二）强调对技能模式和技能知识等认知的理解。

（三）用超载负荷或过量学习的方法，反复强化，反复练习。

第五节 迁移与职业操作技能教学

一、为什么要学习迁移

从实践的观点出发，学习迁移是非常有意义的，因为它帮助我们理解职业操作技能操作的本质过程。

（一）职业操作技能学习有先后顺序

一个非常有用的、有关迁移原理的例子是玛吉尔讲的关于数学技能的学习，因为数学技能的学习与学校教育课程进展顺序的关系非常密切。从1年级到6年级的课程是由简到繁的，教师以循序渐进的顺序介绍认识数字、数字的写法、数字大小的辨别、加法、减法、乘法和除法。因为每个概念都以先前学过的概念为基础，所以一个人想要解决除法问题需要先知道如何进行加法、减法和乘法的运算。在基础算术之前我们不可能先教代数，在几何学之前我们不可能先教三角形法则。

职业操作技能训练也是如此，在按顺序进行职业操作技能教学或训练时，应该将学习迁移的原理融会其中。学生在学习那些较为复杂的操作技能之前，应该学习最基础的基本操作技能。换句话说，应该有一个合乎逻辑顺序的操作技能学习过程。一个教师应该先确定怎样做才能使一项操作技能的学习有益于其他的操作技能的学习。如果教师不这样做，就有可能导致最后学生再回过头补习那些必备的基础操作技能。

（二）迁移为教学提供指导方法

迁移原理也可以给职业操作技能教学或训练提供指导方法。例如，一个驾驶教练在教学生驾驶动作时，在学员尝试真正驾驶汽车之前，教练可能先使用在车外训练驾驶动作的方法。教练设想从车外训练到车内动作操作将会发生正迁移。

在职业操作技能训练过程中，把迁移原理融于训练过程的现象比较普遍。例如，在练习整个职业操作技能之前先练习操作技能的一部分。有时，一个教师要求某人在实际操作某种技能之前，先将这个活动简单化。例如，教师在训练学生进行大块金属切割前，先进行小块金属切割的练习。如果某个操作技能存在一定的危险性，为了避免危险，教师经常会借助于其他一些情景来完成该项技能的训练，例如，电工练习高压电线的维修时，教师往往在模拟的环境下进行技能训练。根据迁移原理，学生在进行实际操作时，会将习得的技能迁移到实际的操作中。

（三）对训练条件有效性的评估

教师要想确定操作技能练习程序和指导方法的有效性，一种常用的方法就是进行迁移测试，迁移测试将会提供最好的评估效果。一个人在操作技能训练过程中的成绩可能超越或低于这个人的实际水平，所以必须有一个有效的评估方法。我们可以通过测量所设计的练习对学生操作产生的影响，来了解训练的有效性。对于教师，迁移测试可以在一个操作技能测试或竞赛中来实施。

二、职业操作技能迁移的影响因素

在职业操作技能训练中，有许多因素都会影响到操作技能的迁移（杨锡让，2004）。教师了解职业操作技能迁移的影响因素，可以为其提高教学质量提供帮助。

（一）时间间隔对职业操作技能迁移的影响

两次练习之间的时间间隔越长，操作技能正迁移越少。而关于负迁移的影响就复杂多了。假如练习与测验之间的间隔不太长，负迁移将随着时间间隔的延长而逐渐减少，经过一段时间，负迁移消失，随后出现正迁移，再随着时间间隔的延长，这种正迁移逐渐降为零。实验说明，时间间隔不仅对操作技能的迁移量有影响，而且对迁移的性质有重要影响。

（二）原来操作技能巩固程度的影响

一般规律是先学习的正确动作的次数越多，学习的练习量越大，正确操作技能越巩固，获得操作技能的正迁移量就越大。如果先学习的错误动作重复次数越多，练习的量越大。错误的技能越巩固，获得技能的负迁移量就越大。由此可见，掌握基础技能操作动作的正确性是非常重要的，否则会影响后面的练习效果。

实验表明，操作技能的迁移强弱，有时也呈起伏状态。例如，原来学习的操作动作在一开始进行12次练习，产生的是弱的正迁移，练习26次以后，对后面学习的操作动作产生的是负迁移的现象，练习96次以后，才又开始获得较大的正迁移。

（三）疲劳对职业操作技能迁移的影响

卡普兰（Caplan,1969）曾经就疲劳对操作技能迁移的影响进行了研究，一组实验是让与相关练习的肌肉达到极度疲劳，另一组是让受试者出现全身疲劳，但不涉及与相关练习的肌肉群达到疲劳，结果在两种疲劳的情况下，都会产生负迁移。

（四）前后两项操作技能练习的相似程度对技能迁移的影响

在职业操作技能的迁移中，影响最大的是：前后两项技能操作动作的相似程度对操作技能迁移的影响。如果先学习的操作技能与后学习的操作技能的操作动作高度相似，可以获得最大限度的操作技能正迁移；如果先学习的操作技能动作与后学习的操作技能动作两者既相似又不相似，就会对后学习的技能产生干扰。

（五）任务复杂程度对职业操作技能迁移的影响

是复杂操作任务对简单操作任务的迁移较多，还是简单操作任务对复杂操作任务的迁移较多，一般是前者可以产生更多的迁移。相反，因为简单操作任务不需要大量的学习，因此就减少了技能的迁移。

（六）整套动作或者部分动作对职业操作技能迁移的影响

在练习时间相同的条件下，先部分后整体的练习效果要明显优于先整体后部分的练习效果。但是，在某些职业技能训练中，先进行部分训练，再进行整体训练,不但不能促进整体技能的提高,反而会阻碍操作技能的形成。例如,练习汽车驾驶技能时,控制离合器和油门的练习必须整体训练,如果分开训练反而不利于掌握油门和离合器的配合。

三、为迁移而教

学生的职业操作技能训练能否产生迁移,在一定范围来说,与教师的教有很大的关系,所以"为迁移而教"对职业教育工作者来说有着十分重要的意义。

（一）从当代迁移理论看"为迁移而教"

1. 认知结构观的观点

奥苏伯尔认为,"为迁移而教"实际上是塑造学生良好的认知结构问题。因此,要确保学生形成良好的认知结构必须从教材内容的选择和教材的呈现方式两方面着手进行。

（1）改革教材内容,促进迁移。

为了促进迁移,教材中必须有那种具有较高概括性、包容性和强有力的解释效应的基本概念和原理。布鲁纳认为,这样的概念和原理应放在教材的中心。他认为:"领会基本的原理和观念,看来是通向适当'训练迁移'的大道"。奥苏伯尔指出,学生的认知结构是从教材的知识结构转化而来的。好的教材结构可以简化知识,可以产生新知识,有利于知识的运用。这种结构必须适合学习者的能力。如何编写适合学生能力水平的最佳结构教材呢,这需要知识领域内有造诣的专家、教材教法专家和心理学家以及教师们的通力合作。

（2）改进教材呈现方式,促进迁移。

奥苏伯尔认为,不断分化和综合贯通是人的认知组织的原则。认知心理学认为,当人们在接触一个完全不熟悉的知识领域时,从已知的较一般的整体中分化细节,要比从已知的细节中概括整体容易一些。认知心理学还认为,人们关于某一学科的知识在头脑中组成一个有层次的结构,最具有包容性的观念处于这个层次结构的顶点,它下面是包容范围较小的、越来越分化的命题、概念和具体知识。

在呈现教材时，除了要从纵的方面遵循由一般到具体、不断分化的原则外，还要从横的方面加强概念、原理、课题乃至章节之间的联系。教师在教学中应引导学生努力探讨观念之间的联系，指出它们的异同，消除学生认识中表面的与实际存在的不一致之处。

2. 产生式迁移理论的观点

在教学实践中，做到以下几点可有效促进"为迁移而教"目的的实现：（1）循序渐进地选编教材内容，并将教材内容分成多个单元，且使不同单元有若干重叠。加涅曾说："要决定什么知识先学习，什么知识后学习，有必要分析教材中所包含的不同性质的学习。知识的获得有一个过程，在这个过程中，新的能力建立在先前习得的能力的基础上……在计划教材程序时，最要紧的是，教材应能使学生避免因跳跃知识学习过程中的必要步子而出现的错误。"这样，前面的学习将成为后面学习的准备，后继学习就成为先前学习的扩展和延伸，前后学习将因为有共同的产生式而相互促进。（2）突出和加强基本概念、原理和规则的学习，因为任何程序性知识的获得都必须经由陈述性知识的转化这一阶段。如小学生学习读、写、算基本技能，必须注重读、写、算基本概念、原理和规则的教学。这样学生容易从一种技能的学习向另一种技能的学习迁移。（3）重视已学过内容的充分练习。这样，不仅可以避免因对共同产生式的模糊不清而使前后学习相互干扰（即避免前后学习因表面上的相似而混淆了实质上的差异），而且，充分练习可以使得许多基本技能自动化，使人能够腾出工作记忆这一信息加工"瓶颈"的有限空间，来处理更为复杂的或其他急需处理的任务。众所周知，人类工作记忆的空间和容量是十分有限的，因而自动化的技能在解决问题时就显得尤为有益，因为它无须占用过多的记忆能量和认知资源，可以使人在不必付出过多注意和意识的条件下顺利完成操作任务。

3. 认知策略迁移理论的观点

这一理论对教学中促进策略性知识的习得和迁移具有深刻的指导意义：（1）教师要实现"为迁移而教"，学生要实现"为迁移而学"，除了要重视和利用陈述性知识和自动化基本技能的迁移，更要重视认知策略的学习和迁移。（2）当代教学改革的突破在于让学生"学会学习"和"学会思维"，认知策略迁移理论的提出为此指明了方向，学校教学要把认知策略的传授作为一个独立教学目标，教材的编写要反映这一目标，教师的教学也要体现这一目标。（3）加强元认知知识和技能的教学，将元认知训练、一般认知策略的训练和具体学习方法的训练结合起来进行，这是知识迁移的必要和有效途径。如果学生没有掌握一定的元认知技能和认知策略，即使他们习得了某些具体的学习方法甚至学习策略，他们仍不能实现知识的有效迁移，即不知道在什么条件下在何种情境中使用何种知识、何种方法和何种策略。（4）反省认知（元认知）和认知策略是构成学习策略的两个核心成分，属能力范畴，虽然发展缓慢，训练也难以立竿见影，但已有充分的实验证明，长期系统的教学可以加速它们的形成与发展。因此，在学校教学中应明确地把计划策略、问题识别策略、检查监视策略、调整策略、组织策略、精细加工策略、复述策略等学习策略的教学列为重要的教学目标。

（二）在职业操作技能教学中怎样促进正迁移

在职业操作技能教学或训练中，促进学生操作技能的正迁移有着重要的作用。想要达到操作技能正迁移的效果，教师应当让学生在学习基础操作动作时，达到很熟练和牢固的程度，在熟练的操作技能上再学习其他操作技能容易获得正迁移。为了提高教学质量，教师应积极创造条件，促进学生的正迁移，防止出现负迁移现象。为此，教师应当做到以下四点（祝蓓里等，2000）。

1. 加强对学生操作动作概念和原理的教学

一个人理解了某个操作动作概念和操作动作原理，就能用它来指导学习新的操作技能，或把这些动作概念和动作原理运用到许多操作动作技能的学习中去。这样，少数几个动作概念和动作原理就能获得许多新的动作技能。如果在技能教学中就事论事地教动作技能，而缺乏基本原理的教学，只能使学生有限地运用所学的知识与操作技能。

2. 将迁移原理应运于职业操作技能教学

迁移原理的运用不是一个自动的过程，它是要靠教师教会的。我们常常看到，有些学生对职业操作技能缺乏概括能力，也不善于揭示新旧两种操作技能间的异同和进行联想，有时想要运用所学的操作原理，但是不会运用。他们似乎在理解了的原理与运用原理到新的操作技能上去之间有一条鸿沟。因此，教师在教学中，应向学生讲明不同的操作技能中所具有的类似的一般操作模式。为了帮助学生克服负迁移，还应当采用比较的方法来帮助学生区分两种操作技能中容易相互干扰的那一部分。

3. 要注意两种操作技能学习的时间间隔

如果同时学习的两种职业操作技能都没有达到熟练和巩固的程度，这两种动作技能容易发生相互干扰。只有熟练地掌握了一种操作技能之后，再学习另一种操作技能，两者才更容易发生正迁移，以及不容易相互干扰，因为只有巩固而清晰的知识和技能才能迁移。所以，在职业操作技能教学中，教师应当合理安排各种操作技能的教学时间，使前一种操作技能的学习至少要掌握达到80%~90%的正确率，才开始新的操作动作技能的学习。

4. 启发学生的思维，提高对已有操作经验的概括水平

由于迁移过程必须依据学生已有的经验去辨别、理解当前新学习的操作技能，所以学生已有操作经验的概括性水平越高，操作技能间迁移的可能性才越大。如果已有知识经验的概括性水平较高，能反映操作动作的本质，学生就能依据这些本质特征去揭示新学习的操作动作技能的本质，并把它纳入到已有的经验系统中去。这样，操作技能间的迁移就会顺利进行。反之，如果个体对已有知识经验的概括水平较低，就难以发生操作技能间的迁移。所以，在职业技能训练中，应注意启发学生的思维，帮助他们提高对操作技能本质特征的认识和概括水平。

第五章　注意与职业操作技能训练

在职业操作技能训练中，无论是技能操作前的准备活动还是执行操作动作，都会受到个体的注意的影响。因此，了解注意及其对职业操作技能训练的影响，对于提高职业操作技能教学效果有重要的意义。

第一节　注意的概述

一、什么是注意

注意是心理活动对一定对象的指向和集中。

在公路上驾驶汽车，出现在驾驶员面前的事物，常常是多种多样的，但驾驶员并不同时感知所出现的一切事物，而只是有选择地感知其中少数的几件。这时，感觉器官指向这些事物，集中在这些事物上，表现出全神贯注、聚精会神。这种心理现象便是注意。被注意的事物，就感知得比较清晰、完整、正确；未被注意的事物，就感知得比较模糊。在行车过程中，尽管街上车水马龙、人声鼎沸，但驾驶员的眼睛只盯着来车、行人和信号灯，耳朵只听发动机及其他相关的声音。由此可见，指向性和集中性是注意的两个基本特征。

注意的指向性是指心理活动从众多的事物中选择出要反映的对象。人在觉醒的时候，周围发生的事物种类繁多，有的是注意主体感兴趣的事，有的是注意主体不感兴趣的事。在同一时间，人们对外界事物反映的数量是有上限的，也就是说不能反映周围的一切事物，只能选择一定的事物作为反映的对象。例如，驾驶员所注意的对象只是一些与安全行车有关的交通情况。

注意的集中性是指心理活动在选择对象的同时，对别的事物的影响加以抑制而不予理会，以保证对所选对象作出清晰的反映。例如，驾驶员在驾驶时只关注来车、行人和信号灯等，而忽略街上的其他无关信息。

注意不是一种独立的心理过程而是感知、记忆、思维和想象等心理过程的一种共同特性。也就是说它不能脱离心理过程而独立存在，它总是伴随、调节和监督着心理过程的进行。

注意不仅伴随着认识过程，也伴随着情感和意志过程。情感和意志是主体如何对待客观的意向活动，意向活动是有目的、方向性的。目的如果没有有意注意的指向，方向性就无从选择，情感体验也就无从表现，愉快和烦恼也就无从确定。意志行动也是一样，如果没有有意注意的集中，就无法采取和执行决定，无法注意到究竟有哪些困难，也就无法克服困难。总之，一切心理过程都离不开注意的参与。

注意是一种复杂的心理活动。从其产生的方式来看，它是有机体的一种定向反射，即由周围环境的新异刺激而引起的一种应答性反射。人类的第二信号系统在注意中起主导作用，使人类的注意成为有意识的活动。从中枢神经的反应过程来看，由于大脑皮层的负诱导规律在起作用，注意才会形成。当发生定向反射时，人大脑皮层的一定区域产生一个优势兴奋中心。由于负诱导，大脑皮层的其他区域相对地处于抑制状态。负诱导愈强，注意就愈集中。从注意的神经中枢部位来看，人的注意机制不仅和大脑皮层有关，而且和脑干网状结构、丘脑有关。当发生定向反射时，大脑皮层优势兴奋中心的产生与维持要靠脑干网状结构和丘脑不断提供生理能量。否则，这一优势兴奋中心不容易产生，即使产生了也不能维持较长时间。大脑皮层额叶区对优势兴奋中心的转移起着控制和调节作用，使注意能集中到重要的事情上来。

二、注意的分类、品质和功能

（一）注意的分类

1. 根据注意有无目的及是否需要意志努力，可把注意分为无意注意、有意注意和有意后注意。

（1）无意注意

无意注意是一种没有预定目的、不需要做出意志努力的注意。引起无意注意的原因有两个方面。

①客观刺激物本身的特点是引起无意注意的主要原因

刺激物的强度和相对强度，如强光、艳色、巨响、浓香、静夜私语、暗室微光等；刺激物的对比关系，如大与小、强与弱、形状、颜色与周围背景的差别；刺激物的变化运动及其突然停止；刺激物的新异程度等都容易引起人们的注意。

②人本身的主观状态也是引起无意注意的重要原因

凡是能满足人的需要、符合人兴趣的事物，就容易成为无意注意的对象。凡与人已有的知识和经验相联系的事物容易引起注意，完全不熟悉的事物不容易引起人的注意。当一个人心情愉快、身体健康、精神饱满时，平时不太注意的事物也容易引起注意。

（2）有意注意

有意注意是一种有预定目的、需要做出意志努力的注意。它主动地服从于当前的任务要求，受人意识倾向的调节与支配。引起和保持有意注意的主要条件有四个方面：

①对活动的目的任务与意义要求理解得越清楚、越深刻，完成任务的愿望越强烈，与完成任务有关的事物也就越能吸引人们的注意。

②间接兴趣，对保持有意注意具有很大作用。

③良好的意志品质，有助于排除干扰、集中注意。

④将智力活动与实际行动相结合，也是保持有意注意的重要条件。

（3）有意后注意

有意后注意是指由自觉目的引起的，只需要极少或不需要意志努力的注意。它是一种高级类型的注意，它和无意注意、有意注意有所不同。从引起的原因看，无意注意对活动本身感兴趣，有意注意对活动结果感兴趣，而有意后注意是对活动结果的兴趣转变为对活动本身的兴趣，这种活动本身的兴趣，又与自觉目的联系着。发展有意注意成为有意后注意的主要条件有三个方面：

①人对自己的活动越有明确的目的任务，越能认识到任务的重要性与意义，越有强烈完成任务的责任感、义务感和信念，就越能长期不懈地坚持工作与学习，随之沉迷于某种活动之中，并对活动中发现问题和解决问题本身，产生了深厚的兴趣，则其有意注意容易发展为有意后注意。

②一定的知识、技能达到熟练程度，是有意注意发展到有意后注意的条件之一。

③进行积极的思维活动，建立多方面的稳定兴趣，也是维持有意后注意的重要条件。

2. 根据人的心理活动是指向个体之外的周围环境还是指向个体本身来划分，可以将注意分为外部注意和内部注意。

①外部注意

外部注意是指个体对周围刺激物的注意，它经常与知觉同时进行。外部注意在探究外部世界中起着重要的作用，并以对"当前情况的警戒和准备"的姿态出现。这种准备状态将有助于个体有效地应答环境的变化形势。

②内部注意

内部注意是指个体对自身身体和心理活动的注意。如：在进行操作技能的动觉训练时，学生经常会将注意集中在自己的肌肉活动状态上，而且，在整个过程中，学生会对身体的反馈信号进行监控。这时，他的注意就是典型的内部注意。

（二）注意的品质

1. 注意的广度

注意的广度即注意的范围，它指的是同一瞬间，能够清楚知觉对象的数量。知觉对象的特点影响着注意的广度。往往注意的对象越集中、越有联系、越有规律的排列组合，注意的范围也就越大。而且，主体的活动任务与知识经验影响着注意的范围，个体的知识经验越丰富，注意范围就越大。注意的广度对职业操作技能训练有重要意义，一般职业技能的操作都需要较高的注意广度。

2. 注意的稳定性

注意的稳定性是指注意较长时间地保持在某一事物或活动中，它标志着在该段时间内注意活动的最高效率。注意的稳定性是相对的，呈现时强时弱的周期性的起伏现象。

注意的稳定性与主体状态有关，人对所从事活动的意义理解越深，态度越积极，兴趣越浓厚，注意越容易稳定。此外，注意的稳定性与其对象特点有关，内容丰富的比简单单调的、活动的比静止的更容易使注意保持较长的时间。

3. 注意的分配

注意的分配是指同一时间内，把注意分配到两种或两种以上的活动中。如流水线上的操作工，一面要注意对部件的操作，一面还得注意整个流水线的情况。注意的分配条件：首先，要求同时进行的两种或几种活动，必须有一种是熟练了的或自动化了的，这样才不会顾此失彼；其次，所进行的两种活动之间必须是有联系的，不能互相排斥。注意的分配对于职业操作技能训练十分重要，学生在完成复杂的操作动作过程中，注意分配的能力是掌握动作技能的重要条件之一。

4. 注意的转移

注意的转移即主体根据任务，把注意从一个对象调动到另一个对象上去。注意的转移与注意的分散不同，转移是有目的的调动，调动之后又稳定到新对象上；分散是无目的的动摇，是不稳定的。注意转移有显著的个体差异，受到兴奋与抑制转换的迅速性等影响。有人注意活跃，转移快；有人注意稳固，转移慢。注意转移的快慢，还与原来活动吸引注意的强度和引起注意转移的新活动的性质有关。

总之，注意的品质是一个整体，彼此相互联系，不可分割，但表现在一个人身上，各种品质的发展是不均衡的，是有差异的。通常这些差异是在不同的生活、教育和训练中养成的，通过实践的锻炼或教育训练，注意的品质就会得到提高和改善。

（三）注意的功能

注意功能是指注意的作用，它使人能够及时地集中自己的心理活动，清晰地反映客观事物，更好地适应环境。具体来说，注意的功能有如下几方面。

1. 选择功能

注意的基本功能是对信息进行选择，使心理活动选择有意义的、符合需要的和与当前活动任务相一致的各种刺激；避开或抑制其他无意义的、附加的、干扰当前活动的各种刺激。即注意将有关信息线索区分出来，使心理活动具有一定的指向性。周围环境给人们提供了大量的刺激，这些刺激有的对人很重要，有的对人不那么重要，有的毫无意义，甚至会干扰当前正在进行的活动。人要正常地生活与工作，就必须选择重要的信息，排除无关刺激的干扰。注意对信息的选择受许多因素的影响，如刺激物的物理特性，人的需要、兴趣、情感，过去的知识经验等。

2. 保持功能

外界大量信息输入后，某些信息被选择注意，被选择的信息在注意的关注下，心理活动对其进行加工，完成相应的任务。如果不加注意，信息就会很快消失，心理活动无法展开，也就无法进行正常的学习和工作。此外，注意的保持功能还表现在，它可以使人的心理活动较长时间保持在注意选择的对象上，维持一种比较紧张的状态，从而保证活动的顺利进行。

3. 调节和监督功能

注意的调节和监督功能使人的心理活动沿着一定的方向和目标进行，

并提高意识觉醒水平，使心理活动根据活动的需要做到注意的适当分配和适时的转移，必要时可对错误进行纠正。这样，在注意状态下，人们有效地监控自己的动作和行为，从而达到预定目的，避免失误，顺利完成相应的工作任务。

三、有限注意容量

有限注意容量是指个体的注意有一个固定的总容量，当个体同时操作两个以上任务时，一旦所需容量超过总容量，将导致其中一个任务的成绩下降或几个任务成绩的同时下降。

多年来，科学家们一直都知道注意是有限的，而且这种有限性对同时完成多种活动是有影响的。实际上，19世纪末，一位法国生理学家 J. 勒布（Jacques Loeb, 1890）表示，一个人在从事心理活动时，他施加在手握测力计上的最大压力实际上在减小。该领域的其他研究者也指出了这种同时进行多种活动的有限性（Solomons & Stein, 1986）。直到20世纪50年代，研究者们才开始为这种行为提出理论依据。

（一）有限注意容量理论

1. 过滤器理论

早期关于注意有限性的理论中，最著名的是"过滤器理论"，有时也称作"瓶颈理论"。该理论涉及许多变量，它认为人同时做几件事情是很困难的。这种有限性的原因在于人的信息加工系统是按一定顺序依次执行各自功能的，有些功能一次只能处理一个信息。这表明在信息加工系统的某个阶段有一个瓶颈，在这里加工系统可以筛选出没有选择的信息以便进一步加工。该理论的变量都是以出现瓶颈的某个加工阶段为基础的。对于过滤器的具体位置，不同心理学家各自有不同的理解，从而出现了代表各自观点的不同模型。主要有布鲁德本特（Broadbent, D.E.）的早期选择模型、特瑞斯曼（Treisman, A. M.）的中期选择模型，以及德尤奇和诺曼（Deutsch, F. A, Norman, D. A.）的晚期选择模型（沈德立等，2010）。过滤器理论主要解释注意的选择性问题，因此也被称为注意的选择性理论。

（1）早期选择模型

布鲁德本特最早提出了注意的过滤器理论。过滤器理论认为，从外界进入感觉通道的信息是大量的，但大脑加工信息的能力却是有限的。为了避免阻塞，就需要有一个过滤器对输入信息进行选择，使其中的一部分信息进入高级分析阶段，被识别、储存和加工，而其余的信息则迅速消退。

布鲁德本特设想的过滤器位于语意分析之前，外界信息经感觉器官到达短时贮存器中进行暂存，然后经过选择性过滤，将无用的信息"滤掉"，进入知觉系统的仅是要进行认知分析的信息。输入的信息是否能通过过滤器，完全是由刺激的物理属性决定的，知识经验对信息筛选不起作用。这种观点被称为过滤器理论的早期选择模型。

（2）中期选择模型

在双耳分听实验中，事先规定被试只对一只耳（追随耳）输入的信息进行追踪，而忽略从另一耳（非追随耳）输入的信息。通常被试能较好地记住追随耳输入的信息，而对非追随耳输入的信息无法识别。但假若非追随耳输入的信息对个体有特殊意义（如被试的名字），却往往能被觉察到。这是早期选择模型无法解释的。

据此，特瑞斯曼提出：过滤器不是按"全或无"的方式工作，而是按衰减的方式工作的。过滤器有两种，一种位于语意分析之前，称为外周过滤器，它根据刺激信息的特点而对它们给予不同程度的衰减；另一种在语意分析之后，称为中枢过滤器，它是根据语意特征来选择信息的。从追随耳输入的信息受到的衰减很少，能顺利激活长时记忆中的有关项目而被识别；非追随耳输入的信息经过过滤器被衰减，不能与长时记忆中的信息取得联系，因而难以识别。但有的信息（如被试的名字）激活阈值很低，所以即使从非追随耳输入，也能被识别。因此，信息的选择不仅依赖于感觉特征（由刺激的物理属性决定），而且依赖于语意特征（由知识经验决定）。这种理论强调了中枢过滤器的语意分析作用，被称为中期选择模型。

（3）晚期选择模型

晚期选择模型是由德尤奇和诺曼等人提出的。该模型认为，所有的选择性注意都发生在信息加工的晚期,信息的选择依赖于刺激的知觉强度和意义,因而称为晚期选择模型。它假定所有的信息都到达了长时记忆,并激活了其中的有关项目,然后竞争工作记忆的加工。选择性注意属于中枢控制过程的一部分,它是一种主动的机制,通过它,某些信息被选择出来做进一步的加工。晚期选择模型能较好地解释注意分配现象,因为输入的信息都得到了加工。但这个模型假设所有的信息都进入中枢加工机制,看起来颇不经济,也不能很好地解释早期选择现象。

(4) 注意的多阶段选择模型

以上三种关于注意选择性的理论,都假定注意对信息的选择发生在信息加工的特定阶段,这样的选择机制显得较为刻板。目前,很多认知心理学家认为:选择过程可以发生在信息加工的不同阶段,选择发生的阶段依赖于任务的要求;在进行选择之前的加工阶段越多,所需要的认知加工资源越多。这种观点被称为多阶段选择模型。

但是,过滤器理论却不能解释所有行为情境。例如,一名汽车驾驶员一边驾驶着汽车,一边可以和坐在旁边的同伴说话,有时甚至还可以开收音机。这种同时操作两个以上操作动作的事例,用过滤器理论是无法解释的。因此,单通道理论受到了普遍怀疑。

2. 有限资源理论

针对过滤器理论难以解释的事例,卡尼曼(Kahneman,1973)提出了"有限容量理论"(Limited-Capacity Theory)。这一理论认为,注意是一个由中枢控制的有限容量,当个体需要同时操作两个以上任务时,只要所需容量不超过总容量,容量就可以在任务之间进行分配。容量根据四个分配方针进行分配,一是固定倾向,二是意图,三是容量需要的估价,四是唤醒水平。这一理论较合理地解释了个体同时操作两个以上任务的现象。

张力为等(2000)指出,随着双重任务的进一步研究,有限容量理论也出现了漏洞。一些研究者发现(Mcleod, 1977;Navon & Gopher, 1979),当主、次任务的刺激性质和反应方式相同时,任务之间的干扰便加强;反之,当主、次任务的刺激性质和反应方式不同时,干扰便减弱。这一迹象使人怀疑：注意不仅仅是一个由中枢控制的有限容量。

3. 多重资源理论

多重资源理论认为，人有多种注意机制，每种机制的资源都是有限的。每种资源储备都具体针对操作技能的某种要素。玛吉尔拿政府机构来做类比，资源可以从政府的不同机构获得，只是在进行与某些特殊机构相联系的活动时，才会出现资源紧俏。多重资源理论的最积极倡导者是纳文、乔弗（Navon，Gopher，1979）、奥波特（Auport，1980）、威肯斯（Wickens，1980，1992）。

威肯斯所提出的理论在这些理论中最具有代表性。他认为，用于信息加工的资源可从三种不同的途径获得，它们是输入输出通道（如视觉、触觉、言语系统）、信息加工阶段（如知觉、记忆编码、反应输出）和加工信息的编码（如语言编码、空间编码）。我们同时顺利完成两项或更多任务有赖于任务所需的注意是源于共有资源还是不同资源。如果必须同时完成两项任务并分享共有资源，那么操作成绩将比享用不同资源来完成任务的操作成绩差。

玛吉尔说，多重资源观点能解释驾驶员一边驾驶汽车，一边与乘客聊天的各种情形。在交通不太拥挤时，驾驶汽车对以上三种资源的任何一种的需求都不高。但当交通严重堵车时，来自输入输出模式和信息加工阶段的两种资源需求迅速上升。这些资源与朋友聊天时所需要的注意资源相同。因此，为了保持安全开车，司机必须减少聊天活动的资源需求。

多重资源理论的一个优点在于这些理论强调对不同信息的需求类型，如加工和反应结果的结构等，而不是强调一种非特异的资源容量。满足特定注意的多重资源观可用以指导我们的实践，帮助我们确定什么时候任务需求太多而不能同时完成。例如，假设一个任务需要用手进行反应，另一个任务需要口头报告。人同时完成这两种活动是容易的，因为它们不需要相同资源结构的注意。相反，人很难同时用手进行不同的反应，如左手画圆右手画方，因为它们都要求相同结构的注意资源。

（二）有限注意容量对操作成绩的影响

如果把注意作为一种一般的有限容量来看待的话，那么至少有三个因素决定操作次任务的能力，如图5-1所示。（张力为等，2000）

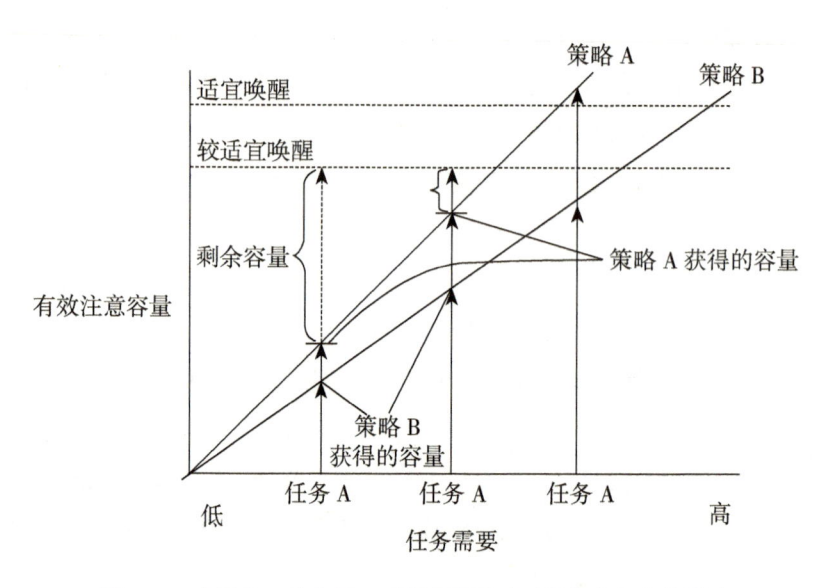

图5-1 主任务、总容量、时间分配策略对操作次任务的影响

（注：引自 Glencroes，1978）

1. 可使用的总容量

可使用的总容量可能取决于个体的警觉或唤醒水平。当操作者处于最佳唤醒水平时，可使用的信息加工容量达到最大，对次任务成绩的影响就小。

2. 主任务的容量需求

次任务的成绩主要取决于主任务使用容量的程度，以及主任务操作的自动化程度。研究者认为（Schneider & Siffrin，1977），信息加工有两种过程。一种是控制加工过程，另一种是自动化加工过程。控制加工过程的特点是：(1)需要注意或努力；(2)是系列加工；(3)加工速度慢；(4)有意识。自动化加工过程的特点是：(1)几乎不需要注意或努力；(2)平行加工；(3)加工速度快；(4)无意识。根据这一假设，主任务操作的自动化程度越高，对次任务成绩的影响就越小。

3. 注意转移的策略和时间分配

第三个影响次任务成绩的因素是操作者为了资源分配和在主、次任务之间转移注意而使用的策略。研究表明（Gopher & Navon, 1980; Wickens & Gopher, 1977），操作者能以一种可塑方式在两个或更多的任务之间进行注意容量的分配。而且，在双重任务中的注意容量分配能力是多重任务操作技能获得的重要组成部分。研究表明（Damos & Wickens, 1980），多重任务操作成绩的提高并不是主任务注意需求的减少，而是注意分配时间的改进。

四、注意与自动化

自动化是指人们在完成某种操作技能或信息加工时，不需要动用注意资源。它是理解注意与职业技能操作的重要概念。它一般是指，人们能几乎在不需要注意的情况下，就能完成某种技能或从事某项信息加工活动。（张忠秋，2006）

洛根（Logan, 1985, 1988, 1998）进行了一些重要的研究，并对自动化和操作技能的概念进行了思考。他把自动化看作是一种可习得的技能，是包括不同的自动化水平的一个连续体。这意味着信息加工活动对注意的需求，不是全或无，如"是的，这个活动需要资源""不，这个活动不需要资源"。注意的自动化也是与不同的注意需求相联系的。洛根认为，自动化与技能一样，需要通过练习获得。因此，如果评定活动仍有注意需求，那么这种技能或者信息加工活动就只达到部分自动化的程度。

那么，复杂的职业操作技能是如何实现自动化的呢？例如操作工进行流水线操作作业、驾驶员驾驶大型工程器械、打字员进行快速打字等，这些都是比较复杂的职业操作技能。那么，是否在自动化的整个过程，就不需要注意了呢？对这个问题最有可能的回答是，人在完成职业操作技能时，把整个操作动作系统分解成各个自动化的"组块"。完成由自动化"组块"集合的操作几乎不需要注意资源。但是，在每个"组块"的开始会出现注意需求。

在讨论该问题时，一些具备某些操作技能的人通过自己的经历证明了这个观点。实现一项日常操作技能时，整个进程中，几乎没有考虑如何完成各部分操作动作。但如果有一些特殊的变化，人就会立刻发现这个变化。流水线操作工会关注操作产品的变化，挖掘机驾驶员会注意要挖掘的对象，打字员打字时要关注字体的切换。以上这些人表示，他们把注意放在完成操作过程中较困难的地方。

第二节 注意方式与注意焦点

为什么不同的人在不同的情况下，表现出来的职业技能操作或动作表现有差异？为什么有的人学习职业操作技能比其他人快？除了技能学习者本身智力、身体素质等固有的差别外，是否还有其他方法可以弥补这一差距？本节将从注意的方式与焦点两个角度去探讨二者对职业操作技能训练的影响。

一、注意方式

（一）注意方式理论

奈德弗（Nideffer，1976）根据前人的研究提出了注意方式理论（张力为等，2000）。注意方式理论是有关注意的结构类型、注意的个体差异和操作关系的理论。奈德弗认为注意对于操作活动效率至关重要。他强调指出："集中注意某一事物而忽略其他事物的能力不可能不对操作活动效率产生重要影响。这不论是在复杂的运动竞赛中，还是在大街上或是在进行一个简单决策时，都是如此"（Nideffer，1981）。在 Easterbook（1959）、Heilbrun（1972）和 Wachtel（1967）的理论研究的启发下，奈德弗提出，注意的结构至少包括两个维度，即注意的范围和注意的方向。所谓注意的范围是指在刺激阈中人能注意到的刺激数量，由非常广阔到非常狭窄。所谓注意方向是指注意指向外部刺激，如来自环境的，还是指向内部刺激，如思维活动和感觉等。图 5-2 是根据奈德弗最初提出该理论时构想出的注意方式模型示意图。

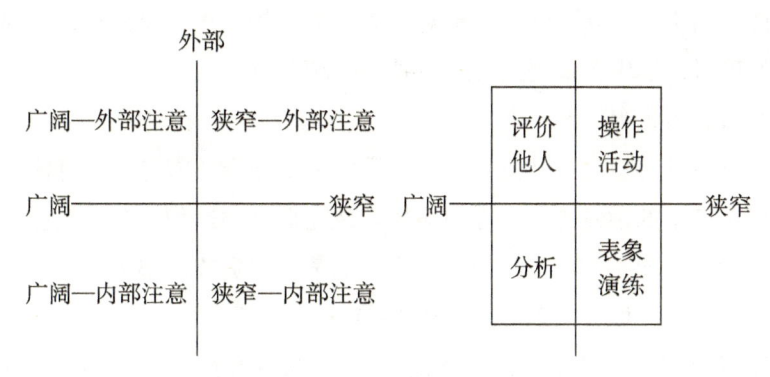

```
      外部
广阔—外部注意 │ 狭窄—外部注意        ┌────┬────┐
                                      │评价│操作│
                                      │他人│活动│
广阔─────────────────狭窄    广阔├────┼────┤狭窄
                                      │分析│表象│
                                      │    │演练│
广阔—内部注意 │ 狭窄—内部注意        └────┴────┘
```

图 5-2　奈德弗的注意方式模型

奈德弗认为，每个人、每个技能操作项目都需要将注意范围和注意方向加以特殊组合，以适应所面临的技能操作情境和任务，获得最佳的操作表现。一般地讲，操作技能越复杂、变化越快，学生越需要利用外部注意方式。

（二）奈德弗的四种注意方式

奈德弗以注意方式理论为基础，提出了四种注意方式类型（张力为等，2000）：

1. 广阔的外部注意

这是一种能够较好地注意变化着的情境，获取大量的外部信息的方式。运用"广阔的外部注意"方式的个体能够在同一时间内有效地对大量外部信息进行综合。然而，这类人容易产生信息超载，这常常使他们不能够对自己观察到的快速变化做出相应的反应。开放性技能操作项目（如驾驶车辆）需要这种注意方式。

2. 广阔的内部注意

奈德弗认为，广阔内部注意是个体能够有效地将各个方面的信息和自己的思维综合起来进行分析的注意能力，是一种分析型的注意。学生在为改进技能操作技术而进行分析、思考活动时，这种注意占主导地位。

3. 狭窄的外部注意

这是一种注意集中于有限的外部信息的方式。运用这种注意方式的个体能够将注意的集中有效地保持在外界某一个事件或对象上。护士练习打针技能、钳工练习金属切割、电焊工进行部件焊接等需要注意力必须高度集中的项目，学生多采用狭窄的外部注意方式。

4. 狭窄的内部注意

这是一种可以促进注意集中于有限的内部线索（如自己的身体、内部的思想）产生的注意方式。在职业操作技能训练中这种方式可能包括将自己的注意，指向于完成操作技术动作时的某一感觉或内部思维等。狭窄的内部注意也是一种可用于诊断、发现错误的操作动作方式。

注意力存在个体差异，每个人倾向运用的注意方式具有不同的特点。一般而言，不同的技能操作情景或不同的操作任务对个体注意方式有不同的要求。因此，个体必须能够在不同的注意方式之间进行转换，以便能够满足不断变化的注意的要求。在条件理想的状况下，一般学生能够达到大多数技能操作情境或任务对注意方式的需求。

（三）注意方式的测量

奈德弗认为注意因素和人际交往因素对于技能操作活动十分重要。他于1976年编制了《注意方式测验》，也翻译为《注意方式和人际交往方式测验》（Test of Attentional and Interpersonal Style，简称TAIS）。目标是构建一种能够测量个人注意特征和人际交往特征的工具。（张力为等，2003）

该量表共包括17个分量表，其中6个分量表反映的是注意类型（详见表5-1），两个分量表反映的是行为控制和认知控制的类型，9个分量表描述的是人际行为的类型，共计144个题目。

表5-1 TAIS量表中的6个注意类型分量表

分量表	含义	高分倾向
BET	广阔性外部注意	适应所处环境及其变化的能力强
OET	干扰性外部注意	由于外界无关刺激而分散注意力，导致出错
BIT	广阔性内部注意	组织和分析信息的能力强
OIT	干扰性内部注意	常被自己的思想和感情干扰而陷入混乱
RED	集中性注意	集中注意和抗干扰的能力强
NAR	狭窄性注意	注意范围过于狭窄而遗漏有关信息

为便于 TAIS 的推广，奈德弗同年又编制了一个简式 TAIS。在注意类型测量部分用 6 个分量表、12 个测验条目来评估注意集中的类型。每个分量表选择了两个题目供个人自我评定用（详见表 5-2）。

表 5-2 简式 TAIS 的测验题目

广阔性外部注意（BET）
（1）我善于分析复杂情况，例如，一场橄榄球比赛中的进展如何，或者在场上的哪 4 个或 5 个队员开始打起来了
（2）在一个屋子的孩子中，或者在一个运动场上，我知道每个人在干什么
外部负担过多（OET）
（1）当别人与我谈话时，我发现自己会为所见到的周围之物或听到的声音而分心
（2）我观看诸如足球比赛或马戏时，有许多事情同时发生，我变得慌乱了
广阔性内容部门（BIT）
（1）我只需要一点点信息，就能产生许多想法
（2）我很容易将不同方面的意见综合起来
内心负担过多（OIT）
（1）当别人与我谈话时，我发现自己容易被自己的思想和意念所分心
（2）由于我的思想太多，使我变得慌乱和健忘
狭窄有效注意（NAR）
（1）人容易使自己的思想不受所观看的或所听到的东西所干扰
（2）我容易使自己的视线和说话不受自己的思想所干扰
未能顾及而出错的注意（RED）
（1）我很难摆脱内心的思想和意气
（2）比赛时我出了差错，是因为我在看别人在做什么，以及我忘掉了别人

每个题目只要按以下 5 个等级做出一种选择：从不（0 分）；很少（1 分）；有时（2 分）；常常（3 分）；总是（4 分）。把各分量表的两个题目得分相加，得到 6 个分量表的分数后，分别将它们点在常模图的相应位置上，就能得到个体注意类型的剖面图（见图 5-3、图 5-4、图 5-5）。

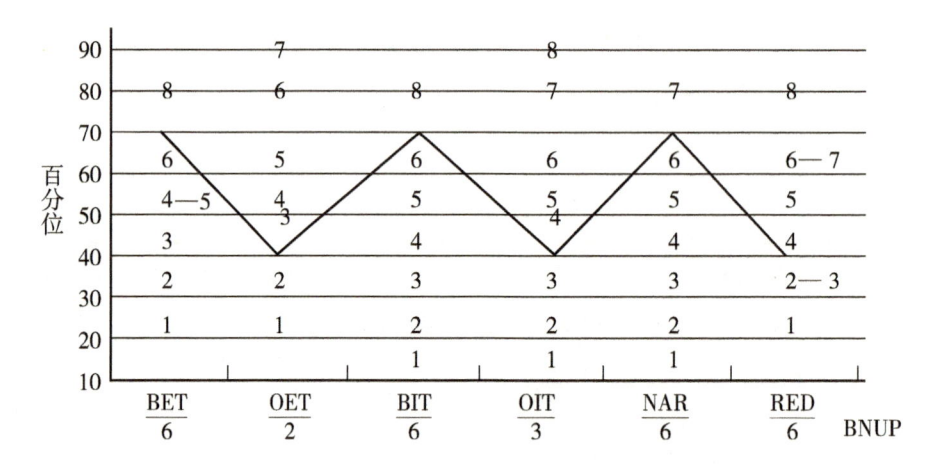

图 5-3　有效注意类型剖面图

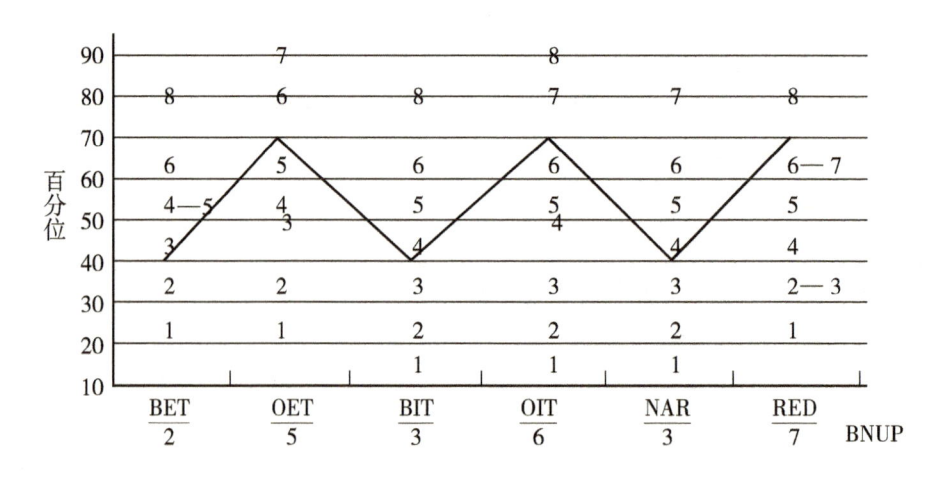

图 5-4　效率不高注意类型剖面图

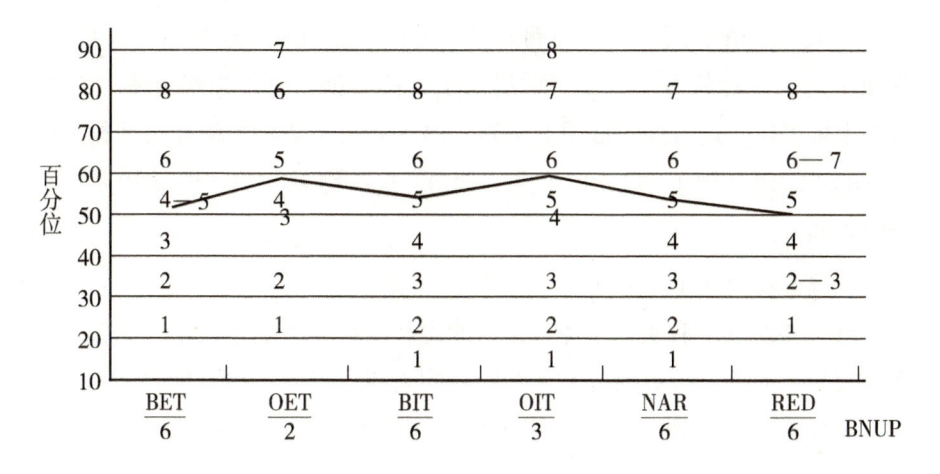

图 5-5 "平常"注意类型剖面图

(四)奈德弗对注意的几个假说

奈德弗对注意过程及其在技能操作活动中的作用提出了以下一些重要假设(张力为等,1992):

1. 注意过程包含状态和特质两种成分

区分所谓状态的注意和特质的注意,主要是从注意是受个性特质影响还是受情境变化影响,是一致的、稳定的还是可调节的、变化的。就任何一个个体而言,在不同的环境中表现出来的具有一致性的、稳定的、不易变化的个性特质中的注意特征就是特质注意。而那些随着情境的变化和活动任务的变化可进行调节和改变的注意特征即为状态注意。奈德弗认为某些注意特征是个性特质的一部分,也就是说,它们是相对稳定的,不易变化的。另一方面,有些注意特征依赖于具体情境,是不断变化的、可以调节的。这种理论上对注意的划分,有助于解释为什么每个人在不同的或相同的情景下操作表现及注意表现会有很大不同。比如,有的学生可以在任何情景中保持高度集中的注意力,而有的学生只能在某些特定的情景中保持高度集中的注意。如果研究者和临床工作人员仅与人的特质打交道,那自然再好不过,因为特质的稳定性可以导致十分准确的预测,但这同时又意味着行为是不可调节和塑造的。当然情况并非如此。因此,必须接受"状态"能力存在的事实并允许预测的不确定性。Speilburger 等人（1971）及其他研究者曾对状态与特质问题提供了支持证据。另外，奈德弗在 TAIS 测验中也提供了这方面的证明。例如，TAIS 各分量表的重测相关系数平均为 0.83（间隔 2 周）和 0.78（间隔 1 年），这一结果支持了注意特征具有稳定性的构念。

2. 注意能力有个体差异

奈德弗的这个有关于个体在注意能力和注意类型上有差异的观点，多数人很容易认同。理论研究和实践观察均表明，每个人在注意能力方面均有其长处也有其短处。根据不同职业操作技能的特点，我们可以选择相应注意类型的人去从事某项职业，也可以根据个体注意方式的弱点选择性地对其进行注意技能的训练，这一点对职业教育选材和职业操作技能训练有实际的指导意义。

3. 焦虑和唤醒水平与注意

奈德弗的最后一个假设涉及焦虑或唤醒同注意过程之间的相互关系。以 Bacon（1974）、Easterbrook（1959）、Wachtel（1977）和他自己的观察以及其他一些人的研究（如 Weltman 和 Ergstrom，1966）为基础，奈德弗（1979）相信焦虑与唤醒水平提高会产生下述结果：第一，干扰从一种注意方式转至另一种注意方式的过程；第二，造成不自主地缩小注意范围。

二、注意焦点

动作技能学习中的注意焦点（attention focus）就是将个体的心理资源定向于技能掌握的某个（些）方面。（谭家辉，2012）技能操作动作的质量和准确性在很大程度上取决于操作动作完成者在执行操作技能时的注意焦点是什么，并且大量的研究已经证明个体的注意焦点对操作技能的表现具有重要的影响。更重要的是，注意焦点不仅仅影响操作技能表现，对整个职业操作技能的学习过程也产生影响。也就是说，职业操作技能学习能否做到多快好省，一个决定因素是指导或反馈过程中的注意焦点的运用。对于职业操作技能学习的指导或反馈需要将注意焦点放在执行者的操作动作上，以描述某些身体部分应如何与其他部分在时间和空间上协调运动。

（一）注意焦点的分类

对注意焦点的分类有多种（曹子义，2014），最为普遍的是二分法，它将注意焦点分为内部注意焦点（external focus of attention）和外部注意焦点（external focus of attention）。内部注意焦点是指直接与当前所进行的操作动作本身有关的注意焦点，例如操作机械时手臂的运动。外部注意焦点广义上是指与操作动作有关，但不是操作动作本身的注意焦点，例如切割工准备要进行切割的铁板；狭义上是指当前所进行的操作动作所产生的效果，例如切割工切割铁板，其形状、尺寸是否合规。

也有文献采用四分法，分别是技能/内部注意焦点（skill/ internal focus of attention）、技能/外部注意焦点（skill/ external focus of attention）、环境/无关注意焦点（environment/ irrelevant focus of attention）、环境/外部注意焦点（environment/ external focus of attention）。

技能/内部注意焦点是指执行操作动作时的肢体活动，例如手的运动。技能/外部注意焦点是指执行操作动作时由身体带动的工具的活动，例如钳子的运动。环境/无关注意焦点是指在环境中与执行操作动作无关的注意焦点，例如噪音。环境/外部注意焦点是指在环境中与执行操作动作有关的注意焦点，例如铁锤击打过的钉子。由于这种分类并不适用于无工具的职业操作技能（例如驾驶汽车、按摩、操控机械等），并且身体（非环境）也可能会出现无关的注意焦点（例如流汗），所以后一种分类方法有其不完善之处，因此大多数研究者更认同内/外分类方法。

（二）不同注意焦点对职业操作技能学习的影响

已经进行的注意焦点对操作技能表现和学习影响的研究大部分提供了趋同的证据：外部注意焦点（例如注意操作动作的效果）比内部注意焦点（例如注意身体动作本身）更有效。其主要原因可能是内部注意焦点由于技能操作执行者的自我意识或自我注意焦点，产生了对操作动作的自我评价和调节，从而干扰了自动控制过程而限制了操作系统，导致较差的表现和学习效果；外部注意焦点则是利用了无意识或自动控制过程来调节操作动作，

因而促进了操作技能的表现和学习。（谭家辉，2012）

G. Wulf 等提出限制行为假设，用来解释不同注意焦点对操作技能学习影响的差异。（曹子义，2014）当个体采用内部注意焦点时，他们可能会限制一般的操作动作控制，而通常这种控制是由自动加工完成的，自动加工本身是几乎不需要注意参与的，也被认为是操作动作学习中的最高阶段。例如成人可以在通畅的街道边与同伴边聊天边骑自行车，那么骑自行车的过程就是自动加工完成的动作，如果成人注意这种动作，就会影响它的自动化；然而，采用外部注意焦点的个体能够用更少的意识来控制行为，从而避免影响自动化的动作。

另外，W. Prinz 的共同编码理论同样可以解释这种现象。该理论认为，人脑对知觉和动作之间存在一个共有的表征。正因为如此，当个体通过视觉感知到一个事物的同时会激活与之相联系的动作，而执行某项动作也会同时激活相应的事物知觉。具体来说有三条主要观点：第一，知觉的表征和可执行的动作的表征享有共同的神经基底。第二，认知系统预测动作的可操作性直接依赖于之前的知觉信息，反之亦然。第三，当知觉过程和动作同时进入它们共有的表征时，相互的干扰就会出现。（曹子义，2014）以练习金属锉削为例，锉削动作和对锉削时身体运动的知觉是相互联系的，它们共用一个神经基底，那么当关注身体本身，即感受锉削动作，同时又做出锉削动作，这两者就会发生冲突，导致动作执行的效果相对于不发生冲突的情况下要差。这也就解释了为什么进行职业操作技能训练时，外部注意焦点比内部注意焦点更有效。

（三）教师要引导注意焦点

在职业操作技能的训练中，操作技能掌握的好坏取决于多种变量，而注意焦点就是影响职业操作技能学习诸多变量中重要的一个。我们知道，人的注意容量是有限的，而且在焦虑状态下容量更是大幅度减少。所以，教师必须帮助学生把他们的注意焦点时刻引导到最为相关的操作任务的信息源上。

在实际教学中，教师可以指导学生把注意指向任何内部和外部信息源。对于教师的要求和挑战是为每个不同的职业技能操作任务确定适宜的注意焦点。对于开放式操作技能的学习，老师应该把学生的注意引导到重要的环境信息上，然后激发必要的操作反应。教师也可以鼓励学生在不同时间把他们的注意指向目标技能的不同方面。例如，指导学生练习金属切割技能先把注意集中在操作环境上（评估），以便决定切割的操作方式（分析）；随后把注意转移到选择切割的操作动作方式上；缩小注意范围，在头脑中形成切割的准确操作动作过程（心理演练）；最后把注意集中在金属块与切割刀接触的位置上（执行）。通过帮助学生确认与操作有关的线索，鼓励学生时刻把注意指向最重要的有关信息，培养学生控制注意的能力。通过练习，学生就能够善于运用他们的注意能力，更加顺利地达到职业操作技能的目标。

第三节 职业技能操作中的选择性注意

良好的注意品质是操作者有效实施职业操作技能的关键，是操作技能训练取得良好效果的重要心理保障。一个熟练的职业技能操作者能够在复杂的操作情景中，及时察觉不断变化的操作情景，迅速作出判断并且能采取正确的操作反应。这就要求操作者在职业技能操作时懂得选择性注意，必要时控制、调节好自己的注意力。

一、选择性注意

美国心理学家 W·James 在《心理学原理》一书中指出："注意是心理以清晰而又生动的形式对若干种似乎同时可能的对象或连续不断的思维中的一种占有。它的本质是意识的聚焦、集中。它意指离开某些事物以便有效地处理其他事物。"从这一注意定义中可以看出：注意是一种有选择的心理活动，对信息进行选择是注意的基本作用。当代许多认知心理学家都十分重视注意的选择性。例如 Kahneman 认为，注意是一种内在机制，用以控制选择刺激并调节行为。Moray 认为，选择性是注意的本质特征之一。而 Posner 和 Boies 将注意分为警觉（Alertness）、有限容量或资源（limited capacity or resource）和选择性（selectivity）三类，并指出：选择性注意是指某种信息被优先选取进行细致加工，而其他信息被忽略的过程。如果说我们现有的注意容量或资源存在一个固有的极限，并且我们在短时间内接收到大量信息，那么处理最相关的信息，显然是最为有利的提高操作绩效的方法（朱骏、章建成等，2000）。

在职业技能操作中，操作者往往面临许多信息，必须在很短的时间内做出反应和选择，因此只对最相关的信息源进行选择性注意显然是成功操作绩效的基础。切割工试图判断切割刀运行轨迹，汽车驾驶员试图躲避对面方向的来车，厨师试图有效地掌握颠勺的时机……这些职业操作技能运用成功与否，都取决于操作者对相关信息进行选择性注意，对不相关的干扰信息不予以注意的能力。

选择性注意在分类上，根据感觉通道，可分为听觉选择性注意，视觉选择性注意和跨通道选择性注意。有研究表明，人类有 80% 的信息通过视觉获得。视觉选择性注意在职业操作技能的应用主要是指：在职业技能操作过程中，操作者面临众多的视觉信息竞争，要优先选择需要加工的信息，忽略无关信息的过程。

二、选择性注意的信息选取

选择性注意的理论告诉我们，要保持对活动的有效操作，必须选取相关的信息进行注意，同时我们还要有对多个信息进行选择即选择性注意转换的能力。在职业技能实际操作中，操作者往往会同时接收到多个信息（有内部的也有外部的），又必须在很短的时间内迅速作出反应。因此，选取最相关的信息进行加工，显然是提高职业技能操作的有效途径。

选择性注意的信息选取可分为两种，即对相关（或重要）信息的选取和对不相关（或次要）信息的选取。大量研究显示，要达到较好的操作绩效，对相关信息选取进行注意加工是十分必要的。早期的选择性注意研究中，Cherry 和 Moray 在实验室条件下运用双耳听音的方法来研究社会集市中所出现的"鸡尾酒会现象"。在实验中,受试同时接受到来自双耳的信息,并且必须复述出其中一只耳所呈现的信息（复述被假设会引起受试对追随耳侧的信息进行选择性注意）。研究者通过测量受试对非追随耳侧信息的报告，来衡量追随耳侧信息被选择性注意的程度。结果表明，受试明显能对追随耳侧的信息进行选择，而对非追随耳侧的信息进行忽略，除了信息的一些特殊物理特征（如男女声或高频音的插入）能被注意到以外，受试对非追随耳侧的信息几乎不能报告。由于职业技能操作中的选择性注意往往是视觉信号之间的竞争选择，Neisser 和 Becklen 对视觉选择性注意进行了研究。他们运用在同一电视屏幕上添加不同运动图像的方法，要求被试对其中一种运动的变化进行注意。结果表明，尽管各种运动视觉十分相似，受试也能轻而易举地觉察出被要求注意的运动的细微变化；而他们对一些很不寻常的其他运动的变化却无法注意。以上这些研究显示：为保证当前操作任务的顺利执行，必须选择性地注意与当前操作任务有关的信息，而忽略无关信息。（朱骏，2000）

同样，也有证据表明，对不相关信息选取进行注意加工，会限制甚至阻碍操作绩效的发挥。Kahneman 等人运用两耳双听实验对飞机与汽车驾驶员进行了实验研究，结果显示，操作技能等级较低的受试往往会对不相关的信息进行选择性注意，造成注意错误，从而更容易引起事故。我国学者葛旭海等人（1996）采用注意力测验量表，对 280 名男性卡车驾驶员的视觉选择性注意进行了测量。研究发现：驾驶员的视觉选择性注意与交通事故密切相关，视觉选择性注意力差的驾驶员易发生交通事故。Posner 和 Snyder 采用心理计时法研究了选择性注意对反应时的影响，结果表明，当受试对相关信息进行选择注意时，反应时会加快，而对无关信息选择注意时，反应时会减慢。他们把这种反应时加快称为"注意得益"，而把反应时减慢称为"注意损失"，并指出，注意得益越大越有利于职业技能操作绩效，而注意损失越大对技能操作绩效限制越大。（朱骏等，2000）

三、职业技能操作与视觉选择性注意

注意的视觉选择除了涉及注意，还涉及视觉在职业技能操作中的作用

问题，这里所说的视觉本质上属于注意问题。注意的视觉选择关系到职业技能操作中视觉的作用，它将注意指向环境信息（有时指"线索"），这些环境信息会影响技能操作的准备或操作过程。视觉注意作为职业技能操作的早期准备状态，对职业技能的操作起着重要作用。

（一）视觉选择性注意不当所引起的操作绩效限制

新手与熟练的操作者相比，明显的不足就在于他们不能有效地选取相关的信息进行加工，不能及时转移注意，造成选择性注意不当，从而对他们技能操作绩效的发挥起到了限制作用。

Watchel 曾形象地将技能操作中的视觉选择性注意比作"探照灯"（Spotlight）。他指出：我们的注意就像探照灯一样，总是把光只集中到那些我们认为重要的事物上，而光柱内的任何事物无论它本身是否重要，都在注意之下，都要接受注意加工。光柱的宽度由我们所要注意的信息范围来调节，而且，我们的大脑只对我们所获得的信息加工，尤其是那些与过去经验和事物相关的信息。这个比方可以很好地解释技能操作中选择性注意不当所引起的操作绩效限制，归纳起来主要有三点（闫苍松等，2006）。

1."探照灯射向了错误的地方"

即注意受无关信息的干扰，没有指向相关信息。在职业技能操作中，操作者受无关因素干扰造成判断失误就属于这种错误。如，护士不是注意针头与病人血管的位置，而是注意病人的表情，从而导致了操作的失误。

2."探照灯照射的范围太大"

即未能把所有注意集中到与成功技能操作绩效有关的信息上。在技能操作中，操作者过于放松，未集中注意力就属于这种现象。如切割操作员只把注意指向一个大概的目标，而没有指向所要切割的精确点，造成较差的操作绩效。驾驶员过多地注意天气情况，而没有将注意力全部集中在驾驶车辆上，造成操作失误。

3."探照灯光柱太窄或未能迅速转移位置"

即注意指向过窄、没能收集足够的相关信息以及未能迅速地转移。这种错误往往发生在许多有用的相关信息同时出现并且要求在相当短的时间内给予反应的情况下。如驾驶员在练习驾驶车辆时需要同时注意的相关信息包括视觉信息（车辆的位置、路边的行人、路上的其他车辆）、动觉信息（方向盘的控制信息）和听觉信息（教练的指导、其他车辆的鸣笛），如果对这些相关信息未能及时注意，或是只注意了其中的一种，那么就有可能造成驾驶操作失误。

（二）成功操作绩效所需的视觉选择性注意

选择性注意的技能可以通过训练来提高，而且这种提高往往是无意识的。在职业操作技能的研究中，心理学家是通过新手与专家选择性注意能力的比较，分析伴随操作技能变化的选择性注意以及成功操作绩效所需的选择性注意。在上一节中我们介绍了奈德弗将选择性注意分成两个维度，即指向维度和广度维度，并编制了144项的注意及人际行为测量表（TAIS）。他指出，成功技能操作绩效的选择性注意变化的趋势为：由广到狭、由外及内，分为估计、分析、预操作和操作四个阶段。但是，TAIS量表缺乏特殊的适应性，很难适用于各种不同的职业操作技能项目，特别是它没能反映技能操作水平的差异，因而难以精确地描述技能操作中选择性注意的特征。随着生态心理学的提出，心理学家们越来越注重在真实环境下对选择性注意的研究。Norman的选择性注意基础相关模型为之提供了主要框架，一些对视觉选择性注意的研究显示：成功操作绩效所需的选择性注意，往往体现在知觉分析和相关信息的分配上，主要表现为以下五个特征（闫苍松等，2006）。

1. 预测信息

Albernethy运用时间阻塞（Temporal occlusion）技术（剪去录像上某一时间段操作动作的呈现），对技能操作中的选择性注意进行了研究并发现，无论是新手还是专家，都能做到操作动作的信息预测；专家比新手的信息预测成绩要好。此后，他又运用空间阻塞（Spatialocclusion）技术（剪去操作动作中某一部位在录像上的呈现）结合眼动记录（Eye-movement record）对技能操作进行了研究，结果发现，操作者的预测能力与选择性注意有关；专家比新手更能注意较早和操作动作较近端的信息，并且通过训练，操作者能逐渐掌握对这些信息的选择性注意。

2. 识别复杂的信息结构

在有些职业操作技能项目中，伴随着对信息的选择性注意，熟练的操作者还表现出优越的对复杂信息类型的结构识别的能力。Chase 和 Simon 曾对专业棋手做过研究，发现他们总能对棋的阵式做出较好的回忆。这说明，专家并非具有优于新手的记忆能力，即"硬件"差异，而是具有一种优越的识别特殊操作模式的能力，即"软件"差异。如果具备这种识别能力的话，那么只要收到关于技能操作模式的少量信息，就能对其整体进行加工，这样，加工负荷就大大减少了。

3. 提取重要视觉信息

在许多职业技能操作的过程中，提取正确的视觉信息显然是成功操作绩效的关键。熟练的驾驶员，明显地对车辆行驶轨迹与路面情况进行选择性注意，并且能够根据这些信息调节自己的驾驶操作，以顺利驾驶车辆。此外，不同职业技能操作项目所需选择的重要信息是不同的。护士往往只集中注意需要注射的位置，而汽车驾驶员往往对他们视觉范围内所有的相关信息都要加以注意，并且为了迅速对其作反应，他们往往把注意定位在这些相关信息的中间位置，以便及时对不同信息做出分析和反应。

4. 抗拒干扰信息

无关信息会干扰对相关信息的选择加工，甚至会使信息选择错误。Witkin 等人运用场依存与场独立测试来研究人的抗干扰能力。他给受试呈现一幅含有特殊几何图形的图案，如果被试找出这个几何图形，则他属于场独立型；如果未找出，则属场依存型。Pargman 等人利用这个测试对技能操作者进行了试验，结果显示，大多数"专家"都属于场独立型，他们表现出较强的抗干扰能力。尽管如此，场依存与场独立测验仍像 TAIS 一样缺乏生态学的效应。而近来事件相关电位的研究，则为探索对信息的抗干扰能力的研究，提供了有效的途径。

5. 合理分配与转移注意

在一些职业技能操作中，往往需要在短时间内对多个同时出现的相关信息（内部的或外部的）进行选择性注意，这就要求我们要有灵活地转移或分配注意的能力。Hick–Hyman 定律告诉我们，人们的反应时总是与所接受到的信息总量成线性相关的（RT =a +bH），即同时出现的信息越多，反应时就越长，而且，人们对两个连续出现的未预见信息，在反应上总有一段时间延迟，即心理不应期。因此我们要提高反应时，在信息的选取上必须要有策略。Alain 和 Rroteau 提出：对事件发生可能性的知晓是一条降低反应时的有效策略；在技能操作中不同事件发生概率的不均衡性有利于我们对最有可能发生的事件进行快速反应。Whiting 证明，"专家"对事件发生可能性的估计，要比新手更准。因此，根据对事件发生可能性的估计，把注意及时转移或分配到那些最有可能发生的事件上，是一条有利于成功操作绩效的策略。

（三）视觉搜索与职业技能操作

"视觉搜索"指将视觉注意集中到相关环境线索的过程。在许多职业技能操作前的准备阶段，人们就开始进行视觉搜索，从环境中选择那些特定情境下与技能操作有关的线索。

视觉搜索获得的重要信息会影响到职业技能操作的三个方面：操作动作的选择、所选择操作动作的限制（例如，确定完成操作动作的具体操作特征）和操作动作开始的时间。视觉系统通过对这些过程的影响，可以使个体按照操作动作情景的特定要求准备和完成操作动作。

研究人员有关技能操作情景中视觉搜索的研究揭示了这一重要过程是如何进行的。下面是关于汽车驾驶技能中有关视觉搜索的研究，它可以使我们了解在职业操作技能的完成过程中，视觉搜索过程的特点（张忠秋，2006）。

驾驶汽车是一种职业技能操作情景，需要视觉提供的信息来选择和调节驾驶动作。摩冉特（Mourant）和洛克威尔（Rockwell）早在 1972 年所做的一项研究至今仍不过时。他们要熟练的驾驶者与初学者分别在街道和高速公路上驾驶汽车，里程分别为 3.3 公里和 6.8 公里。初学者为驾校的学生。研究结果表明，初学者的注意力集中在车前面的很小区域，而熟练者则会注意车前较远地方的较大区域。注意面积更大为驾驶员搜索有价值的线索提供了可能。在高速公路上，初学者的眼动是连续的，而熟练者的眼动是从一个注视点跳到另一个注视点。这说明，一个熟练的驾驶者知道哪些是重要的线索，他们会主动地去搜索这些重要的线索。熟练者会更多地去观察后面和旁边的挡风玻璃，而初学者注视速度表的时间较熟练者多。

查普曼和安德伍德（Chapman & Underwood，1998）进一步发展了这一研究。他们记录了熟练者和初学者在至少包括一种危险情景的驾驶环境时的眼动情况。在这种环境中，两类驾驶者都会缩小注意范围，增加注视时间，但熟练者对特定情况的注视总时间少于初学者。这说明，对于熟练的驾驶者而言，他们搜索和加工刺激的时间更短，从而使他们有更多的时间来选择在这种环境中采用何种适宜的动作。此外，熟练者在观察环境时视觉注意区域的变化较少，表明他们更清楚在环境中哪些是更重要的信息。这也支持了摩冉特和洛克威尔的研究结论。

我国国内的一些研究结也得出了类似的结果。例如，田明（2007）以行车试验为基础，通过应用人体生理、心理学理论以及数据统计方法对新驾驶员和熟练驾驶员行车试验数据进行不同层次的分析和归纳，研究结果发现：新驾驶员和熟练驾驶员相比，新驾驶员注视行为较多，对单个目标有更长时间的注视。而且，他们将注意集中分配在左侧和下方的较小的视角范围内，不能够像熟练驾驶员那样，将注意集中分配在道路中心区域的远处，从而避免丢失右侧的信息和远处的信息，显示出倾向于对道路搜索范围的约束。另外，在注视的视觉策略中，新驾驶员注视点在水平方向上分布范围小，集中在靠近车辆的一小片区域内，并有更长的平均注视持续时间和更多的注视次数，增加了精神负荷。在道路复杂程度有较小变化时，新驾驶员视觉搜索相比熟练驾驶员变化不大，采取的视觉搜索策略显得太过于死板。对不同类别对象上的注视点分布显示，熟练驾驶员相比新驾驶员处理信息的负荷小，有灵活多变的信息处理的策略，有一个较高的调节视觉搜索的能力。

在实际的驾驶过程中，驾驶员有时需要在拥挤或者混乱的道路环境中驾驶汽车。在这样的情况下驾驶，要求驾驶员具备提前预测出可能会引发碰撞的事物。在这个过程中视觉搜索必不可少。根据卡廷（Cutting）、菲希顿（Vishton）和巴仁（Braren）等人的研究结果，在这种情况下，能帮助人们避开障碍物的重要线索是障碍物周围物体的相对位置和相对运动情况。当人们注视着想要避开的物体时，会利用障碍物或者它前后物体的相对位移或加速度信息。重要的是这种决策过程是在视觉系统参与下自动完成的，并成为操作控制系统提供选择适宜动作的前提。这启发我们，在职业技能的实际操作中，需要将注意集中于物体上，尤其是要避开的物体。

（四）如何选择视觉线索

有关如何在环境中选择某种线索的理论，既强调静止的目标，又强调运动的目标。这两方面对于完成职业操作技能来说都很重要。例如，对静止物体的调节性特征的视觉搜索对于技能操作动作的完成是十分重要的。如果没有对这些特征的觉察，个体就无法获得必要的信息去完成一个拿起工具的动作，或者抓起其他任何静止的物体。

1. 视觉搜索与目的性操作

个体根据想要完成的操作动作，在动作环境中去搜索调节性信息，是一种主动的搜索过程。操作者总是为了达到某一特定的操作目标而寻找特定的线索。例如，你想拿起一个锤子，你就必须要对铁锤的特征进行视觉搜索，以帮助你采取最合适的操作动作。这种搜索包括锤子的大小、重量、距离远近、人与锤子之间是否还有其他物体等。通过对这些调节性特征的主动搜索，你就可以决定如何完成手移向锤子、拿起锤子、捶打等一系列动作。

研究表明，个体也会根据完成技能操作的目的去主动地搜索周围环境中的信息。例如，贝克宁（Bekkering）和尼杰斯（Neggers）的研究证明，当他们在实验中要求被试去指或抓一个物体时，被试最初的眼动注视点是不同的。当要求被试去抓某个物体时，被试会进行视觉搜索来对目标进行空间定向；但只要求被试指出物体时，被试则不会进行空间定向。这些研究结果说明，动作意图会使视觉搜索围绕着操作的目的进行。

2. 视觉选择注意的特征整合理论

玛吉尔指出，尽管研究者提出了多种理论用于说明人们为什么会选择某些特征而忽视另外一些特征，但其中最为人们认可的理论是由特雷斯曼（Treisman）在20世纪80年代提出的特征整合理论（张忠秋，2006）。这一理论认为，在视觉搜索的初期，人类是按照刺激物的个别属性如颜色、形状等对其进行归类。这种分组是一种自动化的过程。这些不同的特征组就构成了与各种特征相联系的"特征地图"。例如，一幅颜色特征地图就可以区分出所观察情景中的各种颜色，而一幅形状特征地图就可以确定所观察到的图形是什么。当人们为了完成任务而区分特定的线索时，这些特征地图便成为进一步进行深入搜索加工的基础。进一步的加工必须有注意的参与，并指向我们所选择的、感兴趣的具体特征。

当个体将他的注意聚光灯聚焦在各种特征构成的特征地图时，他就可以选择感兴趣的特征。人们可以将注意集中于或大或小的范围，那么注意的聚光灯可以分别聚焦于不同的特征地图区域。如果一个人的任务是搜索具有某种独特特征的目标，那么在这种搜索过程中，目标就会突显出来，因为在特征组中这种特征非常明显。因此，在确定目标的视觉搜索过程中区分性特征越多，辨认和定位目标的过程就越短。如果区分性特征是多种线索的组成部分，视觉搜索就越慢。因为个体需要根据每个线索的特征与目标的匹配程度来评价各种线索。

对于技能操作情景，麦柯里尔德（McLeod）、德里弗（Driver）、戴英斯（Dienes）和克里斯普（Crisp）提出，在视觉系统存在着一种运动过滤器。这种过滤器只对环境中的运动物体产生视觉注意。他们提出这种运动过滤器的机制与特雷斯曼注意整合理论关于在视觉搜索过程中的特征分类机制相联系，它是一种具有共同运动特征的亚系统。有趣的是艾伯纳什（1993）在研究时，发现了这种运动过滤器的证据。熟练的操作者会在运动情景中去搜索"必不可少的信息"来确定自己的操作反应。这种信息就是一种情景中那些不变的知觉特征。比如完成用锤子捶打钉子、开车过程中避让行人和给病人注射等技能操作动作时，利用接触时间信息对这些职业技能操作的完成是十分重要的。

(五)视觉搜索能力的训练

通过前面的讨论我们发现,在职业技能操作过程中,有经验的个体在完成技能操作时从环境中所搜索的信息较缺乏经验的个体更有助于操作技能的完成。因此,作为一个专业或有丰富经验的人,必须具备有更好的视觉搜索技能。人们如何获得这种能力呢?在许多情况下,经验是获得这种能力的重要途径。人们常常是在没有明确地意识到他们所采用的视觉搜索策略、没有经过专门训练的情况下获得了这种能力。但是否可能通过向初学者传授熟练者所采用的视觉搜索策略来培养他们的这种能力呢?如果能够得到肯定的回答,这将为教师设计更有效的职业操作技能训练计划提供帮助。

玛吉尔指出,研究发现,通过给初学者一些注意或视觉搜索方面的指导,并让他们有充分的练习来完成这些指导,有益于初学者学习操作技能。采用这种干预办法,初学者在面对一种技能操作情景时,那些重要的信息就会更经常地突显出来。然而,艾伯纳什、伍德(Wood)和帕克斯(Parks)强调,在进行这种训练时,关键是要针对具体的活动。他们指出,有研究证据表明,那种由验光师所推荐的一般性视觉训练程序对于完成技能操作并没有多大效果。这种一般训练程序的不足在于它忽视了一个普遍的研究结果,即熟练者在他们的活动中对某些特定模式的识别较新手更容易。

在一些文献中,介绍了一些有效的视觉搜索训练方法(Abernethy,Wood, & Parks, 1999),所有这些方法都是针对特定操作情景的。这些训练方法显示,采用录像模拟的方法进行训练,可以作为学生在日常训练之余进行自我训练的有效途径。然而,艾伯纳什、伍德和帕克斯等人(1999)也指出,这种方法的有效性并未在真实的操作情景中进行检验。尽管这种训练方法似乎有助于操作动作表现,但研究者仍需要研究如何将这种训练方法引入到技能操作动作的环境中(张忠秋,2006)。

项明强等(2010)的研究发现,动作电子游戏训练通过对动作反应的塑造和引起某些神经化学物质的变化,进而促进视觉搜索能力的提高。他们的研究认为：（1）动作电子游戏能提高注意分配能力；（2）动作电子游戏能扩大注意容量；（3）动作电子游戏能加强视觉注意的动态加工；（4）动作电子游戏能提高视觉加工的空间分辨能力；（5）动作电子游戏能加强视觉加工的瞬时清晰度。他们提出，在应用层面，首先应确定哪些类型的电子游戏能最大化地提高视觉注意技能；其次要制定详细的训练计划表；最后要多方位地评价电子游戏训练所产生的效果，包括认知、情感和社会效应等方面。

四、职业技能操作与听觉选择性注意

听觉注意与视觉注意之间存在着以下两个方面的不同（朱祖祥等，2003）。首先，听觉器官可以从不同方向接受输入信号，因而它没有类似于视觉扫视这样的机制来作为选择性注意的牵引。其次，大多数的听觉输入是短暂的，一个词或语音在听到后就会消失，而与之相比，大多数的视觉输入则更为持久。例如，印刷的文字一般会保持在纸上。因而，听觉加工的前注意特征——需要在声音流逝之前就"抓住"它——对于听觉来说要比视觉更为重要。

关于听觉选择性注意的研究已经有很长的历史了，这里我们就不再加以讨论了。这方面的很多研究是建立在"双听任务"的基础上的，在这种实验任务中，听者要用两个耳朵分别侦听两个独立"通道"的声音，比如双耳分别听一些单词或句子。通常被试可能只会注意到一个耳朵的信息而忽略另一个耳朵听到的信息。研究的兴趣集中于信息的物理或语义特征在分散和集中注意任务中可能会导致的成功和失败。

研究听觉的选择性注意基本上采用双重听觉任务：让被试戴上耳机，在耳机两边同时分别呈现两组不同的听觉信息，然后摘下耳机，让被试自由回忆出其中一组信息或两组信息。通过分析被试回忆各组信息的情况来衡量听觉选择性注意的水平。研究发现（许淑莲等，2006），随着年龄的增大，听觉选择性注意水平呈下降的趋势。与年轻人相比，老年人报告两组信息的正确率较低，但有人认为这涉及一个听觉记忆问题，因为报告时是

先报告一组信息，再接着报告另一组信息，后报告的这组信息由于没有得到复述而被遗忘了。只考察先报告那组的信息的正确率时，老年人和年轻人没有显著差异（Craik，1977）。后来研究者（Madden，1982）把双重听觉任务的难度加大，发现随着任务难度的增大，年龄差异也明显增大了。

我们在进行职业技能的操作时，许多时候都需要对听觉进行选择性注意，例如，驾驶员在驾驶汽车时，视觉选择性注意固然很重要，但是，想要安全顺利地进行驾驶就少不了听觉选择性注意。比如，在嘈杂的环境中识别后方车辆的喇叭声。还有如果车辆一旦出现异常的声音，马上会引起驾驶员的警觉，因为这很可能是汽车出现了机械故障。听觉选择性注意有助于我们了解职业技能操作环境，对采用何种操作做出准确判断。因此，听觉选择性注意对于职业操作技能来说也十分重要。

在现实的职业技能操作活动中，影响听觉选择性注意的一个重要因素就是噪音。噪音无处不在，例如，工厂里机器的响声，公路上汽车的声音，还有工地上石头撞击的声音等都属于噪音。噪音是如何影响到听觉选择性注意的呢？当操作者长时处于噪音环境中时，其听觉能力会受到影响，听觉感觉阈限上升，感受性下降，从而导致操作者将听觉选择性注意集中于目标刺激上产生困难。例如，驾驶员长时间在嘈杂的环境中驾驶汽车，其注意力就容易会分散，对需要注意的听觉刺激（如汽车的异响）的注意力就会下降。因此，当我们在嘈杂的环境中进行职业技能操作时，想要保持听觉选择性注意，就要做到将注意力高度集中于目标刺激上。另外，要做到在嘈杂的环境中准确、及时地识别目标刺激，就要先做到对该刺激非常熟悉。例如，工作经验不足的维修工往往不能在嘈杂的车间里准确地听出机械故障产生的异响，而经验丰富的老师傅却能很快"听"出故障及其原因。在噪音背景中有效地保持听觉选择性注意也是一种本领，因此，它也可通过训练来提高其能力。对于一些可能要在噪音环境中工作的职业，例如机械维修，在进行操作技能教学时，应有意地在噪音环境中对其听觉选择性注意进行训练，以使其在将来从事职业操作技能活动时能保持好听觉选择性注意。

第六章 记忆与职业操作技能训练

记忆是过去经验在人脑中的反映。记忆的存储与提取对职业操作技能训练有重要影响。本章对职业操作技能训练中的记忆进行阐述,目的是为职业操作技能的训练提供理论参考。

第一节 记忆的概述

一、记忆的概念

记忆就是个体对其过去的经验的识记、保持、再现(回忆和再认)。从信息加工的观点来看,记忆就是对信息进行的编码、储存和提取的过程。对信息的编码相当于识记过程,对信息的储存相当于保持过程,对信息的提取相当于再认或回忆过程。储存在人脑中的信息在应用时不能提取或提取发生错误被称为遗忘。人们感知过的事情,思考过的问题,体验过的情感或从事过的活动,都会在人们头脑中留下不同程度的印象,其中有一部分作为经验能保留相当长的时间,在一定条件下还能恢复,这就是记忆。

记忆是通过识记、保持、再认或回忆三个基本环节在人脑中积累和保存个体经验的心理过程。识记是记忆过程的第一个基本环节,是指个体获得知识和经验的过程,它具有选择性的特点;保持是指已获得的知识经验在人脑中的巩固过程,是记忆过程的第二个基本环节;再认和回忆是在不同条件下恢复过去经验的过程,它们是记忆过程的第三个基本环节,过去经历过的事物不在面前,能把它们在头脑中重新呈现出来的过程称为回忆。过去经历过的事物再次出现在面前,感到熟悉并能把它们加以确认的过程称为再认。既不能再认又不能回忆的现象称为遗忘,遗忘是保持的对立面。记忆过程中的三个基本环节是相互依存、密切联系的。没有识记就谈不上对经验的保持,没有识记和保持,就不可能对经历过的事物进行回忆或再认。因此,识记和保持是再认或回忆的前提,再认或回忆则是识记和保持的结果,并能进一步巩固和加强识记和保持的内容。

记忆作为基本的心理过程对保证人的正常生活有着极其重要的作用。在感知外界事物时,人的过去经验有重要的作用,没有记忆的参与,人就不能分辨和确认周围的事物。在思考问题时,由记忆提供的知识经验,帮助我们去解决问题。近年来,认知心理学把记忆的研究提到了重要的地位,原因也在这里。

记忆在个体的心理发展中也有重要的作用。人们要发展动作技能,如行走、奔跑和各种职业操作技能,就必须保存动作的经验。人们要发展语言和思维,也必须保存词和概念。可见没有记忆,就没有经验的积累,也就没有心理的发展。另外,一个人某种能力的出现,一种好的或坏的习惯的养成,一种良好的行为方式和人格特质的培养,也都是以记忆作为前提的。

二、记忆的分类

从不同的角度出发,可以把记忆分为不同种类。

(一)根据记忆内容的不同,可以把记忆分为形象记忆、情景记忆、语义记忆、情绪记忆和动作记忆。

1. 形象记忆

形象记忆是个人以感知过的事物的形象为内容的记忆。这种记忆所保持的是事物的具体形象,具有鲜明的"直观"性,它以表象的形式储存。

一般人以视觉和听觉的形象记忆为主，也存在着某些触觉的形象记忆。

2. 情景记忆

情景记忆是个人以亲身经历的、发生在一定时间和地点的事件或情景为内容的记忆。情景记忆接受和储存的信息与个人生活中的特定事件和某个特定的时间、地点相关，并以个人的经历为参照，是个人生活的记忆。

3. 语义记忆

语义记忆是个人对各种有组织的知识为内容的记忆，又称为语词逻辑记忆。语义记忆是以语词所概括的事物的关系以及事物本身的意义和性质为内容的记忆。例如，概念、定理、公式和规则等。

4. 情绪记忆

情绪记忆是个人以曾经体验过的情绪或情感为内容的记忆。引起情绪和情感的事件已经过去，但对该事件的体验则保存在记忆中，在一定条件下，这种情绪、情感又会重新被体验到。

5. 动作记忆

动作记忆是对身体的运动状态或动作技能的记忆。动作记忆是以过去的运动或操作动作所形成的动作表象为前提，没有动作表象就没有动作记忆。动作表象来源于人对自己动作的知觉以及对他人动作和图像中动作姿势的知觉，也能通过对已有动作表象加工改组而创造出新的动作形象。动作记忆中的信息保持和提取都较容易，也不容易遗忘，它在人们的社会各领域的实践活动中起着重要的作用。

（二）根据记忆时意识参与的程度，把记忆分为内隐记忆和外显记忆

1. 内隐记忆

内隐记忆是指在无意识情况下，个体过去的经验自动对当前作业产生影响的记忆，又称为自动的无意识记忆。内隐记忆强调信息提取过程中的无意识性，而并不在意识记信息的过程是否是有意识的。一般来说，当个体在记忆某项任务时，会不知不觉地反映出其先前曾经识记的内容。这说明在完成任务项目时，受到了以前学习中所获得信息的影响，或者说正是先前的学习，使其在完成当前作业时会更容易些。

2. 外显记忆

外显记忆是指个体有意识地或主动地收集某些经验来完成当前作业的记忆。外显记忆是有意识地提取信息的记忆，其突出特点是强调信息提取过程的有意识性，而不是信息识记过程的有意识性。外显记忆能够用语言进行比较准确的描述，即在需要的时候，可以利用自由回忆、线索回忆和再认等，将记忆中的经验表述出来。

（三）根据信息加工处理的方式不同，把记忆分为陈述性记忆和程序性记忆。

1. 陈述性记忆

陈述性记忆是对事实的记忆，例如，人名、地名、名词解释以及定理、定律等的记忆都属于陈述性记忆。陈述性记忆具有明显的可以言传的特征，即在需要时可将记得的事实表述出来。

2. 程序性记忆

程序性记忆是对具有先后顺序的活动的记忆。程序性记忆主要包括心智技能与动作技能两部分，它是经过个体由观察学习与实际操作练习而习得的记忆。程序性记忆是按一定程序习得的，开始时比较困难，但一旦掌握便很难遗忘，如小时候学会了骑车，几十年以后仍然会骑。程序性记忆如果已经达到了纯熟程度，那么其信息检索会以自动化的方式出现。程序性记忆的最显著特点是不能用言语表述。职业操作技能是通过练习而获得的程序性记忆。

（四）根据信息保持时间长短不同，把记忆分为感觉记忆、短时记忆和长时记忆。

1. 感觉记忆

感觉记忆又叫瞬时记忆，是指对事物的感知觉停止后所产生的印迹持续一瞬间就急速消失的记忆（保持时间在1~2秒钟以内）。例如，电影一张张静止的画面之所以能被看成是动的，就是靠感觉记忆。

2. 短时记忆

短时记忆是在感觉记忆的基础上发展起来的，它保持时间比感觉记忆要长，但也只在 1～2 分钟左右。例如，对于只要打一次电话的电话号码，在查阅了电话簿后，能立即根据记忆拨出号码，但事后往往就不再记得了。这就是短时记忆现象。

3. 长时记忆

长时记忆是保持时间很久，甚至终生不忘的记忆。对于短时记忆的材料，通常要有意无意地通过各种形式的重复，包括复习、练习等，才能转变为长时记忆而被保持下来。比如，某个电话号码如果经常使用，就会在记忆中保存下来。当然，有些特别深刻的印象，也可能是一次形成的。

三、记忆的结构

在记忆研究的历史过程中，有关记忆结构的研究经历了许多不同阶段，其研究历史可以追溯到早期的希腊哲学家。然而，现在关于记忆结构的一种普遍观点是一部分记忆导向于刚刚发生的事件上，而另一部分记忆是与过去的事件有关。事实上，早在 1890 年，著名哲学家和心理学家威廉·詹姆斯（William James）根据内省材料对记忆进行了分析，认为存在两种不同的记忆成分，一种叫初级记忆；一种叫二级记忆。初级记忆是一种直接记忆，即对刚刚知觉到的事件的重现，是暂时性的。二级记忆是一种间接记忆，是指永久性的记忆。对于初级记忆，詹姆斯指出，是那些已丢失且不会再被意识到的信息，反之，对于二级记忆，他指出是那些决不会被丢失的想法或信息资料。尽管这些想法或信息资料可能"没有被意识到"，但是他们能够被回忆起来。

关于记忆结构的争议是最近事件与久远事件记忆之间的区分如何适合记忆结构的排列。目前，大量的证据支持记忆有两种成分这一观点。此类证据来自采用两种不同但相互补充的研究方法对记忆进行的研究（张忠秋，2006）。其一来自认知心理学的研究，在认知心理学的研究中，对记忆结构和功能的推论是以观察个体在记忆情境中的行为为基础的；其二是来自神经心理学家或神经生理学家的研究，他们对解释记忆的结构感兴趣，研究与记忆有关的行为改变期间神经系统中发生的变化。通过这两种研究方法得出的研究结果提供了令人信服的证据,即记忆系统至少是由两种成分构成的,而且这两种成分具有截然不同的功能。玛吉尔指出:值得注意的是,郝立与麦克奈莫拉(Healy, McNamara, 1996)在综述并评估了相关的研究文献之后,认为尽管记忆成分模式的各个方面需要更详尽的阐述,但是这种模式仍不失为理解人类记忆的有用手段。

四、动作记忆

(一)动作记忆的概念

自艾宾浩斯使用实证法研究记忆问题以来,研究者们多将目光聚焦于语词记忆领域的研究。然而,个体学习和日常生活中所从事的记忆活动,大多都掺杂着动作的发生。记忆的表现不仅需要言语学习,还要借助于视觉想象和可视情境的交互作用,且动作能提供更丰富多元的信息。但是,直到20世纪80年代早期,研究者才关注动作促进记忆效果的有趣现象,使得诸如"打开课本""捡起笔"之类的动作短语作为研究记忆的实验材料出现,并形成了独特的被试操作任务(subject performed task, SPT)研究范式。

王丽娟等(2014)研究发现,尽管许多学者对动作记忆进行了一系列研究,但是研究者并未对其概念做直接阐释。Jacoby和Brooks(1984)认为动作记忆就是一系列动作信息的仓库。Engelkamp和Zimmer(1989)将其称之为关于动作事件的记忆。Cook和Kausler(1995)认为,相对于言语记忆来说,动作记忆是一种不依赖于复述的记忆。Dixon和Glover(2004)提出动作就是记忆的论述。王丽娟认为,上述研究只是抓住了动作记忆某个特性加以定义,未从加工机制层面揭示动作记忆的内涵。基于此,王丽娟在梳理国外动作记忆各个领域的文献观点的同时,从动作记忆加工过程与加工对象相结合的视角将其界定为:伴随动作操作和意识卷入过程的一种记忆活动。动作操作,既包括外部动作(如身体的各部位运动),也包括内部动作(如想象操作)。因此,动作记忆研究与以往的运动记忆关于各种运动技能形成的研究是有所区别的。动作记忆强调将身体以及由身体带来的操作情景纳入记忆研究的范畴,这与当今认知科学的"具身"转向观点不谋而合。

（二）动作记忆的保持特点

大家似乎都有这样的经验：动作技能一经学会，便不易遗忘。如学会了汽车驾驶的人，虽然若干年内未经练习，但其操作技能基本上保持如故。

传统的研究记忆内容的保持，大多数是以音节、单词、诗句、散文或非文字的图形等语言文字材料为对象，它们基本上都是属于智力操作的范围，主要是通过大脑的认识活动实现的。艾宾浩斯遗忘曲线，揭示了言语材料保持的一般规律，其内容可描述为：在广泛的情况下，保持的进程可以用一个练习后立即急速下降和随着时距的增加而下降得越来越慢的曲线来表示。那么动作记忆的保持是否也遵循艾宾浩斯遗忘曲线呢？关于动作保持的规律，许尚侠（1986）曾做了专门的探讨。他以大学生为被试，通过自行编制的一套有连贯性动作的材料，以重学节省法，把遗忘作为时间的函数进行测量，得出以下结论：技能操作的遗忘曲线与艾宾浩斯的遗忘曲线有显著差异，不仅表现在遗忘量较之为少，而且，遗忘的进程亦有较大差别，尤其是开始部分。从运动技能与无意义音节的遗忘曲线比较图（图6-1）来看，动作的保持量较之艾宾浩斯遗忘曲线要明显高出许多，说明动作技能一经掌握，便不易遗忘。

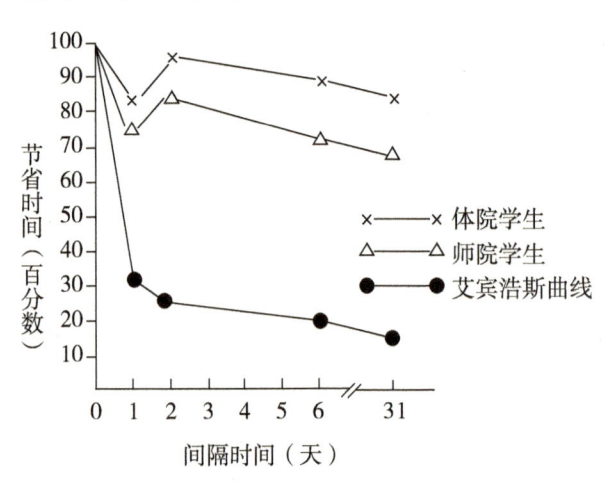

图 6-1　动作技能与无意义音节的遗忘曲线比较

从图 6-1 中我们还可以发现，艾宾浩斯遗忘曲线与动作操作的遗忘曲线在进程上有一个更为重要的差异，就是动作遗忘进程的开始部分（1—2天）下降较多，然后（2天以后）又缓慢上升成"V"型，这之后遗忘曲线渐趋下降而趋于平坦。而艾宾浩斯遗忘曲线则没有这种"V"型现象，在保持的初期就急剧下降，直至曲线趋于平坦。

耿耀国等（1994）指出，造成这种现象的原因，有多种解释。有人提出了疲劳说，认为"记忆恢复"是由于练习疲劳所导致的大脑皮层保护性抑制的解除所致。但有些简单的练习并不产生疲劳，而记忆恢复依然存在。C.L.Hull 则是用反映性抑制说来说明这种现象。他认为如果反复进行一种操作，就会产生抑制现象。也就是说，进行过一定的学习就会形成兴奋和抑制倾向，只是这些倾向随着时间的增加而减少，而且，抑制倾向减少得更快，所以，这种差别就成为一种反应潜力，对休息后的学习有促进作用，由于这种反应潜力的增加，才产生恢复。另外，还有人提出了分化遗忘说，他们认为，动作学习中，动作有对有错也有相反的，但由于这些错或反的动作是我们极力避免的，因而强度比较弱，在休息当中就会因分化性遗忘而消失，从而产生操作的恢复。还有其他一些假说，也对此做了各自的说明，如形成动机假说、不应期假说、经典固执说、刺激－成就说等等。

关于动作的保持，有过很多实验研究。总的结论是：动作的保持比知识的保持牢固；越是复杂的动作，保持的时间越长；越是简单的动作，保持的时间越短。

为什么动作的记忆保持量会比较高呢？耿耀国等（1994）指出有以下几个原因：

第一，动作不同于言语材料，它的保持高度依赖小脑和脑低级中枢，这些中枢可能比脑的其他部位有更大的保持动作痕迹的能量。

Marr 和 ALbus 等在关于小脑在技能学习中的作用的实验研究中发现，大脑皮层控制一个复杂动作的先后顺序，经过练习，最终激活小脑的传入，从而允许在浦肯野细胞中储存包含各种特定动作的序列。大脑皮质与小脑皮质之间借大脑皮质—脑桥固有核—小脑皮质—齿状核—丘脑—大脑皮质不断进行着环路联系，同时小脑不断接受感觉传入冲动的信息。当动作完成状况为自动化以后，小脑就储存了一整套程序。当完成精巧的动作的时候，大脑皮质通过小脑提取储存的程序，再启动锥体系统，通过小脑皮质依确定的程序管理动作。

不仅如此，有人甚至推论，随着动作技能自动化程序的提高，小脑储存的动作程序可进一步向更低级的系统——脊髓灰质移动。而由脊髓灰质依据程序管理动作操作的说法还需要实验的检验。

第二，动作的形成一般是过度学习的结果。研究发现，一定程度的过度学习，对于学习材料的保持可起到积极的作用。对于动作技能学习来说，由于遗忘在练习终止后的一段时间内非常明显，过度练习则制止了这种倾向。同时通过过度学习，能使技能成为自动化。技能一旦达到这个阶段，便不易被遗忘。

第三，许多动作技能是以连续任务的形式出现的。前一个动作可作为后一个动作的线索，因而动作技能不易被遗忘。如果动作技能是由许多完全不同的孤立的动作成分构成，则其遗忘程度大致会同语言文字材料的遗忘程度相似。

第四，还有人认为，神经肌肉联系的接通比较容易，这也为动作的保持提供了保证。

综上所述，动作由于上述有利条件，其保持量较之言语材料为高。

（三）动作记忆容易保持的原因

为什么动作不易遗忘呢？沈德立（1999）指出，这个问题目前尽管尚没有定论，但心理学家大体上从三个方面对此进行了分析。

1. 动作的学习是过度学习。在探讨知识保持时曾经有一个研究结论：过度学习达到150%以上时，保持的效果较好。而动作技能是经过大量练习获得的，大量动作的学习中都有反复练习，生活中大量的动作技能一经学会便终身受用。所以从这个角度进行分析，就保持而言，动作与知识并无实质上的区别，只是学习程度不同而已。

2. 动作中有肌肉动作的参与，而肌肉动作之间的联系保持得较牢靠。

表面看来，这种解释似乎有一定道理，但仔细研究起来，就会发现，都是肌肉动作的联系，为什么有的记得牢，有的则差些呢？所以仅凭"有肌肉动作的参与"来解释动作技能保持较知识保持牢固的问题，至少还不够充分。

3. 动作与言语知识的中枢定位不同。动作的保持更多地依赖于小脑和脑的其他低级中枢，这些中枢可能比言语知识的保持中枢有更大的保持动作痕迹的能量。

（四）动作记忆的研究范式与方法

王丽娟等（2014）的研究指出，在动作记忆研究中，所采用的研究范式大部分采用的是被试操作任务（subject performed task，SPT）实验范式，而且大多数采用的是实验室实验法。也有一小部分的研究采用的是情景模拟实验法，此法多用于儿童动作记忆发展方面的研究。

1. 被试操作任务实验范式

被试操作任务实验范式（SPT 范式）是指，在实验条件下，实验者向被试以视觉或听觉形式呈现一系列动名词短语（如敲桌子、拍皮球），要求被试看到或听到短语后执行相应的操作任务。操作任务完成后对被试进行回忆或再认测验。控制条件为语词任务（verbal task，VT）或实验者操作任务（experimenter performed task，EPT）条件。词语任务条件下，实验者只给被试呈现动名词短语，告知被试尽可能地识记所呈现的动作短语，但不需要被试进行操作。实验者操作任务条件下，实验者同时向主试和被试呈现动名词短语，由主试执行相应的操作任务，被试边识记短语边观察主试操作。

SPT 范式的提出拓宽了记忆实验材料的范围。对动作记忆的研究引发了大量有价值的实验研究和理论讨论。SPT 实验产生了许多与过去的从语言材料的记忆研究结果不符的现象，从而质疑现有记忆规则的普遍性。SPT 范式为我们提供了一种从新角度研究记忆的方法，并进一步说明记忆不是单一实体。

更重要的是，在 SPT 范式中，除了在学习中的操作过程之外，其他部分均和使用语言材料的记忆实验方法相似，并有同样的言语任务（VT）作为控制条件。这样就使我们能够将动作记忆与言语记忆进行定量的比较，将在言语记忆实验研究中已沿用多年的实验处理方法引入到SPT实验当中，检验言语记忆的研究结果在动作记忆中是否适用。正是由于这种特性，SPT范式是一个开放实验范式，无论是在言语记忆范畴已沿用多年的实验方法，还是最新的实验范式与理论框架，都可以较方便地应用在SPT实验中，从而为记忆研究提供更加丰富的数据与结果。

2. 情景模拟实验法

情景模拟实验法是指，营造一个由主试安排的、模拟日常生活活动的场景，将动作记忆任务植入这一模拟的场景中，从而对被试的动作记忆能力进行考察的方法。如Foley和Ratner（1998）的拼贴画情景实验和Steffens（2007）的为特定旅行打包旅行品情景实验。这类实验更具生态化和生活化，在一定程度上能够弥补实验室实验所带来的不足，使得研究结论更具有效性和推广性。但是，目前情景模拟实验法的具体程序并未有标准可依据。

（五）动作记忆的影响因素

被试操作任务（SPT）条件下的记忆成绩显著优于语词任务（VT）条件下的记忆成绩的现象称之为SPT效应或操作效应（enactment effect）（Cohen，1989）。王丽娟等（2014）对国外关于影响SPT效应大小的因素所进行的系列研究进行了分析。

初期，一些研究发现，许多影响语词记忆的变量，诸如年龄、加工深度、被试的智力水平、首因效应和复述策略并不影响动作记忆。因此，研究认为SPT条件提供了良好的编码方式，使得此条件下的记忆成绩在其他因素的影响下很难有提高的空间（Cohen，1989）。

但是，随着研究的进一步深入，研究发现一些影响语词记忆的因素也影响动作记忆。例如，发展研究方面，来自早期发展和老化方面的研究均发现SPT条件下的记忆成绩出现年龄效应。再如，临床研究方面，来自老年痴呆症患者、精神分裂症患者和自闭症儿童的研究均发现特殊被试在

SPT 条件下的记忆成绩差于正常被试的记忆成绩。加工深度方面，Zimmer 和 Engelkamp（1999）的研究表明，在操作任务中也发现了加工深度效应，即被试在表层加工编码条件下的记忆成绩显著低于深层加工条件下的记忆成绩。Tessari、Bosanac 和 Rumiati（2006）发现对有意义动作的即时模仿成绩要好于无意义动作的即时模仿成绩。同时学习过的无意义动作的模仿成绩要好于新的无意义动作的模仿成绩，这说明动作也有重复效应。情境方面，Sahakyan（2010）发现当测验和学习情境不一致时，SPT 条件的成绩比 VT 条件的成绩更易受损；而当测验情境和学习情境相同时，SPT 条件的成绩比 VT 条件的成绩更受益，即动作记忆可以与情境更好地结合。

此外，研究发现一些与动作操作相关的因素，也能够影响动作记忆成绩。如，Hudson（1988）发现非典型动作的记忆成绩，要好于典型动作的记忆成绩。物体是否呈现亦能够影响动作操作，研究发现有物体呈现的 SPT 条件下的记忆效果显著好于无物体呈现条件下的记忆效果。

第二节　记忆的三个系统

在记忆过程中，从信息输入到信息提取所经过的时间间隔不同，信息的编码方式也不同，根据这些特点，心理学家提出至少有三个截然不同的记忆系统，每个系统都有一些自己独特的信息处理方式来产生动作。这三个系统是：感觉记忆系统、短时记忆系统和长时记忆系统。（葛明贵，2011；邵志芳，2013；叶奕乾等，2008；张忠秋，2006）

一、感觉记忆系统

感觉记忆是记忆系统在对外界信息进行进一步加工之前的暂时登记。其编码形式主要依赖于信息的物理特征，因此具有鲜明的形象性。感觉记忆保存的时间短暂，但在外界刺激的直接作用消失之后，它为进一步的信息加工提供了可能性。感觉记忆有较大的容量，其中大部分信息因为来不及加工而迅速消退，只有一部分信息由于注意而得到进一步加工，并进入短时记忆。

（一）感觉记忆的编码

外界物理刺激引起感觉，它留下的痕迹就叫感觉记忆。视觉刺激停止后，视觉系统对信息的瞬间保持叫作图像记忆。图像记忆的存在是由斯帕林（Sperling，1960）的首创性实验而被确定的。开始时，他用速示器以50毫秒的极短时间向被试呈现一套符号（字母或数字），要求被试把看到的符号尽量多地报告出来（全部报告法），结果被试仅能回忆出4~5个符号。后来，斯帕林修改了实验程序：给被试呈现12个符号，排成3行，每行4个符号，仍以50毫秒的时间加以呈现，但在视觉呈现终止后，向被试发出3个不同音中的1个，被试根据音的不同只需回忆其中一行：高音表示要回忆上面1行，中音回忆中间1行，低音回忆下面1行。这种实验程序叫部分报告法。当符号呈现停止后，立即响起声音，被试回忆出的项目几乎完全正确。但回忆开始时间稍微延迟一点就会严重影响回忆成绩。根据这个实验结果，斯帕林认为，人的记忆系统有一个感觉储存阶段。输入的信息这时是以感觉痕迹的形式被登记下来的。视觉图像是感觉记忆的一种主要编码形式。

听觉系统对刺激信息的瞬间保持叫作声像记忆。声像记忆的存在是由莫里等人（Moray，Bates，&Barnett，1965）仿照斯帕林的部分报告法实验程序而确定的。实验也采取了整体报告法和局部报告法，结果表明，局部报告法的成绩要优于整体报告法，说明听觉系统中也存在感觉记忆。听觉的感觉记忆编码形式被称为声像记忆。

（二）感觉记忆的保持时间

就保持时间而言，一般认为感觉记忆的保持时间小于1秒。不过，这只是斯帕林提出的一个大致的推定。如果仔细研究斯帕林部分报告实验的结果，可以发现，随着刺激消失到提示线索出现之间的中间间隔（或延迟时间）的延长，被试的回忆率呈先快后慢的下降趋势。当延迟时间为150毫秒时，回忆率下降到约70%；延迟时间为300毫秒时，回忆率降至约55%；延迟时间为500毫秒及其以上时，回忆率的下降速度已经很慢。这些结果显示感觉记忆的保持时间应该比1秒更短些，可以认为是500毫秒，甚至是300毫秒。

上述数据都是视觉刺激的结果。而达尔文等人（Darwin, Turvey & Crowder, 1972）的实验则提示声像和视像的保持时间是不同的。声像的保持时间长于视像，大约可以维持4秒。沃特金斯和沃特金斯（Watkins & Watkins, 1980）在研究声像的掩蔽效应（即后缀效应）时，在词表呈现完毕之后、后缀呈现之前插入计算任务，结果发现，即使计算活动长达20秒，也存在掩蔽效应。因此他们提出，声像最长可以维持20秒。不过，这一观点并不被多数学者支持。

（三）感觉记忆的特征

感觉记忆的信息还未经过任何心理加工，它们是以感觉痕迹的形式被登记下来的。感觉记忆具有以下特征：

第一，进入感觉记忆中的信息是依据它所具有的物理特征编码的，并以感觉到的刺激信息的顺序被登记，具有鲜明的形象性。

第二，进入感觉记忆的信息保持时间短暂。视像记忆保持的时间大约为半秒左右，声像记忆大约为5~10秒，这为感觉记忆保持高度效能提供了基本条件。若信息不能在感觉记忆中瞬间登记或很快消失，就会同不断输入的新信息相互混杂，从而丧失对最初信息的识别。

第三，感觉记忆的容量由感受器的解剖生理特点所决定，几乎所有进入感觉器官的信息都能被登记。

（四）感觉记忆的作用

感觉记忆容量大，保持的时间却太短，很多人怀疑它的作用，甚至认为感觉记忆研究完全是心理学家给被试设计的没有什么生态意义的人工任务。而且，也很少有人将感觉记忆理论与其他认知心理学理论整合起来。但是，许多心理学家还是认为，感觉记忆是非常重要的。戈尔茨坦（Goldstein, 2005）列举了感觉记忆三个方面的作用：第一，搜集信息，以备加工；第二，在最初的加工过程中保持信息；第三，填补因刺激断断续续出现而造成的空白。

感觉记忆的容量比短时记忆大得多，这可能给人造成一个印象：这么多信息最后只有少量进入短时记忆，其他全都丢失了，岂不是太不经济了。但是，心理学家（例如 Solso，2005）认为，正是由于感觉记忆储存了完整的感觉印象，才使得我们能够通过扫描选择那些最显著的刺激，并将它们送进复杂的记忆系统。我们的阅读活动就是建立在视像的基础上的，视像帮助我们从视野中提取有意义的特征，忽略那些多余的、无用的特征。同样，声像帮助我们在新音节不断传入耳朵的情况下保持住一些听觉线索，以便根据语音上下文提取重要的特征以供进一步加工。

（五）感觉记忆向短时记忆的转换

当外界刺激输入之后，其能量首先被转换成各种感觉信息，之后这些感觉信息经过组织获得一定的意义，成为被识别的某种模式。研究表明，感觉记忆中只有能够引起个体注意并被及时识别的信息，才有机会进入短时记忆。相反，那些与长时记忆无关或者没有受到注意的信息，由于没有转换到短时记忆，很快就消失了。

二、短时记忆系统

短时记忆系统是一个把感觉、知觉、注意以及短时记忆过程中相关的特点与功能合并在一起的系统。短时记忆在所有要求对信息做临时储存与运用、进行记忆及产生反应的情景中起作用。同样，短时记忆包括那些在传统上被归于短时记忆的记忆功能以及与注意力过程相联系的功能。人们会使用有选择性的注意把信息引导进入到"短时记忆"。短时记忆是一个暂时的工作空间，所以也有人把它称为"工作记忆"，在这里与动作相关的信息进入受控制的处理过程并得到处理。

（一）短时记忆的功能

短时记忆是一个信息短时间存储的场所，同时也是重要信息活动发生的场所。这些特征可以使人们回应立刻要做出的判断。所以，短时记忆在决策、问题的解决、对结果和价值的判断，以及转入长期记忆功能等方面发挥重要的作用，短时记忆能够使信息转化成为长期记忆。最后应该着重提出的是，短时记忆是一个交互式的工作平台，在那里发生着多种多样的信息处理活动，如把短时记忆和长期记忆中的信息提出并加以整合。如果你是正在进行急救的护士，在决定采用何种急救方法时，综合有关现场情况和过去经验就至关重要了。短时记忆提供一种暂时的交互场所，来综合所有现场信息。当选中一种急救方法之后，就需要将更多的信息进一步进行综合思考。此时选择急救方法的信息就在短时记忆中被删去，而新的信息又进入到短时记忆中去解决新的问题。

（二）短时记忆的保持期

最近的研究才对短时记忆的"保持期"有了进一步的认识。皮特森（Peterson）最早提出过关于这个问题的报告。他们发现：在信息进入短时记忆超过20~30秒以后，人们就会丢失信息，或者说忘记。随后的一些研究也把信息的存储期，作为认识短时记忆所不可忽视的一个重要因素。

亚当斯（Adams）和迪杰斯特拉（Dijkstra）于1966年第一次做出了把短时记忆和动作技能相关联的实验。这个实验简单又明确地说明了短时记忆的理论。他们提出的问题是，假如文字信息在短时记忆中只有较短的存储期，动作信息也只能有很短的存储期吗？实验结果说明，动作信息同样在短时记忆中也很快就会消失。亚当斯和蒂克司塔的实验在很长一段时间内都是有关动作技能短时记忆研究的标准。在实验中，受试者的眼睛被蒙蔽起来，而让他们把注意力集中于动作本体感受。实验是使用一个带有从0~90度的金属盘的器械，平放在桌子上，在金属盘上按一个没有摩擦力的手柄，这个手柄可以在这个金属盘上左右移动（从0~90度），如图6-2所示。

实验开始时，让受试者将手柄移动到一个特定的位置，然后记录下这个位置（如

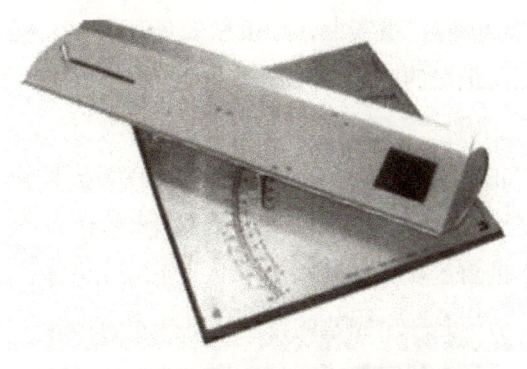

图6-2 肘关节本体感受器敏感度测定仪

放到 60 度的位置），然后将手柄回到开始的位置。经过一段间隔时间以后（如 20 秒钟），让受试者再将手柄移动到刚才的位置上。通过受试者的反应，实验组织者可以容易地记录到受试者的估计与实际有多大的距离。这个实验的设想就是通过观察受试者后一次的精确度来考察前一次的既定位置对受试者短时记忆的影响。它显示二者相差的距离随着间隔时间的变长而急剧恶化，这一特点在最初的 20～30 秒钟最为明显。亚当斯和迪杰斯特拉做出结论：动作技能的短时记忆和文字信息的短时记忆的保持期是非常相近的。

在亚当斯和迪杰斯特拉的研究之后，许多研究结果支持了这个结论。信息在短时记忆中只会保存短暂的时间，然后精确度就会下降直至丢失，即动作技能的信息在短时记忆中的存储期是 20～30 秒钟，在更长的时间中，信息就不会被处理，甚至丢失。那么信息为什么会丢失？信息如何从短时记忆转化到永久的长期记忆中去？这些问题还有待于进一步的研究。

（三）短时记忆的保持量

我们涉及的不仅是信息将在短时记忆中能保持多长时间，而且是能容纳多少信息。米勒（Miller，1956）在一篇文章中提出有关短时记忆信息量的问题，他的实验已成为研究短时记忆容量的经典实验。米勒证明，在短时记忆中，可以容纳 7 个单词或数字。如果想增加数据的容量，需要一个所谓"组织"的处理过程。这个处理过程，可以使人们记住更多的数据。然而，在没有对新信息进行处理的情况下，短时记忆的容量限在 5～9 个数据量。事实上，查司和艾瑞克森（Chase & Ericsson）认为米勒给定的短时记忆的容量太大了，实际的容量可能只有 3～4 个项目。不论哪个理论正确，至少记忆存在着容量上的限制是肯定的。如果即刻回想，我们可以正确说出 3～9 个项目的内容，而随着时间的增长，错误也随之增加。

把短时记忆容量限制的观点转移到动作技能中加以应用是一件很困难的事。首先就是要把一个"项目"转换成动作技能，但却不知道这个"项目"是一个完整的技术还是技术的一部分，或是肢体的简单活动。尽管几乎没有研究者研究过动作技能短时记忆的容量限制，但可利用的证据与米勒提出的 7±2 的范围相一致。例如，在关于这个问题的最初的一项研究中，韦尔伯格与萨尔梅拉（Wilberg，Salmela，1973）的实验说明动作记忆容量很像语言记忆项目。在实验中，被试移动一个操纵杆，按照 2、4、6、8 的顺序运动，紧接着，被试按照刚才的顺序再移动一次。结果表明，8 个运动次序的记忆是短时记忆容量的最高水平。在斯塔克斯等人（Starkes）的一项实验中，当要求 11 岁的芭蕾舞初学者和资深演员做 8 个没有事先设计的动作，而且动作并不是按照一般的芭蕾舞顺序进行，结果显示两人在重复先前动作时，成功的概率只有 40% 和 50%。这个结果说明 8 个动作已经超过了短时记忆的限制，因此完全记住 8 个动作是非常困难的。但如果这 8 个动作按照一般芭蕾舞的顺序，表演者就可以近乎完美地再现动作过程。另一方面，初学者按照一般动作顺序也可以很好地表现动作，但没有资深演员表现得好。这说明，即便是按照一般顺序排列的 8 个舞蹈动作，也已经超出了初学者的记忆容量。

（四）短时记忆的加工过程

在工作记忆中活跃的信息以这样一种方式被加工或被处理，使得它能被用来解决手边的问题。这个目标可能是要你记住你刚刚被告知或示范了什么，使得你能完成这个任务或你可能需要运用这个信息来解决一个特定的动作问题。在以上任何一个方面，都需要记住在特定环境中所发生的事情，这样就为今后积累了经验，当需要时可以帮助学习者应付出现同样的问题。在所有情况下，都需要短时记忆的加工活动，来实现不同的目标。

在职业操作技能实践中，各种信息都会出现。假如在操作技能时，手的动作姿势不正确，在教师的指导下，保持一个正确的手形，不仅在用手操作时想起，而且还要在长期记忆中记住这个正确操作姿势，同时还应在练习时不断地思考手型是否正确。当然，评价操作动作是否正确，取决于所处的学习阶段，但短时记忆可以将口头的指导转化成实际的操作动作。

三、长时记忆系统

长时记忆是人一生中牢固学习和熟练掌握信息的空间结构。它是一个更持久的信息储存库。当提及记忆这个词时,我们通常所想到的是长时记忆。长时记忆是一个真正的信息库,记忆容量似乎没有限度,它可以储存一个人关于世界的一切知识,为他的所有活动提供必要的知识基础。人们从来不觉得过去记得太多,现在一点也记不进去。长时记忆的容量究竟有多大,有人认为是 5 万~10 万个组块,也有人认为是 10^{15} 比特。总之,它有巨大的容量。长时记忆将现在的信息保持下来供将来使用,或将过去储存的信息提取出来用于现在。它把人的活动的过去、现在和未来联系起来。有些操作技能可能永远不会被忘记,例如骑自行车,即便是多年不使用,也不会丢失技艺,因为长时记忆有一种更为持久的信息储存方法。威廉·詹姆斯(William James)把长时记忆比做记忆的正当形式,在这种记忆里包含着过去的事情和对这个世界的认识。储存于长时记忆中的信息,一般是来自短时记忆中的内容。当教给学习者一种新的操作技能时,开始他存储在短时记忆中,然后又转移到长时记忆,特别是一些连续性操作技能,即便不练也能在今后一生中牢固保持。但是对一些非连续性动作,特别是一些有着很高难度的操作动作,其容易遗忘的机理,还有待于进一步研究。

长时记忆中的信息保持时间在 1 分钟以上,甚至数年乃至终生,是一种长久性的存储。通常来说,那些被"遗忘的信息"仍然在长时记忆中储存着,只是个体不能提取到这些信息。所以,测量长时记忆情景的遗忘与记忆可能是一个比较复杂的问题,通过传统的回忆与再认测试,个体常常不能令人满意地表现自己记住的信息量。

(一)程序记忆、事件记忆和语义记忆

在信息的存储期和容量方面,很显然长时记忆与短时记忆有显著的区别。另外一个差别是储存在长期记忆里的信息类型。在一个普遍使用的长时记忆模型中,托尔文(Tulving,1985)提出,在长时记忆中至少存在三个"体系",即程序记忆、事件记忆与语义记忆。就如何获得信息,包含了什么信息、如何描述信息、如何表达认识以及表现了这些体系操作特点的意识种类而言,每一个体系都是不同的。下面将介绍其功能和区分的方法。

1. 程序记忆

程序记忆与职业操作技能的信息储存关系密切。程序性记忆是让人们知道"怎样做",而不是"做什么"的记忆类型。有时候知道要做什么,却不知道如何做,也就是没有掌握做这件事的操作技能。例如,可以描述职业技能操作中的各个动作,但却不能准确地模仿。反之,可以成功地做出一套操作动作,却未必能清楚地描述完成这套操作动作的原理。

程序记忆体系通过执行习得的程序使我们能够对环境做出适当的反应,从而达到特定的行为目标。所以,程序性记忆对职业操作技能来说更为重要,因为完成特定的操作动作才能够评价职业操作技能,而并不是简单表达需要"干什么"。按照托尔文的说法,从技能操作技巧方面来看,程序记忆的一个重要特点是,要想获得程序性的知识,只能通过"明显的行为反应",这对职业操作技能来说意味着要进行身体练习。

2. 语义记忆

托尔文将语义记忆定义为"呈现这个世界的状态而不是所知觉的现在"。按照托尔文的说法,语义记忆其特征在于"在无意识下描绘世界",也就是说把对于世界的一般性的认识储存到语义式记忆系统中,这种认识是从我们的经验中逐步形成的。语义式记忆包括很多具体事实,如汽车发动机由哪些部分构成。语义式记忆还包括对概念上的知识,如对技能和工匠精神的认识。关于语义式记忆的表达信息的方式,引起了很多争论,这些争论涉及很宽的领域。有人认为所有的经验都是以现时方式来记忆的,也有人认为抽象事物才是用语义上的记忆来表达的。存储在语义记忆中的信息,可以通过很多的途径表现出来,比如通过口头、打字和写字,语义式记忆并不是通过一个固定的途径表达的。

3. 事件记忆

事件记忆是由与其发生的时间联系在一起的。人对生命中重要事件的记忆就是很好的例子,如经常地回想某些事情发生的时间、地点和发生的全过程,如第一次完成技能操作的情景,某一次训练课的情景等。人们可以在片段记忆中找到最好的、终生难忘的信息,片段记忆的表现通常就是记着某些经历或者重要的插曲。在职业操作技能学习中，片段记忆可以提供信息，以完成即将来临的操作任务，或者帮你判断所做操作动作的正确性。

（二）"做什么"与"怎么做"的区别

把长时记忆的三个记忆体系中与操作技能控制系统相联系的一个重要部分是知道"做什么"与为了实现目标"怎么做"之间的区别。有些学习理论家主张，在事件记忆与语义记忆体系中的信息应该被看作是陈述性知识（如 Anderson，1987）。这种知识被限定为，如果要求我们去描述，我们就能够将之描述出来。因此，陈述性知识是专指在一个情景中知道"做什么"。这类知识与程序性知识是截然不同的，程序性知识通常是不能被描述的。程序性知识能够使这个人知道"怎么做"一个技能，这是一个有用的区别。这里的"知道怎么做"，实际就是"会做"的意思。

1989年麦克富森与汤姆斯（Mcpherson，Thomas）提出了在动作技能中一个直接区别两种信息的实验。根据打球经历和参加比赛的情况，将9～12岁的男孩分为专业与新手两组。新手从未打过任何比赛，并且只有3—6个月的球龄，而专业选手至少有两年以上的球龄，并且参加过比赛。在每次得分后采访受试者，要求他们说明在得分前他们打算做什么。用这些信息与他们实际所做比较之后（经过一台录像机的分析），获得一些有趣的结果。首先，根据他们制定的行为目标，专业选手在整个过程都知道该做什么，而新手却并不知晓。其次，即使专业选手知道应该做什么，但实际上他们还是不能完成目标。这说明虽然建立了恰当的目标，而对技能操作程序选择适宜参数时却出现了问题。所以，在学习和控制复杂操作技能时，区别"做什么"和"怎样做"就显得特别重要了。

正如安德森1987年所提出的，陈述性知识与程序性知识的联系是值得研究的。安德森认为在操作技能学习的早期阶段，陈述性知识占主流。也就是说，学习者需要更多地知道应该"做什么"。接下来，初学者应努力把学到的关于"做什么"的知识积极运用于需要完成的操作技能目标上。

有人指出学习第一阶段的特征是以理解技能操作为目标，它的焦点是做些什么和怎样协调操作形式。然后，当人们通过不断努力达到技艺熟练时，关于技能的知识就从最初的陈述性知识过渡到程序性知识。此时，人们已经成功地达到学习技能的目标，学习技能操作本身就包括认知水平的程序化。

第三节 职业操作技能训练中的记忆与遗忘

职业操作技能训练的目的是让学习者能够记住、掌握技能操作动作。因此，学习操作动作的记忆与遗忘对职业操作技能训练来说十分重要。下面将对操作技能训练中的记忆与遗忘进行介绍。（马启伟，1996，张忠秋，2006；张力为等，2003）

一、职业操作技能中动作记忆的特点

（一）多种感知觉参与

在职业操作技能训练中，对操作动作的记忆是以身体运动状态或动作形象为内容的记忆。与学习文化知识主要采用的语词—逻辑记忆不同，动作记忆的特点是由多种感知觉参与，除了视觉和听觉以外，还包括运动觉、触觉、平衡觉等感觉。由于职业操作技能训练中的几乎所有动作都包含时间、空间、速度、用力、幅度、节奏等因素，所以，动作记忆也相应地需要以有关知觉为基础。

（二）本体运动感知觉的作用

大部分职业操作技能都需要肌肉活动的参与，通常模仿学习每一个操作动作都需要依靠本体运动感知觉，那么，记住这个操作动作也离不开本体运动感知觉。在本体运动感知觉参与下获得的动觉表象，能形成好的操作动作效果。

（三）形成动力定型和高度自动化

职业操作技能是一种复杂的、连锁的、本体感受性的操作技能条件反射，或称为动力定型。在文化知识的学习中，记忆一个个字词、公式、原理和理论，在需要再现时，即使不能立刻完成，还可以通过意志努力去主

动回忆，从时间上说是完全允许的。但在职业技能操作中就大不一样了，职业技能操作通常是在高速度中进行，往往是一个操作动作接着一个操作动作，需要操作者在短时间内完成一连串的操作动作，稍有停顿，就破坏了动作的流畅自如。例如，驾驶员在驾驶汽车时，如要进行汽车换挡位，就需要短时间内完成松油门、踩离合器、换挡位、松离合器等一系列操作动作。因此，这就要求操作者不仅了解和学会技术动作，而且要通过反复多次的练习，达到高度自动化的程度，形成动力定型，使之完全成为自身所拥有的熟练技能，在某一情境中可以条件反射性地再现。这种达到动力定型形式的记忆，通常前一个操作动作的结束就是后一个操作动作的始发条件刺激物，形成连锁式的操作技能条件反射。此时操作过程在很多情况下并不是意识的焦点，也无须中枢神经系统的特意指挥，此时中枢神经可能正致力于环境观察、操作目的分析和应付策略决策等方面的思维活动。

二、与记忆成绩有关的操作动作特点

（一）操作动作的位置与距离

我们储存在记忆中的行为有很多要素或特点。比如，储存一个操作动作空间位置的各个点，例如厨师颠勺时，手臂动作的起点和终点；储存一个操作动作的距离、速度、力量、方向。其中对于位置与距离，这两个要素或特点怎样储存和提取，研究者进行了广泛地研究分析。

对此问题的研究在 20 世纪 70 年代非常流行，而且主要集中于对工作记忆的研究。研究者对手臂空间定位动作短时储存特点的研究特别感兴趣。最初的研究发现，对动作终点位置的记忆比对动作距离的记忆更牢固（Diewert, 1975；Hagman, 1978；Laabs, 1973）。然而，一个重要的研究结果表明，当动作终点位置信息是一个相对可靠的回忆提示时，人们就会运用位置类型的策略来回忆这个动作（Diewert & Roy, 1978）。然而，当位置信息完全不可靠时，人们就会运用某种非运动知觉策略，来帮助记住这个标准动作的距离。

位置信息记忆的另一个特点是，在个体身体范围之内，手臂动作末端位置更容易被记忆（Chieffi，Allport & Woodfin，1999；Larish & Stelmach，1982）。对于肢体定位动作来说，人们通常把一个动作的末端位置与一个躯体部分联系在一起，并且将之用作提高回忆成绩的提示。

对于职业操作技能训练来说，所有这些意味着什么？一个启示是，如果肢体位置对于成功表现这个技能来说很重要，那么教师就应以促进技能学习的方式来强调这些位置。比如，如果你在教一个初学者学习颠勺的手臂动作，那么他应该专注于手臂动作中的关键位置点。这些关键点是颠勺前准备姿态的起点和将锅颠起来后的位置点。如果一个学生对记忆在一个特定操作动作次序期间手臂应该放在哪个地方感到困难，那么有关手臂位置的躯体部分就能帮助其更有效地记住这个位置。

（二）操作动作的意义

影响技能操作动作记忆的另一个特点是操作动作的意义。这里所谓的操作动作的意义，指的是操作者对该动作是否理解，即他是否能将当前的动作与脑中存储的信息联系起来。如果一个人能容易地把一个操作动作或一套操作动作与熟知的事物联系在一起，那么这个操作动作对这个人来说就被认为是有意义的。例如，与组成一个不熟悉的、抽象的图案相比，一个组成了三角形的操作动作就被认为是更有意义的。或者，如果一个操作动作与这个人能做的动作相似，那么对于这个人来说，这个正在学习的操作动作就有了意义。

劳杰尔与卡督毕（Laugier，Cadopi，1996）做了一个实验，其结果阐明了动作的意义性对动作记忆所产生的影响。初学舞蹈的成年人观看由一名技术熟练的舞蹈演员表演的由4个部分组成的系列舞蹈动作的录像，其中每个动作包含了2~4个躯体、头部与肢体动作。一个被研究者称为"具体的"成套动作是在舞蹈中常常演练的套路；另一个被研究者称为"抽象的"成套动作包含了那些不属于任何特定风格的舞蹈动作成分。观看了15次由这名舞蹈演员表演的这些成套舞蹈动作之后，被试就演练一次这个系列的舞蹈动作。对这些被试演练的分析表明，与观看抽象系列的舞蹈动作相比，观看具体系列的舞蹈动作使被试对其形式与质量有更好的把握。对被试进行的访谈表明,具体系列的舞蹈动作对他们而言有更高程度的意义,当他们表演时,这种意义有助于他们记住这套舞蹈动作(张忠秋,2006)。

三、如何提高职业操作技能记忆成绩

人们能用几种不同的策略来帮助记忆一个操作技能的主要动作特点,而这些动作特点反过来对这种技能的学习有促进作用。人们注意到,这些策略中有些利用了更容易记忆的动作特点。下面介绍三种一般性的策略,有证据表明,这三种策略对牢固地记忆一个动作能够产生影响。

(一)增强动作的意义

当学习者第一次练习一个新的职业操作技能时,这个技能很可能要求一种新的躯体与肢体协调方式。这个特点可能使得新的协调模式更为抽象。也就是说,就操作技能肢体协调模式的空间与时间特点而言,这种操作技能对学习者来说通常没有内在的"意义性"。与意义性较弱的动作相比,意义性较强的动作将会记忆得更牢固。教师可以教给学习者某些策略来帮助他们,这种策略将会增强操作技能动作的意义。特别有效的两种策略是:视觉表象和语言标签。

1. 视觉表象

把视觉表象用作一种记忆策略就是在你的脑海中逐步形成一幅画面,即一个操作动作像什么。作为一名教师,最好是运用学生非常熟悉的形象。例如,在学习指压按摩时如何掌握手指按压力度,教师不是给学习者提供一个复杂的指令,而是提供一个可运用的形象。比如想象用手指按压图钉。

2. 语言标签

玛吉尔指出,另一个增强动作意义的有效策略是给这个动作上加上一个有意义的语言标签。约翰施(John Shea,1977)的实验是最早证实这种在动作上加语言标签会产生有益影响的实验之一,他让被试在一个半圆的手臂定位仪器上移动控制杆直到停止。当被试达到了效标位置时,给一组被试提供一个符合效标位置的钟面位置数字;另一组被试得到了一个无意

义的3字母音节之类的不相关的语言标签;还有一组被试没有得到有关效标位置的语言标签。结果表明,给予钟面标签的被试组在60秒间歇期后错误没有增加,而其他两组被试在回忆中增加了很多错误。在一个相关的实验中,温泽与托马斯(Winther, Thomas, 1981)指出,当有用的语言标签加到定位的动作上时,7岁儿童的记忆力成绩与成人的记忆力成绩相等。

为什么运用视觉表象和语言标签有助于学习复杂职业操作技能?玛吉尔认为这里至少有四个原因:第一,视觉表象和语言标签降低了所操作动作语言指令以及彼此之间关系的复杂性;第二,视觉表象和语言标签有助于把一个抽象的复杂动作排列转化为一个更为具体、更有意义的成套动作;第三,视觉表象和语言标签引导了操作者的注意力,使其专注于动作的结果,而不是动作本身,这有助于技能的操作;第四,通过加快行为记忆描述信息的提取,视觉表象和语言标签促进了动作计划编制的过程。

(二)明确记忆的目的

在现有的研究情景中,一般包括两种情景:有意识记情景与无意识记情景。已做的研究表明,通常,与无目的记忆相比,有目的的记忆能产生更好的记忆。然而,如果以前没有经历过这些测试动作的话,那么在无意识记情景中就会出现更好的保持测试成绩。事实上,有些报道表明,无意识记测试成绩与在有意识记情景中进行的测试成绩是一样的。

有意识记与无意识记策略的研究对于理解编码和储存信息有关的信息加工过程具有重要的意义。研究表明,编码和储存的信息比所意识到的信息多得多。

有意识记与无意识记的研究为职业操作技能训练提供的一个启示是,如果在学生练习一个技能时就告知他们稍后就要对这个技能进行测试,那么就会提高其记忆成绩,加快其技能的学习。这种预先知道要测试信息产生的效应是,学生无疑会在指定的练习中更加努力。而且,当一个必须记忆的技能表现情景对以后的测试来说有具体特点时,如果告诉了学生这些特点是什么,那么,他们将会取得更好的测试成绩。

（三）主观组织

需要记住大量信息的学习者经常采用的一种策略是，将信息分组或将信息组织成单元。所谓"主观组织"的这种策略是指以一种对个人来说有意义的方式组织识记信息。组块化、聚类和分组是被研究者用来描述这种策略的其他术语。在人们需要记住一大堆信息，或为一次测试而需要记住一长串名词表时，就通常运用这种策略。

主观组织运用到职业操作技能学习情景中的一种表现就是初学者对学习一个复杂职业操作技能的处理的方法。初学者往往会把复杂的职业操作技能看成是由多个部分组成的。随着初学者逐步形成了操作这个技能的能力，这个技能的组成要素似乎在减少。这并非意味着这个技能自身的结构发生了改变。更确切地说，是学习者对这个技能的看法发生了改变。

四、职业操作技能训练中的遗忘

在职业操作技能的训练中，遗忘的例子有很多，然而，遗忘的原因至今仍使人们困惑。在某些情况下，遗忘也许只是时间的原因。在其他情况下，时间并不是关键因素。

在长时记忆的储存中，是否存在真正的遗忘，或者说完全的信息丢失呢？也许只是把信息放错了地方。如果是后者，面对的只是信息提取的问题，因为此时信息并没有丢失而只需要找到它们。为什么会发生这种情况，如何才能减少信息出错的概率。

在职业操作技能训练中，如果能够确定引起遗忘的原因，就可以大大提高记忆的水平，也就可以对学习者进行更有效的指导。在学习职业操作技能时，如果能够搞清学生遗忘了什么以及为什么遗忘，就可以趋利避害，进行更有效的教学。

（一）遗忘的原因

1. 记忆痕迹的衰退

当遗忘随着时间的推移而发生时，在以往的记忆文献中一般被称作是记忆痕迹的衰退。人们注意到，在当代研究记忆的文献中一般不使用"记忆痕迹"这个词。

有关记忆痕迹衰退的一个问题是，它仅在短时记忆中才能被有效地测试出来。对于长时记忆来说，测试遗忘的一个主要困难是，要保持一个不受干扰的情景实际上是不可能的。我们注意到了在长时记忆情景中这种干扰与时间之间的相互作用。但时间对长时记忆中信息遗忘的影响，我们却几乎不甚了解。

尽管时间无疑影响了长时记忆信息的遗忘，但是遗忘更有可能是由于信息的错位，而不是衰退或退化。理由是储存在长时记忆中的信息具有相对持久性。因此，遗忘通常指的是提取出现了问题，而不是信息在记忆中被丢失。

2. 前摄抑制

先前活动记忆的信息，对当前记忆信息产生的消极影响，称为前摄抑制。前摄抑制是储存在工作记忆中的动作信息遗忘的原因之一。玛吉尔认为，关于动作记忆前摄抑制最好的实例是斯蒂尔美策（Stelmach, 1969）的实验。被试在一个手臂定位的任务中，在移动到回忆位置之前先移动到0、2或4的位置。接下来是5秒、15秒或50秒的保持间隔，以先前移动每个位置相反的方向来移动。要求被回忆的位置是效标位置。结果表明，与其他时间和活动情形相比，前摄抑制影响了效标位置回忆的准确性，而且至少15秒的保持间隔产生了最多的回忆动作表现错误。

有不少人曾试图解释前摄抑制为什么会对记忆的动作信息产生影响。玛吉尔说一个可接受的观点是，当前摄抑制采取了其他的动作形式，尤其是那些与效标动作类似的形式时，记忆信息就会发生错乱。一个人不能准确地表现这个效标动作是因为先前活动对效标动作的独特性产生了影响。

前摄抑制似乎主要发生在这种情形中，即要求记住的活动与干扰活动之间有相似性。这种相似性似乎与"属性"的相似性有关。也就是说，如果要求记住的信息与干扰活动具有同样的动作属性或特性，那么，前摄抑制将会随着先前相似动作数目的增多而增大。

对于在长时记忆中的动作信息来说，前摄抑制活动的作用实际上是未知的。通过积极地复述，我们很容易就能克服前摄抑制的影响。这就意味着积极地练习一个动作，我们就巩固了这个动作在记忆中的印象，因而，即使有的话，也就几乎注意不到前摄抑制的影响（张忠秋，2006）。

3. 倒摄抑制

如果干扰活动发生在记忆动作之后（如在保持间隔期间），并导致了比没有该（干扰）活动时更差的记忆成绩，这种遗忘就称为倒摄抑制。在短时记忆中，并不是任何活动都对记忆成绩产生消极影响，而是当干扰活动与记忆动作之间存在相似性才会导致倒摄抑制的发生。这点与前摄抑制相似。

玛吉尔指出，在短时记忆中，倒摄抑制影响的另一个特点与前摄抑制的特点同样相似。即只有当存在相当数量的活动时，在保持间隔期的活动才会产生使回忆表现错误增多的干扰。只要信息量在此范围之内，记忆力就不会受到影响。然而，当超出这个限度时，就会产生导致回忆表现错误增多的遗忘。

简言之，记忆动作的倒摄抑制发生在特定环境中。当保持间隔期的活动与记忆动作相似时，当这个活动与记忆动作超出了短时记忆或注意力的容量限制时，这些干扰现象就会出现。

（二）职业操作技能中遗忘的特点

连续的职业操作技能在长时记忆中不易遗忘，下面的实验会证明连续的职业操作技术基本上不会产生遗忘的原因，而具体动作发生遗忘的可能是非常大的。

关于连续动作的实验是要求受试者模仿驾驶摩托车的练习。在测试中，首先由受试者进行20次练习，每次练习一分钟，顺序是启动摩托车发动、踩油门、右手加油、轻轻抬离合、车前进、刹车和关油门等动作。这一连续动作一年以后再进行检测。实验结果发现，在一年后受试者的成绩只下降了29%，再经过8次练习后他们又恢复到了一年前的水平。而单个的不连续的具体操作技能容易被遗忘。在亚当斯等的实验中，训练士兵学习投掷手榴弹的操作技能，经过10个月的训练后的测试结果显示，士兵的精确率下降了 95%。

连续性技能不容易遗忘的原因，可能是因为它们练习的次数比单一的具体技能多。如果考虑这两种类型的测试情况就会明白其中的原因。单一的具体职业操作技能的测试通常表现为一次性，而连续性职业操作技能却可能会测试多次。因此，50 次连续性操作技能测试的受试者所做的练习，要远远多于一次性完成的单一的具体操作技能测试所做的练习。

研究连续性操作技能和单一的具体操作技能在记忆方面的差别，其意义在于当学生学习有复杂顺序的操作技能时，如按摩推拿技能，在他们学习之后要强调经常反复地练习。他们不能只满足刚学会操作就浅尝辄止，要知道反复练习才是职业技能不容易忘记的重要法宝，技能掌握要牢记"学而时习之"的古训。

第三编

职业操作技能指导与训练方法

第七章 职业操作技能指导方法

职业操作技能教学要求教师懂得如何去指导学生操作某项技能。在教学中，教师的一个重要任务是选择和运用正确的教学指导方法，对学生操作动作提供有效的帮助。本章将介绍教学中常用的两种教学指导方法：示范和讲解。

第一节 示 范

操作技能的示范是职业技能教学中直观教法的重要方面。特别是高质量的示范能够让学生建立起正确的操作动作概念，明确学习的要求，领会操作动作的要领与完成的方法，避免和纠正因旧技能的干扰所产生的错误和预防伤害事故的发生，因此，示范在教学中就显得尤为重要。

示范是传递思想和行为模式的有效途径之一，对于职业操作技能学习而言，示范作为传递技能操作信息的有效方法在日常教学与训练中得到广泛应用。Shea 等人探讨了观察学习与身体练习相结合的学习效应，发现 50％观察加上 50％身体练习的学习效果好于 100％身体练习。教师传授本专业工种操作技能的重要方法，就是以身示范，用自己准确无误的技术动作，提供给学生学习或模仿，使学生经过反复的练习，正确掌握动作要领、操作姿势或合理的操作方法。所以，教师示范操作质量的好坏，示范动作是否正确，对于学生能否获得良好的操作技能往往具有决定作用。因此，示范操作要求高是职业技能教学的一大特点，要求教师在进行示范操作时，必须以形象生动的语言，熟练规范的动作帮助学生形成鲜明的表象，以便学生可以清晰地把观察过的示范操作形象在头脑中重现，然后模仿练习，为学生掌握本专业工种的操作技能奠定基础。

一、职业操作技能教学示范的分类

在职业操作技能教学中，教师对操作技能的示范操作，大体可以从示范的速度、完整性、时机和信息通道这几个方面进行划分：

（一）按技能示范的速度，可以分为慢速操作示范和常速操作示范

1. 慢速操作示范

慢速操作示范是以较慢的速度分解操作过程的动作，让学生先学慢动作，学会后再加快速度，使学生观看劳动过程的每一个细节，了解全部操作过程的组成。采用慢速示范，学生透过"慢镜头"可清楚地观察到操作过程和其中的要领，然后模仿、练习，进而形成技能技巧。尤其是技术性较高的实习课程的开始阶段，教师的慢速操作示范就更加必要。对于比较关键或复杂的、学生不易掌握的操作动作，可做重点示范并加以必要的重复，从而突出技能的重点和难点，加深学生的理解和记忆。对示范动作的细节看得越仔细，理解得越清楚，掌握和运用动作的水平就越高。

2. 常速操作示范

常速操作示范就是按照正常速度操作示范给学生观看，使学生对操作过程有一个完整的认识。教师在开始和结束示范时，均要以正常的速度，将多个不同部分的操作动作进行有机的衔接，形成一个完整的操作过程。这种示范操作是为了使学生在随之而来的模仿练习中有既定的目标。在此还须提及一点，就是在常速操作示范结束时，最好能把所示范的工件全部加工完毕，这样既可强化学生动手操作的兴趣，也有利于培养学生善始善终的良好职业习惯。

（二）按技能示范的完整性，可以分为完整示范和分解示范

1. 完整示范

这是教师把整个操作动作完整连贯地进行演示的一种方法。这种方法有利于学生形成完整的操作动作表象，有利于保持所学动作的完整性和连贯性。教师在教一个新的技能时，先进行一个正确的完整动作示范，能够帮助学生建立正确完整的感性认识，激发他们的学习热情。

完整示范法适合于结构较简单的操作技能，但不适合相对较难和操作技术较复杂的技能，因为这会影响到学生对操作动作的准确把握和理解。所以对于结构比较复杂的操作动作，运用完整示范时，可采用辅助设施，降低动作难度，突出重点地进行示范，以免对学生造成学习的压力和惧怕心理。

2. 分解示范

这是教师根据教学的需要，把完整操作动作合理分解成若干部分，根据教学的重点、难点，有针对性地进行示范的方法。把学生较难掌握的动作环节提炼出来，便于学生集中时间和精力突破技能的重点和难点，更好地掌握动作。但是这种教学方法会影响一个完整动作的整体性和连贯性，割裂动作各环节的内在联系。

在学习较复杂的职业操作技能时，要合理地把操作动作分解成几个部分，有重点地示范其重点和难点，然后再逐个地进行示范和学习。在学习过程中，教师要讲清楚每个环节在整个操作动作技术中的位置，使学生明确该环节和整个操作动作的关系。随着教学进程的发展，分解示范应越来越少，完整示范应随之增加。

（三）按技能示范的时机，可以分为边讲解边示范、改错纠偏示范和重复重点示范

1. 边讲解边示范

生动形象的语言是提高示范操作效果的有效措施。教师在示范操作时必须结合讲解，把讲解和示范结合起来。所以，在操作示范过程中，应辅以必要的"解说词"，交代动作的顺序和要领，讲清操作的关键和理由。例如，

在带领学生学习男西裤工艺当中的合缉侧缝工序时，先讲解合缉时的工艺步骤，接着进行示范操作，示范进行当中，提示学生注意操作要领，操作姿势、操作方法及工具物品的摆放等都要进行讲解示范，还要向学生讲清楚之所以这样做的原因以及必须注意什么问题、应避免出现哪些错误，还要讲清如何防止废品，防止发生人身及设备事故，使学生了解应当理解什么、掌握什么、防止什么、杜绝什么，为学生切实掌握服装专业工种的操作技能打下良好的基础。

2. 改错纠偏示范

当学生进行操作练习时，指导教师在巡回指导和结束指导过程中，对学生不规范的操作动作要及时发现，及时纠偏。一般来说，对共性的错误可采用集中指导，对个别问题则可个别示范，在改错纠偏示范的同时，必须使学生明白动作不规范的原因，以免重犯，从而形成规范的操作动作。

3. 重复重点示范

重复重点示范就是把操作的关键部分和不易掌握的复杂动作突出出来，做重点示范。为了加深学生理解和记忆，要反复示范，多次示范，使学生形成深刻的印象。在对操作技能中重点技术进行操作示范时，一是要多次示范，二是要从不同角度、用不同手法示范给学生，让学生在观察、揣摩的基础上，亲自动手尝试、体验，尽快掌握技能的操作要领，提高技术、技能和技巧。

（四）按技能示范的信息通道，可以分为视觉示范和听觉示范

1. 视觉示范

在技能的示范中，我们最常用的就是视觉示范。学生通过视觉通道，来观察示范动作，从而获得操作动作信息。通过观察他人的示范并以此为榜样来调整自己的行为，这一过程可称为观察学习。学生在观察技能示范的同时，在其记忆中形成一个关于活动的"符号"系统或"认知结构"，这对操作技能的后续发展是有帮助的。

2. 听觉示范

在职业操作技能教学的示范中，主要是视觉示范。然而，对于有些操

作技能来说,视觉之外其他形式的示范可能更有利于学习,比如听觉示范。在技能示范教学中,听觉示范一般可以分为两种:第一种是技能本身就是以声音的形式来体现,例如练习发声、演奏器乐等,这种技能的示范,往往需要学生注意听示范者所示范的声音效果,从而使自己在练习中以此为练习样板进行训练;第二种是技能本身不发出声音,但操作时需要按一定的标准时间或者节奏进行操作,这时就需要操作者的听觉系统参与其中,例如,舞蹈教师示范不同节奏下的跳舞动作时,就要使用到听觉示范,使学生掌握舞蹈的节奏性。

杜迪、博德和罗斯(Doody,Bird,Ross,1995)的研究就是探讨按标准时间进行操作时,听觉示范有效性的一个范例。任务要求个体在 2.1 秒的标准时间内完成单手操作复杂序列操作。视觉和听觉示范组在每次练习前都观看一个熟练的示范操作的录像带。视觉示范组在每次练习前仅能看到录像带的视频部分,听不到声音;听觉示范组在每次练习前仅能听到示范录像带的音频部分,看不到示范者的操作。结果显示,听觉示范组比视觉示范组操作绩效更好。

二、示范如何影响职业操作技能学习

为什么示范有利于职业操作技能的学习?对于这一问题的解释主要有两种不同的观点。一种观点以关于社会行为学习的研究为基础,而另一种观点以视觉信息传递的生理学研究为基础(张忠秋,2006)。

(一)认知媒介理论

认知媒介理论(Cognitive mediation theory)最主要的观点来源于班杜拉(Bandura,1986)关于榜样和社会学习的研究。认知媒介理论认为,当个体观察榜样(示范者)时,他们将观察到的动作信息转化为符号进行记忆编码,这是记忆系统存储表象的基础。个体将动作信息转化为认知记忆表象的原因,是为了使大脑能够复述和组织信息。之后,记忆表象将为技能的操作提供指导,为误差的觉察和校准提供标准。操作技能时,个体首先必须提取记忆表象,然后将其转化为恰当的动作控制编码以产生身体和肢体的动作。这样，认知过程通过建立感知觉与动作之间的认知记忆表象，担当感知动作信息和操作技能的中间媒介作用。

根据班杜拉的观点，有四个子过程支配着观察学习。第一是注意过程，包括个体观察到的内容以及他们从榜样动作中抽取出的信息。由于注意在学习中起着重要的作用，因而应将全部的注意指向示范，而不是单纯的观察，这对于取得良好的学习效果至关重要。第二是保持过程，在此过程中，个体将观察到的信息转化和重新构建为符号编码，以便存储在记忆中。一定的认知活动，如复述、标识以及组织都参与保持过程，而且利于记忆表象的形成。第三是行为复制过程。在这一过程中，个体调动榜样动作的记忆表象并将其转化为身体动作。这一过程的成功完成要求个体支配身体能力来操作示范过的动作。最后是动机过程，包括激励或驱动个体操作示范过的动作。这一过程完全取决于那些影响个体操作动机的因素。如果没有动机，个体将不会操作技能。

有实验研究证实了认知媒介理论的假设，从而为该理论提供了支持性的证据。例如，斯特－玛莉（Ste-Marie，2000）证实注意是观察学习中一个重要的过程。在一系列的四个实验中，与不操作次任务的被试相比，将注意分配于认知次任务和观察榜样双重任务的被试绩效较差。史密斯和潘德藤（Smyth & Pendleton，1990）的研究显示，阻止复述过程不利于技能的学习。在他们的实验中，有些被试在示范与亲自操作之间的时间间隔中从事操作活动，这些被试对动作的回忆少于不从事活动的被试。布兰丁和蒲儒涛（Blandin，Proteau，2000）提供的证据显示，观察学习包含有效地觉察和纠正错误，认知调节理论认为这是记忆表象的重要功能。

（二）示范的原动力观点

示范的原动力观点（Dynamic view of modeling）是斯库勒和纽厄尔（Scully，Newell，1985）将吉布森（Gibson）的观点运用到动作技能示范的视觉观察情景中，并提出了区别于班杜拉理论的另一种观点。这种观点的理论基础是吉布森提出的视觉的直接知觉观点。原动力观点质疑示范观察与身体操作间存在符号编码步骤（记忆表象步骤）的必要性。相反，该理论认为视觉系统可以自动地加工视觉信息，使动作控制系统按照视觉觉察的信息操作。知觉系统从示范中抽取特定的信息，可以有效地控制机体和肢体按照特定的方式操作。个体不需要将视觉系统获得的信息转化为认知编码并存储在记忆中，因为视觉信息是协调和控制动作机体或肢体的直接基础。因此，观察者处于学习早期阶段时，最主要的需要是观察示范，这可以使他们获得机体各部分之间相对不变的协调关系。

使用标记点演示作为示范的研究支持了示范原动力的观点，即观察者从熟练者的示范中获得了相对不变的协调特征。郝恩、威廉姆斯和斯考特（Horn，Williams，Scott，2002）的研究就是一个实例。被试分为三组："新手"或观看"老手"操作的录像带或观看"老手"操作时的标记点演示或不观察示范。标记点演示显示了示范 18 个主要关节反光点的运动。在练习期间的三个不同的时机，通过大屏幕给被试播放与实物大小一样的录像和标记点演示。结果显示，在练习期间和保持测试中，录像组与标记点演示组的被试操作准确性相似，均好于不观察示范组，并且录像和标记点演示组被试操作的操作特征也相似。因此，证据支持了原动力观点，即观察者觉察和利用肢体各部分动作的协调信息，而这些信息是标记点演示提供的唯一信息。

目前还没有决定性的证据证明两种观点哪一种更为合理，但认知媒介观点在动作技能研究领域已得到较为广泛的重视，而示范的原动力观点还需要进一步地研究。

三、学生能从示范中获得哪些信息

玛吉尔认为，确定示范教学法的适用范围应该以学生从示范中实际"看到了"什么为基础。注意这里使用的是"看到"（see）而不是"看"（look at）。我们所看到的内容与所看的内容二者有着很大的区别。这些区别与示范有着密切的关系，因为学生从示范中获得的信息并不一定是他正在看或者是想要寻找的信息。同样要牢记我们获得的信息可以呈现在意识中被我们所知晓，也可以处于非意识状态不被知晓。例如，当示范后或练习后，让学生描述从示范中获得了哪些利于技能操作的信息时，他们并不能给出十分准确的答案。

国外研究显示，从示范中学生获得关于技能操作协调模式的信息（例如，Scully & Newell，1985；Schoenfelder Zohdi，1992；Whiting，1988）。具体地讲，学生获得并使用协调动作模式中相对不变的特征，来发展和形成自己的技能操作动作模式。

有两类研究证据支持这一观点：一类来自于动作的视知觉研究；另一类来自于示范对复杂技能学习影响的研究。综合这两类研究成果显示，视觉系统可以自动觉察操作模式中相对不变的信息，并用以确定技能的演练方式。

四、示范与职业操作技能教学

（一）职业操作技能教学示范的基本要求

为了提高示范操作的效果，指导教师在进行职业操作技能示范操作时应遵循以下四点要求（刘新，2006）：

第一，在示范操作过程中指导教师必须遵循学习的逻辑顺序，由浅入深、由易到难、由局部到整体、由慢速到快速地进行示范，使学生便于观察、理解、记忆、复现、模仿，循序渐进地掌握本专业工种的操作技能。

第二，要遵循步骤清晰、动作准确规范的基本要求。在示范操作过程中，指导教师的操作动作一定要准确规范，要掌握好示范操作动作的准确性、协调性，切忌非规范的习惯动作或多余动作。指导教师示范操作中非规范的习惯动作或多余动作，经过模仿将会使学生形成难以改正的缺陷。

第三，要充分集中学生的注意力，这是提高示范操作效果的重要保证。集中学生的注意力，才能提高示范操作的效果。集中学生的注意力，不仅是使学生的注意力集中在某一方面，而且要使其有效地分配在示范操作的过程中。首先是从时间上分配，让学生把主要时间集中在主要目标，同时不断地抽出较少时间注意其他相关方面。其次是从感官上分配，让学生的不同感官分别注意不同的方面。再次是从动作上分配，使注意力主要集中在活动的变化上。指导教师在集中学生注意力的同时，还要组织好学生的观看位置，使每个学生均能看清示范操作。

第四，要明确任务，突出重点。即在每一次示范时，该示范什么、怎么示范、要让学生看清示范动作中的什么问题、示范的重点在哪里等等，这些问题教师都要做到心中有数。

（二）影响示范教学效果的因素

根据研究（杨锡让，2004；张忠秋等，2006；丁健等，1999），影响示范教学效果的因素主要有以下7点：

1. 示范者的身份

当示范一项职业操作技能时，首先要考虑的问题是由谁来做示范。人们会惊奇地发现，做演示者的差别与演示的效果有密切的关系。兰德尔（Landers，1973）曾做过一个试验，对比了分别由教师和学生所做的熟练技术的示范和不熟练技术的示范。实验方法是让学生学习攀登一种自立式梯子，学习者要在握住梯子后自己掌握平衡，并要在失去平衡前尽量攀登较多的台阶。学生分为4组，第一组观察技术娴熟教师的演示，第二组观察技术娴熟学生的演示，第三组观察技术不熟练教师的演示，第四组观察技术不熟练学生的演示。实验结果显示在第一组和第二组教师与学生技术都熟练的情况下，教师做演示的效果较好。但第三组和第四组教师与学生技术都不熟练的情况下，学生所做的示范演示效果反而比教师好。

为什么示范者的身份会影响职业操作技能的学习呢？首先，技术水平优秀和地位高的示范者会吸引学生学习时的注意力，继而影响学生从示范中获得更多的信息量。其次，水平高的示范者会激发学生的学习动机，由于学生怀着对所钦佩人的希望，因此就会提高他们努力学习和认真学习程度。上述两种可能性都是示范者身份影响学习效果的合理解释。而为什么第三组和第四组教师与学生技术都不熟练的情况下，学生所做的示范演示效果反而比教师好呢？原因可能是在年龄的相近性，即同年龄的人之间更容易相互模仿。

通过这4组的示范实验，可得出的这样的结论，为了取得好的学习效果，在进行示范时，演示者应当尽量由技术熟练的教师亲自给学生做示范。

尽管理论假设和实验证据均显示初学者观察熟练个体的示范更有利于学习，但是也有证据显示初学者也可以从非熟练个体的示范中获利，尤其是当学习者和示范者同为初学者时。

使用非熟练的示范者的好处是，不让观察者盲目模仿熟练者的技能操作，而是鼓励他们从事更积极的问题解决过程。尽管直到亚当斯（Adams, 1986）发表相关的实验研究，才引起人们对这一方法的广泛研究兴趣，但是此类研究很早就有，甚至可以追溯到20世纪30年代（Twitmeyer, 1931）。此后，其他研究者继续探讨了观察不熟练技能操作者的作用和益处（例如，Pollock & Lee, 1992;Weir & Leavitt, 1990）。此类研究一致显示，观察其他初学者个体进行实际练习时，操作水平要高于他们所观察的对象。

实施这一技术的方法是将学生配对（一个为观察者，另一个为示范者），这样配对的一方练习时另一方进行观察。经过一定的时间或练习后，配对的双方互换角色（观察者变为示范者，示范者变为观察者）。这时教师应向操作者提供语言反馈来促进配对双方的技能学习。与此同时，教师还要向配对学生中的观察者提供技能的关键环节。观察者应该在示范者的操作中寻找这些环节，然后向操作者提供反馈。在这种条件下，观察者所从事的是积极的、利于学习的问题解决活动。

2. 示范的准确性

为什么示范越准确，学生的学习效果越好呢？道理很简单，在学生初学职业操作技能时，教师必须以最准确的示范操作动作给学生一个正确的操作表象，使学生的大脑中形成一个正确的痕迹效应。在学生大脑中对所学动作尚无动作概念时，给他建立一个正确的动作表象是非常重要的。

学生要学习新的操作动作，会在观看教师示范后反复练习，尽量去模仿示范者的动作方法。马藤（Marten）等人做了一项让学员观察示范者完成一项"shoot-the-moon"任务的实验，具体做法是将球推上一个由两个金属板做成的斜坡，一直推到顶点，根据球滚落的高度来计算得分。实验中将学习者分为两组，分别观察示范者所做的两种方式的示范。一种是将球缓慢的推上斜坡，示范动作较缓慢，学生能较好地观察到示范者的动作细节。虽然这种学习方式的学习过程比较缓慢，但学生所掌握的动作技能准确。测试后发现，学习者的得分较高，而且稳定性较好。另一种是示范动作很快，动作较为粗糙，并有错误动作出现，虽然有时偶然也有学生可以得到较高的分数，但很不稳定，得低分数的概率有所增加。实验结果显示，观察不同示范演示方法，得到的学习效果是不同的。

3. 示范的时机

在采用示范进行教学时，一个需要考虑的问题就是要考虑示范者在教学训练的什么阶段示范，最有利于职业操作技能学习。有一类观点支持在练习开始前就进行示范，这样可以使学生从一开始，就对如何完成动作产生一个初步的印象。持这种观点的代表人物是森梯尔司（Gentiles，1972），他认为学习一项技能，在最初阶段的任务是要求学生对这项技能有一个初步的认识，在学习开始就让其观看演示，可达到这一目的。因此在学习动作的早期引入动作榜样，所产生的效果更好。

另一类观点认为应该在学生做过一些练习后再进行示范，其好处是先让学生自己进行动作体会。这种方法强调开始动作技能学习的"试误"过程，并通过这一过程来发展学生的协调能力。学生可以通过自己对动作技能的理解和思索，总结出现多余动作所具有的共性特点。在结束对动作技能的最初探索后，开始引入示范教学。支持这种教学方法的学者认为，在此刻引入动作示范，可以使学生清楚地知道自己所要学习动作的重点，因此示范所产生的效果要好于前者。

有两个实验为上述说法提供了证据。第一个是攀登梯子的实验。实验以不同的方式引入示范：第一组是先观察演示者做4遍动作，此后独立完成动作30次；第二组先观察演示者做2遍动作，然后自己实践15次，此后再次观察演示者做2次动作，最后自己再实践15次动作；第三组先自己实践动作15次，然后观察演示4次，再独立完成15次动作。实验结果显示，虽然第一组有助于动作技能的学习，但更有效的方式是在练习过程中再次强化观察演示，也就是第二组和第三组的效果更好。

第二个实验是托马斯（Thomas）和皮尔斯（Pierce）等人的实验，它为何时引入示范演示教学提供了新思路。这是 7～9 岁的女孩进行稳定性记录仪的操作实验。每一年龄段分为三组。第一组在自己独立完成 12 次动作之前观看演示。第二组在自己先做 6 次后再观看演示，此后再做 6 次。第三组不观看演示。实验结果显示，在练习中途引入动作示范会使 7 岁组的成绩降低，而对 9 岁组的成绩有较好的作用。因此，对于年龄较大的学生，尽早为学生提供自己探索并完成动作技能的机会，这样对于技术和经验的获得有益。

以上研究结果提示我们，在练习开始前引入示范教学法效果虽好。但是，如能在学生练习的过程中再次为其提供观看演示的机会，其效果会更好。因此，在课程开始阶段，教师讲解操作动作，然后，让学生自己体会动作，继而教师进行示范教学，最后学生自己再去体会动作。这种方式对年龄较大的学生尤为适用。

4. 示范的频率

示范频率值得关注。一项研究表明，频率高的效果要比频率低效果好。汗德（Hand）和萨大卫（Sadaway）曾做过一项将高尔夫球击至环形区域的实验。受试者要在 3 天内练习 150 次，其中一组在每一次击球之前观看示范，另外两组分别在每完成 5 次和 10 次后观看演示，第四组不观看演示。在练习后第二天进行测试，结果发现在每次练习前都观看演示的一组测验的成绩要优于另外几组。这一结果揭示观察演示的频率越多，测试中的成绩可能会越好。

5. 示范方法的选择

示范方法的运用是与教材内容、课程任务、项目特点和学生的实际情况密切相关的，根据它们来确定示范方法才能有的放矢。示范方法的正确与否，对示范教学的效果有着很大的影响。教师在选择示范方法时，一般要注意以下几点：第一，完整示范和分解示范要合理结合。即在教新技能时，一般应先用完整示范，给学生以整体的要领，然后根据技术动作各部分的重点难点，局部的幅度、速度、用力快慢大小等要求，分解为相应的若干部分进行示范，让学生了解动作的结构和操作形式，达到尽快地掌握完整技术动作的目的。第二，正确示范和错误示范要恰当地结合。即在纠正错误动作时，可恰当地用正误动作对比法进行示范，让学生及时地知道正确动作和错误动作的区别，及早纠正自己的错误动作。第三，教师示范和学生示范要适当地结合。有的示范可以师生结合的方法进行，使示范更加完善。

6. 示范的速度

不同速度的示范，有不同的教学效果，因此应根据教学需要，选择不同的示范速度。正常速度的示范由于与学生的思维活动相适应，学生能感知技术动作的完整形象，并形成完整的技术动作概念，因此常贯穿于教学的整个过程，是常用的示范方法。它适合于初学阶段和收尾阶段，也常用于新技能的完整教学。快速示范，比常速示范稍快些。其快慢程度要根据教学要求和教师的示范意图而定。它能使学生产生快速和熟练的感觉，可用于学生缺乏快速意识和动作不连贯时的教学，是常速示范的补充。慢速示范，能让学生对技术动作的细节看得真切，帮助学生了解运动的各个环节和用力情况，是教学中常用的方法，可用于技术动作的改进和提高阶段。

7. 示范的方位

教师的操作技术示范，不但要让学生看得清楚，还要让他们看得真切，因此，示范方位的确定，是示范教学中不容忽视的问题。在确定示范方位时，必须根据以下几个因素而定：第一，学生人数的多少。人数多的要远些；反之则近些。第二，根据职业操作技能项目的操作技术特点来确定示范的方式。有的项目适合于用正面示范，有的项目则适合于背面示范。有的需要侧面示范，有的则需要镜面示范等等。第三，根据技术结构和示范要求来确定。如技术结构较复杂，且要完整掌握的技术动作，则各个方位都要示范。如结构较简单，或要求掌握某一部分技术的，则示范方位可简单些。第四，根据场地设备和安全情况来确定示范的空间范围和区域距离。如果教师在确定示范方位时各方面都考虑到了，并在示范过程中辅以一定的应变措施，可以肯定，其示范效果一定会很好的。

（三）如何解决教师不能熟练示范

在职业操作技能示范教学中，有可能会遇到教师不能熟练示范操作技能或者示范效果不理想等情况，这时就需要教师采取措施来弥补技能示范的不足。有人（杨锡让，2004）研究认为，采取以下措施可以对教师操作技能示范的不足起到帮助作用。

第一，教师应当在示范的同时，注意现场的反馈。在教学中尽量使学生能主动参与对学习问题的讨论，通过反馈共同解决难点，这对于学习是非常有益的。

第二，在教师不能熟练完成操作动作时，找一名可以熟练完成操作动作的替代者或者学生来代替任课教师完成示范。

第三，通过观看其他技术精湛的示范录像、电影来弥补示范者动作示范的不足。

第四，组织一个小组，让其中一名同学做动作，其他的同学注意观察，然后进行讨论。这种方式并不很常用，但效果不错。

第二节　讲解

讲解是职业操作技能教学中运用语言的一种最主要、最普通的教学形式。它和示范一样，都是向个体传递职业技能操作方式的常用手段。教师在教学时，利用语言向学生说明教学任务、动作名称、要领、做法及目的要求等，以指导学生掌握职业操作知识、操作技能。

一、讲解的作用

讲解主要是以语词刺激为特点，发挥语言功能来实现教学目的与任务的。职业操作技能教学中的讲解是教师运用语言传授知识、技术、技能的主要表达形式，讲解必须为教学服务。它的作用主要表现在以下三个方面（程华强等，1996）：

（一）意识的指向作用

这里意识指向作用包括两层意思。第一，就整个职业操作技能教学过程而言，意识指向的作用是明确任务、端正态度。我们知道，职业操作技能教学中如何发挥学生的主体作用至关重要，这就需要把单纯的技术性讲解与职业意识的培养有机结合起来，使学生对职业技能教学形成一种自觉的意识定向，达到感性认识与理性认识的统一。第二，针对某个教学或某一技术动作而言，意识指向的作用是揭示内涵，突出要领。职业操作技能教学中的讲解不是孤立的，讲解的同时常伴随一定的背景，如示范。对知觉对象比较隐蔽或直观形象不能表示的特点和内容部分，给予语言上详尽的揭示和描述，是对示范的必要补充。通过讲解，学生知觉对象的层次性更加突出，知觉范围和意识范围相对集中，使知觉对象的清晰度提高。

（二）启发思维的作用

人们往往通过分析和综合、抽象和概括形成事物的概念，并运用概念进行思维。而思维的发展又与语词密不可分，语词是思维的工具。教师把自己的知识以语言为信号传递给学生，学生接收后，听觉中枢兴奋，同时和语言中枢相联系，对投射的信号（包括来自视觉中枢的信号）进行识别、选择，凭以往的知识经验，经过思维对信号的内容、含义做出各种描述、推测和联想，并指令运动中枢做出模仿或更正性的运动性反应，这是教师讲解后得到的效应。

（三）传导情感的作用

语言是交流思想情感的工具，教师的讲解不仅将知识传授给学生，而且也伴随着把自己的思想情感传输给了学生。首先，运用生动形象的讲解，往往能引起学生各种形象化的描绘和联想，产生积极振奋的情绪，其对促进学习和巩固技术技能的作用是不可低估的。另外，教师在传授知识的同时伴随着语气、声调、表情、姿态等都能影响到学生的情绪。所以在职业操作技能教学中要创设良好的教学气氛，讲解又是一种很好的调节情绪的方法。

二、讲解与个体注意

教师在讲解时，必须考虑学生个体注意容量的有限性。由于这种容量的有限性，教师向个体讲解如何操作技能时，很容易超出个体的加工容量。初学者很难同时注意一个或两个以上的指令，因为初学者需要将注意分配于记忆指令和实际操作技能两方面，所以即使很少的语言信息都会超出个体注意的有限加工容量。除了注意的有限加工容量外，教师在提供指令时应该考虑到其他与注意相关的重要事项。

（一）将注意集中于操作结果的讲解

讲解的一个重要功能是将学习者的注意指向、集中于有利于操作的关键信息上。我们知道，注意可以被意识到，也可以不被个体意识到。当涉及注意焦点时，一些研究显示，技能操作时的注意指向是技能学习的关键。

伍尔夫、劳特巴赫和图尔（Wulf, Lauterbach, Toole, 1999）报告了在指导中使用表象将注意指向操作结果的实验研究。前期没有高尔夫操作经历的大学生被试学习斜击高尔夫球进入 15 米远的圆形目标。向每个被试都提供同样的关于距离和如何抓球棒的示范与指导。但是，告知其中一组被试在每次摆动时将注意集中于手臂的摆动动作。这些被试还获得了关于不同摆动操作的特别指导，并且在练习击球之前，空手练习了几次摆臂动作。告知第二组被试在向后摆臂和回摆时将注意集中于球棒头部的运动路径（即动作效果）。他们获得的特别指导强调了球棒的钟摆式运动。结果显示，将注意集中于球棒运动的被试在练习和 24 小时保持测试中都表现出较高的目标准确得分。（张忠秋，2006）

在指向操作结果的讲解中，告知被试将球棒视为钟摆，并将注意集中于钟摆式的运动。我们知道，使用表象是一种有助于记忆技能操作方式的有效策略。使用表象使注意集中于操作结果而不是操作本身。

（二）将注意集中于稳定的环境条件

另一个与注意指向和讲解内容相关的议题是：是否应告知个体在环境中去寻找什么信息，以帮助他们学习操作技能。

有时我们会询问个体在操作技能时寻找什么或在看什么，认为这样可以帮助他们校准视觉注意的焦点。然而，探讨环境线索意识知觉必要性的实验研究，揭示了此种做法未必很好。研究显示，我们学习从环境中获得相关信息，但并不需要在意识上知道这些信息是什么。

玛吉尔（Magill，1998）的研究是一个很好的实例（张忠秋，2006）。该研究显示个体在不需要意识知晓的情况下，关注和使用相对稳定的环境特征。被试通过电脑屏幕观察以复杂波形移动的目标指针共60秒。被试的任务是追踪目标指针的移动：通过操作桌面上的控制杆，使操控指针尽可能地靠近目标指针。在每次练习的第2个和第3个20秒，目标指针的移动是随机的，但是在每次练习的第一个20秒目标指针的移动模式都是一样的。被试练习该任务15天，每天练习24次。结果显示随着练习的进行，被试在第一部分的操作好于其他两个部分。这本不令人奇怪，因为每次练习的第一部分（即第一个20秒）的目标指针的移动轨迹是一样的，而第二部分和第三部分每次练习的目标指针移动的轨迹却是随机变化的。问题的关键是，当对被试进行访谈时，没有人报告他们知道每次练习中目标指针在第一部分的移动形式是完全相同的。因此，被试实际上已经关注到并利用了指针在第一部分中的规律性移动，尽管他们在意识上并没有知觉这些特征。个体在意识中并没有知觉目标指针固定不变的运动形式，这提示被试内隐地习得了环境的规律性特征，这些特征在他们追踪目标指针时指引他们的注意。

过去普遍存在的一种认识就是我们应该通过讲解使个体知觉到这些特征，以促进学习。然而，鲜为人知的是，此类讲解阻碍技能的学习，不能起到促进学习的作用，尤其是当所要寻找的特征在练习中较少出现时。

格林和费劳尔（Green，Flowers，1991）的研究证实了这种负面效应（张忠秋，2006）。被试玩一个电脑游戏，他们操纵游戏杆水平移动短桨越过电脑显示器的底部，并捕捉一个小球，该球是一个光点，用2.5秒从电脑屏幕的底部移动到顶部。小球每次按照8种可能路径中的一种进行运动。在75%的练习中，小球都会偏离正常的移动路径。因此，被试觉察出路径偏移特征将有助于提高捕捉准确性。其中一组被试获得关于这些特征及其结果的外显指导；另一个组没有获得类似的指导。结果显示两个组的成绩都提高了。然而，外显指导组比无指导组出现的错误更多。研究者归结为获得指导的被试将更多的注意资源指向记忆这些规则，并寻找这些规则的出现，这样就破坏了操作，因为他们没有足够的注意资源分配于捕捉任务本身。这印证了中国的一句古典诗词：此时无声胜有声。

（三）讲解影响目标成就策略

另一个需要探讨的是讲解将个体的注意指向技能的绩效目标。一个很好的例子就是在学习快而精确的操作技能时，讲解（指令）的不同会导致个体使用不同的策略。布莱斯（Blasi, 1991）的实验显示了这种策略的变化。任务是一系列追踪任务，当某一目标位置闪亮时，被试必须将指示器快速而准确地移动到该目标区域。当个体达到这一目标时，下一个目标位置将闪亮。这一过程重复多次。三组被试得到不同的讲解（指令），即强调准确性、强调快速、快速和准确并重。

在第1天练习中（共练习5天），指示语的作用尤其明显。这天，"速度指令"组表现出最短的移动时间，而"准确组"表现出最准确的绩效。最有趣的结果是速度和准确性都强调的组采用的策略导致较短的移动时间，但却是以牺牲准确性为代价的。而且，尽管"准确指令"组操作的准确性最高，但是这些被试最终表现出最短的平均总反应时，总反应时包括反应时、操作时以及操作校准的时间。因此，对于既要求速度也要求准确性的任务，指导时强调准确性可以较好地达到这两方面的指标（张忠秋，2006）。

三、言语线索

玛吉尔认为，与讲解相关的一个潜在问题是指导语可能会携带过少或过多的信息，却有可能并没有提供学习者达到技能目标所必须知道的全部信息。为了克服这一问题，教师可以使用言语线索将个体引向操作技能需要从事的事件上。所谓言语线索是指简短的、精练的短语。例如，"注意看刀头"这一线索指引视觉注意,而"手臂弯曲"线索则促进了关键操作成分的掌握。研究已经显示,这些简短的简单陈述作为指导语是非常有效的,既可以促进新技能的学习,又可以促进已习得技能的操作。

教师在职业操作技能学习情境中可以通过多种不同的方式使用言语线索。一种方式就是随示范一起给出言语线索,以补充视觉信息。按照这种方式实施时,言语线索有助于指引注意,并且能引导个体对技能的复述。

另一种运用言语线索的方式是提供线索,帮助学习者聚焦于技能的关键部分(张忠秋,2006)。例如,在 Masser(1993)的实验中,教授一年级学生学习头手倒立。在其中的一个班,个体每次后摆腿做头手倒立之前,指导者说"肩膀越过你的指节",以强调操作这一技能关键的身体位置。获得线索的学生即使在练习后三个月仍保持着该技能,而没有获得言语线索的学生在练习后三个月操作头手倒立的绩效较差。在使用言语线索强调前滚翻关键技能部分的实验得出了相似结果。

学生自己在操作技能时同样可以使用言语线索,以提示自己从事或操作技能的关键方面(张忠秋,2006)。卡藤和兰丁(Cutton & Landin,1994)研究证实了这一技术对非熟练个体的效用。教师教授大学网球初级班时,要求学生在每次击球时大声说出5个言语线索。这些线索分别是:"准备"以提示对即来球的准备;"球"将注意集中于球本身;"转身"以提示击球的恰当身体位置,包括转动臀和肩与球网垂直,并向后引拍;"击球"将注意集中于击球;"头向下"以提示击球后头的固定位置。与没有使用线索的学生(包括在练习中获得语言反馈的组)相比,使用线索的学生更好地学习了网球的基本击打动作。

言语线索还可以用于提高技能熟练个体的操作绩效。例如,兰丁和赫伯特(1999)的研究中让大学女子网球代表队的队员使用自我提示方法帮助她们提高空中球技术。队员学习说单词"分列",提醒她们跳跃呈双脚平衡制动,这样可以使她们向任何方向移动。然后,她们说"转身",提醒自己将臀和肩转向球。最后,她们说"击球",将自己的注意集中于追踪球直到与球拍接触,并提醒自己保持头部不动,稳固地击球。练习这些提示策略5周后，队员在绩效和技术上都表现出显著的提高（张忠秋，2006）。

使用言语线索有两个不同的目的。有时，线索将注意指向特定的环境事件或规律性信息的特定来源，例如，"准备""方向盘""踩刹车"等就是此类线索。有时，线索提示操作动作，这些动作可以是某一特定的操作（手向上）或一系列操作（转身）。有效提供言语线索的关键，是随着个体练习的进行以及不断地使用这些线索，线索与其所提示的动作之间将建立起关联。好处是个体不需要注意大量的讲解，而是将注意集中于操作技能的知觉和操作成分。

四、职业操作技能教学中的讲解

（一）讲解应遵循的规律和原则

职业操作技能教学中的讲解，一般来说应遵循一定的规律和原则，只有这样才能起到事半功倍的效果。程华强等（1996）认为讲解应遵循以下五条规律或原则：

1. 讲解必须遵循教学规律

首先，讲解要有目的性，要求每个教师需要精通业务，注重教学大纲和教材内容。其二，教师要遵循精炼原则。职业操作技能教学的重点在于学生练习，不允许教师占用大量时间讲解。讲解为练习服务，因而语言要简练。课堂用语应认真推敲锤炼，一般语句不宜过长，宜于把长句改为容易听懂的短句，把倒装句改为主谓句，把生僻词改为常用词，慎用方言俚语。对专业术语尽量用浅显易懂的语言解释，做到深入浅出，避免同义词，以免误解。应把单音词换成双音词，双音词声音较长，词义明晰，给学生留下的印象深刻。其三，教学过程中，学生总有一个由不会到会的认识过程，因而讲解的内容必须由易到难，层次分明。

2. 讲解语言要符合语言规律

首先，语言要正确合理，使用要规范化、标准化。使用的语言要能把所需要表达的内容恰当地表达出来，力求做到准确、合理，讲解时应该用词准确，表达清楚，所指明了，词能达意，符合语言规律，符合技能形成规律。对内容讲解的准确程度，取决于对教学内容熟悉的程度和对有关知识掌握的程度。其二，生动形象：使用语言要有直观性，因为讲解内容大多数是操作技术的相关概念。形象化的语言帮助把文字形象转化为立体形象，唤起动作表象，促使学生模仿练习。

3. 讲解时注意技能形成规律

在知识技能教学的不同阶段，学生有不同的生理和心理特点，这对教学会提出不同要求。同样，教师的讲解也应有不同的体现。其一，初始阶段：此时学生注意力不集中，易受干扰，此时讲解应强调做什么，明确操作动作的结构、要领等。其二，掌握阶段：学生通过练习，处于分化阶段，建立初步的操作表象。此时讲解应着重说明怎样做，解释操作动作的技术特点和原理，提示完成动作的体会。其三，巩固阶段：学生建立初步的动力定型，已能完成操作动作，此时要说明为什么这样做，对难点、关键点的细节进行必要的技术分析。解释操作动作的内在规律，使学生正确、牢固地掌握操作技能。

4. 讲解时遵循区别对待原则

教师在讲解教学时，必须考虑学生的接受能力、智力水平和已有知识程度等等。也就是说，教学对象是具体的，有性别的不同，有年龄和智力水平的差异，有知识结构的不同，等等。因此，教师讲解时要根据教学对象区别对待，真正做到讲解有的放矢。

5. 讲解要遵循艺术性原则

讲解通过语言表达，应讲求艺术性。最佳的语言应该是：准确清晰，即吐字正确清楚，语气得当，节奏自然；清亮圆润，即声音洪亮，铿锵有力，悦耳动听；富有变化，即区分轻重缓急，随感情变化而变化；有传达力和浸透力，即声音有一定的响度和力度，使学生都能听真切、明白。讲解要达到这种境界，应字正腔圆，分明词界，讲究音韵搭配，注意发音、语气、语调、语速的合理运用。

（二）讲解的时机

教师在进行职业操作技能的课程教学时，适时进行讲解对帮助学生掌握职业操作技能有重要作用。因此，教师应当掌握讲解的时机（苏学昌，2005）。

1. 在操作技能学习课程开始时，教师要使学生精神振奋，注意集中，通常在讲解前要要求学生肃立静听。若学生注意力不集中，则不可以讲解，可进行口令练习，将学生调整到安静、注意力集中状态，方可进行讲解。

2. 在进行课程引导时，宣布所学操作技能课程的名称、内容、重点、难点、方法、要求等，导入技能训练课程。

3. 进行课程基本部分时，对能用语言讲清的内容、要领、技巧，要求可以直接讲解；对仅用语言讲不清的，可以先示范，后讲解，也可以边示范边讲解，讲解与示范有机结合。

4. 学生练习时，可以下达简短的口令、指示，不宜过多讲解。而当学生出现操作动作变形等问题时，则应及时讲解纠正。对按规范技术要求做得好的学生应多用肯定的语言表扬，对达不到要求的学生应多加鼓励并加强个别辅导。

5. 操作技能课程结束时，教师应当使用精炼、自然得体的语言对本次训练课程进行一个小结。

（三）讲解的方法

职业操作技能教学要求教师掌握一定的课程讲解的方法。苏学昌（2005）指出，课程讲解可以采用以下六种方法：

1. 分段法

指把操作技术动作分成几个阶段，按技术要求分别讲解的方法。多用于比较复杂技术的职业操作技能的教学。

2. 概要法

指按完成操作动作技术的要领，归纳出要点进行讲解的方法。便于学生加深记忆，准确掌握操作技术动作的要领。

3. 侧重法

指采用分段或概要法时，突出重点、难点和出现错误操作动作进行讲解的方法。它有利于学生有目的、有重点地进行练习和掌握职业操作技术动作。

4. 对比法

指把相应的两个方面加以对比，指出差异、正误、优劣等的方法。对比讲解有比较好的启发性，可使学生获得更为具体鲜明的认识，并能加深理解。

5. 提问法

指向学生提出问题后再进行讲解的方法。它有利于集中学生的注意力，启发学生的思维，培养学生的语言表达能力。

6. 联系法

指根据教学需要联系实际而进行讲解的方法，多用于一次课或一项教材教学的开始和结束时，运用的语言要简明扼要、通俗易懂。

第八章　表象训练

第一节　表象训练概述

一、表象

现代心理学中，国外学者一般认为"表象"是一种能够自我意识到的似感觉或似知觉的经验，这种经验的存在不需要产生真实感觉或知觉的条件（Martin K. A 1999）。也可以说是应用各种感觉创造或再造的一种有意识的心理经验（Landers D. M 1999）。国内学者较为一致地认为表象是指对当前不存在的物体或事件的一种心理表征（彭聃龄，2004）。黄希庭指出，表象也就是心像，只是称谓不同而已，心像就是指对象不在面前时，我们头脑中浮现出的形象。

现代认知心理学认为，表象使人们在头脑中以形象的形式对物体进行操作和加工，是事物不在面前时关于物体的心理复现。表象曾是心理学研究的重要对象。17世纪英国哲学家洛克（J.Loke）就对表象进行了测量研究。但是，在20世纪初，行为主义在心理学研究中占主导地位，认为表象毫无功能上的意义，是感觉中的幽灵，故而将其排斥在科学研究之外。所以，关于表象的科学研究一时陷入了停顿状态。直到20世纪60年代，由于认知心理学的兴起，表象作为人们信息加工、贮存的基本方式才又受到重视，表象研究也成为认知心理研究的重要内容。

表象是由人脑中刺激痕迹的再现所引起的,它以知觉提供的材料为基础,但又不只是知觉的翻版和重复,是知觉痕迹经信息加工后的产物。表象作为知识表征的一种形式,不仅可以贮存,还可以加工和编码。

在动作感知觉的基础上,动作形象或运动情境在头脑中重现称之为动作表象。它反映技术动作的基本特征,如身体位置、幅度、动作力量、速度和方向等。它是以运动感知觉和视觉感知觉的材料为基础形成起来的。动作表象可分为动作视觉表象和动作动觉表象两种。在职业操作技能训练中,前者是教师示范动作后留下的对客体动作感知的视觉表象,后者是主体通过练习后获得的主体运动知觉的肌肉运动知觉表象。动作表象对操作者动作技术熟练的形成和自动化具有极其重要的意义。根据表象视角的不同,动作表象可分为内部表象与外部表象。内部表象是以内部知觉为基础,以第一者的视角表象自己正在做动作,以内心体验的形式感受自己的运动操作活动。外部表象是从旁观者角度看到表象的内容,即以第三视角表象看到自己运动的过程。Cox认为内部表象主要开始于动觉,而外部表象始于视觉。内部表象比外部表象更容易提高运动成绩,其原因可能是内部表象与动觉表象的关系更紧密一些,有学者甚至直接将内部表象称为动觉表象。近来研究表明,动觉表象在内部表象和外部表象中均可产生,甚至越来越多的研究表明动觉表象与外部表象的结合的训练效果更好一些。Mahoney和Avener将内部表象和外部表象进行了分类,并对内、外部表象进行了描述:内部表象是个体以行为执行者的角度体验和感知在真实情景中的行为;而在外部表象中,个体是以外部观察者的角度(就像看录像一样)观察自己的行为。他们发现具备世界水平的体操运动员更多的是使用内部表象而不是外部表象。(汤长发,2011)

由于表象的出现不需要客观事物的直接作用,可以不受时间和空间的限制,所以它对人类的想象、思维等高级心理活动具有十分重要的意义。

(一)表象的特征

表象具有如下特征(叶奕乾等,2008):

1. 直观性

表象和感觉、知觉一样具有直观形象性，是人脑对外界事物的感性反映，但它所反映的通常只是事物的大体轮廓和一些主要特征。表象没有感知所得的形象那么鲜明、完整和稳定。例如，游览过北京天坛的人们虽然对天坛有很清晰的映像，但这种映像总不如正在观看天坛时的知觉形象那么鲜明、完整和稳定。正是由于表象不能反映事物的全部特征，而且不稳定，比较模糊，它所反映的一些主要特征就显得突出和直观。

2. 概括性

表象往往反映同一事物或同一类事物在不同条件下所表现出来的一般特点，而不是某一次感知的个别特点。知觉是人脑对直接作用于感觉器官的客观事物的整体反映，需要借助于人过去的知识和经验。表象比知觉具有更大的概括性，它是以多次知觉为基础经信息加工而产生的概括形象。

表象具有概括性，但表象的概括性和语词的概括性是不同的。表象是形象的概括，所概括的既有事物的本质属性又有非本质属性，而语词是对事物本质属性的概括，已弃其非本质属性。因此，表象往往被看成是感知到思维过程的中间环节。

3. 可操作性

由于表象是知觉的类似物，因此人们可以在头脑中对表象进行操作，这种操作就像人们通过外部动作控制和操作客观事物一样。

表象的可操作性可以用"心理旋转"（mental rotation）的实验来说明。在库泊等人（Cooperetal., 1973）的一项研究中，每次给被试呈现一个旋转角度不同的字母 R，呈现的字母有时是正写的，有时是反写的。被试的任务是判断字母是正写的，还是反写的。结果表明，当呈现字母垂直时（0°或 360°），反应时最短，随着旋转角度的增加，反应时也随着增加，当字母旋转 180°，反应时最长。

这说明，被试在完成任务时，对表象进行了心理操作，即他们倾向于把倾斜的字母在头脑中旋转到直立的位置，然后再作出判断。它还说明，人们在完成某种作业时确实可以借助表象进行形象思维，形象思维的支柱就是人们已经形成的各种各样的表象。

（二）表象的作用

表象是从感知到思维的过渡阶段，是认识过程中的重要环节。从表象的直观性来看，表象和知觉相似，从表象的概括来看，表象又和思维相似，但它既不是知觉也不是思维，而是介乎其间的中间环节。表象打破了人的认识受当前事物直接作用的局限，使认识更趋概括化。运用表象训练能更好地挖掘潜能，发展智力。例如，我国心理学工作者曾利用表象训练提高幼儿园儿童的加减法计算能力。开始时，儿童只能按实物计算；后来，研究者将实物遮起来，要儿童想着那里的实物进行计算（即用表象计算）。经过这种训练，儿童能较快地掌握口算和心算。体操和游泳运动员也常常用表象训练以提高运动成绩。

表象是人们实践活动的必要条件。活动前，在头脑中形成"做什么"和"怎么做"的表象，是人类心理活动区别于动物的主要特点。画家、作家、工程师、运动员、发明家、各种职业技能的操作活动，都要求具有鲜明、稳定、完整的表象。

二、表象能力

（一）表象能力的概念模型

Morris（1997）定义表象能力为"个体的一种形成图像、控制意象并保留足够长的时间以达到既定的表象训练效果的能力"，Hardy（1996）定义表象能力为"训练者构建生动意象及控制意象的能力"。Watt（2002）认为表象能力代表个体创造想象的能力，主要通过产生感知觉及情绪特性来测评。所有以上定义的共同之处为：表象能力的基本特征与创造和评价息息相关。运动表象中测量最多的是表象能力，基于不同个体具有不同程度地产生和使用表象的能力，Hall与Martin支持在测试中使用"能力"一词，Watt（2004）建立了运动表象能力模型。

这个模型的基本组成包括三级框架（如图8-1所示）：表象产生、感觉及信号感觉。(1)表象产生的要素包括生动性、控制力、持续时间、放松及速度。(2)运动表象感觉主要包括空间的(视觉的)和运动感觉的(包括触觉和躯体感觉的)想象。当所有感觉形式都结合到表象中时表象最有效。由于个体感知觉存在差异,因此个体表象的能力也就不同。原则上来说,表象是建立在多种感觉上的,但个体都有自己所偏爱的感觉形式。(3)信号感觉主要是指运动表象产生过程中的环境,以及影响表象生动性和清晰性的要素。包括运动环境中的听觉、嗅觉及味觉等各个方面。(汤长发,2011)

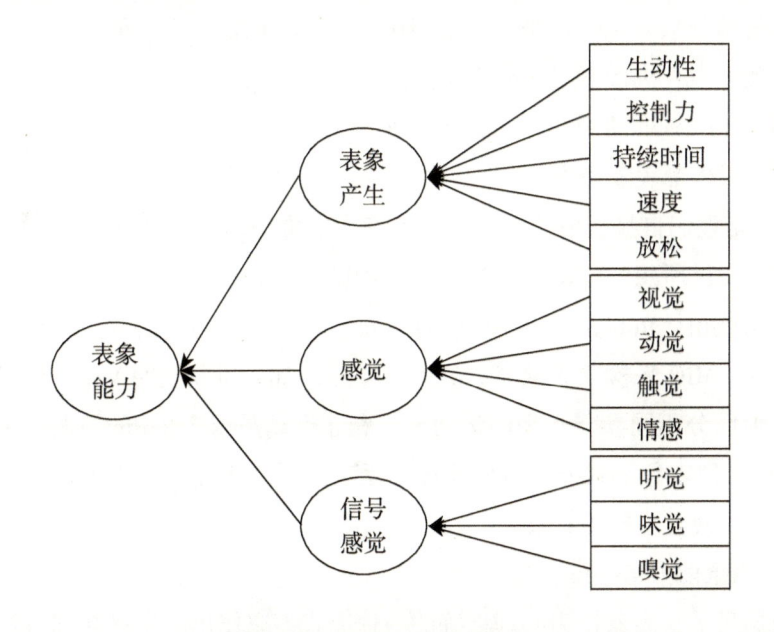

图 8-1 运动表象能力模型(Watt, 2004)

(二)表象能力的测量

评定表象能力一般使用以下四种方法(汤长发,2011):主观的自我陈述测试、客观的测试、定性程序以及功能成像技术。主观笔试要求被试者形成测试题目中所描写的想象,通过李克特量表的 5-7 个点,来评定特殊表象的维度。最常被检验的表象能力有生动性、可控制性、视角、形式。生动性常用 Marks 的视觉表象生动性问卷(Vividness of Visual Imagery Questionnaire, VVIQ)和 Isaac、Marks 的动作表象生动性问卷(VMIQ)。评定可控性常用 Gordon 的视觉表象控制 Gordon 测试;评定视角则采用

VMIQ 测试；评价形式则有评价视觉和肌肉运动知觉表象的量表，如 MIQ、MIQ-R。

MIQ-R 量表要求被试者完成 8 个简单的运动动作，用尽可能清晰生动的视觉表象"看见"自己正在进行这一动作，或是"感觉"自己正在做这一动作。被试者对自己完成这些心理任务的容易/艰难程度，在 1（非常难看到/感觉）到 7（非常容易看见/感觉）的 7 级李克特量表上进行评分。受试者所得的分数并不是用来评定他们执行这些心理任务方式的好坏，只是尝试发现每个人执行不同心理任务的能力。

Marks 和 Russell 研究出了"运动表象生动性问卷"（VMIQ）。此问卷要求个体通过外部表象和内部表象两种方法，就 24 个不同运动或动作，以 5 个点来评定他们自身表象的生动性（1=表象非常清晰，5=无表象，仅仅是"知道"自己所想的运动）。VMIQ 严格测试了运动表象能力，具有足够的心理测量数值。Robert 指出 VMIQ 的得分与运动技能的提高有关。有一些研究使用 VMIQ 来检验表象能力的个体差异，Eton 研究表明 VMIQ 的得分能很好地区分不同参与水平的运动员组和非运动员组。Hardy 等人采用 VMIQ 测量何种表象形式能更有效地提高运动技能的研究中，指出外部视觉表象比内部视觉表象更有效。

（三）表象能力与心理训练

有证据显示，表象作为心理训练的一种形式，它作用的发挥与练习者的表象能力有关。表象能力是指表象所要求的动作或运动情境的能力。对一些人而言，能够对动作形象和运动情境产生清晰、生动的表象；对于另一些人而言，则很困难。

霍尔指出，心理练习能否成功实施直接受到表象能力影响。表象能力强的人比表象能力差的人更容易受益于心理训练。为了验证这个假说，高斯等（Goss，1986）把他们根据运动表象量表的得分筛选的被试按照下列特征分类：高视觉表象能力/高动觉表象能力（HH）、高视觉表象能力/低动觉表象能力（HL）和低视觉表象能力/低动觉表象能力（LL）。在四个复杂性手臂运动每次练习之前，被试都要按动做指示进行动觉表象。研究成果支持前面的假说，HH组用了最少的练习次数就达到了操作标准，HL组次之，LL组用了最多的练习次数达到操作标准。保持测试得到了相似的结果。

与高斯等的结论类似的研究结果使一些研究人员产生了另一个疑问，表象能力高低对心理训练的影响是否由于动机差异或集中注意的能力不够而引起的。罗福尔和克林斯（Lovell & Collins, 2002）通过实验回答了这个问题。实验中被试均为男性，先根据运动表象量表的得分进行分类，然后记录被试进行表象练习时不同脑区的脑电图（EEG）。根据多次表象练习的脑波活动特征的记录，研究人员得出结论：运动表象能力水平不仅仅受动机或注意的影响，而且与独特神经加工特征和运动表象能力联合作用有关。

这些实验的重要性在于它们验证了表象能力与心理训练之间存在关系的假设。此外，它们还证明表象能力低的人也能受益于心理训练。（张忠秋，2006）

三、表象训练

（一）表象训练概念

表象训练一词提出的第一人当推美国心理学家查理·休因（S.M.Suine）教授，他在其《想象——现在的理论与应用》一书中，首先提出表象训练一词，即有意识地积极地利用自己头脑中已经形成的运动表象进行回顾、重复、修正、发展和创造自己的动作。在心理学中，表象训练被定义为在头脑中重复回忆事物的形象，从而达到提高形象清晰性、准确性，获得"内心学习"的效果（汤长发，2011）。运动心理学家认为，运动表象训练是心理训练的一种，运动表象训练是在暗示语的指导下，在头脑中反复想象某种运动动作或运动情境，从而提高运动技能和情绪控制能力的方法。在表象训练的理论与实践中，表象训练也被称作"视觉化"训练、意象演练或想象训练等。在国外运动心理学中，表象训练基本上已成了心理训练的代名词，心理训练与表象训练常被交替使用。在国内运动心理学界大多认为表象训练是心理训练的一种，而不将二者等同（漆昌柱，2001）。表象训练有助于建立和巩固正确的动作定型，提高所学动作质量，加快动作自动化，加速治愈的过程等功能。

（二）表象训练的理论

作为表象训练研究的重要内容，表象训练理论的一个主要内容是尝试对表象训练过程和结果进行解释。长期以来，它一直是表象训练研究的核心内容。但迄今为止，尚未形成一个理想的表象训练的理论（杜从新，2012）。从现有的研究看来，关于表象训练的理论主要有以下几种（漆昌柱，2001）。

1. 心理神经肌肉理论（Psycho neuromuscular Theory）

心理神经肌肉理论已有很长的历史。早在1892年Jastrow就研究了在进行各种心理操作时所产生的不随意的运动现象。1894年，Carpenter提出了"观念运动原理"。他认为，映像可以产生与实际运动时相似的肌肉运动，而只是运动幅度较小而已。后来，人们发展了"观念运动原理"，形成了心理神经肌肉理论。这一理论认为，在大脑运动中枢和骨骼肌之间存在着双向神经联系，人们可以主动地去想象做某一动作，从而引起有关的运动中枢兴奋，兴奋经传出神经至有关肌肉，引起难于觉察的运动动作。根据这一原理，表象训练有助于运动技能的学习是因为这一过程所激发的神经肌肉活动模式的性质。即生动的表象事件所激发的肌肉活动与实际的身体运动在某种程度上是相同的。在表象过程中的肌肉活动虽然很微弱，但它却是实际行为模式的模板。

E. Jacobson，在1931年最先为Carpenter的推测提供了实验证据，被试在想象屈臂动作时可以测量到手臂屈肌群的微弱收缩。Suinn通过监测滑雪运动员在想象滑雪时的腿部肌电活动也发现肌肉活动会随着他们想象内容的变化而变化，当他们想象滑过崎岖的路段时肌肉活动水平最高。近年来，一些脑功能成像研究也发现，一些实际运动时产生的皮层或皮层下区域的活动也会在想象或心理演练时出现，主要的运动皮质也参与运动表象活动。其他一些采用相似的测量技术所进行的研究也表明，许多在实际运动时所激活的大脑区域在进行表象训练时也会被激活，尽管其激活水平不如实际运动时的水平。尽管中枢激活并不能充分证明心理神经肌肉理论，但它也是理解心理神经肌肉理论的重要证据。

虽然心理神经肌肉理论具有某种理论上的精致性，而且这一理论也易得到我们生活经验的佐证（如，梦境常常会引发与之相应的身体反应）。但对表象训练会产生与实际运动时相似的肌肉运动仍需更多的实验支持。即使是产生了相应的肌肉运动，但能否用它来解释表象训练的效果仍需进一步证实。

2. 符号学习理论（Symbolic Learning Theory）

符号学习理论由 Sackett 在 1934 年提出来。这一理论假设，表象可以充当编码系统的功能来帮助人们理解或获得运动模式。通过表象在中枢神经系统产生一种成功完成动作的中枢程序或蓝图。表象训练可以强化这种心理蓝图，从而使动作更加熟悉、更易达到自动化。符号学习理论强调心理训练效果的中枢神经系统的活动。

符号学习理论认为表象训练的效果在于其认知学习。根据这一解释，可以推断表象训练对于认知成分高的运动技能效果好于认知成分低的运动技能。而且表象训练在运动学习的不同阶段其效果也不一样。Feltz 和 Landers 通过对 60 多项有关表象的文献进行元分析发现，表象训练对完成那些认知成分较多的任务的效果总是好于那些纯运动性的任务。这为表象训练的符号学习理论提供了证据。但同时他们的研究也表明，熟练者（学习的后期）进行心理训练的平均效果量大于初学者（学习的初期）进行心理训练的效果量。这一结论又与心理训练在学习初期最为有效的假设相矛盾。此外，符号学习理论和心理神经肌肉理论一样，都不能很好地说明运动心理学家经常应用表象训练进行心理干预的作用。陈敏（1991）指出这一理论没有涉及提高已经熟练掌握的运动技能操作水平的问题，而只是对表象训练有助于建立动作的动力定型做了理论性的解释。另外，将活动分解为认知和运动两部分，似乎带有人为因素。

3. 注意-唤醒定向理论（Attention-arousal Set Theory）

在前面两种理论研究的基础上，一些研究人员将表象练习的认知效应和生理效应结合起来,形成了注意-唤醒定向理论。该理论主要强调两点,一方面认为运动员进行表象练习时,可以将自己的生理唤醒调节到适宜水平;另一方面强调操作前短暂的表象练习可以将注意指向与活动任务有关的事物上,以达到排除可能影响技能发挥的不利因素。该理论预测表象能够通过帮助运动员设置理想的唤醒水平并且将注意集中于任务而增强运动绩效。该理论主要侧重于表述运动操作前表象练习的生理和认知效应,解释熟练的运动技能操作水平的提高。注意-唤醒定向理论可以很好地解释表象训练对心理干预的作用,因此引起了相关研究者的广泛注意,特别是在运动技能领域。但这个假说从未作为一个正式理论被充分发展和完善,也缺少实验研究的支持(杜从新,2012)。

4. 生物信息理论(Bioinformation Theory)

随着研究的进一步深入,一些新的研究成果涌现出来,它们从不同的视角对表象训练进行解释与运用。Peter Lang 从临床实践中发展了生物信息理论,又称生理信息加工理论。这一理论认为,映像是一种贮存于人脑中的按功能组织的有限命题集。人们对一种映像的陈述包括刺激命题和反应命题两类。刺激命题是对表象情景内容的描述,反应命题是对这种情景反应情况的描述。同时,映像也包括指导如何进行反应的运动程序。外显的行为与生动的表象是相互联系的,一方的变化就会引起另一方的变化。外显行为中的生理变化与表象训练时的生理变化的一致性是表象训练起作用的原因所在。Lang 在其临床研究中发现,表象训练时的生理反应越强烈,相应的行为变化就越大。同时,研究也发现如果表象训练中既包括反应命题的因素又包括刺激命题的因素比仅有刺激命题的表象训练所激发的生理反应更多。

这一理论提示我们,在进行表象训练时应注意生理反应的激发。在运动心理研究中生理指标大多是作为一种表象训练效果的评价指标,但对表象训练和生理反应间的关系还缺乏充分的认识。

5. 三重编码理论(Triple Code Theory)

随着认知心理学的影响逐步扩大,国外一些学者从认知心理学的角度对表象训练进行了系统解释。Ahsen 提出了三重编码理论,他认为表象包括 3 个重要的部分:映像、身体的反应和映像的含义,简称 ISM 模型。Ahsen 认为,映像可定义为中枢唤醒的感觉,它包括所有感觉的特征,但同时又是内部的。映像对外部世界的表征使我们在与它相互作用时就像与外部世界相互作用一样。身体反应是与表象训练相伴随的生理反应。映像的含义是强调某一映像对每一个体而言其意义是不一样的。由于每一个体在表象时都会将他自己的独特经验纳入其中,因此,相同的表象训练指导语永远也不会使不同的个体产生相同的表象经验。

这一理论启示我们,在进行表象训练时要关注表象训练脚本对运动员来说可能意味着不同的含义。同样的表象训练脚本可能会对不同个体产生不同的作用。

6. 心理技能训练理论

心理技能训练理论认为表象训练的机制是透过发展,或者强化心理技能来影响个体行为的。主要的心理技能包括降低焦虑技能、注意集中技能和增强自信心技能等。表象训练则是发展这些心理技能的手段。心理技能理论将表象训练的作用归因于心理技能的提高。与其他理论相比,一些理论只能解释表象训练对技能学习的作用机制;一些理论只能找出表象训练对技能表现作用机制的缺陷。心理技能训练理论在一定程度上克服了这些理论的不足。这一理论的缺点是并未详细解释表象训练如何提高运动员的心理技能。

综上所述,表象训练的理论相对较多,这些理论中均具有一些自身合理的成分,有些理论也得到了部分实验的支持。但也存在一定的缺陷,如魏高峡和李佑发(2007)指出,心理神经肌肉理论更适合于解释大肌肉群活动的训练效果,而对于精细小肌肉群的运动项目则不适宜。因此,到目前为止,还没有任何一种理论能够完全解释表象训练的机制,因此也就没有任何一种理论能够得到运动心理学界的普遍接受。

(三)表象分析和应用模型

魏高峡和李佑发(2007)对国内外文献进行了综述,系统地论述了三种表象分析和应用的模型。虽然这三个模型主要是基于运动领域提出来的，但我们认为它完全可以给职业操作技能的表象训练提供很好的借鉴。

1. 表象效果分析模型

1985年，Paivio提出了表象效果的分析模型，也叫动机-认知理论，对表象训练的作用进行了综合的研究。根据Paivio的理论，表象训练对运动行为的影响是通过表象训练的认知功能与动机功能这两方面来实现的。而这两种功能又可进一步细分为一般和具体两方面。从而构成了一个2×2的交叉模型（如图8-2所示）。

表象训练的一般动机功能（Motivational General，MG）是指通过表象训练达到生理激活或情绪唤醒，如通过表象训练消除紧张焦虑、达到心理平静，或者通过表象训练变焦虑为积极能量因素，实现心理激活。表象训练的具体动机功能（Motiva-tional Specific，MS）是指一种目标定向反应，如运动员想象他赢得了比赛的胜利，正站在颁奖台上接受颁奖，观众席上不断有运动迷们热情地呼喊着他们的名字。表象训练的一般认知功能（Cognitive General，CG）是指通过训练获得与比赛事件相联系的策略，如演练在各种赛场形势下的比赛方案，使得这些方案在需要的时候用起来得心应手。表象训练的具体认知功能（Cognitive Specific，CS）是指通过训练使得某一具体的知觉运动技能得到改善，如网球运动员通过演练接发球时把注意力集中于对手的手臂和球拍而使接发球成功率提高。近年来越来越多的研究者采用这种分类来分析其与性别、活动项目、自信心、自我效能和表象角度的相关关系，很大程度上扩展了表象训练研究的思路，为表象训练的实证研究提供了理论支持。

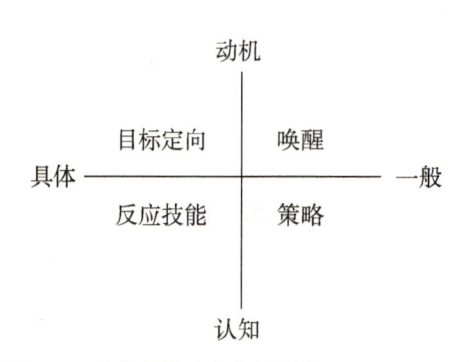

图8-2 表象训练功能分析图（Paivio，1985）

尽管Paivio的模型为表象训练效果的研究开拓了新的道路，得到了广泛的认可和应用，但是也存有一些缺陷。Martin（1999）指出，这个模型至少有三个方面的不足：（1）这个模型中的表象类型并不完整，它未将实际运动中运动员使用的所有表象包含在内。实际上，运动员所使用的表象要远远多于模型中提到的表象；（2）此模型并未将运动员表象能力的差异和运动情境包含在内，这两点恰恰是决定运动员表象使用类型及其使用效果的重要因素；（3）它并未说明运动员使用的某种表象类型会产生何种认知和动机方面的变化。因此，Paivio 的模型不能解释在某一情景中，为了达到某种目的运动员应该使用哪种表象类型最为有效。

2. 运动情景下表象使用的应用模型

Martin（1999）在三重编码理论与生物信息理论的基础上，提出了运动情景下表象使用的应用模型。其基本假设是个体对表象理解是不同的，解释的差异会伴随着不同的认知、情绪和行为反应。因此，运动员使用表象时会有很大的个体间差异。此模型将与表象有关的因素缩减为四个成分：表象使用的类型、表象使用的结果、表象能力和运动情景（如图 8-3 所示）。

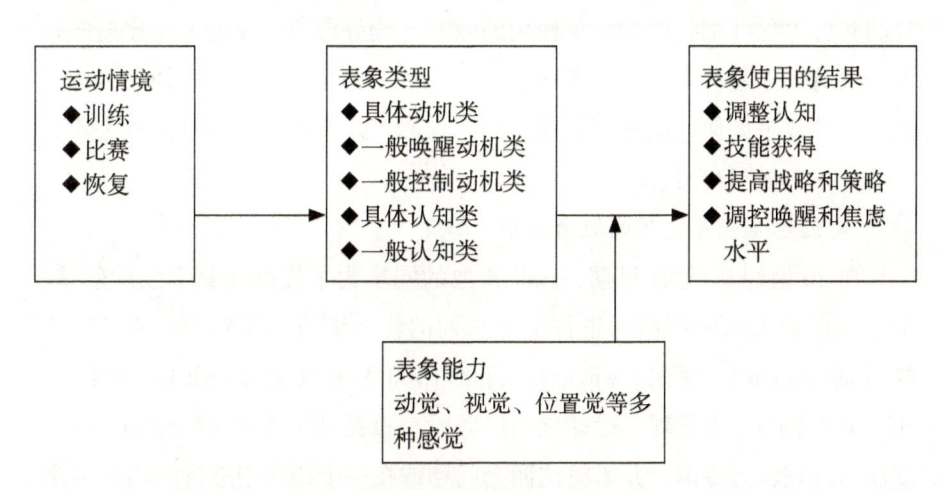

| 运动情境
◆训练
◆比赛
◆恢复 | 表象类型
◆具体动机类
◆一般唤醒动机类
◆一般控制动机类
◆具体认知类
◆一般认知类 | 表象使用的结果
◆调整认知
◆技能获得
◆提高战略和策略
◆调控唤醒和焦虑水平 |

表象能力
动觉、视觉、位置觉等多种感觉

图 8-3　运动表象使用的应用模型（K.A.Martin, 1999）

运动情景包括训练、比赛和恢复。表象类型包括五个类型：一般认知表象、具体认知表象、具体动机表象、掌握动机表象和唤醒动机表象。表象能力主要从视觉和动觉上进行评价。表象使用的结果包括技能获得、提高技能操作和提高策略、调整认知、调控唤醒和焦虑水平。通过这个模型我们可以探讨表象使用的情景与表象类型有一定的关系，表象类型与表象结果之间的关系，表象能力作为调节量表影响表象类型和表象结果之间的关系。因此，Martin 的模型为进一步开展对表象使用效果的研究提供了新的思路。研究者可以从这个模型中提出各种假设，然后再通过实验研究对这个模型进行修正和改进。此外，他还提出了未来的研究方向和模型修正的一些建议。具体来讲，此模型的优点有三：（1）为研究者进行表象使用的实验设计提供了清晰的理论背景；（2）为教练员和运动员提供了概念模型，如果教练想达到表象效果的某一目的，只需根据这一模型就能对运动员进行很好的干预；（3）这一模型从某种程度上对与表象使用有关的变量进行了分类，使我们对运动员的表象使用有了更好的了解，从而对我们进一步研究表象效果的机制提供了很好的背景。

Martin 指出这个模型存在的局限性有二：其一，没有将影响这些成分之间关系的个体差异考虑在内。如个体之间存有的认知偏好、表象使用的时间和努力程度都将影响表象使用的效果。偏好形象表象的个体比偏好言语表象的个体能从表象干预中获益更多。其二，在某一段时间使用多种表象类型的效果如何，此模型并没有进行预测。未来的研究应将多种表象类型结合在一起探查其效果。

3. 运动员表象使用的概念模型

在 20 世纪 90 年代早期，Hall 和他的同事为了提高表象干预的效果，对运动员的表象使用情况进行了一系列的深入调查，主要调查表象使用的时间（when）、情景（where）、目的（why）和内容（what）。10 年后，Munroe（2000）等发现，运动员自己并没有重视到表象训练的作用，而且以往的研究较为零散，并未将这四个问题放在一个研究中进行。Munroe 通过访谈法和资料分析法对运动员表象使用的时间、情景、目的和内容进行了新的研究，并建立了表象使用的概念模型，希望通过这个模型来提高表象干预的效果。

在他的模型中，共将表象分为 6 个水平，一级水平是表象使用的情景

（where），包括训练和比赛；二级水平是表象使用的时间（when），包括训练中、日常生活中、赛前、赛中和赛后；三级水平是表象使用的目的（why）和内容（what），四五六级分别是表象功能和表象内容的扩展。应该说他的模型进一步发展、改进了 Paivio 的理论，将表象的具体认知功能细分为技能培养和提高操作成绩，技能培养又分为纠正错误动作和强化正确动作。将一般认知功能分为策略培养和策略实施。将具体动机功能分为过程表象和结果表象，其中结果表象又分为个人项目和集体项目。唤醒动机功能具体作用是提高兴奋性、增强控制力、放松。此外，他还将流畅状态加入到表象的目的中。关于表象的内容，主要有表象的持续时间和频率、有效性、表象性质（积极或消极表象，表象的准确性）、表象环境、表象类型（视觉、听觉、嗅觉、动觉、表象速度）和表象的控制感。其中视觉表象又涉及内部表象、外部表象和生动性三个方面。他的模型的贡献之一就是细化了表象的各个功能和内容，为具体的表象干预提供了明晰的理论指导，提高了表象训练的可操作性程度和效果。理论上讲，研究者可以通过此模型进行更为丰富的理论研究，探索各个水平之间的相关关系，如研究在什么运动情景中，运动员可以通过何种表象类型提高自信心。然而，此模型选用样本的范围仅限于优秀运动员，且样本量较少，其具体效果如何还有待于实践的进一步检验。

第二节 表象训练与技能学习

目前，关于表象训练在技能学习中的相关研究主要集中于体育领域，这些研究得出了类似的结论，即表象训练有助于提高运动成绩，对运动员有着积极的影响。那么，表象训练对技能的学习有哪些作用、影响表象训练的因素有哪些以及表象训练的程序等问题是本节需要探讨的内容。

一、表象训练在技能形成中的作用

根据殷小川等（2005）的研究，在国外，费尔茨和兰德斯（1983）采用一定量化的文献分析方法，用效果量来描述同类的多项研究中实验组与控制组差异的大小，依次分析研究表象训练对运动技能的影响。他们通过对 60 项表象训练研究进行元分析，得出平均效果量为 0.48，即不到半个标准差单位。由此，他们得出结论：表象训练对运动技能的影响比根本不进行表象练习稍强些。Harrise. D. V 和 Robinson W. J.（1986）认为表象在运动技能中的作用有：(1) 帮助建立技能的模式或框架；(2) 在开始时使用慢动作演练来发展动作概念的顺序和要素；(3) 通过表象不断提高运动技能；(4) 使运动技能达到稳定的水平。Callery 和 Morrise（1993）检验了表象训练在提高橄榄球技术方面的功效。Copper 和 Moran（1994）论证了表象训练能提高运动技能。Alexd. Mekenzie. A. D 和 Howe，B. L（1997）研究证明，表象训练对运动技能学习的各个阶段都起到促进作用。

在国内，经过学者们几十年的探索和研究，表象训练对技能提高的作用效果已逐步得到确认，表象训练作为一种有效的心理训练手段正在不断地被推广和应用。目前，对表象训练的研究更多情况是围绕运动技能的学习来进行的，表象训练通常应用于运动技术比较复杂的运动项目训练。例如，程杰（1999）将表象训练运用于网球教学中，经过实验表明，结合表象训练进行教学，对学习和掌握动作技术具有明显的作用；王振亚（2004）认为在篮球训练中表象训练有利于被训练者投篮技术和心理素质的同步提高，对急停跳起投篮技术效果有促进作用；梁辉（2007）的研究发现，表象训练能够提高女子举重运动员的表象能力，进而有益于提高运动成绩；朱屹（2008）通过实验发现在高校羽毛球普修课中运用表象训练比传统教学更有效提高教学质量，促进运动技能的形成；王德新（2004）对拳击运动员进行了表象训练的实验，结果发现表象训练有助于运动水平较低、基础较差的运动员学习和掌握基本的技术。黄志剑（2014）通过对 32 项有关表象训练与运动技能学习和操作绩效之间的研究进行元分析，结果发现人们可以通过表象训练提高运动技能学习效果和成绩表现。也有学者将表象训练应用到职业操作技能的学习中，结果发现表象训练对职业操作技能的掌握有积极作用。例如，黄强等人（1998）根据实验室研究结果发现动觉表象训练可以提高动作技能训练的效果；武任恒、杨国柱（2014）将表象训练以实验的方式引入中等职业技术学校的职业技能实训教学活动中，结果表明表象训练有利于学生对职业技能的掌握。

从以上诸多研究中，可以看出表象训练在技能的形成过程中主要有以下一些作用（殷小川等，2005；汤长发，2011；李年红等，2003）：

（一）建立正确技术动作表象和形成完整的动作概念

在技能学习的初始阶段，教师运用直观法，通过示范、图片、电影、录像等直观教学方法演示技术动作，使学习者了解所学动作技术的形象，建立清晰、正确的动作表象。正确、清晰的动作表象是形成技能的主要前提，而建立正确清晰的动作表象，必须有足够的刺激量和刺激时间，表象训练则较好地强化了这样的刺激，使刚建立的动作表象在大脑中反复描述，使正确的技术动作得到强化，形成和完善运动动作的肌肉运动表象。表象训练不仅对形成正确的动作表象具有作用，而且是学生掌握技术动作概念的基础。表象训练时学生不仅"看"到了该动作，而且在脑海里把该动作进行信息加工，并赋予"词"的形式，形成完整的动作概念。

（二）表象训练有助于建立和巩固正确的动力定型

在初步建立正确的运动表象后，练习前要求学生想象正确的动作表象，想象自己完成动作的情景和肌肉用力感觉，对动作序列进行想象练习，这样在实际练习时，就会对动作的形态、方向、力量、速度、节奏产生深刻的体会，可以排除错误动作，熟悉动作的时间、空间特征，预见动作的结果。通过反复的表象练习，动觉表象清晰正确，学生的大脑皮质的兴奋与抑制的暂时联系达到非常巩固的程度，动作各环节的条件反射逐步达到巩固程度，进而形成正确的动作动力定型，从而使技能得到发展和提高。

（三）提高所学动作质量，加快动作自动化

在形成正确的动作动力定型后，要求学生要经常练习巩固，否则已建立的技术定型会逐渐消退。这时练习中进一步加强表象训练，可使大脑皮质内兴奋与抑制过程更加集中，神经过程的运动更加精确，使运动表象更鲜明、清晰，动作更连贯、协调、熟练。大脑和肌体对技术动作有充分的认识和感觉，通过内外信息的反馈，中枢神经不断地对动作进行修正调整，进一步改进完善动作技术，从而提高了完成动作的准确性和熟练性，并加快了动作技能的自动化。

（四）提高自信与自我效能

我们可以用 Bandura 的自我效能与自信理论来解释运动表象训练对成绩效果的影响。大部分自我效能与运动成绩的关系研究认为运动表象训练能提高执行者的成功期望，引起成绩的提高。很多研究发现，在运动或技能学习中使用表象训练，有利于自我效能或自信的提高。

（五）表象训练对技能操作绩效的监控

使用表象可以发现练习者操作中的一些问题。如果练习者不能按过去或所预期的水平来完成任务时，表象可以用来检测操作的所有方面，从而发现那些造成成绩下降的因素。例如，如果运动员投篮的准确率平常是80%，而现在只有50%，通过表象，可以发现在投篮之前自己并没有完全集中注意力。

此外，在对体育运动中表象训练的作用的研究还发现，运动表象训练具有多样的动机功能。通过运动表象训练，能够消除紧张焦虑，达到内心平静，或者通过运动表象训练变焦虑为积极因素，实现心理激活。使用表象还可以练习其他的心理技能。例如：注意力的控制、应激的调控、心理激活、目标设置等等。当身体练习变得乏味时，表象还可以增添练习的多样化；使用表象可以打破沉闷的局面，并为体力的恢复提供时间。

二、表象训练的影响因素

大多数研究已经证明了表象对运动成绩能产生积极影响，并且开始研究可能会影响这些效果的变量，李年红（2003）指出影响表象训练的因素主要包括以下几个方面：

（一）认知与运动技能

许多研究发现，具有较多认知与象征性质的任务比那些纯运动技能的任务更能从表象训练中获益，这一发现支持了 Sackett 的符号学习理论。研究者认为表象之所以能提高运动技能是因为运动员在进行运动表象时对任务各动作序列进行了符号练习。Morrisett 比较了认知和运动任务来检验 Sackett 的理论，发现认知性的任务更能从表象训练中获益。Feltz 和 Lander 将这些认知和运动任务的研究加以分类，并计算出分析研究的效果量。发现两种任务都表现出较大的效果量，虽然认知性任务的效果量更大一些（认知性任务为 3.31，运动性任务为 2.56）。但因为大多数的运动技能多多少少都包含着认知成分，因此，可以断定通过表象能够提高认知和运动技能的水平。表象在认知成分和运动成分的任务中，究竟对哪种任务作用最为有效，至今仍无定论。

（二）身体练习与心理训练相结合

首先要说明的是这里所指的身体练习是包含技术动作的身体练习。在得出表象练习是一种提高成绩行之有效的方法之后，研究者试图找出哪些表象练习的方法对提高运动成绩最为有效。Carolyn 和 Patricia 在对水平较高女子篮球运动员的研究中，对比了单纯的身体练习和身体/表象综合练习，结果发现身体/表象综合练习组的罚球准确率提高了 10%~18%。另一些研究也发现身体练习与心理训练交替进行比单独进行身体练习或心理训练更为有效。然而，有一些研究发现纯粹的身体练习比任何身体与心理结合的训练更为有效。Hird 等人在他们的一项含认知成分的运动任务的研究中使用不同比率的身体与心理练习：100% 身体练习，75% 身体练习/25% 心理练习，50% 身体练习/50% 心理练习，25% 身体练习/75% 心理练习，100% 心理练习和控制组。结果显示：纯身体练习组优于身体与心理组合组以及只有心理训练的组。然而，这并不表示心理训练没有优点。研究者发现身体练习常常受到费用、时间、疲劳或者受伤等因素的限制。因为研究者同时也发现心理训练比完全没有心理训练组好，他们建议表象可以作为体育运动训练的一项辅助手段。

（三）积极与消极表象

Woolfolk 等人发现积极的、定向于成功的表象能提高成绩，而消极的表象对成绩产生负面的影响。他们认为在进行活动之前简略地想象一下结果会比只对组成任务活动进行心理演练效果要好。另外，消极表象所带来的副作用似乎要比积极表象带来的优点对操作成绩的影响更为强大。

（四）表象演练的时间

一种练习方法是否有效，与练习时间有关。因此，研究者企图确定每次表象演练最适宜的时间。一些研究发现，使用表象演练过于频繁或者时间过长会降低效果甚至降低成绩。有一些研究认为大量的表象练习可能会对成绩不利，超过 5min 注意力就很难保持集中；并且在进行心理练习时，分散练习比集中练习更有效。另一些研究者建议表象练习 5min ~ 10min 最为合适。Weinberg 则告诫在确定表象练习最佳时间时，要考虑到个体与任务之间的差异。近年来，Etnier 和 Landers 的一项不同时间（0min、1min、3min、5min 和 7min）的表象练习的实验结果显示：对于 3min 的投篮任务而言，1min 和 3min 的表象训练比 0min、5min 和 7min 成绩好。他们认为最理想的表象训练时间大约与完成任务所用的时间相等。

在表象练习的时间上，还需要探讨的是表象训练的整个周期需要多少时间。在一些研究中，表象的训练时间太短，忽视了表象本身也是一种需要学习的技能，表象要想发挥最大效用就必须有足够的时间来进行练习。

（五）表象的能力

对于心理训练来说，个体表象的能力是至关重要的，在进行心理训练之前必须提高个体的表象能力。研究发现，有的被试报告他们不能够构成表象的画面，被试在表象过程当中会发生障碍，如：表象过程不连贯，或不断重复某一个片断，甚至一些无关的内容进入表象。Jorn 和 Dieter 的研究中发现，表象能力高的被试与能力低的被试在表象过程中，大脑的脑电位变化不同。当进行表象时，能力低的被试大脑左半球的电位变化很强，这说明表象能力差的人用了更多的认知性努力。Isaac 发现表象训练可以提高蹦床的成绩，尤其对于那些具有较高表象技能的被试来说。这些研究证明表象能力可以通过练习来提高，并且更强的表象能力会对成绩产生更多的积极作用。表象能力是由以下几个方面来决定的：

1. 表象和感觉。

运动表象主要包括空间的（视觉的）和运动感觉的（包括触觉和躯体感觉的）想象。当所有感觉形式都结合到表象中时表象最有效。由于个体感知觉存在差异，因此个体表象的能力也就不同。原则上来说，表象是建立在多种感觉上的，但个体都有自己所偏爱的感觉形式。Epstein 认为一个人的表象时相（外部表象或内部表象）的不同在很大程度上取决于个体感官的不同，因此在研究中很难对表象的时相做出描述并达到一个明确的结论。

2. 清晰性与控制性

早期的研究发现，不是所有的被试在练习篮球罚球时都能够控制他们的表象。表象的清晰性指个体在表象时所"看"到的清楚和详细程度。控制性是指关于个体能够操纵和指挥所要表象的内容。他们发现具有高清晰性和控制能力的人成绩提高最好。不加以控制的表象会导致演练那些产生消极影响的动作和情境。因此，对于练习者来说，学会控制表象十分重要。例如，一个篮球运动员应该能在自己头脑中清晰地表象投篮，能清楚地想象篮板、篮筐和篮球上面的细点和黑色的纹路，以及运动员排列在罚球线两侧，周围有许多观众。但他们可能也会想象球越过篮板飞到了露天观众席上去。缺乏对表象的控制能力无疑会导致成绩的下降。Highlen 和 Bennett 报告说熟练的（有经验的）运动员比不熟练的运动员具有更清晰的表象，并且能更好地控制表象。

3. 表象的转换能力

Hall 等人发现熟练运动员能区分内、外两种表象，并且更喜欢两种表象都使用，他们控制和转换两种表象的能力要比初学者强得多。Jorn 和 Dieter 也认为熟练者更趋向于交替使用内、外两种表象，而不是偏向于使用内部表象。

（六）放松的作用

研究者常常建议在表象前进行放松练习。许多研究发现表象前进行放松比只作表象训练更为有效。放松使得与表象有关的大脑右半球出现活动，舒缓了躯体令人不适的紧张，并且使心情平静和注意力集中，从而消除分心。放松提供一种平静的心理状态，并且有利于清晰的表象形成和对表象的控制。常用的放松训练方法有 Jacobson 的渐进放松、静默和自生放松练习。

值得注意的是一些研究者对于放松的作用持相反的观点。Qualls 认为"放松的指令和生物反馈所产生的应激在本质上与放松过程本身来说是冲突的；身体因所给的这种指令而变得'迷惑'"。

很显然，表象练习中放松的作用还有待于进一步的研究。然而，在表象练习之前进行放松会使表象更为清晰和易于控制，从而使表象更为有效。另外，在进行心理训练时要注意不要让被试始终都处于放松状态，应该是在表象练习前进行放松。

（七）熟练者与初学者

表象训练对于熟练运动员来说比初学者更有效。Hall 和 Erffmeyer 认为，对于罚球来说，高水平的运动员更能从表象训练中获益。Feltz 和 Landers 认为表象练习似乎对熟练者十分有效，在某种程度上来说也有益于初学者。初学者能从表象训练中受益，是因为表象训练能够帮助其在学习任务时，建立一个含认知成分的粗略框架。

Noel 关于男性网球高、低水平运动员的研究结果显示，VMBR（Visual Motor Behavior Rehearsal，即视动行为复述）高水平组的发球准确性提高了，而 VMBR 低水平组则是更差了。这可能是因为使用 VMBR 时，高水平运动员在头脑中学习了正确的动作，而对于低水平运动员来说，由于没有详细的指导，他们实际上可能演练了不正确的动作，因此准确性变得更差。此外，还可能是高、低水平运动员在控制表象能力上有差异，即低水平的运动员不能想象正确的动作。

根据 Jowdy 和 Harris 的报道，尽管熟练者与不熟练者都使用内部时相，但仍有被试承认在表象演练期间他们不时地转换了他们的时相。初学者更多地依赖于外部表象，而熟练者主要是使用内部表象。初学者在掌握技能的早期阶段，因为对运动技能的机制尚没有一个完整的概念，所以主要使用外部时相。有经验的运动员能够准确地使用并变化使用，以前的经验使得表象的转换变得更为容易。

（八）内部与外部表象

Mahoney 和 Avener 将内部表象和外部表象进行了分类，并对内、外部表象进行了描述：内部表象是个体以行为执行者的角度体验和感知在真实情景中的行为；而在外部表象中，个体是以外部观察者的角度（就像看录像一样）观察自己的行为。他们发现具备世界水平的体操运动员更多的是使用内部表象而不是外部表象。

Lang 的"生物信息理论"为表象划分为内部与外部提供了理论模式。Lang 的这一理论准确解释了不同的表象时相所引起肌肉反应的特征。Lang 对与表象有关的认知和信息加工进行分析，描述了大脑是如何将信息按一种简单统一的方式来贮存。这一模型假设大脑并不是按事物的本来面目来贮存信息，而是贮存知识信息（如：经过加工的信息，客观物体抽象的信息、关系和事件等）。表象包括了对储存在长时记忆中的信息进行命题编码的一套网状激活系统。Lang 认为生动的表象包括对刺激命题和反应命题的加工。刺激命题包括对刺激的描述，如：篮球在手中的质地和感觉，或举起的哑铃的颜色；反应命题包括对行为语言方面、运动方面或生理方面（如绷紧肌肉的体验）的表述。

按照 Lang 的理论，外部表象主要是由许多刺激命题和视觉命题组成，因为在加工过程当中感觉形式被局限为视觉；而内部表象是由不同的反应命题所组成，这是因为运动员感觉到好像自己真的在那儿并感受到肢体的运动。生物信息理论是这样解释表象练习提高运动操作水平机制的：表象练习可激活影响运动操作的表象和为外显运动操作提供原型的反应命题，从而在某种程度上改变运动操作。研究表明，内部表象时的肌电活动强度要高于外部表象时的肌电活动强度。由此可见，内部表象更有助于运动操作水平的提高。

对于优秀运动员来说，似乎内部表象比外部表象对提高成绩更有效。

Doyle 和 Landers 发现优秀步枪射击运动员主要使用内部表象，而优良步枪射手则混合使用内部和外部表象。Hale 推断外部表象应由视觉活动命题组成，而内部表象应主要包含肌肉活动反应命题，如动觉表象。Hale 发现被试在进行举重任务时使用内部表象比使用外部表象更能引起相应部位肌肉的兴奋。在这之前，一些研究者对表象的效用提出质疑，是因为在研究中常常趋向于对表象的总的效果做出描述而不是去监测肌肉的活动。Harris 和 Robinson 针对这一问题进行了一项研究，他们不仅测试总的效果并且测试特殊肌肉的活动。他们发现空手道运动员进行内部表象比外部表象产生更多的肌肉兴奋。然而，另外一些研究没有发现优秀运动员的表象时相有差异。

由此可见，关于内部表象与外部表象的效果还需要进一步的研究。个体在进行表象演练时，是使用内部表象还是外部表象，或是两者皆用。在研究中因为被试使用何种类型的表象这一点得不到充分的控制，因此，关于内部、外部表象的效果还未得出最后的结论。选择和采用特定表象时相的能力可能还与被试所学的技能好坏有关。

尽管理论上认为内部时相更有效，但是最有效的表象时相应该由心理练习目的来决定。外部时相对于技能较差的学习者或在学习的早期有效，内部时相对于试图用表象来发现操作错误的较熟练的运动员来说则更有效，但有关这方面的结论还需要进一步的研究。

除了以上因素外，汤长发（2011）的研究还发现人口统计学变量、表象训练的速度、表象形式等因素也能对表象训练的效果产生影响。

三、表象训练的程序以及注意的问题

（一）表象训练的程序和方法

关于表象训练的程序，马启伟和张立为（1996）认为表象训练的程序一般包括三个步骤：

1. 先进行放松训练，这种放松训练可以简化些，用较短的时间进行。
2. "活化"动员，使自己处于清醒、积极的工作状态。

3.表象运动技能和运动情境。

表象训练的一般方法有卧室练习、木块练习、冰袋练习、比率练习、五角星练习等等（马启伟、张力为，1996）。除了这些方法之外，心理学工作者和职业学校的教师还须根据不同操作技能的特点设计具体的表象练习。

（二）心理表象训练的新程序

1995年，日本筑波大学高野聪等人在深入广泛地研究了国内外已有心理训练方法，尤其是表象训练方法的基础上开发出一个心理表象训练的新程序（简称MITP）。该程序几经实践运用，不仅训练效果良好而且在运动学习训练心理的理论方面也产生了一定的影响。我国学者刘鸣（2001）就该训练程序的主要步骤、内容、效果以及有关理论方面的问题进行了系统的论述。

1.MITP的基本步骤与内容

表8-1　MITP新程序的阶段、目标与内容

阶段	时间	训练目标	训练内容
1.准备	2小时	练习者对MITP的基本了解、激发练习者的训练动机	练习者自我介绍、MITP文字材料说明、有关心理测试（竞技能力诊断）实施
2.唤起表象	2小时	对唤起表象消除紧张的作用了解、自律训练法习得	常用紧张消除法的分析比较、呼吸法、自律法的操作练习
3.表象内视	2小时	表象训练机能与效用理解、掌握表象训练的身体姿势、提高视觉表象的鲜明度	进行各种视觉表象形成的练习、检查表象的鲜明度、逐步提高视觉表象活动的清晰准确性
4.表象运动	2小时	表象与运动觉关系的理解、提高表象操作时对相关肌肉运动感觉的体验水平	以肌肉运动感觉为基础的表象训练、竞技动作的肌肉运动感觉分析、制作表象检查要点、训练在表象中体验肌肉运动感觉——念动训练

续表

阶段	时间	训练目标	训练内容
5.表象体验	2小时	采用皮电技术确认唤起表象时的情感反应、练习者运动经验中成功或失败等记忆表象及其情感体验	表象情感关联重要性的理解、表象反馈机制的理解、运动经验中心理表象与情感关系的体验
6.表象控制		对有关提高表象控制能力的方法的了解与尝试、摸索适合自己的应用方法	利用有关表象练习法训练消除和再现表象、努力提高对表象的控制能力
7.想象表象		应急方法技术的了解、练习对不测状态进行想象并确立积极有效的对策	思维方式置换（消极——积极思维）、在表象中对不测状态进行处理、确立应急的心理策略
8.表象唤起		各个竞赛目标任务明确化、在表象中体验过去比赛经验中达到目的时的成就感和优胜感	表象目标达成的场面并体验相应情感用表象呈现自己的愿望被满足的场面、振奋对今后比赛的期待、自信、欲望
9.表象演习		在表象中感受整个比赛的各种状况以及调动自己参赛的整个身心力量、习得在比赛中提高成绩的表象训练方法	在表象中呈现比赛过程中的自我状况、表象激烈的比赛气氛与紧张感、在表象中从头到尾演练整个比赛过程并设定种种应急场面
10.与表象练习同步		以表象技法为中心的心理训练程序的做成、训练效果的确认	以该训练为基础制定各个练习者自己的心理训练程序、从心理测验开始确认训练效果、对整个训练程序的评估

在上述以表象技法为中心的心理训练程序中，1—5属于基础部分，通过这5个步骤的训练可以促进练习者自我理解以及身心状态自我观察能力的提高。3—5注重表象与动觉和情感体验之间的联系，这是提高表象鲜明、生动性的重要步骤，其练习效果的好坏对后阶段的训练具有很大影响。因

为表象的鲜明生动程度不够的话，一是有关技术性动作的训练效果不佳，二是难以很好地激发练习者的竞技状态。有关研究表明，内部表象（动觉、情感因素参与的、以自己完成动作的实际过程为主的表象体验）比外部表象（单纯地观看演示动作而形成的表象）具有更好的心理训练效果（Lang，1979；Mahoney & Avener，1977；Mahoney et al，1987）。6—10 属于表象技法的应用实践阶段。第 6 项训练意在提高练习者对表象的操作控制能力。研究表明（Start & Richardson，1964；Murphy，1994），表象控制能力与表象的鲜明生动性一样对表象效果具有十分重要的作用。第 7 项属于想象表象练习，它和第 8、第 9 项一起构成了一个有关竞技比赛的心理模拟训练。

该程序在日程与练习时间方面具有一定的弹性，即每一项练习的时间与各项练习之间的间隔可视不同的练习者的具体情况而有所变化。一般每项练习每次约 2 小时左右（1.5—2.5 小时亦可），各项的间隔时间可 3-5 天，也可一个星期。

根据高野聪等人的实际运用，在如下几个方面获得了极有价值的训练结果：

（1）心理竞技能力的变化：以表象训练为中心的心理训练程序可以获得对多方面心理素质加以训练提高的效果，而不是仅仅局限于表象方面。

（2）竞技心理状态的变化：根据训练后的有关调查，练习者在竞技心理状态方面也发生了良好的变化。虽然训练效果还有待实际比赛结果的检验，但从练习者的主述来看，以表象技法为主的心理训练对提高竞技心理状态也是有效的。

（3）表象能力的变化：高野聪等人采用表象要因（视觉表象、动觉表象、情感表象和表象控制的 4 个水平）× 练习期间（练习前、中、后三个水平）的 2 要因分散分析对表象能力的受训效果进行了考察，结果表明，练习期间要因的主效果具有统计学的显著性意义，显示出各表象能力有所提高，并且与心理竞技能力具有一定的相关关系。

2. 对 MITP 新程序的理论探讨

与过去六七十年代比较单一的表象训练、念动训练以及想象训练有所不同，MITP新程序虽然是以表象训练作为主要的技术方法，但实际上并不仅仅局限于视觉表象，而是将视觉表象、动觉表象和想象表象等多种心理活动有机地结合起来施以综合性的训练，旨在同时性地、比较全面地提高和改善练习者的竞技心理能力。这一点不仅在有关运动学习训练和比赛心理的理论上具有重要的意义，而且在实践操作方面也非常积极有效。

为什么说MITP新程序在有关运动学习训练和比赛心理的理论方面具有重要意义呢？这是因为迄今为止许多运动心理学家一直认为表象训练只具有比较单一的促进运动技术、技能习得的效用，而较少有其他心理训练的功能（例如集中注意力、提高竞技状态、激发比赛和训练动机以及控制调节情绪情感等作用）。传统的表象肌动理论和表象学习理论便是这种观点与看法的集中体现。然而当代心理学，尤其是当代认知心理学有关表象的一系列研究则表明，表象具有相当广泛的心理机能联系性，表象唤起时不仅伴随着非常匹配的感知觉心理过程（即所谓"表象与知觉机能等价"），而且某些特定表象与情绪情感过程以及相应的生理过程也具有十分密切的关联。此外，形象表征（记忆表象）、想象表象的思维策略特性，表象与注意状态、与人格心理特征的广泛联系等现象也不断为有关研究所证实。由此可以认为，MITP新程序的主导思想——综合多种心理表象形式进行训练、全面改善练习者的竞技心理能力——既是当代心理学有关表象研究成果的产物，又是对这些基础研究理论的实践运用和操作验证，同时还是由过去比较单一的心理训练方式向综合性方向的转化与发展。

刘鸣指出，这里所论及的训练有效性并不单单是指数量上多方面的竞技心理能力的提高与改善，更为重要的一点还在于性质上的变化。MITP新程序的一个特点即在于将过去单一性质的视觉表象训练、念动训练以及想象训练等方法有机地结合在一起，这种结合并非只是形式上的由少变多，而是促进训练作用更加实际有效的必要措施。众所周知，单一性心理训练在其效果的稳定持久性方面不太理想，原因之一即在于训练的"情景场面"过于单纯、与实际的训练比赛状况差距很大，所以常常只具"训练"效果而没有或较少实际功用。但如果若干练习、若干"情景场面"结合在一起便可以构成一个相对完整的系统，从而有利于减少训练与运用之间的中间环节，减少与实际状况之间的差距，使训练效果易于转化为实际能力。这一点虽然高野聪等人目前尚未进行有关具体的比较研究予以证实，但从理论上分析是可以成立的。当然这并不是说所有的单项心理训练就应该取消而代之以综合性的训练方式，而是说综合的心理表象训练程序有其独特的练习功能，如果针对不同的实际问题，两相结合，有所侧重的话，一定可以获得更好的心理训练效果。

刘鸣认为，MITP新程序现存的最大问题之一在于有关测量表象鲜明生动性以及表象的操作控制性的方法方面还不尽人意，或者说方法还有待提高。因为现行的测度方法基本上是问卷性质的，所以很难避免许多主观随意因素的影响，这方面随着当代心理学有关表象研究的进步可以逐步地得到改善。

（三）制定和实施表象训练计划应注意的问题

在制定计划和实施表象训练时，要全面考虑各种影响因素，科学地进行表象训练。林岭等（2006）从以下五个方面阐述了如何制定和执行表象训练计划，提高表象训练效果，追求表象训练质量的最优化。

1. 个人因素

个体的个性心理特征、对表象训练的认知水平、表象能力、对实施表象训练的动机水平、阶段心理状态、专项训练比赛经历、运动技术水平与专项认知水平、阶段训练任务与动机、阶段训练状态等个人因素均会对有效实施表象训练、实现表象训练效果产生影响。为此，在制定表象训练计划时必须充分考虑这些个人因素，在执行过程中，还要随时观测表象训练质量和效果，并及时修正原计划以保障训练得以有效顺利进行。另外，在正式实施系统的表象训练前，要做好各种有关准备，如提高个人的表象训练能力、表象训练认知水平、表象训练动机，选择合适的表象训练时机，创造必要的表象训练环境，建立个体化的表象训练模式（如针对不同训练内容、训练环境、训练目的等建立个体化的表象训练方法、方式）等。

2. 专项训练的需要

制定实施表象训练计划时，必须充分结合专项训练的需要，即表象训练专项化。专项训练可以从如下几个方面考虑：（1）不同项目采用不同的表象训练方法、方式；（2）专项训练的不同阶段与时期采用不同的表象训练方法；（3）充分结合专项阶段训练内容、方法与任务的需要来进行表象训练。

3. 适用方法选择

制定表象训练计划时首先要根据不同训练目的制定不同的表象训练方法。另外，在实施表象训练计划时，要考虑在不同训练环境下的表象训练方法选择、应用和表象能力的培养。再者，在选择应用表象训练方法时还要考虑采用不同方法、手段的综合应用，实施针对性、多样化相结合的表象训练，以提高表象训练质量和效果。如表象训练时，可以把表象训练与观看技术录像相结合，如有条件还可以结合生物反馈方法实施立体化表象训练。

4. 训练负荷与节奏把握

作为一种心理技能训练方法，表象训练也如同其他素质训练一样需要有系统的训练计划，该计划除了包括训练方法（负荷方式）的选择外，还要包括负荷量与强度、负荷周期、负荷节奏等训练计划构成要素。其中，影响表象训练质量与效果的因素除了方法选择外，表象训练负荷与节奏的把握同样重要，而且，由于表象训练作用的直接目标是影响心理过程，训练效应的直接体现是心理能力的变化。因此，其训练负荷的性质是对个体施加心理负荷，这种负荷性质就决定了在制定和执行表象训练计划过程中要比其他身体素质训练更加注重负荷强度、量与负荷节奏的把握。没有一定负荷量和强度的积累，难以产生较理想的训练质量和效果，而不当的过度负荷或单调的方法和节奏则易于产生心理疲劳，同样会影响阶段训练效果。目前，表象训练负荷与节奏把握尚难以建立相对统一的标准，其基本原则应该是：在遵循个体化、专项化、方法针对性的前提下，既要保障产生有效的训练效应，同时还要尽量避免心理疲劳的产生。

5. 训练过程质量控制

在实施表象训练计划时，要树立追求训练质量，效果最大化、最优化意识，采取各种综合措施建立有效的训练过程质量控制体系。质量控制系统应包括：个体特征的诊断、训练方法的选择、专项训练需要的评估、训练计划的制定、训练过程的质量控制、训练负荷的把握、训练效果与质量的综合评价、评价信息反馈与计划修正、质量保障综合措施等。

第三节 操作技能训练中表象训练的实证研究

目前，关于表象训练的研究主要集中于体育领域，表象训练对运动技能形成的积极作用已经得到大量实证研究的证实。袁晓松（1995）指出，尽管表象训练孕育成行于体育训练，其理论多见于体育心理学，但根据教育心理学的技能学习迁移理论，表象训练应该有着更为广阔的迁移前景，例如向学校教学迁移。关于表象训练在职业操作技能形成中的作用，国内也有一些学者进行了实证研究，例如武任恒、杨国柱（2014）和黄强、赵欣（1998）等人，但从总体看来，目前相关的实证研究相对较少，研究的空间还很大。本节将主要介绍武任恒、杨国柱（2014）将表象训练引入中等职业学校学生机械操作技能的实验研究。

在中等职业学校职业技能的实训中，教育者经常遇到的一个困扰是：由于实训场地、仪器设备的数量限制，导致学生没有充足的职业技能练习的机会，从而影响了学生技能培养的效果。是否有一个在不增加实训场地和仪器设备的前提下也能提高技能训练成绩的方法，武任恒、杨国柱将表象训练的方法引入中等职业学校机械操作技能的教学训练，旨在探索表象训练法是否也有利于机械操作技能的培养，为科学地完善中等职业教育的技能训练寻求一条新的有效途径，也为破解职业学校实训场地和设备有限而导致练习不足的难题提供一种新的解决方案。

一、研究对象与方法

(一)研究对象

该研究实验在某市第一中等职业学校展开,从该校机械专业的11个班中随机抽取两个班的学生共71人(机械专业均为男性),再将71人随机分成两组,其中实验组35人,控制组36人。

(二)方法

该研究采用组间对比教学实验,控制组采用传统教学方法,实验组采用"表象训练"方法与传统教学方法相结合的方法。

实验共进行5周,每周8学时,共40学时。实验者学习的内容为中等职业学校机械专业教学大纲所规定的机械实训的内容,实验选择车工技能的车削加工、铣工技能的铣削加工与钳工技能的钳工加工三部分技能作为具体的实验内容。

该实验将表象训练作为自变量。实验组采用表象训练教学法,并结合传统教学方法;控制组仅采用传统教学方法。实验以车工、铣工、钳工的技能操作产品的测量结果以及实训综合评定成绩为因变量。

实验采用实验组、控制组后测实验设计模式,处理模式见表8-2。

表8-2 实验处理模式

	实验分组	实验处理	施测	差异比较
随机取样 随机分配	实验组	X	$Y_{后测}$	施测结果 差异检验
	控制组		$Y_{后测}$	

技能实训教学活动过程中,实验组与控制组教学内容、教学时数、实训的场所、教学进度、考核内容、考核标准要求均一致。同一工种的技能实训,无论实验组或控制组均由同一实训教师进行指导。同时,为了消除"霍桑效应",实验中的分组名称(实验组、控制组)并不让学生知晓,避免学生由于知道自己是实验组或控制组而产生异常心态从而影响实验结果

的科学性和可靠性。

在对学生技能操作产品的考评上,由机械专业的实训指导教师组成考核小组完成测量,以保证测评的准确性与精确性。学生实训总评成绩由实训指导教师根据学生完成的成品和相应技术标准打分,在打分过程中,教师不知道学生的姓名与学号,操作产品上只有抽签时学生的代码,降低了教师评分过程的主观因素,提高了评分结果的公正性与正确性。

二、实验实施过程

技能实训教学实验开始前,由该校主管机械实训的领导给实验组和控制组学生做动员,指出机械实训在机械专业学习中的重要性,并提出相关要求。让两组的学生观摩以前该校机械专业学生实训的优秀作品,以激发学生的学习动机。

实训按照学校的教学计划进行,因此实验组和控制组的每个学生均需完成车工、铣工、钳工教学实训。无论是实验组还是控制组,车工、钳工、铣工三部分的技能实训均按照先车工再铣工后钳工的顺序进行。每阶段的技能实训完成后,两个组的学生均需要将完成的成品签上自己的编号上交给老师,以供考核。

(一)控制组技能实训过程

控制组所采用的方法是目前中等职业教育技能教学中所广泛运用的传统实训教学方法,具体实训教学过程见图 8-4。

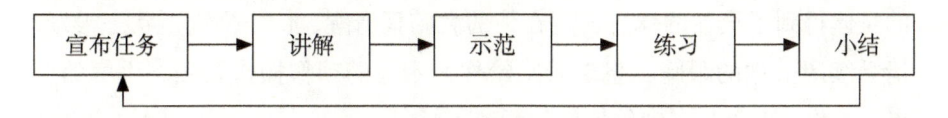

宣布任务 → 讲解 → 示范 → 练习 → 小结

图 8-4 控制组传统教学模式(杨世木,2004)

在技能实训教学中,教师首先向学生讲解本阶段与实训相关的知识,如车床操作要领、钳工加工工艺流程、铣床操作要领等理论知识,然后进行操作动作与要领的示范,并进行讲解,详细提示学生应该注意的事项,然后学生根据老师的讲解与示范进行练习,最后由教师对当次的实训进行小结。该程序通过教师的讲解与示范让学生初步了解车工、铣工、钳工的基本技术操作要领，然后把车工、铣工、钳工各自的技术分解成具体的工种技术动作进行短时间的练习，再经过长时间的练习形成操作定型。

（二）实验组技能实训过程

在技能实训过程中，实验组采用表象训练法，在教师讲解与示范后，学生们进行表象训练，表象训练结束后，学生们再进行实际练习。其模式见图 8-5。

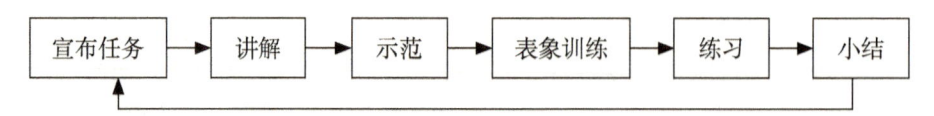

宣布任务 → 讲解 → 示范 → 表象训练 → 练习 → 小结

图 8-5　实验组表象训练教学模式

实验组的技能实训过程与控制组基本一样，与控制组不同之处在于实训指导教师对学生讲解与示范完成后，立即进行表象训练，而控制组不进行表象训练。实验组在表象训练完成以后，再进行实际练习，而控制组是在教师完成讲解与示范后，直接进行模仿与实际练习。实验组的具体教学和训练过程如下：

技能实训教学开始后，技能实训指导教师向实验组学生宣布教学任务，将教学内容对学生进行讲解与示范，然后实验组的学生进入表象训练阶段。首先让学生放松，然后教师用指导语指导学生进行表象训练。

实验中实训指导教师用以下指导语指导学生进行车工的表象训练："你的身体得到了全面的休息，现在你的大脑很清醒，信心饱满，状态很好，请继续闭上你的眼睛，想象老师给你们示范的动作操作要领、讲解的要点……你'看见'老师给你们的示范了吗？……好！注意力继续关注老师的操作动作，感觉到自己在车床前，正在以老师示范的动作要求安装刀具，感觉到了吗？……好！现在用老师所授的方法将工件定位夹紧工件四爪卡盘上，注意老师示范的要点与关键，操作完了吗？好！现在感觉到你自己手扶摇柄，左右上下运动，进行对刀……现在感觉你自己正在调整刻度盘与手柄，确定切削深度与走刀量……在你的大脑中是不是有一幅你正在操作的画面？……好，现在你是不是越来越感觉到你正在车床上操作加工？画面是不是越来越清晰？……好！在大脑中继续保持清晰的画面，继续感觉到你自己正在操作……"。钳工、铣工表象训练的指导语与车工训练时的指导语在形式上相仿，表象训练操作要求一样。

学生们借助教师的讲解与标准的示范形成技能操作的初表象，在此基础上不断地回忆、再现操作形象。同时，教师利用一些能体现操作要领的关键词进行提示，使学生在脑海中反复再现技能操作表象，持续时间4～6分钟。

表象训练结束后，再进行实际练习。实际练习是学生实际动手的过程，是将教学所要求的任务转化为具体操作的过程，表象训练并不取代实际练习。

为了验证两种教学方法的效果差异以及表象训练的实际效果，在5周的实训结束时，由该校机械专业的实训指导教师组成的考核小组，对本次参与实验的学生的实训技能进行考核与评定。

三、实验的结论

通过对实验数据的分析对比发现，车工、钳工、铣工实验组的作业成绩和综合评定成绩均与控制组存在着非常显著的差异，实验组的综合评定明显优于控制组的综合评定。

因此，实验得出结论：表象训练与实际练习相结合的练习效果明显优于单纯的实际练习的效果；表象教学法与传统教学法相结合的教学方法的效果明显优于单纯的传统教学法；表象训练应用于中等职业技能实训教学有利于学生对职业技能的掌握。

第九章 动觉训练

第一节 动觉的概述

一、动觉的概念

动觉是心理学研究的一个重要的问题，它是运动知觉、运动表象、运动记忆、运动思维等一系列问题的深入研究的基础；它与完成各种操作技能的准确性、精确性、协调性、连贯性息息相关。

什么是动觉？动觉是对身体的运动和位置状态的感觉，又叫"运动觉"。引起动觉的刺激是身体运动器官的空间位置发生变化时所产生的机械力。其感受器是肌肉中的肌梭、筋腱中的腱梭和关节中的关节小体。由运动器官和身体空间位置变化所产生的机械力作用于动觉感受器，激发神经冲动，然后沿着脊髓后索上行，经丘脑到达大脑皮层的中枢高级部分（主要是中央前回），产生动觉。它是人类最基本的感觉之一。通过它，人能够获得自身躯体运动的速度、力量、方向、幅度等信息，并经大脑皮层的反馈调节，实现精确的运动反应。动觉一旦破坏，动作便不能完成。它还参与其他许多感觉和知觉的活动，例如在视觉中如果没有眼肌肉的工作所引起的动觉的参与，就不能产生物体大小和远近的知觉；在言语活动中，如果没有与言语器官相联系的动觉的参与，也不能发出清晰的言语。动觉和触觉结合起来，就成了特殊形式的触摸觉。一般的触觉是被动的感觉，而触摸觉是一种主动的感觉。通过触摸觉,人能辨别物体的硬、软、光滑、粗糙等特性。在失去视觉的条件下,靠单独的触觉人不能判定物体的形状,但通过触摸觉却可以确定物体的形状。在没有视觉和肤觉的参加下,借助于工具(如木棍、铅笔)的帮助,能只根据动觉的信息来辨别物体的大小、形状、弹性等特性。

二、动觉的心理学特征

与视觉有色调、明度、饱和度,听觉有音高、响度、音色等特征一样,动觉有如下几种心理学特征:

(一)肌紧张感

这主要是由骨骼肌产生的张力所致,这里骨骼肌由于后负荷(afterload)的作用而致成的肌肉收缩前初始状态。在一般情况下,特别是静止的情况下,由于适应,人们并不易感觉,但在有意识的运动前以及情绪发动、意志亢奋、缺氧、能源物质缺乏等心理、生理状态时,主体可有大致的察觉或朦胧感受。

(二)运动幅度感

运动幅度感也称动感,主要是对骨骼肌收缩时应力的大小及参与肌肉的多少的感受。此时主体有明显的用力或受力的感觉,并常有模糊的空间意味,清晰度差,说不上精确定位。

(三)速度感

主要是对骨骼肌收缩过程快慢、缓急的感受。此时主体对力的作用有进行性的察觉并常有简略的时间领会,但由于缺乏参照,准确性差,粗糙且不稳定。

动觉的三种心理属性之间具有什么样的关系?于晶(2006)通过理论分析发现三者间的关系可能为:

(1)肌紧张感与运动幅度感呈正相关关系。一种感受性升高,另一种感受性也随之升高;一种感受性下降,另一种感受性也随之下降。

(2)肌紧张感对速度感具有决定性的作用,即肌紧张感越高,速度感

就越高；肌紧张感下降，速度感也随之下降。（如图9-1所示）

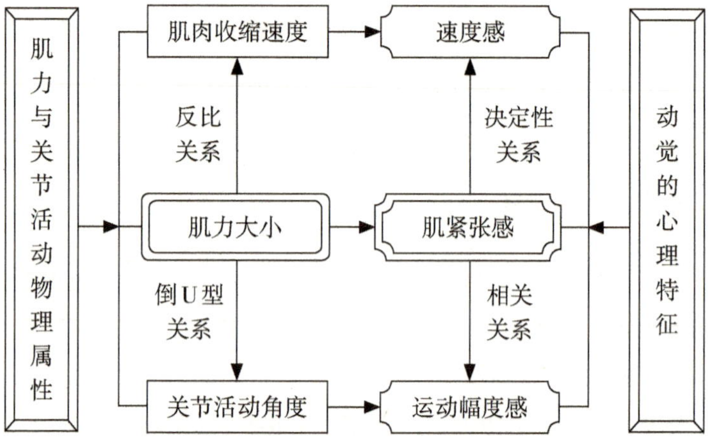

图9-1 动觉理论模型构建图（于晶，2006）

动觉感受有明显的内隐性、模糊性、原始性，是视、听、嗅、味、肤等外部感觉的基础，是平衡机体等内部感觉的核心。动觉与运动知觉密切相关，没有截然分开的界限。

三、动觉对职业操作技能形成的作用

职业操作技能形成的重要指标是动作链的自动化。心理学理论认为动作链达到自动化水平所依据的监督系统是动觉，由动觉所获得的先行动作的信息正是支配或调节后继动作的依据。因此，动觉是职业操作技能达到自动化水平直接依赖的心理因素。

黄强等人（2000）指出，动觉是对身体各部位运动和位置状态的反映，动觉的刺激物是身体各部位的运动和姿势，它使肌肉、筋腱、韧带和关节等部位的感受器产生神经兴奋，从而产生动觉。所以，动觉来源于肌肉运动，而不是任何其他刺激。在职业操作技能训练中经常出现示范与视觉观察无效现象和讲而不明的现象，即在训练中虽然教师示范准确和学员视觉观察认真，教师分析讲解动作透彻和学员理解且记住，但在实际操作练习

时，学员仍感到无法控制自己的肢体运动，出现错误动作。虽然大脑皮层支配肌肉运动的区域可以与其他感觉通道之间建立暂时神经联系，在接受视觉和言语描述等刺激之后产生相应的动作，但是这些动作必须是练习者熟习的，即日常性高，甚至已转化为日常性动作，如：熟练的钳工看见工件就可以使用锉刀锉削工件。应该看到，职业操作技能的训练项目中必然含有学习者前所未知、未会的内容，即非日常性动作成分，它是训练的核心任务。但练习者无相关的经验，无法从已有信息库中提取相应的信息支配肌肉活动，无法借助经验将教师的示范和讲解的内容转换为肌肉活动（在它们之间尚未建立条件反射，也不具备建立这种条件反射的条件）。因此，训练者的任务在于使练习者产生这种非日常性动作及其动觉，使练习者通过动觉感知到动作的肌肉运动结构，并作为操作练习中执行动作的依据。完成这个任务应从训练的初期开始，使练习者在初期就得到达到自动化水平所必备的心理因素的培养。而在传统的职业操作技能训练中，动觉的作用被忽视，动觉只在默默无闻地帮助人们学会各项职业操作技能，并达到自动化水平。

第二节　动觉训练概述

一、对传统训练法的思考

在职业技术教育的操作技能训练中，传统的训练模式是"示范——讲解——操作"，这种模式认为：只要看明白了动作，掌握了动作的概念，就获得了动作的随意性，训练的任务仅在于提高学员操作的熟练程度。传统训练模式企图以动作的空间图形和动作原理为依据，像传授知识那样使学员掌握动作。但在某些职业操作技能的练习过程中并非如此顺利，虽然完成了模式的前两个环节，学员在操作练习的初期却不知道怎样才能做出正确动作。例如锯木保持方向不偏；正确使用锉削工具进行金属加工；掌握某些职业活动形体动作的韵味等。传统模式把训练的内容局限于示范与观察和讲解与理解，至于动作的动觉感受则放任于练习者在操作练习活动中的"体会"，而且强调"体会"的作用，认为练习成绩与"体会"的水平有直接关系。"体会"的内容其实质是动觉感受到的动作的肌肉运动结构。教师（或师傅）深知这是用示范、言语描述以及讲解无法表达的内容，但又无奈，只得强调"手感"。学员往往要从无数次操作的失败与成功中逐步摸索、体会。这一现象说明，传统的训练模式缺少使练习者学习支配有关肌肉产生相应活动的训练内容，致使练习活动含有一定程度的盲目性。严格来讲，这不是教学，不是人类的学习模式，它是动物"尝试－错误"的翻版，学员的操作练习活动实质上成了一种"试误"。在那些由非日常性的动作构成的职业活动中，这种学生自我试误的学习方式的不合理性就显得尤为明显。示范和讲解虽然不可缺少，但仅动员了练习者视知觉和思维的功能，并未直接训练他们的操作活动，不能使他们直接产生对动作的体验。（李向东等，2001）

传统训练方法强调视觉及其反馈的优势性。动作有外部的空间形象，视觉最便于获得这种信息，因此人们自然从看别人动作入手学习动作；动作有外显形式，通过视觉监督最便于判定正确与否，因此，人们便动员视觉的功能获得反馈信息。职业操作技能的学习也跳不出这种"看着学""看着做"的范畴。但这代替不了动觉的作用，而且在人的社会化的过程中构成了与学习含有非日常性动作的职业操作技能的矛盾。要解决这一矛盾，黄强、李向东等人认为最好的途径就是动觉训练。

二、动觉训练的含义

黄强等人的动觉训练包括试动训练和动觉表象训练两个环节。

（一）试动训练

试动训练即借助试动训练器使练习者产生正确动作的训练方法。例如，黄强等人研制了锉削试动训练器，通过在锉削面水平位置的传感装置，给练习者水平向前锉削动作的反馈信号（红灯）。对练习者强调在得到信号时体验当时的肌肉状态（即动觉），并记住这种感受，以后按照这种感受进行操作练习。试动训练使练习者感受到正确动作的肌肉运动结构，从而学习该项目的正确动作。黄强等人认为，过去某些模拟训练器给予练习者的反馈信息是错误动作的信号。这种反馈信息是不明确的、不具体的，违反了心理科学的原则。其教学活动内容仅是"这不对""那不对"，却只字不提应该掌握的内容，只待练习者用排除法，通过摸索找到答案。由于试动训练含有对正确动作的初始尝试性质，故称为试动训练。

试动训练为练习者提供了动作肌肉运动结构的刺激，使其借助动觉反馈获得肌肉运动的信息，即怎样的肌肉运动才是正确的动作，它是操作练习活动必备的因素。示范使练习者借助视觉获得动作的结果，虽然人们可以凭借储存的动作信息将其转译为相应的肌肉运动信息，但它毕竟不是肌肉运动信息，尤其在无同化新动作的储存信息时，仅有视觉信息则不充分了。同理，在讲解活动中思维获得的信息具有抽象性，它无法说明由怎样的肌肉运动完成动作，也具有不充分性。还应该明确，对动作的，尤其对结构细腻、本体觉占优势的动作，言语描述及其理解都具有一定的局限性。

由此，李向东、黄强等人提出，在动作技能形成的内化过程中应包括视觉、思维和动觉三方面的信息输入，并在训练过程中融为一体。示范和讲解活动虽然都服务于操作练习，但都未涉及肌肉运动结构这一实质性因素，试动训练正是弥补了传统训练模式的这一缺陷，导致其操作练习成绩明显优于传统训练。

试动训练是动作技能由内化过程向外化过程转化的中介环节。试动训练在示范和讲解基础上使内化过程深入到动觉的范畴，使训练效果得到进一步的完善，这一结果恰恰又是外化过程支配和调节动作所依赖的必备因素。由此，试动训练为内化过程向外化过程转化提供了便利条件，它是转化的中介环节。

试动训练的原则之一是向练习者输送正确动作的肌肉运动信息，强化正确的动作。它一方面提高了示范、讲解与操作练习内容的一致性程度；另一方面避免了错误动作的重复性以及错误动作对正确动作的干扰。由此，它为执行系统的正确性提供了保证。

（二）动觉表象训练

黄强等人认为动觉表象训练是唤起动作肌肉运动结构形象的过程，它是试动训练的继续，是巩固试动训练成绩的手段。黄强等人动觉训练中的动觉表象训练是不做任何动作的操作练习。

动作记忆检验成绩是动作技能训练成绩的稳定性的指标。黄强等人的"关于动觉训练对动作技能形成影响的实验研究"发现，使用试动－动觉表象训练，每日训练成绩与次日记忆检测成绩均无显著性差异，其训练成绩有较高的稳定性。这说明由于动觉表象训练提高了动觉表象的清晰和巩固程度，导致长时记忆水平得到提高，这正是其练习成绩明显优于其他训练的原因之一。另外在研究中还发现有被试报告虽然在动觉表象训练中无任何动作，但左臂有酸痛感。这说明动觉表象训练对动作执行系统有直接影响作用，它是动作技能的一种心理训练手段。

三、动觉训练的实施

（一）动觉训练实施指南

1. 试动训练

试动训练的目的是使练习者感受到动作的肌肉运动结构，训练者必须直接向练习者提供产生正确动作的条件，只有练习者产生了正确动作，试动训练才有意义，随之动觉表象训练才有必要。

试动训练的主要形式有以下三种：

（1）模拟操作。即练习者操纵试动训练器的试动训练。它使练习者主动、独立感受动作的肌肉运动结构。

（2）他人协助。即通过教师（或师傅）操摆练习者的肢体完成动作，使练习者从中体验到动作的肌肉运动结构的试动训练。即俗称"手把手教"的活动。

（3）徒手模仿。本方式是前二者的继续。即练习者根据试动训练中的感受独立对动作进行近似真实的重复。即俗称的"比比划划"的活动。

2. 动觉表象训练

为有效地进行动觉表象训练应使其环境达到如下要求：

（1）以安静或以优美、微弱、不为练习者所熟悉的轻音乐为听觉背景，绝对避免嘈杂环境的干扰。

（2）指导语语速缓慢，能保证练习者产生表象，尤其在训练的初期应使指导语的速度适合练习者产生表象的速度。

（3）适当延长吐字的时间，语句尽可能不中断，以引导表象的连续性。

（4）语调平稳，不带情绪色彩。

（5）指导语内容尽可能形象、具体。应该明确，言语描述对一些细腻、结构复杂、复合性动作，以及一些动觉感受的内容有一定的局限性。此时，指导语可借助动作进程或动作的称谓代替，它既可以引发练习者有关试动训练的表象（他们可以转译为具体、形象的内容），又可避免词语的贫乏。当然，如果能对动作的肌肉运动结构进行恰如其分的描绘，则无须这种替代。

（二）动觉训练实施的注意事项

1. 要以心理学原理带动动觉训练

在实施动觉训练之前，要向学员讲明动觉训练的心理学原理，要使学员坚信动觉训练法的科学性。因为一般人难以理解试动，更难以相信不做任何动作的动觉表象训练，这就有可能对动觉训练活动敷衍了事，一旦如此，训练者则难以控制。因此必须讲明心理学原理，以提高练习者的自觉性。

2. 要将动觉训练与传统训练相结合

动觉训练不可能孤立进行，它是传统训练方法的补充、完善。要将动觉训练纳入示范、讲解与操作练习之间，构成一个新的完整练习体系。其中试动训练、动觉表象训练和操作练习构成一个训练环：通过试动训练获得动作的肌肉运动结构，即"怎样动"；通过动觉表象训练加强对动作肌肉运动结构的记忆；练习者再按照上述内容支配肌肉运动，进行操作练习。操作练习成绩是动觉训练的客观指标，以实际成绩与目标指标的差异推动下一个训练环。总之，这是一个各环节互为条件，缺一不可的训练环，循环往复、逐步提高。

3. 注意动觉训练的适用范围

动觉训练对动作技能的形成具有促进作用。动觉训练无疑具有普遍意义，它适合于男、女练习者，适合于各种职业技能项目。但由于动作结构、性质等方面的差异，其必要性程度也有所不同。具有以下因素的职业技能更适于进行动觉训练：（1）动作的非日常性；（2）本体觉监督作用的优势；（3）动作对练习者人身安全的威胁性；（4）动作结构的复杂性；（5）达到形成指标的难度性。

第三节 动觉训练在技能训练中的实证研究

动觉训练对技能训练有着积极的促进作用。黄强、赵欣、李向东等人将动觉训练应用到了职业技能训练领域。本节将详细介绍动觉训练在技能训练中的相关实证研究。

一、动觉训练对动作技能形成影响的研究

为了探讨动觉对动作技能形成影响规律，黄强、赵欣、李向东（1998）用实验的方法研究了动觉训练对动作技能形成影响，实验方法如下：

（一）动作技能项目：水平位置逆时针旋转左前臂至128度。

（二）器材：动觉方位辨别仪（或动觉仪）。

（三）被试及分组：选大学生为被试。分组为：1. 传统训练组（控制组）男22名，女18名，共40名；2. 试动训练组（实验1组）男15名，女22名，共37名；3. 试动—动觉表象训练组（实验2组）男18名，女22名，共40名。

（四）训练方法

1. 传统训练：第一步以旋转柄向被试呈现目标位置（附近标有130度字样）；第二步，当被试报告看清并记住目标后进行操作练习，即在剥夺

视觉条件下，左前臂以肘为中心，自右侧起始点（0度）逆时针方向转动旋转柄，达到被试认为的目标位置；第三步，在视觉条件下主试报告操作成绩。

2. 试动训练：第一步，试动。在剥夺视觉的条件下，由主试将被试的左前臂置于已处于目标位置的旋转柄上，同时告知其这是目标位置，并令被试体验当前腰、背、肩、肘的感受并记住。然后令被试在目标位置左右微微转动手臂，令其依据上述感受的内容停止在他认为的目标位置，主试口头反馈具体成绩，反复1至2次。第二步，当被试报告记住了目标位置上的肌肉紧张状态后，进行操作练习。第三步，同于传统训练的成绩反馈。

3. 试动—动觉表象训练：第一步，试动训练；第二步，动觉表象训练。令被试闭目静坐，双手置于膝上，随着录音机播放的指导语内容进行表象训练（指导语的内容是关于操作练习中动作及动觉反馈内容的描述）。

（五）训练程序

1. 各组按其训练方法每日练习5次，称为一个单元；每周连续练习5单元，共20单元。

2. 自第13单元开始，13、14、15单元在训练前控制组呈现一次视觉方位刺激，实验1组和实验2组均做一次试动练习，然后连续完成5次操作练习；16至20单元在训练前做5次操作练习。此称记忆检验，其成绩表示长时记忆的水平。然后进行各自的训练活动。

（六）成绩评定方法

三组均以转动旋转柄的误差绝对值（以弧度为单位，精确到0.5度）计算一日练习成绩的平均值为单元练习成绩，将其作为本研究的基本指标。

实验结果表明：

（一）试动训练成绩和试动—动觉表象训练成绩在全训练过程中均优于传统训练，呈显著性差异。试动—动觉表象训练成绩自第五单元开始优于试动训练组，但有起伏现象，第13、15、17和20单元无显著性差异，其他单元差异性显著。

（二）试动训练男、女被试成绩无显著性差异，但男性成绩稳定地略高于女性。

（三）试动—动觉表象训练男、女被试成绩无显著性差异，在训练后半程（自 13 单元开始），男性成绩稳定地略高于女性。

（四）在动作长时记忆成绩方面，试动训练和试动—动觉表象训练均明显优于传统训练，差异性达显著水平；试动训练与试动—动觉表象训练之间差异不显著，但 Z 值随练习进程呈上升趋势，在训练末期个别单元表现为差异性显著。

（五）在动作长时记忆巩固水平方面，即当日训练成绩与次日记忆检验成绩的比较，试动训练与试动—动觉表象训练各自均无显著性差异，而传统训练除 19 单元外，其他单元均达差异显著水平。

从实验结果中可以看出，动觉是动作技能形成的必备因素，动觉训练是动作技能训练的必要环节。动觉训练（试动训练和动觉表象训练）无性别差异并且可以提高动作技能的训练效果。动觉监督在动作技能形成的初期已具有促进作用，因此，有必要自训练初期实施动觉训练。

二、动觉训练在金属锉削和锯削动作技能训练中的运用研究

天津职业技术师范学院课题组（2000）和赵欣等人分别将动觉训练法运用于金属锉削技能训练和金属锯削动作技能训练，通过实验研究证实了"关于动觉训练对动作技能形成影响的实验研究"结论成立。

（一）金属锉削技能动觉训练实验

1. 技能项目：金属加工的锉削技能，以锉削直线度为该技能成绩指标。

2. 被试：无金属锉削学习经验的大学生，共 28 人。实验组 14 人，男女各半；控制组 14 人，男女各半。

3. 训练器材：锉削试动训练器和锉削动觉表象训练磁带。

4. 训练内容：控制组按传统职业技能训练模式进行，即教师示范锉削动作，讲解动作要领，操作练习。实验组除完成与控制组相同的训练内容外，增加动觉训练，即试动训练和动觉表象训练。试动训练采用每七人一台组，

每人每轮在锉削试动训练器上练习5分钟,七人轮流进行;动觉表象训练采用团体方式,每日两次,分别在每日练习时间的四分之一和四分之三时段进行,每次10分钟。锉削试动训练器由课题组自行设计制作,它包括:不同厚度(15mm、10mm、5mm)标准成品件、无齿锉刀和传感装置。传感装置的功能是对正确动作(锉刀在工件面上沿水平方向运行)进行监督,并以红灯强化报告正确动作。

5. 练习程序:每日(单元)练习2小时,第二天反馈操作练习成绩,连续5天,休息2日。控制组练习15日,实验组练习10日。两组的动作示范和讲解均由同一指导教师完成,操作练习分组进行。试动训练的标准成品件厚度,前五日为20mm,后五日为8mm。

实验结果表明:

1. 实验组含有动觉训练的操作练习成绩优于控制组传统训练成绩。自第6单元开始两组成绩差异显著。

2. 控制组操作练习成绩自第13单元开始,与实验组含动觉训练的操作练习的第6单元成绩,呈现差异不显著。

3. 在职业技能传统训练模式(示范动作——讲解原理——操作练习)中增加动觉训练,可以提高训练的成效性。实验组操作练习至6单元,其成绩达到控制组第13单元的水平,且实验组每单元用于操作练习的时间比控制组少四分之一。

从实验的结果中可以得出以下结论:

1. 职业技能训练的认知(定向)系统应含有动觉的成分,使练习者获得该动作肌肉运动结构的信息。它由试动训练完成。

2. 试动训练始于职业技能训练初期,并与操作练习交替进行,使练习者尽早获得和运用练习该职业技能的动觉信息。

3. 动觉表象训练巩固了试动训练获得的动作肌肉运动结构的信息储存,为操作练习中执行职业技能动作提供了直接依据。

4. 动觉训练的参与可以提高职业技能训练质量或缩短训练时间。

（二）金属锯削动作技能动觉训练实验

1. 被试及分组：以无金属锯削练习经验的非工科专业大学生 28 名（其中男生 14 人，女生 14 人）作为被试。按随机化原则将被试分为两组，实验组 14 人（7 男 7 女）和控制组 14 人（7 男 7 女）。

2. 器材：金属锯削操作台、锯、虎钳、45# 金属板料、画线尺、金属锯削试动训练器（自制）、动觉表象训练录音磁带等。

3. 训练程序：

（1）由同一名生产实习指导教师给两组被试示范、讲解金属锯削动作和基本操作规范。被试熟悉操作规则。

（2）以 60min 为 1 个练习单元，两组被试均练习 11 天，每天练习 1 个单元，共练习 11 个单元。每个练习单元必须完成一项锯削任务。

（3）实验组的练习程序为，每个被试在 1 个练习单元中，必须完成 2 次试动训练（每次 5min，共 10min）、2 次动觉表象训练（每次 3min，共 6min），其余为操作练习。中间不休息。

（4）控制组的练习程序为，整个练习单元均为操作练习。

4. 操作练习成绩反馈：两组被试均在每个练习单元的次日获得前一单元练习成绩的反馈。

实验结果显示：

1. 从第二单元开始，实验组成绩优于控制组，且差异性达到非常显著的水平。

2. 两组被试操作练习成绩均呈逐步提高趋势，但实验组进步稳定，而控制组成绩起伏较大，且在前半程出现明显退步现象。

3. 实验组自第 6 练习单元起成绩与控制组全训练进程的最佳成绩（第 10 练习单元成绩）呈显著性差异，即实验组在第 5 练习单元以前与控制组最佳成绩均无显著性差异，而自第 6 练习单元起，实验组成绩已显著优于控制组全训练进程的最佳成绩。

从实验结果可以得出以下结论：

1. 对金属锉削动作技能动觉训练研究中提出的职业技能训练模式，同样适用于金属锯削动作技能训练。由此可试将此模式进一步推广，应用于一般职业操作技能训练。模式如图 9-2 所示：

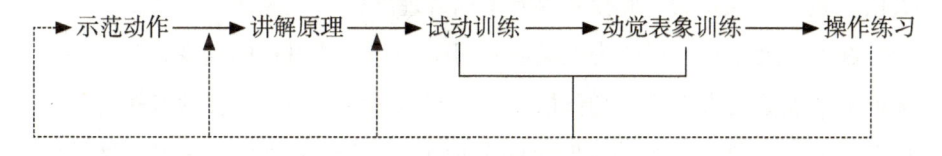

示范动作 ⟶ 讲解原理 ⟶ 试动训练 ⟶ 动觉表象训练 ⟶ 操作练习

图 9-2　职业操作技能训练模式

2. 在职业操作动作技能训练中对动作的感知（定向）应包括视觉感受（外部感知）和动觉感知（内部感知）。

3. 职业技能动作概念的形成应建立在语言性和非语言抽象性基础上。

4. 试动训练器的阳性强化是实现试动训练必须遵循的原则。

5. 动觉训练与示范、讲解、操作练习相结合构成的综合性训练，可以提高职业技能动作训练的效率和水平。

6. 职业操作技能的动觉表象在综合性练习的动态过程中呈螺旋式发展。

（三）钳工锉削动作动觉训练器

"钳工锉削动作动觉训练器"由宋延民、刘永福、王锋、黄稚琳等设计完成。它改变了传统的钳工锉削技能训练和测试方法，应用心理学原理设计并以单片机为控制的监控系统来实现的一种新型动觉训练装置。

该训练器可以对训练者在规定时间内的锉削动作进行全程监控和统计，可以控制锉削速度，提示其每次锉削动作是否达到基本要求水平，从而强化训练者的锉削技能。训练操作结束后训练器可以统计出练习者在规定时间内完成锉削动作的总数及其完成的不同程度正确动作的次数，得出其最终训练成绩。

三、实验者关于动觉监督早期介入对动作技能形成的影响的思考

（一）对"视觉监督为主转化为动觉监督为主"观点的思考

"视觉监督为主转化为动觉监督为主"是公认的一条动作技能训练心

理规律,根据这一规律构建的动作技能训练模式为:示范(视觉观察)——讲解(思维理解)——操作练习(下称传统模式),二者在实践中互为依据。黄强等人认为,此模式存有不尽合理之处。

首先,上述转化规律为人类自发习得动作技能过程的表现,在这一过程中由于视觉是人类获得动作信息最便利的感觉通道,往往通过视觉观察获得动作的外显形式(动作的空间图形),并依据它执行动作和判断所做动作正确与否,进而矫正动作,即对动作的视觉监督。这是必要的,但也表现出局限性。动作技能的形成标志之一是动作链的自动化,它依赖于动觉的反馈功能,而不是视觉的功能。动觉是动作技能形成的关键性心理因素。因此,在动作技能的训练过程中应自觉地利用动觉的功能,以促进动作技能的形成;应避开其自发性局限,使动觉监督因素在训练全过程中充分发挥其作用,提高训练的科学性。

其次,按照传统的转化规律构建的动作技能传统训练模式不尽完善,表现为:

1. 放弃了对动作的肢体运动的训练。这种模式没有任何措施直接保证练习者产生出应有的肢体活动,结果导致训练初期出现训练无效现象(在观察、视觉监督、思维理解等活动均已完成的条件下,仍不能产生相应的动作)。

2. 以自发的摸索替代自觉的动觉训练,使练习活动堕入试误说。由于教师无法揭示肌肉运动结构,但同时又知道它是保证训练成效性的核心,只得强调练习者在操作练习活动中"体会"动作的"手感"(即动觉)。此时练习者只能从排除错误动作中摸索正确动作的肢体运动感觉。它含有典型的自发性,实属动物性的动作习得行为。

3. 不能积极地促进转化实现。传统训练模式虽然完成了视觉监督的训练任务,但并无动觉监督的训练内容,因此无法保证转化的顺利进行,因为它不具备完善、具体化的转化手段。

4. 不符合训练逻辑。应该明确,教师的示范演示和讲解的内容分别是肢体活动的结果和原理,练习者的操作练习活动是掌握肢体活动的过程和原因。练习者能否在练习中做出正确的动作，取决于是否掌握该动作的肌肉运动结构，只有学会了动作的肌肉运动，才可能产生动作的外显形式和理解动作的原理。视觉监督的内容是动作的现象，动觉监督的内容才是动作的原因。传统训练模式的弊端在于倒置了训练的因果进程。

综上所述，黄强等人认为，在动作技能，尤其在职业操作技能训练中不宜套用由视觉监督为主转化为以动觉监督为主的规律。因此他们强调应该在动作技能训练的早期并贯穿于全过程进行动觉监督训练，并对此进行了研究。

（二）早期动觉监督训练

黄强等人提出早期动觉监督训练途径即动觉训练。为此，他们分别进行了"动觉训练对动作技能形成影响的实验"和"金属锉削技能动觉训练和金属锯削技能动觉训练"。研究项目分为实验室人工技能训练和职业操作技能训练。研究的基本方法是自训练的首次即将动觉训练纳入传统模式，试图与传统训练模式的效果进行差异比较。

研究结果表明，动觉训练早期介入传统训练模式可以更为充分、有效地发挥动觉监督的作用，提高动作技能的成绩和训练的效率，对动作技能，尤其对职业操作技能的形成具有促进作用。据此，黄强等人提出了含有动觉训练的职业技能训练模式，即演示——讲解——试动训练——动觉表象训练——操作练习。说明自觉的动作技能训练过程无须遵循以视觉监督为主向以动觉监督为主的转化规律。

第十章 力觉交互训练

第一节 力觉交互技术概述

1965 年,计算机图形学之父 Ivan Sutherland 在其著名的《The Ultimate Display》报告中第一次提出了将计算机作为"一个观察虚拟世界的窗口"的设想。自此以后,虚拟现实技术(Virtual Reality)作为一门涉及计算机图形学、计算机仿真技术、人工智能、人机接口技术、多媒体技术、图像处理与模式识别、传感技术、网络技术以及高度并行实时计算技术等众多学科的交叉技术取得了长足的发展。随着计算机技术的发展,虚拟现实系统在工业设计、军事、医疗、教育、体育和娱乐等各个领域得到了广泛的应用。在这种背景下,融入虚拟现实系统的触觉交互技术研究也不断深入,特别是近年来,触/力觉交互技术被尝试用于完成虚拟现实人工智能系统的正向主动导引工作,进行人的动作技能训练和技能传递的研究。在虚拟现实系统中,引入力觉人机交互技术,用于人类的动作技能训练是虚拟现实技术和计算机技术的一个重要发展方向。

一、虚拟现实技术

(一)虚拟现实技术的概念

虚拟现实技术又称为"灵境技术",通常是指用立体显示设备、传感手套等交互设备构造出的一种计算机软硬件环境,其中人们可以通过肢体动作向计算机发送各种命令，并得到计算机在视觉、听觉及触觉等多种感官信息上的反馈，它是一种可以高逼真度地模拟人在自然环境中视、听、触等行为的人机界面技术。

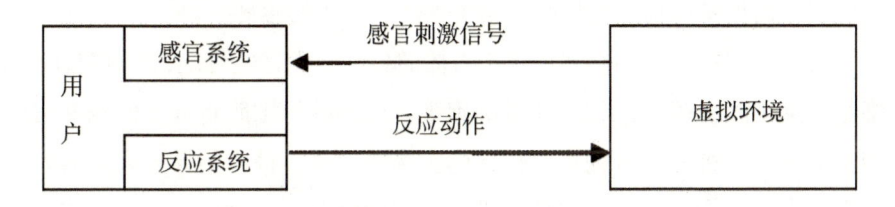

图 10-1 虚拟现实的概念模型（李国杰，2008）

（二）虚拟现实技术的基本特征

虚拟现实技术具有三大基本特征（曾芬芳，1997）：沉浸、交互和想象。沉浸感是指操作人员作为人机环境的主导者，融入于虚拟环境中；交互性是指操作者与虚拟环境中所遇到的各种对象相互作用的能力；想象性是指操作者从定性定量的综合集成环境中得到的感性和理性认识，利用这些认识可以深化概念和萌发新意。

这三个特征相互交织、相互作用：丰富的交互手段可以增加用户的沉浸感，更强的沉浸感和临场感可以激发用户的思维和构想，人的构想可以通过具有真实感和沉浸感的虚拟现实系统及其提供的交互手段得到最直观的体现。

这三个特征均反映出虚拟现实系统中人的主导地位，其目标是把人从被动适应计算机处理习惯（通过键盘、鼠标）的外部观察者转变为能够直接与信息环境进行交互的主动参与者，通过友好的人机交互接口让计算机来适应人的自然处理习惯，而这一转变的实现能够极大地激发人们的创造性思维。因此，虚拟现实技术可以使人们跨越时间和空间的限制，去探索那些人类无法涉足的未知世界，并获得身临其境的感觉。从这个意义上讲，虚拟现实技术不仅大大拓展了人类的生理活动空间，而且为人类的知识创新提供了重要工具。（李国杰，2008）

(三）虚拟现实技术中的人机交互途径

人机交互是指人和机器（虚拟环境）间的双向信息交流。鼠标、键盘、麦克风、数据手套、三维位置跟踪器等是操作者对机器的信息输入工具；而机器对操作者的信息输出则依赖于人体对环境的感知。

人体对周围环境的感知依赖于人体的各种感觉神经细胞，如视杆（锥）细胞、毛细胞、嗅神经元、味觉细胞等。这些神经细胞将外界的刺激信号转换为在人体神经系统内可以传导的生物电信号，最终传导到人体的大脑中枢，大脑根据这些生物电信号进行相应的判断和处理。另外，人体也借助于对自身状态（如关节位置）进行内部感知的各种神经末梢来实现人体的本体感觉。在虚拟现实领域中，可以利用的人体感觉类型主要有视觉、听觉、嗅觉、味觉、力觉（触觉）、热（冷）觉、运动觉。

人体主要依靠双手来触摸物体，在触摸过程中可以获得两种基本感受：机械感受和本体（肌肉内部力量和运动）感受。其中，机械感受作用在皮肤上，在触摸过程中最为明显，可以提供关于物体形状、表面纹理、粗糙度以及温度等多方面信息；而本体感受是人体从肌肉和肌腱里获得的信息，可以提供物体形状、力和硬度等信息。实际上，本体感受中对力的感知主要来源于对运动或者运动趋势的感觉，因此，力觉和运动感觉密不可分。大多数情况下，触觉通过皮肤的机械感觉获得，而力觉则是当人手碰到物体或有力作用于人手后，体现在肌肉、肌腱和关节中的感觉。在虚拟现实中，为了模拟人体接触物体时的感觉，就需要借助于触觉和力觉模拟设备，也分别称为触觉反馈（Tactile Feedback）和力反馈（Force Feedback）设备。

表 10-1　力觉与触觉的比较（李国杰，2008）

感觉类型	感受来源	产生器官	模拟设备
触觉	机械感受	皮肤	触觉反馈设备
力觉	本体感受	肌肉、肌腱、关节	力反馈设备

二、力觉交互技术

（一）力觉交互技术概述

力觉人机交互是人体触觉感知生理学、机器人技术和计算机技术的交叉研究领域，其研究内容包括了交互设备的机构构型、驱动和控制策略，力觉渲染算法和仿真引擎算法等方面（刑宏光等，2011）。由于人机交互性是虚拟现实系统的一大特征和衡量检验标准，所以人机交互技术就成为虚拟现实技术中的一大关键技术，其要求虚拟现实系统能够通过友好的人机交互接口使人在虚拟环境中可以自然地进行各种操作。

李国杰（2008）研究认为，人与计算机之间有视觉、听觉、力觉（触觉）、嗅觉、味觉五大感官信息通道，人机交互可以通过这些信息通道进行。其中，嗅觉和味觉通道由于信息承载量小、应用场合少而研究不多。长期以来，由于计算机技术、传感技术等的限制，在人机交互领域中人们把研究的重点放在了易于突破的视觉和听觉上，而较少关注力觉（触觉）这一重要感官形态。近年来，随着计算机性能的大幅提高和机器人技术的不断进步，原有的人机交互手段的局限性逐渐显现出来，力觉交互技术作为新兴的人机交互手段得到了前所未有的重视。

在五大感官信息通道中，力觉（触觉）是唯一具有双向信息传递能力的信息载体，借助于虚拟现实系统中的力觉交互设备（也称力反馈设备）人们可以真正实现按照人类肢体语言进行的人机自然互动和信息交流。通过虚拟现实系统中的力觉交互设备，用户不仅能够以自然方式向计算机发送各种命令，而且可以通过"触摸"屏幕上看到的虚拟物体，获得和触摸实际物体时相同的力感和运动感，从而产生更真实的沉浸感。这样，虚拟环境将会越来越接近实际的物理空间，即虚拟的现实越来越现实。因此，力觉交互技术作为虚拟现实交互技术中最需要完善的交互途径，在人机交互过程中有着不可替代的优越性；目前，它已成为人机交互领域中的最新研究热点，对虚拟现实技术的发展将产生深远的影响。

（二）力觉交互设备

力觉交互设备的出现使人与虚拟环境之间交互通道不再局限于视觉与听觉。通过对力触觉的模拟与再现，力觉交互设备在增强虚拟现实系统的真实感，营造出沉浸环境等方面有着良好效果。目前在航空复杂产品设计、技能操作训练、人体残障机能康复以及教育娱乐等领域均有应用。

1. 力觉交互设备的分类

李国杰（2008）指出，力觉交互设备一般按照外形尺寸和工作空间范围大致可以分为三种类型：手指型、手臂型和全身型。手指型力觉交互设备结构较小，其允许的活动范围仅限于手指关节的舒展，用于模拟虚拟环境下人手抓握物体时的感觉。目前开发的此类典型设备是力反馈手套（图10-2），当操作者戴上力反馈手套后，设备的控制系统可以根据手指各关节的舒展程度施加不同大小的阻力到手指关节上，以使人获得类似于真实环境中抓握物体的感觉。

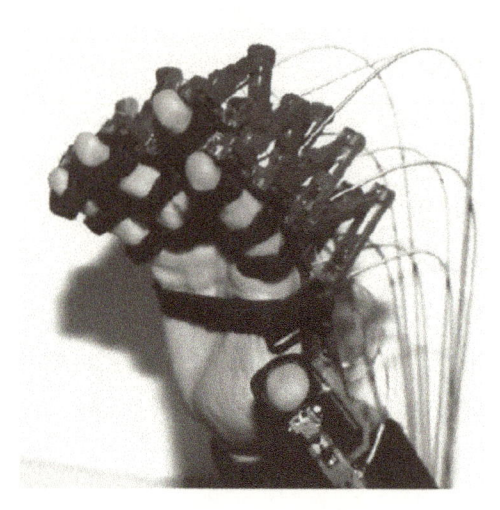

图 10-2　力反馈手套

手臂型力觉交互设备的工作空间相对较大，运动自由度也较多，其允许的人体运动关节包括手臂的腕关节、肘关节和肩关节。操作者在手臂工作空间中可以完成相对复杂的动作来模拟实际世界中的各种手臂操作，如可以利用这种类型的力反馈设备来模拟临床手术。目前已开发的此类设备较多，其中最具代表性的是美国 Sensable 公司的 PHANTOM 系统。

全身型力觉交互设备结构最为复杂，运动自由度极多，其工作时可以调动的人体关节不仅包括手臂的各关节，还可以包含人体下肢的髋关节、膝关节、踝关节。正是由于这些原因，全身型力觉交互设备一般比较笨重，操作上不太方便。这类设备中具有代表性的是德国柏林工业大学 Fraunhofer Institute for Production Systems and Design Technology（IPK）与 Klinik Berlin-University Hospital Charité 合作开发的用于中风病人康复训练的 Haptic Walker 系统。

（a） （b）

图 10-3　手臂型和全身型力觉交互设备

（a）PHANTOM 系统；（b）HapticWalker 系统

2. 力觉交互设备的开发

目前世界上对力觉交互设备的开发研究方兴未艾，发达国家的许多研究机构和公司纷纷加入到这方面的研究中，并陆续推出了部分原型机。（李国杰，2008）

美国作为虚拟现实技术的发源地，这方面的研究开展得比较早，目前一些美国公司已经推出了相对成熟的商业化产品。其中，最著名的当属麻省 Sensable 公司。该公司的 PHANTOM 系列产品可以提供比较大的工作空间和反馈力，具备六自由度的运动能力和三自由度的力反馈功能。PHANTOM 目前在市场上占据着主导地位，被广泛地应用于各种力觉交互场合中。美国另一家著名的力反馈设备提供商是加利福尼亚州的 Immersion

公司，该公司的 CyberForce 系统也可以提供 6 个自由度的位置跟踪和 3 个自由度的力反馈功能。

欧洲主要的力反馈设备提供商是法国的 Haption 公司和瑞士的 Force Dimension 公司。Haption 公司可提供一系列名为 HAPTION 的具备 6 个自由度运动和力反馈功能的设备。瑞士洛桑理工学院的 Reymond Clavel 教授于上世纪 80 年代提出 Delta 并联机器人概念，目前这种并联机构已广泛应用于机器人领域中。成立于 2001 年的瑞士 Force Dimension 公司利用 Delta 并联机构原理先后成功开发出三自由度和六自由度力反馈设备，目前已广泛应用于纳米微操作、医学、航空、娱乐等领域。

国外许多大学和研究机构也开展了这方面的研究，目前已经发布的设备样机有美国西北大学根据并联机构原理设计的并联力反馈装置、美国卡内基梅隆大学的磁悬浮力反馈系统、美国南卫理会大学的气动骨骼衣装置、美国衣阿华大学的类似于 HAPTION 结构的力反馈装置、德国 Fraunhofer Institute for Production Systems and Design Technology 研制的用于中风病人康复训练的 HapticWalker 系统、加拿大西安大略大学在 PHANTOM 产品基础上改装而成的具有五自由度力反馈功能的内窥镜手术模拟系统、意大利 Perceptual Robotics Laboratory 研制的用于心血管手术模拟的 HERMES 系统等。

虚拟现实技术早在 20 世纪末已引起我国政府相关部门和科研人员的高度重视，国家攻关计划、国家 863 计划、国家自然科学基金等纷纷把对虚拟现实技术的研究列入其资助支持范围。北京航空航天大学最早进行了这方面的探索，率先研制出了一些样机，如图 10-4 所示。东南大学也在这方面进行了研究，利用磁流变液原理制作出了简单的力反馈手套。哈尔滨工业大学机器人研究所于 2000 年研制出一个三自由度力反馈设备，并借助于头盔显示器、跟踪器等传感设备建立了一个能够让操作者获得沉浸感的虚拟现实系统。2004 年，河北工业大学机器人及自动化研究所利用气动原理研制出"基于虚拟现实手臂外骨骼康复系统"，为患者提供了有效的肢体功能恢复工具。2005年，中国科学院自动化研究所高技术创新中心利用电磁铁驱动原理研制了"基于手术刀的虚拟外科手术系统仿真器"。

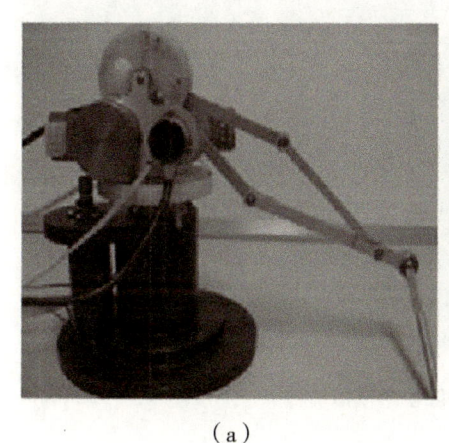

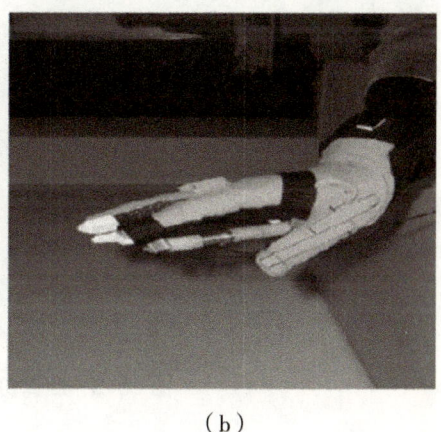

(a) (b)

图10-4　（a）北京航空航天大学开发的力反馈装置；
　　　　（b）东南大学开发的简单力反馈手套

（三）力觉交互技术的应用

虚拟现实中的力觉交互技术具有十分广阔的应用前景（李国杰，2008）。

1. 娱乐：游戏操作者可以通过触（力）觉来体验并操作游戏中的虚拟物体；

2. 教育：可使学生体验到在极端或假想条件下的各种物理现象；

3. 工业设计：可将力觉表现技术引入CAD（Computer Assistant Design，计算机辅助设计）系统中，使设计人员可以在高度沉浸的虚拟场景下通过自身力觉进行零件的操作和装配；

4. 艺术：可构建虚拟艺术展览会、音乐厅、博物馆，参观者可以通过力觉交互设备来弹奏虚拟乐器、触摸虚拟展品；可通过互联网开展单人或多人协作的虚拟雕刻工作；

5. 医学医疗：可用于各种临床手术的模拟培训；远程诊疗；为盲人提

供触觉辅助设备，克服其生理缺陷；康复治疗；

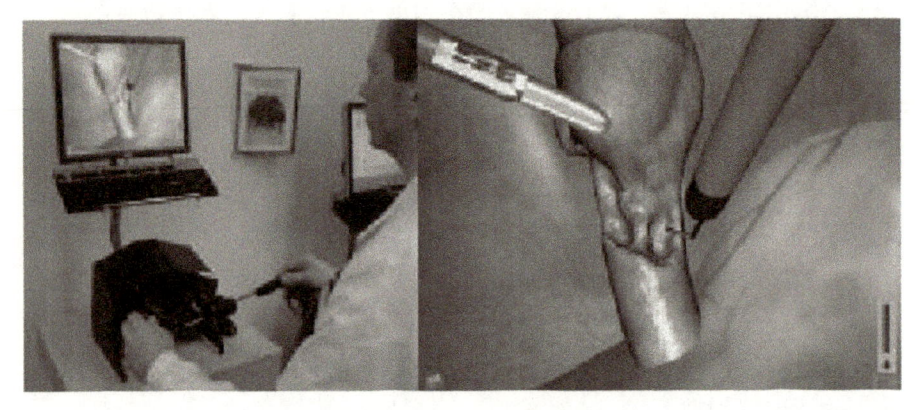

图 10-5　胆囊切除手术模拟训练

6.航空航天：可用于培训宇航员在失重情况下的各种在轨操作；

7.交通安全：可模拟交通工具（汽车、火车、航天航空载具）在碰撞或变速过程中乘员的受力和运动情况；各种交通工具的驾驶训练；

8.体育运动：可以模拟运动员的动作和意外伤害情况。

第二节　力觉交互训练法概述

一、力觉交互训练法概念

力觉交互训练法是操作技能训练方法的一种，它是在虚拟现实系统中，引入力觉人机交互技术，通过研发力觉交互设备，并将力觉交互设备应用于人类的操作技能训练的一种训练方法。在虚拟环境中增加力觉反馈有助于减少学习时间、增强操作技能等。学员在进行技能训练时，计算机起到专家的作用，控制触觉交互设备输出导引、纠正力，帮助学员快速完成技能训练。通过虚拟现实系统中的力觉交互设备（也称力反馈设备），使人们可以真正实现按照人类肢体语言进行的人机自然互动和信息交流。

二、力觉交互训练法运用于技能训练的研究

国内外进行了一些关于将力觉感知信息引入技能培训的研究。Williams 等将录播技术应用到"虚拟力觉背"触诊的技能训练。Bayart 等面向使用 I-TOUCH 设备进行书写训练的背景，提出了力觉导引算法，他将受训者的练习过程分为完全被动导引、部分导引和错误纠正三个循序渐进的练习阶段。A. M. Okamura 等建立了用于进行医疗剪切操作的模拟训练系统，并基于记录播放思想建立了力模型，通过实测数据建立剪切力对应数据库，并在力觉仿真过程中，根据运动信号，查表并输出力觉反馈给操作者。Y.Kim 等研究了为手功能障碍者练习书写英文字母的力觉培训方法。北京航空航天大学、Srimath-veeravalli、东京大学 Saga 等研究了书法的力觉培训方法。D.Morris，等验证了视触觉融合的技能训练方式优于只进行视觉训练和只进行触力觉训练的方式（卢可可等，2011）。美国 Drexel 大学的 Gregory Tholey、Teeranoot Chanthasopeephan、Tie Hu 等人对手术中的夹持和切割两个基础的动作做了机械手力触觉方面的研究，在动物器官组织上模拟微创术中手术刀实际使用情况，模拟和采集手术中的力觉信息。悉尼大学的 T. B. Frick、D. Marucci 等人利用带 S 型力传感器的缝合针对皮肤进行了软组织穿刺缝合实验，测量了微创手术缝合过程中皮肤和腱的穿透阻力，以及穿透阻力与穿刺深度之间的关系。国内学者王党校、张玉茹、姚冲等将力觉交互训练法运用于汉字书法模拟，介绍了基于有序笔画的汉字力觉渲染架构、快速碰撞检测算法和虚拟力模型。他们基于 Phantom desktop 重点开展两类实验：稳定性实验以及动作技能训练效果实验。实验结果表明：渲染算法保证了笔画密集处和笔画转换时的碰撞检测结果唯一性，实现了交互状态转换时的稳定的力觉反馈；不同人的操作实验表明力觉导引对于不熟悉汉字笔画结构的外国留学生，训练效果好于本国学生；力反馈训练前后书写成绩的对比证明了人的肌肉运动记忆在动作技能训练

中的重要作用。

对于一些特定的任务，如坦克调炮动作、战斗机驾驶，需要操作员眼睛实时注视目标，上肢进行高速率的精准操作。描绘信封靶模型被应用于这种手眼协调配合的高速率精准操作的训练中。描绘信封靶模型是指操作者目视计算机所营造虚拟环境中不同尺寸的信封靶模型，移动触觉交互设备，使交互设备在虚拟环境中的映射按照信封靶的轨迹运动，在最短的时间内，以和信封靶线框完全重合的轨迹完成描绘动作。卢可可等（2011）以描绘信封靶模型为任务，研究了采用触觉交互技术进行手眼协调高速率精准操作的专业技能训练的方法。邢宏光等（2011）针对目前射击训练模拟器应用的技术背景，提出将力觉交互技术与模拟训练相结合的思想，并提出如果能将力觉交互技术应用到武器装备虚拟训练以及武器装备改进中，将会对武器装备的发展具有积极而深远的意义。

三、力觉交互训练系统

人类在完成灵巧和精细的操作时，不但需要眼睛实时观察操作对象，而且需要对手臂、手腕、手指的肌肉和关节进行运动控制和力控制，还需要对力觉和触觉信息的感知，以及手、眼和大脑的协调等。这是一个多种感觉器官信息融合、多种运动执行器协调控制的过程，它需要反复学习和训练才能实现。例如，人类书写汉字的过程需要视觉和力觉配合，包括了视觉的感知、力觉的感知、记忆的调用、动作的控制等。初学者一般经过较长时间的训练，熟悉汉字字形、结构和笔顺等信息，才能实现手眼的熟练配合。力觉交互训练系统通过力觉反馈设备对手腕和手指的肌肉运动器官进行训练，增强人的运动记忆，帮助初学者理解汉字形体和结构。基于书法训练产生的力觉交互仿真技术可以方便地移植到各类灵巧操作技能训练中，如外科手术模拟系统、肢体康复训练系统、虚拟装配训练系统等。

（一）系统框架

把力（触）觉交互技术应用到动作技能培训的系统结构，如图10-6所示。该系统是由卢可可等人提出的。

第十章 力觉交互训练

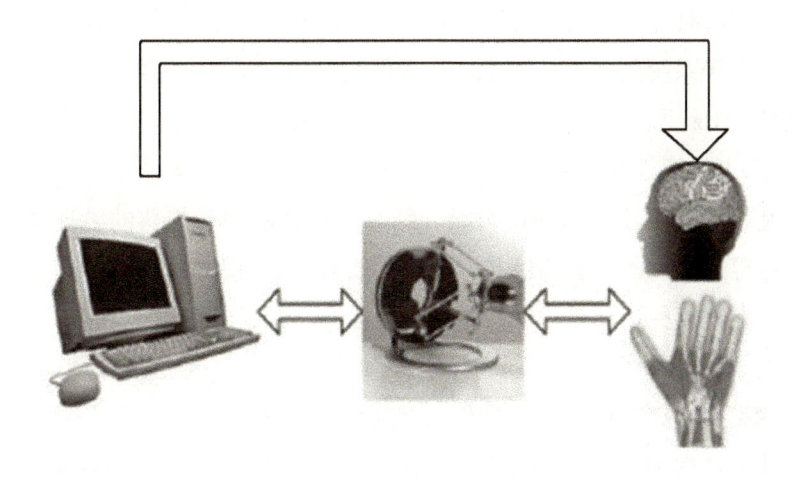

图 10-6 培训系统结构图

该系统是由触/力觉交互设备、图形显示设备、仿真计算机和操作者组成。其中计算机承担仿真引擎的工作，负责营造虚拟环境；操作者通过操作交互设备对虚拟环境进行操作，并通过视觉、听觉和触觉感知虚拟环境；力觉交互设备是连接虚拟环境和操作者的通道，具备主、被动两种模式。当交互设备工作在主动状态下，操作者被动时，交互设备由计算机控制电机输出转矩，牵引操作者的上肢运动。当交互设备工作在被动状态下，操作者主动时，人在交互设备的末端输出能量，带动交互设备的末端运动，交互设备根据渲染算法计算的人与交互设备之间的交互状态，输出阻抗力，让操作者体会到阻碍或者牵引力的作用。

力觉渲染是力觉交互系统的核心环节。力觉渲染的难点在于设计合理的体系架构，研究快速的碰撞检测算法，以及逼真的交互力模型，同时还要保证交互过程的稳定性。此外，逼真度描述和定量评价方法是设计和评价虚拟现实训练系统的关键内容，否则模拟系统的设计方案和训练效果将无法评价，从而将无法保证系统的模拟逼真度。

与传统的虚拟现实系统相区别，力反馈交互系统具有稳定性、快速性等特殊的性能指标要求。由于系统是由人和机械臂、控制电路、计算机仿真模块组成的混合系统，其中包括离散环节和连续环节，构成闭合控制回路，必须选取合理的交互仿真模型和控制算法，才能够保证系统的稳定性。此外，由于系统的状态依赖于操作者的实时输入指令，系统的力觉计算需要达到1kHz更新频率要求。

（二）技能训练模式

基于上述对系统结构的分析，结合人类技能增长规律的生理学规律，卢可可等人提出两种训练模式："记录－播放"示教模式和"智能导引"模式。计算机在这两种培训模式中具备专家的智能，起到专家的作用。

图10-7为"记录－播放"示教模式的原理图。在专家信息记录过程中，专家操作交互设备进行操作，交互设备记录专家的位置、力等运动信息。播放过程中交互设备可再现专家的运动信息，让学员被动跟随设备运动，体会专家的操作过程，学习并掌握正确的动作要领。交互设备在记录和播放过程中的功能如图10-8所示。

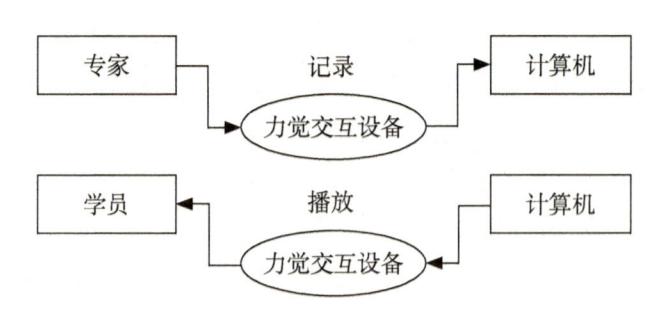

图10-7 "记录播放"示教原理

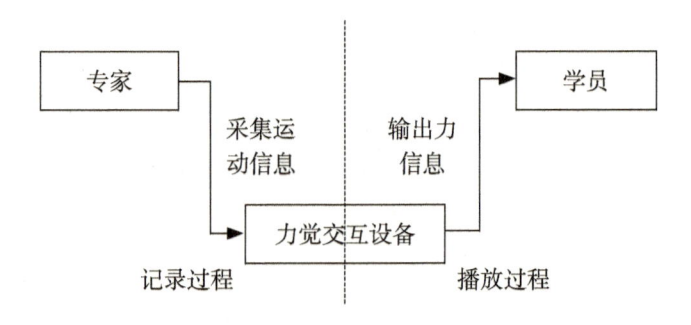

图10-8 力觉交互设备在记录和播放过程的工作原理

"智能导引"模式下学员主动操作交互设备完成预定的任务。当学员的操作轨迹偏离预定的轨迹时，或者操作速度低于期望的速度时，交互设备输出导引或纠正力更正学员的动作，使学员能够实时得到专家自身动作的评价和指导，获取触觉形式的导引和纠正。

四、技能培训方法

根据上述两种训练模式，卢可可等人提出了两种模式训练方法。

（一）记录播放模式

1. 记录

记录过程主要记录交互设备的位置、力等运动信息，记录频率为 1 kHz，记录的位置信息存储在文本文件中。录制过程中图形渲染为实时显示专家描绘的轨迹路线、虚拟映射点及信封靶模型。为了优化专家的运动信息可以对记录的文本文件进行后期处理。

2. 播放

播放方式可分为力信息的播放和位置信息的播放。对于阻抗型力觉交互设备，其电机为电流控制方式，即交互设备输出的是力信息，无法实现位置、速度伺服控制模式。因此，如何在学员训练过程中进行专家位置信息的播放是需要研究的核心问题。

采用 PD 控制来实现专家位置信息的播放。播放频率和记录频率相同，为 1 kHz。通过读取记录文件中的位置信息，采集当前时刻交互设备末端的位置信息，与专家信息进行匹配，输出导引力减小这两个位置信息之间的差值。

（二）轨迹智能导引模式

轨迹导引技能训练模式下学员为主动状态。这种培训模式可细分为轨迹纠偏模式和轨迹速度纠正模式。

1. 轨迹纠偏模式

交互设备工作在被动状态下，学员操作交互设备执行描绘信封靶模型的动作。这种技能培训模式不考虑学员的描绘速度,当学员偏离预定的轨迹时交互设备输出纠正力使交互设备回到预定的轨迹上来。因此,学员在这种培训模式下有更好的自主性。学员偏离预定的专家轨迹时交互设备输出纠正力。

2. 轨迹速度纠正模式

在速度纠正模式中,如果学员的运动轨迹及操作速度和记录的专家信息完全相同时,交互设备不输出任何纠正力。当其偏离轨迹或者速度低于专家的速度时系统输出导引力将其纠正为专家的动作。控制方法仍为PD控制模型。在图形渲染上,计算机实时显示专家瞄准点及学员瞄准点所在的位置,从而从视觉上提示学员应该如何操作。这种培训模式不仅可以培养学员的操作要领,更能很好地提升学员的操作速度水平。虽然学员的描绘速度不可能和专家的完全相同,但是通过这种培训模式的训练仍然有助于学员掌握专家的操作技能。

第三节 力觉交互技术在技能训练中的实证研究

将力觉交互技术应用到动作技能的训练中,有利于帮助学员快速完成技能训练,减少学习时间,增强操作技能,提高动作技能训练的效果等。本节将介绍一些力觉交互训练法应用于技能训练的实证研究。

一、"录播模式"与"轨迹纠偏模式"实验

卢可可、刘冠阳、张玉茹等人用力觉交互技术进行手眼协调高速率精准操作的动作技能训练,并提出了力觉交互系统与记录播放和轨迹智能导引两种培训模式(详见第二节)。他们采用实验的方法验证了两种培训方法的可行性。其具体实验如下:

实验用力觉交互设备为 Force Dimension 公司的三自由度力觉交互设备 Omega,其位置分辨率为 0.009 mm,最大作用力为 12 N,闭环刚度为 14.5 N/mm。培训系统的图形渲染的频率为 30 Hz,触觉渲染的频率为 1 kHz。

图 10-9 为描绘信封靶培训场景。

采用 Omega 交互设备描绘信封靶的最快速度经多次测量取平均值为 47.36 mm/s，假设专家的最快操作速度为 60 mm/s。实验中分析播放速度在 60 mm/s 以下的系统稳定性。对于

图 10-9　描绘信封靶培训场景

需要高速率精准操作的技能训练，需要分析播放速度对系统的影响。触/力觉交互设备系统稳定的界定目前还没有统一的标准。该实验中的稳定指系统工作时无噪声或有轻微噪声，交互设备无明显的位置震动。

（一）录播模式实验

为分析播放力模型参数对系统稳定性的影响，记录的专家信息为解析计算出的恒速移动位置信息。记录的轨迹为信封靶的一条对角线。采用平均偏差 ME 描述播放过程中的位置偏差。

播放过程的导引力为比例微分控制，微分环节起到增强系统稳定性的作用。为分析比例系数 KP 对系统稳定性的影响，微分系数这里取固定值。让交互设备分别在速度 V 为 20 mm/s、40 mm/s、60 mm/s 的情况下，导引人手绘制信封靶的对角线。起点为信封靶的左下角，终点为信封靶的右上角。当学员操作交互设备运动到信封靶的左下角处直径为 2.5 mm 误差圆中时开始播放专家的运动。图 10-10 为三种播放速度下取不同比例系数 KP 时位置匹配得到的位置偏差的平均值和导引力平均值的变化。

从实验结果可以看出，在系统稳定的前提下，增大比例系数 KP 的值可以减小播放过程的位置偏差值，同时播放的导引力也有所增加，录播的导引效果增加。播放速度比较高时的导引力比速度低时的导引力大，这是受到人的反应时间影响的。因此，在系统稳定的前提下，增大比例系数有

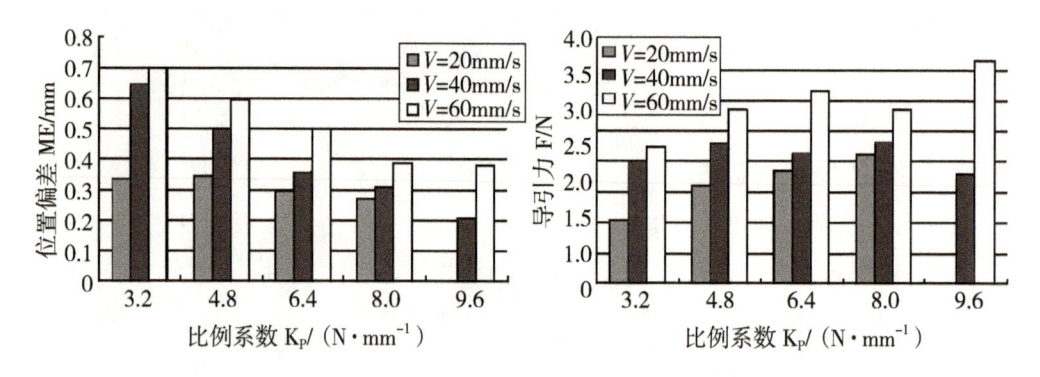

图 10-10　不同播放速度下位置偏差和导引力的变化

助于减小播放过程中的平均位置偏差。

系统的稳定性是受到系统本身和外界干扰两个方面的因素影响的。播放专家信息的过程是人手被动的跟随交互设备进行运动，人手对交互设备末端握紧力的大小，以及不同人之间反应时间的差异都会给系统带来人为因素的干扰。为排除播放过程中人为因素的干扰，分析比例系数对系统的影响，让交互设备在操作者不参与的情况下进行播放。图 10-11 为人参与和不参与播放过程时出现不稳定现象的最小 KP 值的比较。

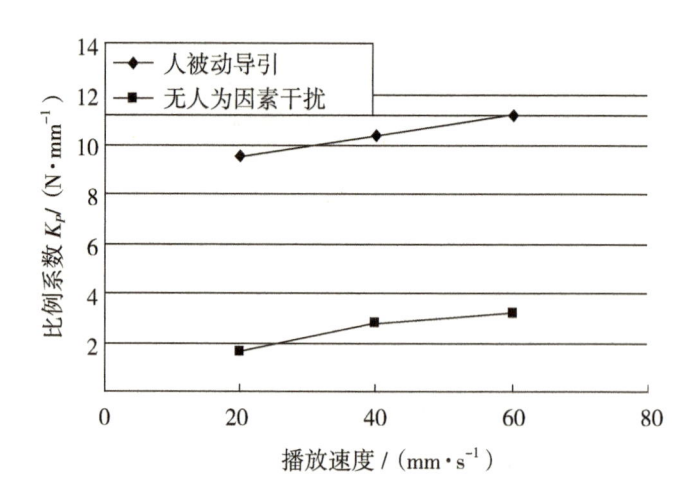

图 10-11　人为因素对系统稳定性的影响

从图中可以看出当人参与专家信息的播放时，系统出现不稳定时的比例系数 KP 比人不参与时要大，这说明人参与播放过程时能够增强系统的稳定性。在播放过程中，交互设备主动导引人手的运动，交互设备输出的力模型是一个弹簧阻尼模型。人手在被动地跟随运动的同时因手的握紧力及人手对交互设备的推动或阻碍力，也给交互设备提供了一个弹簧阻尼系统，这两个弹簧阻尼系统的叠加，对系统的稳定性有一定的影响。从实验结果可以看出，学员在播放过程中潜意识地被动跟随设备进行运动时可以增加系统的稳定性。

（二）轨迹纠偏模式实验

卢可可等人研究了轨迹纠偏培训模式下力模型参数对系统的影响。图 10-12 为三种阻尼系数下弹簧系数取不同值时同一个学员用基本相同的速度描绘一个完整的信封靶模型时的位置平均偏差。

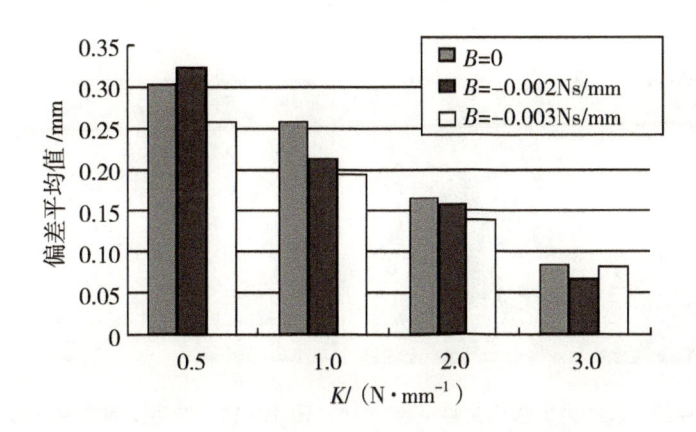

图 10-12　轨迹纠偏模式下弹簧系数对偏差值的影响

这里忽略了描绘速度的差异对偏差值的影响。从图中可以看出，在系统稳定的前提下，增大弹簧系数 K，平均偏差值明显减小，添加适当的阻尼环节也可以减小偏差。当 K 为 3 N/mm 时，平均偏差已经小于 0.1 mm。对普通人来说，若交互设备和手部接触的部位不发生震动，手部是很难分辨出 0.1 mm 的位置误差的，可认为这种力模型能够实现精准操作技能训练的要求。

二、面向动作技能训练的力觉交互系统实验研究

王党校、张玉茹、姚冲针对动作技能训练的一般要求，选用汉字书法模拟为对象进行了实验研究。他们基于 Phantom desktop 力反馈系统重点开展两类实验：稳定性实验以及动作技能训练效果实验。力反馈训练前后书写成绩的对比证明了人的肌肉运动记忆在动作技能训练的重要作用。其具体实验如下：

1. 力觉交互系统的稳定性实验

如图 10-13 所示，基于 Phantom desktop 力反馈系统建立实验平台，以图 10-14 所示汉字"北京航空航天大学"为例验证力觉渲染算法的有效性。书写过程的图形显示中深蓝色为模版字体轨迹，黄色代表当前激活的汉字，淡青色为书写过程中虚拟笔尖的实时轨迹，红色圆圈提示当前激活笔画的起点。

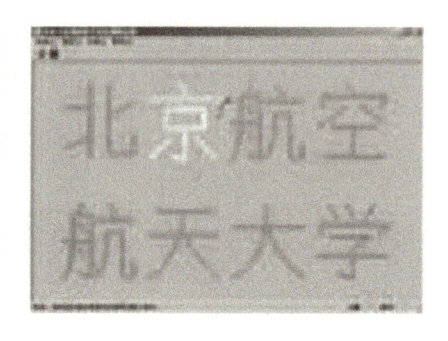

图 10-13　汉字力觉模拟实验平台　　图 10-14　给定汉字实例图形显示

上述汉字既包含不同笔画，如直线、曲线和复杂笔画的力觉计算，而且包含了交互状态转换，如书写不同汉字时，笔尖多次接触和脱离纸面，笔尖在各汉字之间的书写转换，以及每个汉字内部笔画之间的交互状态转换。

首先针对基本笔画单元进行试验。在书写汉字"天"的笔画横和撇时，计算过程的虚拟力信号沿 x、y 方向。当实际笔尖偏离标准字体时，操作者感受到稳定的书写反馈力。

然后针对组合笔画进行试验。在书写汉字"航"笔画最后一画"乙勾"

时，虚拟力信号沿 x、y 方向。最后针对多个笔画转换进行验证。通过分析书写汉字"北"时所有笔画的虚拟力信号，可以看到 5 个笔画切换过程中，笔尖接触和脱离纸面的转换是稳定的，笔画内部书写时也是稳定的。

稳定性实验结果证明，由于采用笔画内部特征点和特征平面的定义，力觉渲染算法保证了笔画密集处和笔画转换时的碰撞检测结果的唯一性，以及交互状态转换时的设备稳定控制。与前人的研究方法相比，不仅可以实现稳定的汉字书写过程的力觉反馈和字体模版引导，而且建模简便，计算效率高。

2. 技能训练效果实验

王党校等人为了验证力觉交互系统对于书法动作技能训练的有效性，通过设计分阶段的实验来分析力觉引导对学习效果的影响。分别邀请对汉字已有相当认识并已能熟练书写的测试人员、对汉字是一无所知的或认识甚少的测试人员进行实验。通过分别比较不同熟练程度的测试人员在临摹模式和抄写模式下进行有力反馈的书写和无力反馈的书写的得分差异程度来评价本力反馈系统是否是有效的。实验参数如表 10-2 所示。

表 10-2 实验参数表

类别	实验变量
参加人员	本国研究生
	外国留学生
训练方式	临摹模式
	抄写模式
反馈信息	只有图形信息反馈
	图形和力觉信息联合反馈

在开始正式测试之前，先要求试验者书写一个特定的汉字，来熟悉力觉引导系统的使用方法。当正式测试开始时，选取新的汉字作为书写对象。每个受训者被要求书写该汉字若干次。在书写过程中同时记录和计算操作者得分（SDP）和每个汉字所占用的时间。在每种训练模式下，学习过程被分为三个阶段：力觉引导前（BP）、力觉引导过程中（FP）、力觉引导后

(PP)。通过对比不同训练模式、不同学习阶段的书写得分和所花费的时间来研究力觉训练方法对书写技能的影响。

对每一个受训者而言，训练和测试按照下述步骤进行：

① 非正式的适应学习阶段

a) 启动训练系统，将训练模式设定为临摹模式。

b) 操作者书写汉字三次，以便熟悉力觉交互设备的工作空间、使用规则等。

② 临摹模式下的正式测试阶段

a) 力觉引导前（BP）：在不施加力反馈的控制方式下，操作者书写汉字5次，软件系统对操作者的得分和时间进行记录。

b) 力觉引导前（FP）：在施加力反馈的控制方式下，操作者书写汉字5次，软件系统对操作者的得分和时间进行记录。

c) 力觉引导前（PP）：在不施加力反馈的控制方式下，操作者书写汉字5次，软件系统对操作者的得分和时间进行记录。

③ 抄写模式下的正式测试阶段

a) 力觉引导前（BP）：在不施加力反馈的控制方式下，操作者书写汉字5次，软件系统对操作者的得分和时间进行记录。

b) 力觉引导前（FP）：在施加力反馈的控制方式下，操作者书写汉字5次，软件系统对操作者的得分和时间进行记录。

c) 力觉引导前（PP）：在不施加力反馈的控制方式下，操作者书写汉字5次，软件系统对操作者的得分和时间进行记录。

④ 测试结束，将评价结果存入磁盘数据文件中。

从技能训练效果实验结果可以得到结论，力反馈模式下的书写效率和精度明显好于无力反馈模式。对于不熟悉汉字结构的外国训练者而言，是否使用力反馈得到的书写对比效果尤其明显。当然，训练效果的改进程度依赖于训练次数，小规模的试验次数，不足以对受训者的运动记忆产生足够的影响，因此当力觉反馈撤掉后，书写效果比进行力反馈训练前改进的效果不是很明显。

第十一章 模拟训练法与图解训练法

第一节 模拟训练法概述

一、模拟训练法

技能培养是职业教育中的重要组成部分，实训是培养学生实际操作技能的主要途径。实训教学既可以采用"真件真做"的模式，也可以采用"假件真做"模式。"真件真做"就是按照实训的技能要求设计一个零件，购买毛坯材料、工具及消耗品等进行实际操作，学生通过反复加工，促使操作能力逐渐提高，最终达到要求的技能标准。这种实训模式简便易行，属于真实训练，有利于学生直接感受工作实际，但是教学成本较高。并且在一开始训练时，由于学生对设备、工艺装备生疏，极易出现安全事故。而采用"假件真做"的方法，即采用"模拟训练"，对降低教学成本，减少事故发生有着现实的意义。

（一）模拟训练法的概念

从广义上来说，模拟训练法就是指为个体提供一个模式化了的训练情景，以求形成有关技能的正迁移。从狭义上来说，模拟训练法包括情景模拟训练法和智能模拟训练法。

1. 情景模拟训练法

情景模拟训练法是通过设置一种逼真的工作场景或管理系统，让被训练者按照一定的工作要求，完成一个或一系列任务，从中锻炼或考察某方面的工作能力和水平(李何玲,2006)。例如,为了提高医院护士的沟通能力,减少护患矛盾,针对护患交流中最为常见的沟通矛盾,进行护患情景模拟训练,让护士扮演不同的角色(护士、患者或家属),模拟演示交流过程,让护士体验不同角色的内心感受,获取护患沟通技巧。

情景模拟训练法具有仿真性,它是依据实战情况进行的仿真训练,是真实工作场景的再现。通过角色扮演容易将所学到的经验和技巧迁移到类似的情景中去。

情景模拟训练法还具有前瞻性。例如,李桂宝等人（2011）指出,在实习护士输液故障排除技能的训练中,护校学生进入临床实习前,学校老师教授静脉输液时一般将重点放在输液的操作程序上,对输液故障往往是轻描淡写一笔带过。而进入临床实习以后,带教老师一般将输液重点放在静脉穿刺技巧上,对输液故障的排除则是在工作中能碰见有机会才教。如液面过高或液面过低这些简单而不紧急的故障,带教老师可以慢慢操作,示范给学生观看,学生也能很快掌握。但是,如滴管内液面自行下降、接瓶不及时空气进入茂菲氏滴管以下、液体不滴而针头又有回血这些复杂而紧急的故障,时间和病人都容不得护士迟疑,老师肯定会快刀斩乱麻地迅速处理,学生只能观看,没有操作的机会。况且同一种故障不可能连续出现,也许很长时间都难以碰到相同的问题,也不可能在同一个病人身上反复操作试验,因此少有练习,不能强化记忆,学生在以后的操作过程中只有凭脑海印象照猫画虎地尝试着操作,很难熟练掌握操作要领,以致动作笨拙甚至处理不当。而情景模拟训练具有前瞻性,正好弥补了这一不足。

此外,情景训练法还具有可重复性和可控性。情景模拟可以通过设置逼真的工作场景,让学员按照一定的工作要求完成任务。在任务完成不理想时,可退回至上一环节,改变方法,重新进行尝试,从而反复锻炼,直至完成情景模拟任务。

情景模拟训练法包括情景模拟的场景设计和情景模拟训练的实施,其中关键在于情景模拟的场景设计。情景模拟的场景设计要从职业分析入手,确定职业技能的具体要求，分析这些能力项目能否采取模拟训练法，并据此设计相应的模拟训练场景。模拟训练场景应力求真实，最大限度地趋近实际工作场景，以提高模拟训练仿真效果和学生的兴趣。

传统的一听（老师讲，学生听）、二看（老师示教，学生看）、三练习（学生练习）的教学方法，往往以教师为中心，学生被动地围着教师转，不能发挥学习的主动性和自主性，也影响学生想象力和创造力的施展。而情景模拟训练法能够激发学生学习的主动性，有助于培养良好的职业心理素质和动手能力。

2. 智能模拟训练法

随着现代科技的不断发展，计算机技术和人工智能系统不断得到完善，虚拟现实技术应运而生（参见"力觉交互训练"）。智能模拟训练法是指通过人机交互创设虚拟情境，在具有特殊作用的训练器或虚拟现实模拟训练系统上进行职业技能训练的一种方法。例如，汽车驾驶模拟训练系统是面向驾驶培训型的汽车驾驶模拟器，它的硬件设备由模拟驾驶舱、单片机数据采集控制系统、多媒体计算机、大屏幕显示器及音箱等构成。魏小锋（2006）从心理学角度阐述了"智能模拟训练"在整个驾驶培训中的作用以及运用。我国心理学家冯忠良教授认为操作技能的形成过程可以分为操作的定向、操作的模拟、操作的整合与操作的熟练这四个阶段。根据这一理论，魏小锋论证了采用"理论学习+模拟驾驶操作+实车训练"（Smiulator training of automobile driving，STAD）的教学模式的科学性和有效性，通过模拟训练和实车训练来培养学员的"操作

图 11-1　汽车驾驶模拟器

技能"。模拟驾驶操作就是在汽车模拟器上的训练。

蔡忠法等人（2002）指出汽车驾驶模拟训练系统是基于通用的计算机软硬件平台，应用虚拟现实技术，集汽车驾驶虚拟训练、驾驶考核、学员档案管理于一体的综合性多功能驾驶培训教学系统。这个系统可以根据我国交通的实际情况和驾驶虚拟培训的特点，合理安排训练科目内容，性能价格比高，具有广阔的应用前景。

目前，智能模拟训练在技能培训中的应用已涉及交通、医学、机械、工业等诸多领域，如驾驶模拟训练、设备模拟操作训练、外科手术模拟训练、模拟装配训练等。

智能模拟训练在模拟驾驶训练中的应用。美国的多仑公司、SDT公司、DS公司、3S公司以及加拿大的CGSD，德国的RM公司、ST公司等都相继设计开发了基于虚拟现实技术的汽车驾驶模拟训练系统，用以进行汽车以及相关工程车辆的模拟操作及驾驶训练。我国在虚拟现实模拟驾驶也有较多的研究与应用，如吉林大学开发的六自由度汽车驾驶模拟器，哈尔滨工业大学设计开发的ADSL驾驶模拟器，航空机械研究所建设完成的QM-CGI模拟驾驶训练系统，装甲兵工程学院研制的MUI-QJM汽车驾驶训练模拟器等。

智能模拟训练在机械领域中的应用。英国赫里奥特瓦大学开展了虚拟装配的一系列研究工作；大连理工大学设计完成了基于虚拟现实技术的刀库换刀教学系统，用于进行数控机床刀库换刀装置的操作训练；浙江工业大学开发了汽车发动机虚拟装配系统，用于汽车发动机的内部构造及其装配技能的训练。

智能模拟训练在医学领域中的应用。瑞典斯德哥尔摩手术科学部设计开发的基于虚拟现实技术的腹腔镜手术模拟器，实现了高精度的器官和组织的模拟解剖；Tseng等研究制作的基于微机的具有力觉反馈功能的腹部手术操作模拟系统；Cotin等设计研制的介入式心脏外科手术模拟训练系统；Baur等设计完成了基于虚拟现实技术和力觉反馈的内窥手术模拟操作器；另外还有美国Boston力学研究所的脉管缝合手术仿真系统，奥地利Brusk

大学医学院的高级虚拟矫正截骨手术模拟系统，我国山东大学自主研发的基于虚拟现实技术的腹腔镜手术训练软件。

（二）模拟训练法实例

在车削加工中，车床各手柄（轮）操作、使用是车工的一项基本技能，特别是操纵杆手柄、开合螺母操纵手柄和自动、手动进给手柄（轮）的操作更为重要。这项基本功掌握不好，往往会操作失误，甚至发生损坏工件、打刀、撞车和人身安全等恶性事故。为此，徐正武、王靖东、张海军（2003）设计了双手默契配合操作模拟训练法。下面介绍这几个实例。

1. 车削特形工件的模拟训练

制作如图11-2所示工件，先将工件装于车床上，用一钢丝代替外圆车刀装于刀架上，即形成了模拟训练装置。开始训练时，不开动车床，用双手同时操作纵向和横向进给手柄，使钢丝尖端（相当刀尖）沿工件轮廓慢进给，当钢丝尖端到达工件左端圆柱部分处，手动快速横向、纵向退刀至起始位置，然后重复上述操作重新进给，反复训练直到较为熟练。在后一阶段，可以开动车床，重复上述操作训练（加上起停机床操作），直到完全熟练。还可将纵向进给打自动，手动操作横向进给，练习手动与机动配合。

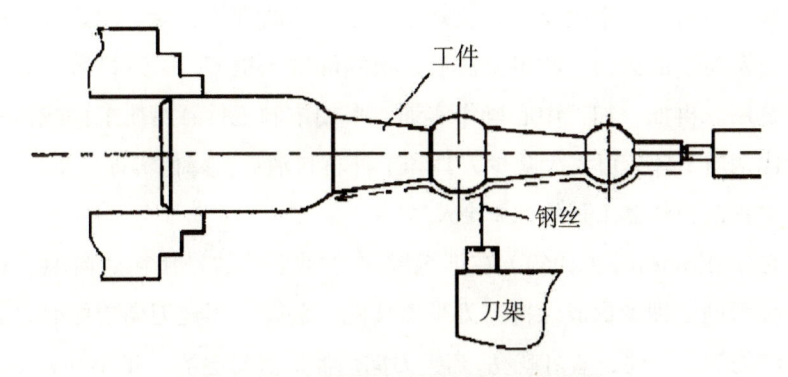

图 11-2 车削特形工件的模拟训练装置

2. 车削螺纹的模拟训练

车削螺纹（特别是长度较短的螺纹）要求操作者操作准确、手疾眼快，否则，易发生撞车、车坏工件、打刀等事故。如图11-3所示，工件装于车床上，用一钢丝代替螺纹车刀装于刀架上，即构成了模拟车刀车削螺纹的训练装置。此项目可用于练习用开合螺母控制进行模拟车削螺纹和用操作手柄控制模拟车削螺纹练习。此外，可在"车螺纹"处涂以粉笔，开车后使"车刀"与工件接触，"车出"螺旋线后停车，练习用钢尺检查螺距是否正确，并练习调整机床，直到车出正确的螺距。

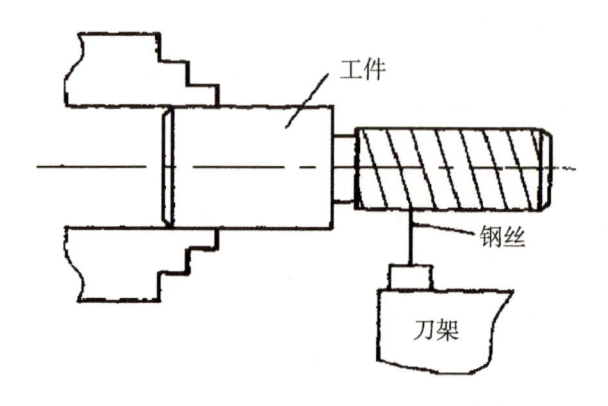

图11-3　车削螺纹的模拟训练装置

类似的例子很多，如车削外圆时，调整尾座修正锥度的操作训练；实训刃磨车刀时，用报废车刀替代好车刀进行刃磨训练，当学生熟练掌握了各刀面及角度的刃磨、测量方法后，再实际磨一把车刀，这样可大大节省实训费用。再如，加工中心操作实训，采用木制工件、蜡质工件或铸铝工件替代钢质工件，可大大减少刀具和工件材料消耗，降低实训成本。

3. 锉削模拟器上训练锉平金属工件

С.А.Косилов（1969）在训练锉平金属工件的操作初始阶段，提供了一种帮助受训者形成保持锉刀平衡技能的装置。当锉刀向前倾时，会触到相应的触点开关，蓝灯就亮；当锉刀向后倾时红灯会亮。Т.А.Корнеева（1976）为了更好地培养学员使用锉刀的技巧，设计了更为完善的锉削模拟器。这种模拟器可以把锉刀的运行轨迹用图形显示出来，从而使锉刀面保持在准确的位置上。同时它还可以反映锉刀的运行速度、倾斜幅度的大小、锉刀面的飘移情况、倾斜的平移交替出现的周期，以及锉刀面维持水平状态的稳定程度。

模拟器在训练中的主要功效在于，通过模拟器可以诱发出实际操作时的心理反应；及时地对操作者的操作予以阳性或阴性的强化。这正是设计与研制模拟器的心理学原理。

（三）模拟训练法的优势

与传统的职业技能训练方法相比，模拟训练法具有以下优势（徐正武，2003）：

1. 解决实操实训危险性太大问题。有些操作技能的训练，如高空吊车的驾驶、高压线路维修等具有很大的危险性，实操实训的话会有很大的风险，采用模拟训练法可以在人为设立安全的环境下进行技能的训练，从而能够解决实际操作训练中危险性的问题。

2. 解决实操实训费用太高问题。有些技能训练所需要的设备投入大，例如大型机械操作技能训练需要大型机械设备，实际操作训练无法满足需要；有些操作技能训练需要消耗的器材比较昂贵，消耗量比较大，例如车刀、焊条等，假如一天每人2-3kg棒材，100人就需要300kg，学费很难支持实训费用。采用模拟教学法则可以大大降低教学成本。

3. 解决实训困难的问题。有些技能训练需要特定的情景，如护士应对突发紧急情况的应对技能训练，想要实际操作训练比较困难，模拟训练法则是一个有效的训练方法。

4. 解决小概率事件再现问题。事故或故障的再现与模拟处理非常必要，但依靠实操实训实现困难很大，尤其是带有破坏性的，对国家财产与人身生命安全造成危害的恶性事故，不可能也不允许去再现，而利用模拟训练法是很好的手段。

5. 解决环境污染问题。对存在较大的污染的实训，可通过减少实训时间以减少危害，实操前的模拟训练可解决导训问题，有效减少被污染时间。例如：学习焊接，50个学生在实训车间同时作电弧焊，造成雾霾，伸手不见五指，引风机不足使用，因为它已经偏离了实际生产环境，若在空旷场地，学生难以组织。

6. 解决个性化导训问题。现实实训因不能师生1∶1配置，从而不能实现个性化指导，对学生个性化学习是极大地削弱。采用计算机仿真个性化地导训，把存在的难点提前逐一攻破。智能模拟的交互性与智能性，就可以达到这个目的。

此外，模拟训练法还有利于实现智能化考试和考核，进行标准化演示和示范，提高操作设备的使用效率。在模拟训练时，可以通过人为的实现操作对象随机出错或者随机发生故障来训练学生应对突发情况的能力，这是传统实操所不能达到的。另外，模拟训练还有利于实现全过程智能化跟踪、远程监控训练过程以及网络化教学。

（三）设计模拟训练方案应注意的问题

1. 处理好模拟训练与真实训练的关系

采用模拟训练可较好地帮助职业操作技能的练习，但模拟训练毕竟不能完全等同于真实训练。因此，不能以模拟训练替代全部真实训练。要处理好二者的关系，使之有机结合，既达到实训目的，又减少不必要的消耗、浪费和事故，提高实训的效果和质量。因此，有必要将模拟训练与真实训练相结合，并寻找出一个两者相互融合的最佳方案。

2. 设计好模拟训练方案

首先要从职业分析入手，确定职业技能具体要求，分析这些能力项目能否采取模拟训练法，并据此设计相应的模拟训练方案。其次模拟训练应力求真实，最大限度地趋近实际工作场景，以提高模拟训练仿真效果和学生的兴趣。评价模拟训练方案应有经济指标，要特别注意减少消耗，如材料替代、减小工件尺寸等。

对于较复杂技能的训练，应在细分动作的基础上，先行训练，然后再进行综合训练，对易发生事故的操作，应反复训练，当模拟操作熟练后，再实际操作。

教学实践证明，模拟训练法确实是技能训练的好方法，不仅能够较好地满足技能训练要求，而且可以降低事故发生率，减少实训教学成本，缩短训练时间。因此,应该成为职业院校实训教学的一个普通采用的方法(徐正武,2003)。

二、模拟教学

(一)模拟教学的定义

模拟教学是将模拟训练法应用于教学活动的一种教学方法。它起源于20世纪50年代以前的一次战争模拟。二次大战期间,美军在战役沙盘推演的教材中收入战争博弈(War Game)的内容。通过模拟军事环境来训练官兵以提高实战能力。利用胶泥瓷片等塑造地形地貌,以算时器表示军队和武器的配置情况,按照实战方式进行策略谋划。

模拟教学是20世纪60年代刚刚兴起的教学技术,理论界对此概念的界定尚未统一。罗伯特·B·利兹马(1989)《大学教育法》中将模拟游戏正式纳入到教学领域中。他认为模拟教学是一种学习活动课,要求游戏者设想各种角色,在某个假设的情景中活动,并依其角色的情景和问题做出决定。向才毅(2008)将模拟教学法定义为:是一种在人造的情景中学习某种职业所需的知识、技能和能力的教学方法。邱冬阳(2009)指出"模拟教学法是在一种人造的仿真情景或环境下学习某种职业所需的知识、技能和能力的教学方法"。叶玉清(2009)指出模拟教学技术是指"人为地创设一种教学环境,该环境与真实环境具有相似性,让学员置身于该环境中,通过角色扮演或游戏,使学员在模拟的环境中获得真实的感受,习得解决现实问题所需的技能"。胡迎春(2010)在其主编的《职业教育教学法》一书中将模拟教学表述为:是运用模拟器或模拟情景,使参与者在接近现实的情况下扮演某个角色,并和其中的人或事产生互动,以达到预期的学习目的。模拟教学法可应用于信息的获得、动作技能训练以及培养决策能力。向梅梅、刘明贵(2011)提出:模拟教学法是一种以教学手段和教学环境为目标导向的行为引导型教学模拟。陈祝林(2011)在其主编的《给水与排水专业教学法》中,将模拟教学法阐述为:模拟教学法指的是按照时间发展顺序,在模型的辅助下,按照事情发展的逻辑顺序及其依存关系和相互作用来复制事件、流程（过程），从而展示原型的基本特征与功能。

以上对模拟教学概念的表述，虽然表达的方式略有不同，但内涵大体是一致的。模拟教学是指学生在老师引导与必要的帮助下，在模拟的工作情境中，扮演实际工作中的角色，开展与岗位职业内容相关的一系列活动的教学方法。职业学校有些专业如建筑、医护等，因专业性质特殊，直接顶岗实习有一定困难，必须先让学生在学校模拟的环境中进行综合训练，帮助学生理解教学内容，进而在短时间内提高岗位技能和职业素质，增强专业实践能力和对未来岗位的适应性（赵崇晖，2013）。

（二）模拟教学的类型

根据不同的分类标准，赵崇晖（2013）认为模拟教学可以分为以下三类：

1. 从模拟的程度来分，模拟教学可分为全部模拟和局部模拟

一个岗位活动是由许多工作内容和环节组成的，教学过程中既可以模拟岗位全部活动过程，也可以模拟局部活动过程。

全部模拟教学是对一个实习课题全过程模拟替代。例如：对金融专业的学生实施"模拟股市"教学，股市行情完全参照沪、深两市的交易和变化情况，每一位学生入市交易前先开具一定数额的股东账户和资金账户，学生完全按照股票交易的过程填写交易委托单，由证券实验室电脑逐笔交割。月末，学校的证券实验室累计出每位"股民"的损益，并对当月"富翁"评奖。这种教学全方位、全过程模拟了股票交易，使学生完整地掌握了股票交易过程，属于全部模拟。

局部模拟教学是对实习课题中的一部分（一个工序、工序中的一部分或一个动作）的替代。例如：一个完整的法院诉讼过程，包括受理、立案、调查、审理、宣判、执行等多个环节，每个环节还包括了许多步骤，教学中对其中的某个环节中的一个步骤采用模拟教学，就是局部模拟。当然，全部模拟和局部模拟是相对而言的，一般来说，较完整地模拟生产实践中完成某项任务的全过程，就可以认定为全部模拟。

2．从替代物的不同来分，模拟教学可分为设备模拟、过程模拟和材料模拟

模拟实质上就是替代，是对真实工作岗位的模仿，是以"假"代"真"的过程。采用的替代物不同，形成了模拟教学的不同类型。设备模拟是对实习设备的替代。解决实习设备问题是职业学校实习教学中的难点，在真实设备缺乏、价格昂贵或危险性高时，可以采用模拟设备代替真实设备。如：汽车驾驶专业实习教学初期学生紧张慌乱，错误动作多，容易出事故。此时利用模拟汽车驾驶操作系统，替代真实汽车，使学生熟悉驾驶环境，并初步掌握基本操作技能，就是一种利用替代设备进行的模拟教学。

过程模拟是实习活动过程的替代。有些操作技能受多种因素的限制，学生不能在真实岗位上完成操作过程。如财会专业的学生顶岗实习有困难，就可以在模拟财会室中，以一个企业某个阶段的全部财会业务为例，学生扮演企业财会人员角色，在模拟实验室中进行练习。

材料模拟是实习材料的替代。实习过程需要消耗一定的材料，一些学校受资金、设备等条件的限制，常采用其他材料替代真实材料。例如，铸造专业的以泥代砂、以蜡代金属等。

3．从模拟效果与真实训练的区别来分，有仿真模拟和近似模拟

仿真模拟与真实实习效果非常相似，学生仿佛在真实岗位工作一样，能够得到真实岗位的感觉和实际工作技能的培养。如：为了财经类、营销类和企业管理类专业学生实习教学的需要，德国建立了近千家商务模拟公司，模拟公司之间互为模拟市场的合作伙伴和竞争对手，形成了一个模拟市场。实习学生在模拟公司开展业务时，其产品和服务是虚拟的（样品可以是真实的），而商务票据、账册、通讯联络、商务记录、方式、成本和利润核算等均遵循现实商务界通行的规则进行决定、运行、设计和操作。这种教学仿真度极高，学生可以得到近乎真实岗位的训练。

近似模拟与仿真模拟在真实性上有较大区别。如利用沙盘推演战争的进程就是近似模拟，而军事演习则属于仿真。

(三)模拟教学的运用程序

一般来说,运用模拟教学由以下环节组成(徐少红,2007):

1. 准备。模拟教学是一种彻底变革传统教学模式的创新教学,需要教师积极思考,精心设计,要根据教学目标和对职业岗位专业技能的分析确定教学内容,制订模拟教学方案,有针对性地选择或设计富有挑战性的典型案例。

首先,教师应从培养目标、教学内容特点、学生状况和学校实际出发,确定哪些教学内容适合采用模拟教学。一般说来,教师应考虑下面几个问题:教学目标是什么?模拟教学能实现教学目标吗?这个内容适合采用模拟教学法吗?学生的经验、兴趣、特点是什么?模拟教学是否具有可行性?模拟教学是最佳选择吗?这些问题考虑清楚之后,才能决定是否采用模拟教学。

其次,制订课时教学计划,包括教学目标、实施过程、人员角色分工、设备准备等。教师应该实际操作或在头脑中预演一次,清楚了解模拟的各个部分、程序、环境、评价以及意外情况,这样才能更好地发挥指导作用。

如对工科专业,可设计出多种实际工作中可能发生的变化,包括事故、故障和生产中极少出现的突发情况。例如,DQM系列汽车驾驶训练模拟器,采用高速仿真计算机控制的数字化图像成像系统,训练场地形象逼真,并有王形道、交叉道、蛇形道、大小八道、停车场、大转盘、广场等实际驾驶中可能出现的道路情景,使学生得到岗位技能的全面训练。一些模拟练习可根据学生动作技能的形成规律设计练习过程。例如:利用声、光刺激使学生得到及时强化,或者利用透明、慢速、分解操作等技术使学生获得真实岗位实习中不可能得到的直观感受,从而提高了训练成绩。

第三,模拟环境的设置。模拟环境的设置尽量逼真,如财会模拟室,要按照企业、事业单位财务处(科)常见的方式布置,各种设施,如办公桌、岗位牌、钢丝篓、印章、单据、报表、账籍等齐备,使学生一进入模拟室,很快进入"职业角色"。替代设备、材料必须与真实设备、材料原理相同,动作方式相同,表现效果可以相似。模拟练习毕竟与真实岗位练习有一定差距，要尽量缩小这种差距，提高学习效率。

2. 准备与实施

教师应从生产实际出发，确定模拟教学的程序，尽量做到和真实生产过程一致。从设想变为现实的过程中，可能出现许多难以预料的问题，教师应在保证完成教学任务和学生安全的前提下，充分调动学生的主观能动性，鼓励学生发表自己的看法。引导学生自由组合，分组实际操作，要求学生在团队中分工合作，集思广益，每完成一个阶段任务让学生相互检查，自己解决检查出的问题，教师仅给予协助并指出尚未发现的错误。

有效的模拟教学是一门综合性的艺术。教师从理论的讲授者变为学习兴趣的激发者，从知识的提供者变为学习过程的辅助者。如此角色转换，教师不仅要有丰富的工作经验，还要精通如何去引导训练学生。教师必须集中更多的时间和精力去从事有效果的并有创造性的模拟教学活动。

学生是主演。模拟教学法完全打破以教师讲授为主的传统教学模式，给学生开辟了课堂活动空间，促使学生以一种主体参与的姿态进行具体的情景模拟、案例操作，完成从旁观者到主演者的角色转换。

例如，在秘书专业的秘书实务实训中，安排学生模拟操作综合性的会务工作。把学生分成若干小组，运用相关的知识，从会前的策划到会议的组织再到会后的总结，要求学生分工合作，通力完成。对于学生来说，这有一定难度，具有挑战性。为完成任务，学生要做充分的准备工作，包括阅读案例，阅读相关材料，上网搜索信息，进行分析思考，理清思路，拟定模拟操作实施方案，并在小组内进行讨论，修改完善。通常情况下，课堂模拟两课时，课前平均要花10—12课时的时间来准备，所谓功夫在课外。

3. 总结和评价

模拟教学结束之后，教师应及时总结成绩，指出优点和不足，尤其要纠正教学过程中学生的错误观点和做法。也可聘请专家（具有丰富经验的人员）参与模拟教学，并对模拟过程进行评论。

（四）运用模拟法教学的注意事项

1. 模拟环境尽量逼真。如前所述，财会模拟室，要按照企、事业单位财务处（科）常见的方式布置，各种设施完备，这样能使学生一进入模拟室，很快进入"职业角色"。

2. 替代设备、材料必须与真实设备、材料原理相同，动作方式相同，表现效果相似。例如，模拟汽车座舱系统，要求座舱布置与实车大体相同，装有实车操作机件及仪表总成、转向盘、档位、离合器踏板、加速踏板（油门）、脚踏板（汽刹）、驻车制动器（手刹）及转向开关等，其运动范围、力感和操作效果与实车相似。模拟练习毕竟和真实岗位练习有一定差距，只有尽量缩小这种差距，才能提高学习效率。

3. 加强管理和监督，防止学生出现不认真、不重视、不按规章操作等情况。

4. 模拟练习要与岗位练习配合使用。模拟教学常在动作技能形成的初期使用，随着学生动作技能水平的提高，应逐步过渡到真实岗位练习。模拟练习不能完全替代岗位练习。

第二节 模拟训练法在操作技能训练中的实证研究

模拟训练法在体育、军事、医学、航空航天等方面的相关实证研究表明，模拟训练法是一种有效的训练方法。本节将分别介绍模拟训练法中的情景模拟训练法和智能模拟训练法在操作技能训练方面的相关实证研究。

一、情景模拟训练法——情景模拟训练应用于实习学生输液故障排除

静脉输液是临床上常用的护理技术操作，是体现护士技术水平的"第一张名片"，而输液故障则是输液过程中常见的护理问题。问题虽然常见，但在过去的教学中并不被大家重视。可是，如果输液故障处理不当，却可能引起病人的不满甚至医疗纠纷。怎样才能提高学生的工作能力，尽快适应临床繁忙紧张的工作状态，是带教老师值得探讨的问题。为此，李桂宝、

文勇、许素芃、李华丽（2011）以输液故障为例，对学生采取情景模拟训练，具体实验如下：

（一）实验被试

2010年4月1日—2010年12月30日广东省英德市人民医院护理部分配来新城门诊部输液室实习学生60人，全部为女性，年龄17岁至21岁，大专8人，中专52人。根据护理部的实习学生安排表，按入科先后顺序的批次（每批学生2人至4人）分成对照组和实验组各30人，单批次为对照组，双批次为实验组。两组学生年龄、学历、就读学校之间的差异均无统计学意义。

（二）实验方法

1. 带教方法

输液室固定4名老师一对一带教（副主任护师1名，主管护师2名，护师1名），所有学生在输液室实习2周。对照组采取常规带教法，即在工作中碰见某种输液故障时首先由带教老师排除故障给学生示范，待以后出现类似问题时再让学生操作。实验组采取情景模拟训练法，即学生入科前一晚上由教学组长带领学生进行5种输液故障情景模拟训练，然后跟随带教老师进入临床实习，再按常规法带教。情景模拟训练的方法如下。

（1）情景模拟的场景设计

由科室护士长带领老师编写教案，教学组长负责整理，护士长审核后定稿。设置5种输液故障模拟情景：①茂菲氏滴管内液面过高，看不见滴速；②茂菲氏滴管内液面过低，空气可能进入茂菲氏滴管以下；③液体不滴；④滴管内液面自行下降；⑤接瓶不及时，空气至茂菲氏滴管以下。场景中设计一些护患沟通场景，如病人或家属发现茂菲氏滴管以下有空气的紧张情景、针头回血的恐慌情景、液体不滴的焦急情景等。

（2）情景模拟训练的实施

实验组学生来输液室实习前，由教学组长通知该组学生先温习静脉输液章节，特别是输液故障问题，查阅近5年内医学期刊发表的相关文章，书面掌握排除输液故障的传统方法和最新方法。到输液室实习前一晚上，教学组长带领学生进行情景模拟训练。首先要求学生口述输液故障的种类、排除方法、故障产生的原因，然后给"病人"静脉输液，再进行5种输液故障情景模拟训练，由学生轮流扮演护士、病人、家属，角色自由搭配，直至完全熟练。

2. 评价方法

（1）带教老师评价

学生于输液室实习结束时，由带教老师对学生进行静脉输液操作考核，评分参照广东省护理操作流程及评分标准，并采用问卷调查表对学生能力进行评价，调查表自行设计，共有5个条目（分析问题能力、解决问题能力、理论联系实际、护患沟通能力、技术操作能力），每个条目分3个级别（强、一般、差）。

（2）实验组学生自我评价

实验组学生于输液室实习结束时，采用自设问卷调查表进行自我评价。评价表与老师调查表格式内容相同。

（三）结果

通过对实验的数据分析发现，通过情景模拟训练的学生，静脉输液操作成绩明显高于对照组学生；带教老师从分析问题能力、解决问题能力、理论联系实际、护患沟通能力、技术操作能力五个方面对实验组和对照组的实验组学生进行评价，结果发现实验组在这五个方面均明显优于对照组；实验组学生进行情景模拟训练后的工作能力自我评价明显高于训练前，他们排除输液故障的能力明显提高，其他护理工作能力也相应提高。

实验的结果证明情景模拟训练能促进学生尽快掌握输液故障的排除方法，能迅速提高工作能力。

二、智能模拟训练法——腹腔镜操作模拟训练系统用于手术基本技能训练

齐桓、谭剑等人（2009）通过对不同临床经验的培训者在腹腔镜操作模拟训练系统上的培训，探讨该培训系统的培训效果。具体研究如下：

（一）研究对象

临床培训医生10人（A组），进修医师无腹腔镜操作经验者10人（B组），临床本科五年制的实习医生10人（C组）。

（二）研究方法

1. 仪器

腹腔镜操作模拟培训系统（或称腹腔镜模拟训练机，Lap VRTM）是一种基于计算机技术的模拟现实培训系统，是专门用来进行腹腔镜手术培训的教学设备，由模拟器、监视器、手术器械和电控组成。该系统共有腹腔镜手术工作站、腹腔镜基本技能程序等八大模块，对于初学者主要应用其腹腔镜基本技能程序进行练习。

2. 理论学习

系统学习腹腔镜外科的理论知识，掌握腹腔镜设备的工作原理；熟悉手术器械的基本功能、规格和使用方法；掌握腹腔镜手术的医疗原则、手术适应证、禁忌证、手术基本技术、常见手术的操作方法、手术并发症的预防和处理、围手术期的处理等。

3. 培训方法

基本技能程序训练内容包括腹腔镜镜头聚集训练、夹药丸训练、剪纱布训练、钳夹训练、切割训练、粘连分离训练、缝合训练等（见图11-4、图11-5），每个练习操作均有预先设定的三个难度级别，给受训者提供不同的难度水平。

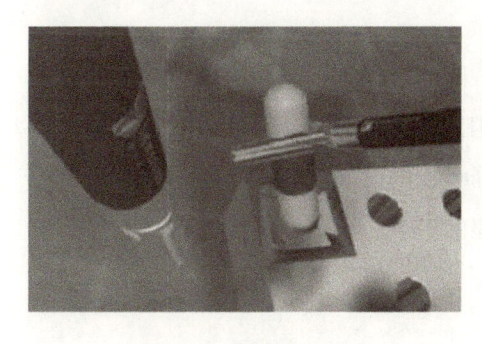

图11-4 夹药丸训练　　图11-5 剪纱布训练

所有参与者首先在腹腔镜模拟机上进行培训前测试，即每位参与者操作一遍基本技能程序中的内容。然后参与者每天在训练机上培训90分钟，连续2周。培训后再进行培训后测试，与测试前测试项目相同。测试结果以操作者完成某项训练项时间表示，时间单位为秒，时间是指操作者由开始到完成某项任务所经历的时间，由机器自动产生。

（三）研究结果

基本技能操作训练前，本科实习生各项技能明显不如临床培训医师及进修医师；经过2周训练，较简单的技能操作如夹取药丸、剪纱布等与临床培训医师及进修医师相比无显著差异；三组不同临床经验操作人员在接受培训2周后，完成夹药丸、剪纱布等操作的培训后用时比培训前用时明显减少，差异有统计学意义。

研究结果证实，利用腹腔镜操作模拟训练系统对医生进行培训，可使受培训人员熟悉掌握腹腔镜外科手术的理论知识，基本熟悉腹腔镜手术的各种器械，掌握腹腔镜手术的基本操作技能，获得腹腔镜手术所必需的三维空间感知、手眼分离、双手协调运动及精细操作的能力，达到缩短腹腔镜手术学习曲线的目的；为系统地培养腹腔镜手术人才，为成功开展腹腔镜手术打下良好的基础。腹腔镜模拟训练系统可以提高不同临床经验参与者的腹腔镜操作技能。

第三节　图解训练法概述

随着现代先进科技的不断发展，图像、视频、网络传媒等现代传媒方式部分取代了使用纸笔或语言口耳相传的传统的信息传播方式。影像和图片以更直观更生动的方式向人们诠释事物的发展规律及本质，使人们摆脱长篇累牍文字的束缚并避免语言传递的误差，成了更便捷的人与人交流的手段。图解训练法就是在这样的背景下应运而生的。

一、图解

什么是图解呢？中文"图解"一词是由英文单词"Diagram"翻译而来，要弄清图解的含义，就首先要知道"Diagram"在西方语境下所指代的内容。宋謌（2011）的研究认为，从词源的角度分析，"Diagram"中的"Dia"含有二元对立、剖析的意象，而"gram"是指代字母或图形。从词源角度常规理解"Diagram"是指用图形对目标进行剖析从而得到结论。其次从西方权威性的字典中的解释中可以知道"Diagram"不是单纯用来解释说明或者简单再现的工具，而是具有思考提炼的过程，并且以图解的形式清楚地演示事物发展的过程。第三，Diagram 严格意义来理解并不只是具有图解这一层解释，它具有图表、图画、表格、提纲、图片等多重含义，更倾向于被理解成为一个与图解相关的集合，它本身所表达的是一组抽象的内容。

图解作为人们研究和分析问题的工具由来已久，而其涵盖面几乎包括每个学科，例如数学、医学、生物学、音乐学、建筑学等。图11-6 为生物学中的 DNA 双螺旋图解。

二、图解训练法

（一）图解训练法的概念

图解法是将未知与未曾接触过领域的问题的相关事实、意见或设想之类的语言文字资料收集起来，并利用其内在的关系做成归类合并图，以便从复杂的现象中整理出思路，抓住实质，找出解决问题的途径的一种方法。

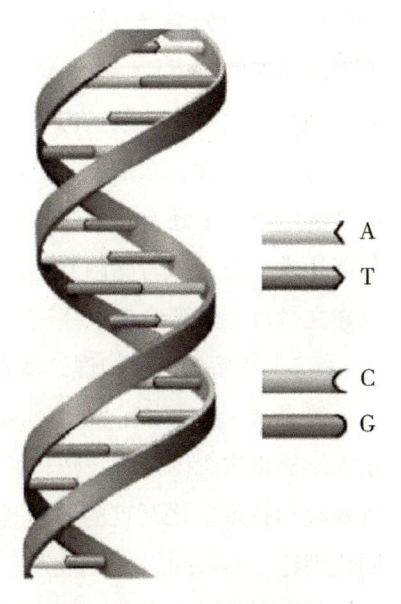

图 11-6　DNA 双螺旋图解
图片来源：《分子生物学》

图解训练法（又称图解教学法）是指教师把新旧知识发生联系的材料以图形或图解的方式来呈现的一种教学策略。图解法教学的组织者可以根据教学需要设计出某一独特的图示，使学生认知结构中新旧知识相互作用，达到认知结构渐进分化和融会贯通的目的，使学生一目了然、心领神会地了解所要学习的内容与旧知识的联系。在职业操作技能的训练中，图解训练法是将职业操作技能的标准操作流程制作成流程图，并附上简要文字说明，将其应用于职业技能训练的一种训练方法。

尽管各类图解以图形为表象，但实质上它表现的是一个思维过程，学习者可以借助多样的图解提高发散思维能力，理清思维的脉络。因此，图解法是一种将放射性思考具体化的方法。放射性思考是人大脑的自然思考方式，每一种进入大脑的资料，如：文字、数字、符号、物质、概念等，都可以成为一个思考中心或发挥的主题，最终成为你的个人数据库。经由图解的放射性思考方法，除了加速资料的累积之外，更能将数据彼此间的关联性分层、分类进行管理，使资料的储存、管理及应用更加系统化，从而提高运作的效率。

在教学过程中，某些内容比较抽象难懂，运用图解法能给抽象的知识配上形象的画面，在抽象与具体之间搭起桥梁，增强了学生对事物与过程的理解和感受；还有些内容叙述繁杂，不易于理解和记忆，利用图解法不仅能让学生在最短时间内弄清问题原委，还可以为知识深层次的探索和把握建立平台（张淼玲 2010）。

（二）图解训练法的理论基础

约瑟夫·D·诺瓦克（Joseph D. Novak）于 20 世纪 70 年代，在康奈尔大学提出概念图绘制技巧，并将其应用在科学教学上，作为一种增进理解的教学技术。诺瓦克的设计是基于大卫·奥苏贝尔（David Ausubel）的同化理论（Assimilation theory）。奥苏贝尔根据建构式学习（Constructivism learning）的观点，强调先前知识是学习新知识的基础框架（Framework），并有不可取代的重要性。在诺瓦克的著作《习得学习》（Learning to Learn）中指出，"有意义的学习，涉及将新概念与命题的同化于既有的认知架构中。"诺瓦克教授认为，概念图是某个主题的概念及其关系的图形化表示，概念图是用来组织和表征知识的工具。它通常将某一主题的有关概念置于圆圈或方框之中，然后用连线将相关的概念和命题连接，连线上标明两个概念之间的意义关系。概念图又可称为概念构图（Concept mapping）或概念地图（Concept maps），即图解法。

加涅在《学习的条件和教学论》（1999）一书中提出，在教学中使用图片的主要理由是它们直接影响作为学习结果的预期行为。第二个理由，并且也是更加宽泛的理由是因为它们是学习者能够借以获得视觉表象的手段，而视觉表象又被认为是一类非常重要的记忆编码和存贮形式。因此，图片通过提供编码表象，经常被用于执行学习指导的功能。在教学中，图片的使用对编码过程发挥着重要的支持作用。

加涅还认为在动作技能的学习中，图片往往描绘出行动的顺序及行动所包含的动作，从本质上讲，这等于显示了执行性子程序。从这样的图片中形成的表象，可能效果是最好的。包含在运动操作中的运动图片，不管是静止的还是活动的，都可以发挥和言语作用相同的功能。通常图片能比词语更有效地达到这些目的，图片可以为要习得和要记住的操作步骤的顺序的呈现提供一个有效的媒介。图片也能通过指导学习者注意控制动作反应的外部线索来帮助动作技能的学习。在动作技能学习的中间阶段，选择适当的外部线索对增加操作准确性是一件非常重要的事件（田莉 2005）。

（三）图解训练法的一般分类

亲和图法：是收集资料，并利用其内在的相互关系做成归类合并图，以便从复杂的现象中整理出思路，抓住实质，找出解决问题的途径的一种方法。

欧拉逻辑图解法：是一种逻辑学上的图解，用来揭露两个概念是否有重叠关系。

文恩图解法：用一条封闭曲线直观地表示集合及其关系的图形，也称文氏图（又称韦恩图）。

箭形图解法：箭形图法又称双代号网络图法（AOA），用箭线表示活动，活动之间用节点连接，只能表示结束—开始关系，每个活动必须用唯一的紧前事件和唯一的紧后事件描述；紧前事件编号要小于紧后事件编号；每一个事件必须有唯一的事件号。

线形图解法：是最简单的一种图解法，它是指把相互关联的内容按一定的顺序连接起来的示意图。

框式图解法：在归纳总结时，对某个复杂的局部采用框架形式标示其结构层次和组合关系。

分析式图解法：这是一种由大到小、层层分解的图解法，可以清楚地表明复杂结构的分析过程。有时还辅以文字，表明结构、结构成分的功能和相互关系。

分析式与符号标示相结合的图解法：以符号代替文字标示，采用图形来表示结构格局、组合层次和成分关系的方法。常用的有加线法、树形图、框式图。

提纲图解法：是复习方法之一。把知识用纲目的形式加以概括和提炼，化繁为简、化多为少，是便于掌握和记忆的一种方法。但应注意：首先要对学习的知识进行整理、加工，并提炼出纲目或图形来；要层次清楚，准确无误；此法直观、简单、易记，概括和提炼的纲目只是知识纲要，未能包罗全部。

（四）图解训练法在我国的发展

在我国，图解训练法的发展主要经历了个体应用开始阶段和群体化应用阶段（张淼玲，2010）。

1. 个体应用开始阶段

图解法的发展历程很长，甚至可以说是开始于人类文化形成时代。埃及的象形文字、中国的甲骨文都说明了早期人类没有语言时采用图像进行交流，图像在后来的演变中逐渐成了文字。"图，经也；书，纬也。一经一纬，错而成文。"图书一词的产生与《易经》中的"河图洛书"有关。立书著说，应是图文结合，图文结合原为图书本义，中国有"书画同源"之说，也说明了图文结合的一个侧面。所以，图解有极深的历史渊源。而将图解法应用于教学，却是这之后很长时间的事。"有一个时期，我国的语法教学中盛行一种图解法，其来源是国外教科书里流行的里德和凯洛格图解法，它在五四前后流入我国，先用于英语语法教学，后来又被用于汉语语法教学……"。（吕叔湘，《汉语语法分析问题》）。此时图解法在学科教学中的应用刚刚起步，只有一部分教师接触和使用了图解法进行教学。

2. 群体化应用阶段

图解法教学1980年前后在我国应用越来越多。1992至2003年间，张富昌的《图解化学》、邱永亮译《图解有机化学反应的思路与研究方法》、郭伟明的《图解化学实验》、高淑珍译的《图解化学超有趣》等书的相继出版，可以说将图解法在教学里的发展推上了一个新台阶。

同时一些专家和学者通过培训将其推广，让更多一线教师接触、认识和使用图解。李科良的"图示教学法"认为：图示教学法分为（教师）图示备课法、（师生）图示施教法、（学生）图示学习法。通过图示教学法可以提高学生综合素质。此时图解法已经逐渐进入常规教学实践中。

（五）图解训练法应遵循的原则

张淼玲（2010）提出，图解训练法应坚持遵循如下原则：

准确性原则。即设计每一张图解时要做到对应关系清楚，文字说明准确。

简练性原则。即图形中的内容要简练，不要太过复杂，因为复杂的图形不容易理解，会起到适得其反的作用；设计图形时，要在含义表述清楚的前提之下尽量简化。

合理性原则。即图形的布局应结构合理、美观整齐，这样学生在学习时就会条理清楚、印象深刻。

概括性原则。每一个图解都应该容纳相关的知识点，体现出内在的关联，同时概括精准。

深刻性原则。丰富学生的既得经验和感性知识，锻炼学生的概括、分析、想象和创造的思维能力。

启发性原则。图解法教学的全过程，都应该给学生留有思考余地。

三、图解训练法与职业操作技能训练

（一）图解训练法对操作技能形成的影响

田莉（2005）的研究认为，操作技能的形成分为泛化阶段、分化阶段及巩固与自动化阶段，而操作技能形成的关键是在泛化阶段和分化阶段，即要尽量降低泛化过程对操作技能形成的影响，加速分化过程的形成，从而建立清晰而正确的运作表象和动作概念。在常规的操作技能教学模式中，主要是通过教师的示范、讲解及学生的练习来进行的，教师示范不可能多次进行，在学生练习过程中，教师的辅导也不可能针对每位学生的需要而做到面面俱到，图解训练法能弥补这些不足。操作过程流程图呈现了操作步骤的顺序并提供了动作的表象。许多研究信息加工模型的学习理论家都倾向于赞同长时记忆的双重加工模型。该模型认为根据言语命题和表象进行双重编码是有可能的（J.R.Anderson & Bower，1973；paivio，1971），在教学中，可以使用图片提供具体的、能够发挥编码功能的视觉表象。

言语指导、图片及实际的演示都是指导操作技能学习的外部刺激，操作流程图的反复观看可使外部的线索突出，外部的线索在一定程度上能控制所期望的运作反应，从而促进操作技能的形成。在操作技能练习初期，图片的使用可节省学生部分记忆的能量。因为在练习初期，学生对整个操作程序尚较模糊，需消耗较多的记忆能量来记忆操作的过程，而操作流程图的同步展示，直接为学生提供了操作的整个程序，使学生将精力更集中于做好每一步操作，这样有利于学生操作的熟练。另外，操作过程中的关键环节在图片上作了文字说明，这有利于学习者加强对动作概念的认识，提高对动作的认知水平。使用图解训练法时，图片帮助学生解决在练习过程中遇到的操作细节模糊、操作步骤不清等问题，为学生的练习提供了及时的反馈，从而极大地提高了学生的积极性。

（二）图解训练法的特点、制作和使用

现如今，各种多媒体教学方法在职业技能操作的训练中得到普遍利用，但是田莉（2005）认为录像是以一定的速度线性展开的，不论观看者是否看明白，它一晃即逝，不能进行及时的信息反馈，且购买的录像带的内容不一定完全符合教学的需要，易使学习者造成视觉的混乱，不利于操作技能的形成。而图解训练法使用的是静态的图片，可供学生反复观看比较，有利于对练习过程提供及时的反馈。而且，在职业技能操作训练中使用图解训练法具有简单易行、耗资小（图片一次制作好后可反复使用）的特点，此法的运用可以为实验教学提供新的思路。

在职业操作技能的训练中，运用图解训练法的关键在于图片的制作。一般来说，要制作职业操作技能训练用的图片，首先，用数码相机把职业技能操作的整个标准过程拍成图片；然后，将图片按操作步骤编序，并对重要环节作简要文字说明；最后打印出来。将制作好的图片按顺序贴在大展板上，放在明显处。学生在练习操作的过程中可同步参照操作流程图。

图解训练法在职业技能操作的训练中也有其局限性，田莉（2003）认为在使用过程中应该注意如下两点：

1. 制作的图片应当清晰、美观、大小合适，放在实验室明显的地方，方便学生观看。

2. 虽然图片作为外部刺激在职业技能的学习中发挥了重要的作用，但这种作用是有限的，决定性的刺激是由来自肌肉活动本身的内部反馈提供的，因此学习者必须进行实际练习。

第四节 图解训练法在职业技能操作训练中的实证研究

图解训练法对职业操作技能训练有着积极的影响，国内有研究人员用实证研究的方法考察了其在职业技能操作教学及训练中的作用。例如，汪

娩南（1996）做了将趣味图解法应用于《基础护理学》教学的尝试；田莉等人（2005）对操作流程图片法在基础护理操作技能教学中运用的实际效果进行了实证研究。

一、趣味图解法用于基护教学的研究

《基础护理学》的教学多采取口授、示教、回示和电化教学等方法。其中的理论，教师多以口述辅以板书教学，学生常感到枯燥、难记，通常需要多次复习，有意识记才能掌握。如何改变教学方法，提高课堂教学效果，汪娩南于1991—1994年在九江市卫生学校90级护士（4）班、九江市职高护士班和九江市卫生进修学校93级护士班的教学中，对部分教学内容试用趣味图解教学法，取得较为满意的效果。具体研究如下：

（一）教学方法

1. 趣味图解法

根据胆囊造影饮食的要求，设计4幅趣味图画，以图解的形式突出表现这一试验饮食的特点及要求。课堂教学时，展示图画，结合课本对照讲解。

2. 传统法

为了对照效果，潜血试验饮食仍采取口授，必要时在黑板上板书禁食内容。

（二）教学效果测定

教学后不在课堂上提问，不提醒学生复习。于课后的第7-10天，事先不通知学生的情况下，出题测验。试题包括潜血试验饮食、胆囊造影饮食或掺入前面章节的教学内容。严格控制课堂纪律，保证答卷的真实性。

判断标准。1. 完全正确，与教科书要求一致者；2. 较正确，漏答或错答时间项和（或）漏、错答一项内容者；3. 差，漏答或错答时间项及漏、错答2—3项内容者；4. 答错或未答，完全错答或未回答者。

（三）结果及讨论

研究结果如表11-1、表11-2、表11-3所示。

表 11-1　九江市卫校 90 级护（4）班答题结果

试题内容	人数	完全正确（%）	较正确（%）	差（%）	答错或未答（%）
潜血试验饮食	52	26（50.00）	20（38.46）	3（5.77）	3（5.77）
胆囊造影饮食	52	38（73.08）	6（11.54）	2（3.85）	6（11.54）
P 值		<0.05			>0.05

表 11-2　九江市职高 90 级护士班答题结果

试题内容	人数	完全正确（%）	较正确（%）	答错或未答（%）
潜血试验饮食	30	2（6.67）	13（43.33）	15（50.00）
胆囊造影饮食	30	10（33.33）	14（46.67）	6（20.00）
P 值		<0.05		<0.05

表 11-3　九江市卫生进修学校 93 级护士班答题结果

试题内容	人数	完全正确（%）	较正确（%）	答错或未答（%）
潜血试验饮食	51	15（29.42）	17（33.33）	19（37.25）
胆囊造影饮食	51	37（72.55）	9（17.65）	5（9.80）
P 值		<0.05		<0.05

研究结果表明，应用趣味图解法教学，无论各校学生原有的学习能力如何，课堂接受人数的百分率较传统法高，均有显著差异。

以往人们普遍认为趣味图解主要用于启蒙教育，如低幼、小学教育。该实验结果表明，趣味图解亦可用于中专乃至成人专业教育。特别是在理科教育中，若在学生理解教师讲授后的逻辑记忆的同时，辅以有趣的形象记忆，可提高记忆效果。

二、操作流程图片法在基础护理操作技能教学中的效果研究

护理学是一门实践性很强的应用性学科，基础护理操作技能的学习占有非常重要的位置。为此，田莉等（2006）在基础护理操作技能教学过程中，

运用操作流程图片法，通过实验分析操作流程图对护生基础护理操作技能成绩及与操作有关的认知成绩的影响。具体实验如下：

(一) 方法与程序

该研究采用教学对比实验的方法。

1. 被试者的选定

以某校护理专业专科 2002 级学生为研究对象，这些学生在入学时经统一考试录取后随机分为 4 个班（护理大专四、五、六、七班），在此基础上随机抽取五班作为控制班，七班作为实验班。具体情况如表 11-4 所示。

表 11-4　实验班、控制班被试者的基本情况（n）

班级	N	平均年龄（岁）	男生	女生
实验班	58	17.8	3	55
控制班	54	17.9	4	50

2. 实验教师和实验项目的选定

实验班和控制班均为相同的授课教师及实验辅导教师，选取《基础护理常用技术》（刘晓松主编）中的铺无菌盘作为实验项目。选择此项是基于以下考虑：一是基护的重点操作；二是难度适中；三是易于评价。

3. 评价工具

（1）理论测试卷

试卷采用客观题的形式，涵盖铺无菌盘的目的、操作方法、要领、注意事项等主要方面的知识点，每个知识点计为 1 分，共 23 分。

（2）铺无菌盘操作考核评分标准

参考基础护理操作考核评分标准，由经验丰富的教师修订而成，总分为 100 分。

4. 实验程序

（1）图片制作

制作：用数码相机把操作的整个标准过程拍成图片，将图片按操作步骤编序，并对重要环节作简要文字说明，最后用 A4 纸张打印。

使用：将制作好的图片按顺序贴在大展板上，每个实验室一块，放在明显处。实验班的学生在练习操作的过程中可同步参照操作流程图。

（2）实验操作

按照实验计划，控制班采用常规教学组织模式组织教学活动，即教师示范、讲解—学生练习—教师进行集体或个别纠正—学生练习—测试。实验班采用操作流程图片教学组织模式组织教学活动，即示范、讲解—练习（教师辅导、纠正并同步展示操作流程图片）—测试。实验于 2004 年 11 月 17 日至 11 月 29 日进行，实验班和控制班上课顺序为随机排列，教学活动量、进度等均一致，教师不告诉也不暗示学生是在做实验研究。

（3）理论测试

为检测不同教学模式对操作认知成分的影响，在实验后两个班同时进行理论测试。

（4）操作技能考核

为检测不同教学模式对操作技能形成的影响，实验后随即进行操作考核。为减少无关变量的干扰，考核由本市某医院的一位资深护士长按统一的评分标准在双盲法下进行。

（二）结果

对两班学生的理论测试成绩和操作考核成绩进行差异显著性分析，结果如表 11-5 所示。

表 11-5　两班理论测试和操作考核成绩的差异性检验

项目	平均成绩（分） 控制班	平均成绩（分） 实验班	t 值	P 值
理论测试	16.70	17.7	2.890	<0.01
操作考核	83.64	86.67	3.496	<0.01

从表 11-5 可以看出，控制班和实验班的理论测试和操作考核成绩均

有差异，并都达到显著水平，说明在铺无菌盘的理论测试和操作考核中实验班的平均成绩优于控制班。

　　该实验结果不但证实了操作流程图片法能促进操作技能的学习，可以提高学生操作技能考核成绩及与操作有关的认知成分成绩的作用，而且为在基础护理操作技能教学中使用该方法提供了依据。另外，实验期间，据观察资料显示，实验班学生学习积极性明显高于控制班。其主要原因可能为：一是该操作流程图是在本校实验室拍摄的真人实景，学生感觉场景熟悉，用物熟悉；二是操作流程图帮助学生解决在练习过程中遇到的操作细节模糊、操作步骤不清等问题，为学生的练习提供了及时反馈，从而极大地提高了学生学习的积极性。

第十二章　变换练习法、逐步训练法和其他训练方法

第一节　变换练习法概述

一、变换练习法的概念

变换练习法（Variable Practice）是通过让学习者在一类动作学习的基础上体验多种动作组合方式或者操作情景变化，以优化练习绩效的一种训练方法。在练习中让学生体验到多种动作方式和操作情景变化可以帮助技能学习的保持，提高完成新技能或动作的能力，还有助于提升练习者将已习得技能从练习环境迁移到实际操作环境的能力，帮助练习者"灵活应用"某一类动作的基本动作程序，创造性地表现丰富多彩的动作方式。

与变换练习法相关的一个概念就是练习的变异性（practice variability）。所谓练习的变异性是指在技能练习过程中的动作特征和背景特征的变化。练习的变异性理论认为练习的变异性可以提高技能正迁移的水平。

二、变换练习法的理论基础

变换练习法的理论基础发展已经比较成熟。变换练习法研究的理论基础主要包括施密特（1975）的图式理论（Schema Theroy）、金泰尔（1972、2000）的学习两阶段模型（Learning stages Model）和威廉姆·巴廷（1979）的背景干扰效应。其中图式理论和学习两阶段模型是变化练习法的技能形

成理论，背景干扰效应是变换练习法的技能组织理论。鉴于前两个理论我们在前面的章节已有过介绍，这里仅就背景干扰效应进行阐述。

所谓背景干扰是指在技能练习中练习的形式变化对操作产生的干扰。当背景干扰多的练习效果优于背景干扰少的练习效果时，就产生了背景干扰效应。关于背景干扰效应（contextual interference effect）这一现象，最早的研究源于巴廷（Battig）1966年、1972年、1979年在文字配对的学习中发现了背景干扰这一现象，并得出了与人们传统的观念截然相反的观点：认为高背景干扰不但不会阻碍学习反而有利于学习的顺利进行。人们的传统观点认为干扰会导致负迁移，但是巴廷坚信在某些情况下，干扰实际上可能产生正迁移。他认为，当某一学习材料得到充分的学习，而被学习的材料本身特别困难或者需要在高背景干扰的条件下练习，其结果将是延迟保留测试的成绩往往好于学习材料在没有干扰条件下的练习（王龙，2013）。

巴廷最初得出背景干扰效应观点是基于对技能的获得、保留、迁移相结合研究的情况下逐渐形成的。他认为用人作为实验对象来进行实验任务，最大的特点是处理大量的干扰，包括学习任务的内部和外部等干扰。奇怪的是，在任务高背景干扰练习条件下，对技能的获得阶段进行测试结果往往不是很好，但是在高交叉任务干扰的条件下练习之后，对其学习任务进行保留和迁移测试会产生正迁移和更好的保留成绩。这种相反的观点，首次被描述在希尔德1963年的硕士论文中。这一观点随后在1966年直接被巴廷和希尔德发表。1965年，巴廷在杜兰大学由爱德华·比洛举办的"技能学习"为主题的学术报告中首次提出这一观点。

在巴廷未提出背景干扰效应这一现象之前，人们的传统观点认为在练习过程中固定练习（blocked practice，也有人译为组块练习）的效果比随机练习的效果要好。因此，巴廷的观点在那个时代不被人们所认可，随着时间的流逝，他的观点也渐渐被人们所淡忘。但是令他没有想到是他的研究后来却被运动技能学习领域的学者所关注。直到1979年，谢伊和摩根（Shea & Morgan）进一步证实了"背景干扰效应"同样适用于运动技能学习领域，为运动技能学习领域的研究提供了原始依据和研究范式。

背景干扰效应产生的原因：Shea、Kohl 和 Indermill（1990）认为低背景干扰练习的一个显著消极作用是，它抑制了技能在新异操作背景下的操作。背景干扰的实验证明，尽管在固定练习条件下进行保持测试时，固定练习组与随机练习组的被试操作成绩相当，但如果研究人员在随机练习条件下测试保持成绩，固定练习组被试的操作成绩大幅下降，而高背景干扰的练习则不会导致类似的迁移问题。也就说，低背景干扰的练习会使人对练习背景产生依赖，而降低了适应新异测试环境的能力。为什么会出现背景干扰效应，理论界有如下几个假说来试图解释它：

1. 加工合成假说

加工合成假说由谢伊和摩根提出。这个假说认为背景干扰效应的产生与技能练习者对技能变化的记忆再现进行加工重组有关。在变换的练习过程中，练习者采取的操作策略比固定的练习要多。这样练习者在工作记忆中保留了较多技能变化形式，这些变化形式会被进行认知加工，由于进行了认知加工合成，因此使技能更容易提取和再现。

2. 动作计划重建假说

动作计划重建假说由李和马吉尔（Lee & Magill）提出。这个假说认为，高背景干扰有助于练习是因为在新的练习尝试过程中，变换练习要求练习者重建动作计划。在他们看来，由于技能形式变化后的干扰使练习者部分或者完全遗忘了前一个练习中产生的动作计划，练习者还必须重建一个新的动作计划。而在固定练习中练习者只要采用相同的动作计划，即不需要动作计划的重建。动作计划的不断重建虽然会使短期练习成绩不佳，但这种短期的不佳最终会换来长期的效益，即产生更好的练习技能的长期保持和迁移。

3. 精心执行动作假说

该假说对出现背景干扰这一现象的解释是，在初期的练习中随机练习能够使人体验不同动作任务的区别，而固定练习使人错过了这种自动比较和执行不同动作任务的机会。采用随机练习方式的被试，从完成一种任务转换到另一种动作任务时，他们就开始体验各种动作任务之间的区别，这就使每一种动作任务在他们的长时记忆中留下更加深刻的印象。而对动作的长时记忆越深刻，或者它的区分性越强，动作记忆就越持久，动作技能也就容易在练习之后重新被追忆起来。而采取固定练习方式的被试，重复地练习同一动作，在练习的过程中或多或少地被"自动化"了。显然，对某一单一动作的不断重复，容易导致被试忽视各种动作的内部之间，以及其他相似动作之间的共同点和差异。

三、变换练习法分类

变换练习的方式多种多样，张雪临和钟明宝（1994）认为变换练习法的主要变换形式可以划分为以下五类：

（一）变换练习环境

其目的主要在于调节心理过程。心理学研究表明，任何外界环境的改变，其新异刺激会影响着人们注意力的集中或扩散。根据教学训练任务的需要，正确适时地变换练习环境，可以激发练习者从事练习的积极性和兴趣，提高对外界环境的应变能力。

1. 变换自然环境

主要是通过改变练习场所或器械设备的更新等手段实现的。改变练习的自然环境，能够增加新异刺激，引起神经兴奋性的提高，也可增加或减低练习难度，调节训练负荷。

2. 变化练习气氛

它是通过教师有意识地引导和灵活的组织措施来实现的，对学生施加良性刺激，使其在适宜的气氛中，增强练习的欲望。如可以在教学的不同阶段，时常穿插以小组为单位的互相观摩、互相对抗和比赛。

（二）变换作业条件

其目的在于提高或降低练习难度，简化教学过程，使之迅速掌握操作技术或提高操作质量。变换作业条件，是通过变换器械位置、高度、长度、弹性等手段来实现的。

（三）变换动作形式

其目的在于利用动作本身的可变因素，有选择地变换动作练习，使之"举一反三"地掌握动作。变换动作形式，是通过变换动作做法和姿势等手段来实现的。它包括变换动作做法和变换动作姿势。变换动作做法，可以达到不同的教学目的。身体姿势的变换，意味着动作难度的改变，这种变换形式，对巩固关键技术、发展难度有双重作用。

（四）变换限制条件

其目的在于选用不同的限制手段，改进技术，纠正姿势方面的错误，加速动力定型的形成。变换限制条件，包括变换基本姿势的限制、变换动作方向的限制、变换动作幅度的限制等多方面的限制手段。

（五）变换动作组合

其目的在于强化某个动作或几个动作的联合，以此取得技术上的某种突破或飞跃。变换动作组合，可通过变换动作的开始、结束姿势或连接方法来实现。

有目的的变换动作的开始和结束姿势，是巩固动作技术、发展动作难度的重要手段。一般说来，每一种变化，哪怕是微小的变化，都会对动作产生影响。此外，变换动作之间的连接，变换动作联合或成套动作的先后顺序，以巩固单个动作，也是技能教学中经常采用的变换手段。

四、变换练习法的优势

李家辉（2012）指出技能练习最根本的目的在于提高练习者的技能操作能力，以便在未来的操作情境中有上佳表现。有效练习最典型的特征是学习者在练习过程中能够体验到技能的多种变化，主要是指操作情境变化和技能变化。练习过程中，操作情景和动作的多样性对技能学习的根本作用，是增强学习者在未来测试条件下的操作成绩和操作能力。人们会习得性地增强某项技能的操作水平，也会增强对陌生环境的适应能力。以学习的迁移角度看，练习中加入操作情景和动作的多样性，可以看作是增大了从日常练习到测试情景的正迁移的可能性。在练习中让学生体验多种多样的动作，还有助于他们提高完成那些从未经历过的新颖动作的能力，而不仅仅只是把练习拘泥于特定的专门动作中。同时，也能够帮助他们"活学活用"某一类动作的基本动作程序，创造性地表现丰富多彩的动作形式。

张雪临等（1994）认为运用变换练习，有利于提高视觉、触觉、肌肉本体感觉之间的联系；有助于调节心理过程，激发学生学习的积极性。因而，它对于建立正确的动作概念、加速完成动作、提高动作的准确性、稳定性等各方面都有积极的作用。它是技能教学与训练中不可缺少的方法。在技能训练中，不论是哪个技能项目和哪个难度的动作均可适用变换练习法。变换练习法适用于任何一个学生，适用于操作技能形成的任何一个阶段。

有许多实验表明，在技能练习时采用固定练习法的练习效果不如变换练习法。以谢伊和科尔（Shea & Kohl）的实验来说明：学习目标是以175牛顿力去握紧一个能显示力量大小的手柄。固定练习组用175牛顿力练习289次；变换练习组则用125牛顿、150牛顿、200牛顿、225牛顿共四个不同等级的握力进行练习。最后两个组都以175牛顿力为目标来测量其准确性。结果是：变换练习组的握力准确性远好于固定练习组。值得特别指出的是，变换练习组的练习过程中并不包含175牛顿力的项目。在由肖恩佛特、辛德尔、麦克道尔（Shoenfelt, Snyder, McDowell）等的关于动作技能的实验同样证明了变换练习法产生的学习效果好于固定练习法。在这项研究中，被试练习篮球的罚篮。固定练习组C组只在罚球线某一固定位置上进行练习，经过三周练习，被试罚篮的准确性得到了一定程度的提高，但两周后保持测试成绩又回落到前测水平。另外三个变换练习组分别是采用在罚球线前0.6米和罚球线后0.6米（练习课随机选择练习位置）进行罚球的VFB组；以及采用除了罚球线前，还包括罚球线前0.6米与罚球线后0.6米位置（练习课随机选择练习位置）练习的VC组；最后还有在罚球线两个端点位置和罚球区顶部区域位置（练习课随机选择练习位置）进行练习的VR组。经过三周一共12次的练习后，三个变换组的罚球准确性提高水平均好于固定练习组。而且在两周后的保持测试中成绩要好于前测水平。

五、变换练习法的实验组织

变换练习法重在"变换"二字，主要通过变换练习环境或练习动作形式形成背景干扰效应以组织变换练习。变换练习法的实验组织程序一般包括如下步骤：

（1）选择操作技能。操作技能包括粗大动作技能和精细动作技能，前者涉及大肌肉群活动，如职业操作技能训练中的挖掘机驾驶等；后者涉及小肌肉群，如职业操作技能训练中的刺绣等。在职业操作技能训练中粗大动作技能适宜进行变换练习环境训练，精细动作技能变换练习环境和动作形式皆适宜。

（2）被试选择与分组。根据实验目的，确定选择技能初学者或技能熟练者进行变换练习法实验。随机分组的方式将被试分成组块训练组，序列训练组，随机训练组（或固定练习组、变换练习组），进行分组训练，每个组训练的时间总量相同。其中选择技能熟练者为被试的实验中需进行前测，根据被试前测成绩采取匹配的方式进行分组，以减少被试前测成绩差异对实验结果的影响。

（3）组织背景干扰效应。变换练习法通过变换练习环境或变换练习动作方式来组织背景干扰效应。变换练习环境包括变换自然环境（如照明强度等）、变换练习气氛、变换作业条件（如机械的位置、高度、长度、弹性等）等。变换动作方式包括变换动作姿势（方向、幅度等）、变换动作组合与项目顺序等。

（4）实验测验。记录各组每次练习的成绩，形成每组练习曲线，练习结束后两周，进行目标动作的保持测试；保持测试结束后进行新目标动作的学习，进行新目标动作的迁移测试。

（5）数据分析。利用数据分析软件对实验获得的数据进行分析。

六、实施变换练习法教学应注意的问题

很多教师往往知道变换练习法是一种能提升操作技能训练效果的教学方法，但是在运用过程中却容易走入盲区，影响该方法的教学效果。在应用变换练习方过程中应该注意如下几个方面：

（1）正确看待变换练习法在实训教学中的地位和作用。变换练习法的不同实施方法对实训环境和实训工种要求各异，因此，不能一味地追求"变换"，应根据教学实际需要采取"变换"。变换练习法用得好、用得巧能提升练习效果，若用得不合适，反而容易导致学生形成不规范的技能操作。要注意的是，变换只是辅助练习的一种手段，不能舍本逐末，变换不宜太过频繁，应落脚于练习。

（2）在环境的变换中，要注意变换的安全性、简易性和可行性，注重变换的渐进性，注重学生的成就体验，遵循由易到难、由简到繁的循序渐进的原则。过高过难、脱离教学实际，会造成心理障碍，不利于动作概念的确立。

（3）在动作形式和动作组合的变换中，应注意动作的结构特点和程序；在动作形式组合变换中，应注意变换的动作组合形式和操作程序，形成动作形式组合难易梯度，由易到难，循序渐进，促进技能迁移。

（4）合理地采用变换训练法并使多种变换方式相结合。

第二节　变换练习法在技能训练中的实证研究

对练习的变异性与背景干扰效应的研究，国外起步比较早，建立起了一系列比较成熟的理论体系，并且在多项运动技能训练中得到了验证。例如，Boyce 与 Delrer（1990）将变换练习法运用于技能熟练者的射击练习中，结果表明在技能获得阶段固定练习法效果优于变换练习组；在技能保持阶段两组无显著差异；但是，在迁移练习中，变换练习组练习效果却优于固定练习组。国内也有研究者将变换练习法应用于运动技能的

教学与训练中。例如,周桂琴(2002)发现在大众体育舞蹈教学中运用变换练习法,可有效激发学生的学、练兴趣,出色地完成教学任务。夏忠梁(2014)通过实验研究发现:学习相同动作程序时(只改变相对速度、力量、时间等参数),在选取固定练习方式的基础上,适当增加练习的变异性有利于儿童比赛中篮球传球动作技能表现水平的提高和保持,以及对未来操作情景的适应。

在现有的文献中,我们尚未发现我国将变换练习法应用于职业操作技能教学与训练的科学实证研究。而操作技能与运动技能有许多相似之处,因此介绍变换练习法在运动技能训练中的实证研究也可以说明其在操作技能训练中的应用效果。本节将介绍金胜真(2013)的"练习变异性对学习篮球投篮效果影响的实验研究"。

为了探索练习变异性对动作技能学习者学习特定运动技能效果的影响,金胜真的实验,对固定练习、变异练习以及固定和变异组合练习影响不同水平动作技能学习者学习篮球单手肩上投篮的效果进行了探索。

一、研究对象与方法

(一)研究对象

从武汉科技大学2011级大一学生中随机抽取60名未进行过篮球运动学习和训练的右利手男生作为初学组,并随机分成A1、A2、A3三个组,每组20人;从武汉科技大学2010级大二男生篮球选项班中抽取60名单手肩上投篮水平相当的右利手学生作为熟练组,并随机分成B1、B2、B3三个组,每组20人。

(二)实验设计

初学组和熟练组均采用单因素实验设计,自变量为练习方法,包括三种不同的练习方法:固定练习法(在罚球线上的投篮练习)、变换练习法(在罚球线前后0.5m以及罚球线两个端点进行投篮练习)、固定和变换结合练习法(同时包含以上固定和变换练习法的练习);因变量为在罚球线上进行测试的投篮成绩(该研究不对动作过程进行评价,只对结果进行评价,故投篮成绩为被试投中篮的次数)。初学组 A1 用固定练习法进行练习，A2 用变换练习法进行练习，A3 用固定和变换组合练习法进行练习；熟练组 B1 用固定练习法进行练习，B2 用变换练习法进行练习，B3 用固定和变换组合练习法进行练习。

（三）实验方法

正式试验前选择了熟练组篮球选项课的投篮考核成绩作为前测成绩，而初学者因没有接触过篮球运动，故不对其进行前测。为避免练习效应的影响，初学组和熟练组均在第二天开始正式实验。实验前由教师依据《现代篮球高级教程》上规定的动作要领向初学组讲解和示范原地单手肩上投篮动作，学生依据要求进行练习；同时由专门教师对熟练组原地单手肩上投篮动作进行改进和巩固（二年级篮球专选班学生已学习过原地单手肩上投篮技术），学生进行巩固和改进技术练习。接下来，初学组和熟练组均进行四周的单手肩上投篮练习，练习为实验设计的练习方法，每周周一、周三、周五进行一个小时的练习，为避免其他因素对实验的干扰，实验期间初学组和熟练组均禁止其他任何形式的体育运动。在最后一次练习结束后休息 10 分钟，对各组的罚球线原地单手肩上投篮成绩进行测试。24 小时后再对各组进行保持测试。所有练习和测试均在武汉科技大学体育活动中心篮球场进行，各组实验课均在一名篮球专项老师的主持和监督下进行，并分别进行以避免相互干扰。

（四）实验数据的采集

各组实验对象投篮成绩均由一名篮球专项教师（不包含实验课教师）依据《武汉科技大学篮球选项课评分标准》给出,成绩为 10 次投篮的得分，投进一球记 1 分，满分 10 分。

二、研究结果

（一）初学组成绩

1. 初学组学习阶段末测试成绩

实验结果显示，固定练习组成绩最好，变换练习组次之，固定和变换组合练习组成绩最差。经单因素方差分析，结果显示 A1、A2、A3 三组成绩组间差异非常显著。进一步进行多重比较显示：固定练习组与固定和变换组合练习组间成绩差异性非常显著，其他组间两两比较差异不显著。

2. 初学组 48 小时保持阶段测试成绩

对初学组三组 48 小时保持阶段成绩进行方差分析，结果显示组间差异显著。多重比较结果显示，固定练习组与固定和变换组合练习组间成绩差异性非常显著，其他组间两两比较差异不显著。

（二）熟练组成绩

1. 熟练组前测成绩

为了避免熟练组因前测经验而对后测成绩产生影响，熟练组的前测投篮成绩援引他们的篮球选项课专项考试成绩。从各组的投篮成绩的平均值和标准差可以看出，三个组别的成绩基本相当，可以看作来自同一总体。

2. 熟练组学习阶段末测试成绩

试验结果显示，固定和变换组合练习组成绩最好，平均成绩达到了 7.05，其次是变换练习组，而成绩最差的是固定练习组。经单因素方差分析，结果显示熟练组三组学习阶段末成绩组间差异非常显著。进行多重比较发现：固定和变换组合练习组成绩显著高于固定练习组；变换练习组成绩显著高于固定练习组；而变换练习与固定和变换组合练习组间成绩差异不显著。

3. 熟练组 48 小时保持阶段测试成绩

对熟练组三组 48 小时保持阶段成绩进行方差分析，结果显示组间差异显著；多重比较结果为：组合练习组和变换练习组与固定练习组组间差异依然显著。

4. 熟练组学习前后成绩变化

对熟练组各组前测和后测成绩分别进行配对样本 t 检验，各组前后测成绩均存在显著性差异，固定练习组 $P<0.05$，变换和组合练习组前测后测成绩差异非常显著。

三、研究讨论

熟练组经过四周练习后经配对样本t检验显示，各组前测和后测成绩均有显著性提高，并且变换练习组和组合练习组差异非常显著。通过保持测试显示练习的效果具有持久性，而持久性正是有效学习的一个重要绩效特征，因此三种练习均能有效地提高学生的投篮成绩。

熟练组学习阶段末和保持测试的方差分析表明，三种练习方法的结果具有显著性差异；多重比较显示，变换练习和组合练习组成绩明显优于固定练习组，而变换练习组和组合练习组组间差异不显著。运动心理学认为技能练习的根本目的在于提高练习者的技能操作能力，以便在未来的操作情景中有上佳表现。有效练习最典型的特征是学习者在练习过程中能够体验到技能的多种变化，主要是指操作情景变化和技能变化。这一理论可以解释上述研究结果。

初学组的后测成绩则与熟练组大不相同，固定练习组成绩明显优于组合练习组，差异性非常显著，其他组间比较差异不显著。这一结果与熟练组的结果产生了矛盾。就练习变异性而言，如果我们把"组合"本身也看作一种变异形式，那么对于熟练组来说，练习时变换形式越多则越有利于熟练组的学习；而初学组的成绩则显示练习越是固定则越有利于其成绩的提高。运动生理学的运动技能的生理本质理论似乎能够解释初学组的现象，运动技能学习的初级阶段就是要形成一种动力定型。对初学组而言，他们处于运动技能学习的泛化阶段，这时大脑皮质中的兴奋与抑制都呈现扩散状态，这时需要注意的外部条件越是单一则越是有利于其建立运动条件反射。运动技能学习与控制理论中的练习特异性假说也能很好地解释以上现象，该理论告诉我们一个人为了在比赛中达到最佳效果，他需要尽可能地在与比赛情景相似的环境中进行练习。因此对于初学组，固定练习可能是有效的练习方法。

通过以上熟练组和初学组成绩的对比可以看出，虽然练习的变异性有助于练习者在未来的操作情景中的表现，但在练习开始之初，练习组织者应随时做好针对个人调整练习计划的准备，因为练习初学者很可能不适应数量较多的练习变异。

四、研究结论

研究探讨了练习变异性对不同水平大学生学习篮球投篮效果的影响，结果显示：（一）对初学者来说，固定练习学习篮球投篮的效果更好；（二）对熟练组而言，变换练习则更为有效，且练习中经历的变换条件越多越有利于其学习。

众多实证研究已经证实变换练习法对于运动技能的形成和训练有积极作用。而对于职业操作技能的形成和训练的影响尚缺乏相关的实证研究。因此，在未来的研究中，研究者可注重采用实证研究的方法，多方面考察变换练习法在职业操作技能训练中的应用，以期将变换练习法较好地应用到职业技能的教学中去。

第三节 逐步训练法

一、逐步训练法

逐步练习法是指以逐次练习接近最后目标的方式去不断建立并实现期待行为的一种塑造行为的方法。此方法首先强调确定终点行为（设为 B_n）。由于终点行为是个体原来不具备的，是新的行为，所以如何引发和接近新的行为，就成为训练中的主要工作。第二步必须找出起点行为（设为 B_1）。B_1 应该是大多数个体容易做到的行为。第三步要规划的则是从 B_1 到 B_n 之间的过渡行为，即一系列的次级行为（设为 B_2、B_3、B_4……B_{n-1}）。上述过程称为"行为链设计"，这是使用逐步练习的关键。

行为的逐步形成理论的倡导者斯金纳把这种设计整个练习过程的工作称为"编序"。他认为："很复杂的行为不能够立刻全部加以增强，也不能够轻而易举地分割为支离的各个部分而一一增强时，就必须加以编序。"

为了明确地说明问题，我们举一个训练动物的例子：训练老虎跳火圈。其训练程序为：

（1）先让老虎沿着一条路跑；

（2）再让老虎在这条路上越过一个障碍物；

（3）训练老虎能连续跳过多个障碍物；

（4）再把障碍物换成圆形物；

（5）最后将圆形物点火，让老虎通过。

上面一系列步骤就是"编序"。实际工作中往往每一步骤还要分成几个小步骤。显然，这里的关键就在于要使每一行为单元的步骤及所有行为单元之间，尽可能做到有条理、有顺序，具有连贯性。

值得指出的是，在实际工作中容易出问题的往往是对过渡行为的设计。问题主要表现在两个方面：（1）训练层次不清晰，即对每一过渡行为没有明确的设计，从而常常使得学员在练习中失去次级目标；（2）行为链之间的间距过大，学员没有更易实现的短近目标可寻，只好从起点行为直接跨到终点行为。毫无疑问，这样势必导致学员屡遭失败，从而产生畏难情绪，而这种情绪对训练的正常进行是极为不利的。

二、逐步训练法的发展——分解训练法

分解训练法是指将完整的技能动作合理地分解成若干部分，然后按环节或部分分别进行训练的方法。运用分解训练法可集中精力完成专门的训练任务，加强主要技能动作的训练，从而获得更高的训练效益。当技能动作较为复杂时，可以将其分解，且用完整训练法不易使学生直接掌握的情况下，或者技术动作的某些环节需要较为细致的专门训练时，采用分解训练法。

分解训练法主要分为单纯分解训练法、递进分解训练法、顺进分解训练法和逆进分解训练法（郑俊乾，2004；赵晶晶，2014）。

（一）单纯分解训练法

把技能训练的内容分成若干部分，分别学习、掌握各个部分或环节的内容，再综合各部分进行整体学习。分解训练法对训练的顺序并不刻意要

求。例如：在英文指法技能训练中，可以分为上排键、基准键、下排键、特殊键（T、R、V、U、Y、H、G、B、N）、数字键、左右手配合技能训练等几个相对独立的技能训练部分，除先训练基准键外，其他几个部分一般情况下没有严格的训练顺序。

（二）递进分解训练法

虽然在学习技能时单独练习技能的各个部分是有益的，但这样练习常常会导致学习者在掌握了所有分解动作时，却不能顺利操作完整的技术。克服这个问题的一种办法就是采用递进分解训练法，也有学者将其称为"递加训练法""递加循环法"等。把技能训练的内容分成若干部分，先训练第一部分；掌握后再训练第二部分；将一、二部分合起来训练；掌握两部分后，再训练第三部分；掌握后，将三部分合起来训练。如此递进式地训练，直至完整地掌握某一职业技能。

这种训练方法对练习内容各个环节的练习顺序并不刻意要求，但对相邻环节的衔接部分则有专门的要求。可以用公式表述为：学习 A，学习 B，巩固；练习 A+B，学习 C，巩固；练习 A+B+C，学习 D，巩固；学习 A+B+C+D；等等，以此类推。例如，在五笔字型汉字输入的技能训练中，可将技能分为单根汉字（键名汉字、成字字根、基本笔画）输入的技能训练、一般汉字输入的技能训练、简码汉字输入的技能训练、词组输入的技能训练等。这些部分有的可以单独训练，如可以先进行一般汉字的技能训练，也可以先进行单根汉字的技能训练，而后将单根汉字和一般汉字合起来进行训练；之后，可进行简码的训练，也可进行词组的训练；然后，再将它们合起来进行训练；最后把各个部分合起来进行完整的训练。此方法适用于动作连贯性较强、所用时间不太长的技能训练。

递进分解训练法一个最显著的特点就是它集中了分解练习法和整体练习法两种方法的优势。分解练习法的优势在于它减少了操作完整技能所需要的注意量，使学习者可以集中注意力练习技能的某个部分或环节。整体练习法的优势则在于它可以使技能各部分在空间和时间上进行协调和配合。递进分解训练法集两种练习法的长处于一身，这样技能操作时的注意量可以得到控制，同时将完整技能的各个部分逐步地融合到一起。使学习者可以在各个部分技术联结的过程中把注意力放在时间和空间上的协调配合，尝试操作整个技术。

（三）顺进分解训练法

把技能训练的内容按技能内在的顺序分成若干部分，先训练第一部分；掌握后，再训练第一部分和第二部分；掌握后，再将三个部分一起训练；如此步步前进，直至完整地掌握某一职业技能。如在五笔字型汉字输入技能训练中，可以先进行单根汉字的训练；掌握后，再进行单根汉字和一般汉字的训练；掌握后，进行单根汉字、一般汉字、简码汉字的训练；掌握后，进行单根汉字、一般汉字、简码汉字、词组汉字的训练，直至完整地掌握五笔字型汉字输入技能。顺进分解训练法与递进分解训练法的最大区别在于前者强调技能练习的顺序关系，而后者不刻意强调这种顺序关系，只要相邻的两个环节能够关联即可。

（四）逆进分解训练法

顺进分解训练法是先学习第一部分内容，然后再把第一部分和第二部分连起来学习，依次学习，每学习一部分就把学过的内容与之前的内容连起来学习的一种正序过程。这种学习方法从第一步开始，一步一步地进行学习，是传统的学习方法。逆进分解训练法与顺进分解训练法相反，应用时，把训练内容分成若干部分，先训练最后一个部分，至此增加训练内容到最前一部分，如此进行，直至掌握完整的技术动作。逆进分解训练法的教学步骤如图 12-1 所示。

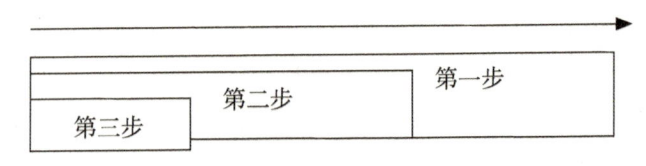

图 12-1　逆进分解训练法的教学步骤（赵晶晶，2014）

从图 12-1 可以看出逆进分解训练法是先学习最后一部分内容，然后再把第三部分和第二部分连起来学习，最后把三部分内容连起来学习的倒序学习过程。这种学习方法把最后一部分作为核心内容，单独拿出来学习，突出重点，更有利于学生对核心内容的掌握。

邹小二、曾黎（2007）做了逆进分解训练法在排球扣球技术教学中的应用研究，结果显示：通过对教学实验后扣球成绩的评定，实验组和对照组扣球成绩的单因素方差分析，无论是技评还是达标，对照组的成绩明显低于实验组，并且差异十分明显。在排球扣球技术教学过程中，以传统教学法为辅结合以逆进分解训练法为主开展排球扣球技术的教学，符合学生的实际接受水平，能使学生学习的积极性得到有效提高。

朱建果（2014）研究了单纯分解训练法在中学生标枪技术训练中的应用，他采用实验法，以该校田径队标枪专项运动员为研究对象，进行了为期6个月的教学训练。研究结果发现，经过6个月的系统训练，该校田径队标枪专项7名学生基本掌握标枪技术的动作要领，使得本来比较复杂的标枪技术在短时间内获得了较好的掌握。

鉴于逐步训练法和分解训练法在体育运动训练中取得的良好训练效果，我们相信将该训练方法应用于职业操作技能的训练中，一定具有很高的运用价值。

第四节　其他训练方法

一、重复训练法

重复训练法是指多次重复同一练习，两次（组）练习之间安排相对充分休息的练习方法（郑俊乾，2004）。通过对同一技能的多次重复，经过不断强化，有助于学生巩固并熟练掌握某一操作技能。依单次练习时间的长短，本方法可分为短时重复训练方法、中时重复训练方法和长时重复训练方法。短时训练方法适用于提高技能的速度品质，提高技能操作的熟练性、规范性和技巧性；中时训练法适用于难度高、技巧性强的技能训练；长时训练法适用于提高技能的韧性品质，提高技能操作的稳定性，同时也可用于对学生进行意志力训练,适用于难度不大、负荷不高的技能训练。

二、间歇训练法

间歇训练法是指对多次练习时的间歇时间做出严格规定,使学生的机体处于不完全恢复状态下,反复进行练习的训练方法。通过严格的间歇训练,可以使学生在技能学习过程中生理和心理适应能力明显增强,以提高技能操作的持续性和稳定性(郑俊乾,2004)。如,在对学生进行英文输入技能训练的初期,学生练习30分钟左右,就感到手指发硬、小臂发酸、肩背不适等等,如果此时组织学生做上一分钟左右的活动(活动手、小臂、肩、背等),学生很快就能消除不适,当学生还没有完全恢复时,再组织学生继续进行练习,以提高训练的效率与质量。

三、循环训练法

循环训练法是指根据训练的具体任务,将练习内容设置为若干个不同练习部分(内容),学生按照顺序和路线,依次完成每部分练习任务的训练方法。该训练方法可以有效激发学生技能训练的情绪,积累训练经验,提高训练效果。郑俊乾(2004)认为,依各部分之间训练的时间间歇和训练强度不同,可分为循环重复训练、循环间歇训练和循环持续训练三种方法。

(一)循环重复训练法

指按照重复训练法的要求,对各部分技能训练的时间间歇不做特殊规定,以使机体得到基本恢复,可全力进行训练时再进行后面的训练。

(二)循环间歇训练法

是指按照间歇训练法的要求,对各部分内容之间的间歇时间做出特殊规定,以使学生的机体处于不完全恢复的状态下进行练习的方法。

(三)循环持续训练法

是指按照持续训练法的要求,各部分训练之间不安排间歇时间,用较长时间进行连续练习的方法。

技能课教师在对学生进行技能训练时，应根据不同的情况（主要是学生的生理与心理状况）采取相应的方法，以使学生在技能训练中得到有效的训练。

四、整体训练法

整体训练法是指从职业技能的开始到结束不分部分和环节，完整地进行练习的训练方法。该方法便于学生掌握职业技能的完整结构和各部分之间的内在联系。本方法可用于单一技能的训练，也可用于成套技能的训练。前者要注意各个技能动作的紧密联系，后者要注意完成技能动作的流畅性，以提高技能训练的质量。

如果技能具有较低的复杂性但组织性较高，最好选择整体练习法。也就是说，如果学习的技能相对简单，技能由少量动作元素构成、各元素高度相关时，应采用整体训练法最为有效。例如，按按钮、投飞镖和高尔夫球击球入洞等都具有这些综合特征。

五、简化训练法

对于复杂性技能，简化训练法可以使技能或技能某些环节的难度降低。简化训练法是指在技能学习中，降低技能特定部分或者某些特征的难度，逐渐过渡到标准练习的一种练习方法（张忠秋，2006）。例如，当学习杂技时，通常在练习的开始阶段使用一些容易抓握的东西，如丝巾球、方形小沙袋比杂耍球要容易。因此鼓励学习杂技（如抛耍三个球）的一种方法就是降低难度。由于在应用较简单的道具学习杂技的过程中要用到同样的技巧，因此，有利于将技巧应用于较难操纵的道具。

Hautala（1988）进行了实验研究。受试者为10～12岁没有杂技学习经历的儿童，他们被随机分为4组。他们所要完成的杂技是双手连续接抛三个球。第一组用3个不同颜色的球进行练习；第二组用3个正方形的沙袋进行的练习；第三组在了解了技术要领后，用3个不同颜色的丝巾球进行练习，然后换成沙袋，最后换成球；第四组开始时使用加重丝巾球，然后换成球。各组每天练习 30 分钟，共进行 14 天，然后进行测试。结果显示，在 14 天内均使用沙袋进行练习的第二组，在测试时的操作情况要优于其他几组。并且这一组的成绩比第一组和第三组要好 50%，而比第四组要好 100%。这些结果说明，降低难度的练习要好于其他方式。

简化训练法在技能练习的实际应用中有多种方法。下面将举例介绍几种方法：

第一种是在学习包含实物操作的技能时，简化技能最常用的方法是降低操作对象的难度。例如训练操作复杂机器之前，先训练操作同类的但相对简单的机器。

第二种降低任务难度的方法是在不改变动作目标的基础上，通过降低注意需求量实现的（张忠秋，2006）。这一策略实际上是降低了任务复杂性进而使任务的难度降低。具体的实施方法是给学习者提供物理辅助设备，使练习者练习目标技能的同时降低操作注意量。例如 Wulf(1999)研究发现，在学习障碍滑雪的试验中，进行障碍滑雪模拟任务练习时，使用滑雪杆的练习者比没有使用滑雪杆的练习者产生的学习效果更好。原因是滑雪杆的支撑使任务中保持平衡需要的注意量降低，练习者可以把更多的注意力集中在动作的协调配合上。值得说明的是，由滑雪杆支撑条件下的操作迁移到正常操作后，并没有导致操作水平的明显降低。

第三种降低难度的方法是改变器械，例如为了提高篮球投篮的命中率，在开始练习时采用比正常篮球筐大的篮球筐，这样不仅让学习者做起来容易，而且可以激发他们更多的兴趣，从心理方面获得更多的成就感。这种从器械上改进降低难度的方法，同样可以应用在职业操作技能的训练上。

除此之外，简化训练法还有降低练习的速度要求和利用模拟器等方法。研究表明，简化技能是帮助学习者学习一项复杂技能的有效方式。它不仅可以通过降低技术要求的方式获得，也可以通过改变器械以及其他方式获得，以便使学习者更快地获得动作的成功。

六、注意指向训练法

有时机械地将一项技能分成几个部分进行训练是不明智也是不可行的。在训练时，我们可以特别强调动作的某一部分，使学习者在完成整体动作时将注意集中于动作的某一部分，这样练习既能体现出分解练习的优点，也有助于将整项技能作为一个整体进行练习，使技能的各个部分之间衔接和协调起来。这种方法的核心问题在于指导，由指导者提出学习者应集中注意动作的哪些关键性环节。（张忠秋，2006）

武尔（Weil）等对某些部分的注意力指向方法的应用进行了研究。在实验中，受试者要学习一个复杂的电脑游戏，要求学员在熟悉掌握感觉、认知、运动技能的同时掌握游戏的规则和战略。在游戏中要求受试者发射导弹炸毁堡垒。导弹是由可移动的宇宙飞船发射的，学习者可以控制宇宙飞船的移动，并能通过操纵杆和扳机发射导弹。在炸毁堡垒的过程中需要克服许多障碍，例如，堡垒会发生旋转以实现自我保护，而且经常会有炸弹出现在电脑屏幕上，可以击中并毁坏宇宙飞船。

在实验中，前六次练习，指导者令三组学员分别将注意力集中于技能的某一方面。其中一组集中注意控制飞船；第二组集中注意避开堡垒附近的炸弹；第三组在前三次的练习中注意宇宙飞船的控制，而在后三次的练习中注意避开堡垒附近的炸弹。此后，学员可以在没有特殊指导要求的前提下再进行三次练习。实验结果显示，与未经特殊指导的对照组相比，前述的三种方法更有效。对照组经过练习后水平有所提高，但提高的幅度没有其他三组明显。并且第三组经过两种战略的训练，得到的效果要比前两组经过单一性训练的效果好。

杨锡让（2004）认为上述的结果为"注意指向"指导的实施提供了证据，即在整体练习的过程中，可以通过注意力的转移，而建立一个部分练习的小环境。并且在这种指导下进行练习的效果要好于未经指导练习所产生的效果。

七、负练习法

在技能训练中，我们不仅会遇到如何建立新技能的问题，而且会遇到如何消除技能训练中的错误动作的问题。负练习法就正是一种这样的技术。

负练习法的基本原理是：如果不断地实践一个反映，那么即使对这一反应不给予惩罚，也会导致它的消退。就操作技能动作的矫正而言，如果想要达到使某个错误动作消退的目的，可以连续地诱发该反应，从而使这一反应逐渐消失。

例如，有人（陈立、朱作人，1959）用这种方法训练纺纱厂女工消除错误动作。研究者让女工先做一次对的动作，接着安排做两次错误的动作，并让其说出错误的原因。这样重复练习三次，结果四名被试中有三名消除了错误的习惯。后来又用同样的方法对20名被试者进行实验，结果有15人改正了错误。

运用负练习法应当注意以下几点：

（一）此方法最适用于那种不随意动作的行为矫正；

（二）若想产生更理想的效果，应当配以其他矫正技术；

（三）实际中支撑那些错误动作的因素，往往是多方面的（如情绪因素），因此，还要特别注意消除其他因素。

操作技能的训练只要遵循科学规律，采取正确的训练方法进行，就能收到"事半功倍"的效果。我们还应看到，各种原则和方法之间相辅相成，无论是哪条原则和方法的独立使用，其效果总是有限的。因此，只有坚持综合运用，统筹安排，才能使这些原则和方法发挥最大的作用。

参考文献

[1] 鲍志军.试论体育教学中的讲解[J].文体用品与科技,2011,12:92.

[2] 蔡秀芳,刘庆仓.自制基础护理学基本技能操作录像片的教学效果研究[J].卫生职业教育,2003,07:24-25.

[3] 蔡忠法,刘大健,章安元.基于虚拟现实的汽车驾驶模拟训练系统方案研究[J].系统仿真学报,2002年6月第14卷第6期.

[4] 曹子义.注意焦点对乒乓球动作的影响的运动学分析[D].上海体育学院,2014.

[5] 曾芬芳.虚拟现实技术[M].上海:上海交通大学出版社,1997.

[6] 陈立,朱作仁.细纱工培训中的几个心理学问题[J].心理学报,1959,01:42-50.

[7] 程华强,吴惠民.浅析讲解在体育教学中的运用[J].浙江体育科学,1996,02:25-27.

[8] 程杰.表象训练运用于网球教学的实验研究[J].体育与科学,1999年11月第20卷(总第121期).

[9] 丁健,孙淑萍.体育教学中如何运用讲解与示范[J].武汉体育学院学报,1999,06:89-91.

[10] 丁新萌,尚燕彬,朱苑玲.21世纪创新学生家庭健康教育新概念[M].通辽:内蒙古少年儿童出版社,2000.

[11]杜从新,李改,王郁平.表象训练的理论依据及应用模式述评[J].武汉体育学院学报.2012年4月第46卷第4期.

[12]冯忠良.关于智育心理学问题[J].北京师范大学学报,1981,01:47-53.

[13]冯忠良等.教育心理学[M].北京:人民教育出版社,2010.

[14]付建中.普通心理学[M].北京:清华大学出版社,2012.

[15]耿耀国,王波,钱建龙等.关于动作技能记忆的几点思考[J].武汉体育学院学报,1994,01:67-70.

[16]葛明贵.普通心理学[M].合肥:合肥工业大学出版社,2011.

[17]河南省基础教育教学研究室.中小学体育教学技能[M].开封:河南大学出版社,2007.

[18]黄强,李向东,赵欣.职业操作技能的动觉训练法[J].天津职业技术师范学院学报,2000,(1).

[19]黄强,张燕逸,武任恒.职业技术教育心理学[M]天津:天津人民出版社,1991.

[20]黄强,赵欣,李向东.动觉监督早期介入对动作技能形成的影响[J].心理学探新,2003,(1).

[21]黄强,赵欣,李向东.关于动觉训练对动作技能形成影响的实验研究[J].天津职业技术师范学院学报,1998,(2).

[22]黄志剑,王积福,向伟.表象训练对技能学习绩效影响的元分析[J].体育科学,2013年第33卷第5期.

[23]黄艳群,黎旭,李荣丽编著.设计·人机界面[M].北京:北京理工大学出版社,2007.

[24]季浏,殷恒婵,颜军.体育心理学(第2版)[M].北京:高等教育出版社,2010.

[25]焦艳.体育运动心理学理论与应用[M].南京:南京大学出版社,2006.

[26]金胜真.练习变异性对学习篮球投篮效果影响的实验研究[J].

体育研究与教育，2013，04：103-106.

［27］金亚虹.运动技能学习中影响自身觉察错误能力形成的若干因素研究——从结果反馈时间点适宜值的视角［J］.体育科学，2005，（1）.

［28］加涅.学习的条件和教学论［M］.上海：华东师范大学出版社，1999.

［29］李桂宝，文勇，许素芃等.情景模拟训练在实习学生输液故障排除中的应用［J］.护理研究，2011年6月第25卷第6期上旬版（总第360期）.

［30］李国杰.基于虚拟现实技术的力觉交互设备的研究与构建［D］.上海交通大学，2008.

［31］李何玲，胡宁娜，冉俐.运用情景模拟训练提高护士沟通能力的实践及效果分析［J］.护理管理杂志，2006年1月第6卷1期.

［32］李家辉.网球教学采用背景干扰与组织变换练习效果的实验研究［D］.西安体育学院，2012.

［33］李年红，章建成，金娅虹等.影响表象训练效果的因素研究［J］.武汉体育学院学报，2003年11月第37卷第6期.

［34］李水粉.浅谈变换训练法在少儿艺术体操训练中的运用［J］.哈尔滨体育学院学报，2000，02：78-79.

［35］李向东，赵欣，黄强.试动对动作技能练习成绩影响的研究［J］.现代技能开发，2001，（1）.

［36］李向东.模拟教学在实习教学中的运用［J］.中国培训，2000，（4）.

［37］梁承谋.试论动觉的心理学特征［C］.全国第七届心理学论文汇编，1997：224-225.

［38］林岭，王华叶，程政.论如何提高表象训练效果［J］.内蒙古体育科技，2006年第19卷第4期（总第73期）.

［39］刘鸣.关于心理表象训练新程序的探讨［J］.心理科学，2001年第24卷第2期.

［40］刘万伦，田学红.发展与教育心理学［M］.北京：高等教育出版社，2011.

[41]刘新.浅谈服装专业实习教学的示范操作[J].职业教育研究,2006,01:144.

[42]刘速.动作技能形成理论中的认知论观点述评[J].体育科学,1985,(4).

[43]卢可可,刘冠阳,张玉茹等.基于力觉交互的高速率精准操作技能训练方法[J].计算机工程与应用,2011,11:215-218.

[44]罗琳,韩布新,陈天勇.被试操作任务(SPT)范式与动作记忆研究[J].心理科学,2001,02:217-218.

[45]马启伟.体育心理学[M].北京:高等教育出版社,1996.

[46]玛吉尔著,张忠秋等译.运动技能学习与控制(第7版)[M].北京:中国轻工业出版社,2006.

[47]潘淑.教育心理学[M].北京:人民教育出版社,1980.

[48]彭聃龄,普通心理学[M].北京:北京师范大学出版社,2004.

[49]彭荣庆.操作技能训练的地位[J].中国培训,1996,03:41-42.

[50]漆昌柱,徐培.表象训练的概念、理论及主要研究领域:现状与分析[J].体育科学,2001年5月第21卷第3期.

[51]闫苍松,高磊.运动中的选择性注意研究[J].广州体育学院学报,2006,(1).

[52]邵志芳.认知心理学——理论、实验和应用(第2版)[M].上海:上海教育出版社,2013.

[53]邵瑞珍.学与教的心理学[M].上海:华东师范大学出版社,1990.

[54]沈德立,刘景全,林镜秋.中学生动作技巧形成的实验研究[J].心理科学通讯,1983,05:28-32+66.

[55]沈德立,阴国恩,刘景全等.动作技巧形成的心理分析[J].天津师大学报,1983,03:20-24.

[56]沈德立,阴国恩.基础心理学(第2版)[M].上海:华东师范

大学出版社，2010.

[57] 沈德立. 发展与教育心理学 [M]. 沈阳：辽宁大学出版社，1999.

[58] 沈勤. 论职业技能 [J]. 现代技能开发，1994，03：7-9.

[59] 宋謌. 彼得·埃森曼图解设计方法研究 [D]. 青岛理工大学，2011.

[60] 宋延民，刘永福，王锋，黄稚琳. 钳工锉削动作动觉训练器的设计 [J]. 现代技能开发，2002（2）.

[61] 苏学昌. 讲解在体育教学中的应用 [J]. 西安体育学院学报，2005，S1：194-195.

[62] 孙少强，孙延林. 运动心理学 [M]. 天津：南开大学出版社，2006.

[63] 谭家辉. 足球运动技能学习中注意焦点的追加反馈实验研究 [D]. 北京体育大学，2012.

[64] 汤长发. 跳跃类动作技能表象训练的实效性及其机制研究 [D]. 湖南师范大学，2011.

[65] 田莉，魏莉，王维娜. 操作流程图片法在基础护理操作技能教学中的效果 [J]. 解放军护理杂志，2006，03：95-96.

[66] 田莉. "图片法、心理练习法" 在基础护理操作技能教学中的实验研究 [D]. 华中师范大学，2005.

[67] 田明. 新驾驶员和熟练驾驶员视觉搜索模式比较研究 [D]. 长安大学，2007.

[68] 田沛然. 汽车驾驶员培训指南 [M]. 上海：上海科学技术出版社，1992.

[69] 童雯雯. 图解法在现代建筑设计中的典型运用方法解析 [D]. 上海交通大学，2009.

[70] 汪婏南. 趣味图解法用于基护教学的尝试 [J]. 护理学杂志，1996，(06)：370—371.

[71] 王党校，张玉茹，姚冲. 面向动作技能训练的力觉交互系统实验

研究[J].系统仿真学报，2006年8月第18卷增刊2.

[72]王惠萍.教育心理学[M].北京：高等教育出版社，2011.

[73]王丽娟，李广政.动作记忆：记忆研究的新范畴[J].心理科学进展，2014，06：953-958.

[74]王龙.不同背景干扰对运动技能学习效果影响的实验研究[D].江西科技师范大学，2013.

[75]王瑞元，苏全生.运动生理学[M].北京：人民体育出版社，2012.

[76]魏高峡，李佑发.表象训练效果及应用模型述评[J]北京体育大学学报，2007年2月第30卷第2期.

[77]魏小锋.浅谈智能模拟训练在驾驶培训中的应用[J].江西蓝天学院学报，2006年9月第1卷第3期.

[78]武任恒，董圣鸿.职业教育心理学导论[M].北京：新华出版社，2004.

[79]武任恒，杨国柱，万树巍.西方操作技能理论研究的新进展[J].教育学术月刊，2010，08：90-94+101.

[80]武任恒，杨国柱.表象训练的理论应用及启示[J].教育学术月刊，2009，（11）.

[81]武任恒，杨国柱.中等职业学校学生机械操作技能表象训练的实验研究[J].职教论坛，2014，（27）.

[82]武任恒，胡玲慧.变换练习法在操作技能训练中的运用研究[J].企业导报，2014，（14）.

[83]夏忠梁，张英波.不同背景干扰对儿童动作技能学习的影响——以相同动作程序任务为研究视角[J].天津体育学院学报，2014，03：247-254.

[84]夏忠梁.儿童动作技能学习中背景干扰效应的研究[J].体育科学，2014，10：39-51+66.

[85]项明强，胡耿丹.动作电子游戏在视觉注意技能训练中的应用

［J］.中国临床心理学杂志，2010，03：390-392+384.

［86］熊冬炎.简明教育心理学［M］.沈阳：东北财经大学出版社，1988.

［87］邢宏光，刘冠阳，吴东亚.力觉交互技术在射击训练模拟器中的应用方法［J］.火力与指挥控制，2011年1月第36卷第1期.

［88］徐少红.模拟教学法及其实施［J］.机械职业教育，2007，04：43-44+63.

［89］徐正武，王靖东，张海军.用模拟训练法培训操作技能［J］.机械职业教育，2003年第10期.

［90］杨华东，张莉斌.体育心理学［M］.北京：北京师范大学出版社，2012.

［91］叶奕乾，何存道，梁宁建.普通心理学［M］.上海：华东师范大学出版社，2008.

［92］杨锡让.实用运动技能学［M］.北京：高等教育出版社，2004.

［93］杨锡让.实用运动生理学［M］.北京：北京体育大学出版社，1998.

［94］姚本先.心理学［M］.北京：高等教育出版社，2009.

［95］殷小川，薛祖梅.表象训练在运动技能形成中的作用及研究存在的问题［J］.2005年9月第17卷第5期.

［96］于晶.动觉心理特征之探析［J］.体育科学，2006，（1）.

［97］张惠，戴冰，张庆林.远迁移产生条件的新界定［J］.心理学探新，2003年第4期第23卷.

［98］张杰.基于眼动仪的驾驶员视点分布特性研究［J］.湖南交通科技，2012，04：153-155+170.

［99］张森，李京诚，徐守森等.眼动仪的开发现状及其在运动心理领域的应用［J］.首都体育学院学报，2007，02：43-45+48.

［100］张力为，任未多.体育运动心理学研究进展［M］.北京：高等教育出版社，2000.

［101］张力为,毛志雄.运动心理学［M］.上海:华东师范大学出版社,2003.

［102］张淼玲.图解法教学在农村高中化学教学中的应用研究［D］.哈尔滨师范大学,2012.

［103］张秀萍,王光.运动动觉表象训练对提高射箭比赛成绩的实验研究［J］.广州体育学院学报,2006（5）.

［104］张雪临,钟明宝.变换练习法在体操教学与训练中的应用［J］.聊城师院学报（自然科学版）,1994,01：92-96.

［105］张英波.运动技能学理论与实践［M］.北京：高等教育出版社,2012.

［106］张英波.动作学习与控制［M］.北京：北京体育大学出版社,2003.

［107］张玉茹,王党校,戴晓伟等.力觉交互系统稳定性研究［J］.数字制造科学,2011,（1）.

［108］张振元.技能分类若干问题新探［J］.职业技术教育,2007,28：5-10.

［109］赵崇晖.模拟教学法在中职学校专业课中的应用研究［D］.福建师范大学,2013.

［110］赵晶晶.逆进分解训练法在羽毛球发球和高远球教学中的实验研究［D］.北京体育大学,2014.

［111］赵夏娣.运动与心理健康［M］.西安：西北工业大学出版社,2010.

［112］赵欣,黄强,胡文泉等.金属锯削动作技能动觉训练法研究［J］.天津职业技术师范学院学报,2003,（1）.

［113］郑俊乾.中等职业学校职业技能教学方法的研究［D］.天津大学,2004.

［114］郑日昌,伍新春.职业技术教育心理学［M］.北京：北京师范大学出版社,1999.

[115] 职业操作技能动觉训练教学法研究课题组.金属锉削技能的动觉训练研究[J].天津职业技术师范学院学报,2000,(4).

[116] 周桂琴.变换练习法在大众体育舞蹈教学中的运用[J].孝感学院学报,2007,06:120-122.

[117] 朱建果.单纯分解训练法在中学生标枪技术训练中的应用[J].考试周刊,2014,51:95-96.

[118] 朱骎,章建成,金亚虹等.体育运动中选择性注意的国外研究现状[J].上海体育学院学报,2000,(4).

[119] 朱屹.表象训练在羽毛球普修课中的教学实验研究[D].武汉体育学院,2008.

[120] 朱晓峰.舞蹈动作技能学习的反馈理论[J].北京舞蹈学院学报,2008,(3).

[121] 祝蓓里,季浏.体育心理学[M].北京:高等教育出版社,2000.

[122] 祝蓓里,注意技能的训练[J].体育科研,1992,(1).

[123] 邹小二,曾黎.逆进分解训练法在排球扣球技术教学中的应用[J].湖南人文科技学院学报,2007,04:109-111.

[124] A.Jean Ayres,OTR,PhD. The Development of Perceptual-Motor Abilities:A Theoretical Basis for Treatment of Dysfunction[J]. American Journal of Occupational Therapy.1963.17:221-225.

[125] Bizzi, E. & Polit, A.(1979). Processes controlling visually evoked movements.引自张忠秋等译,运动技能学习与控制(第7版)[M].北京:中国轻工业出版社,2006.

[126] Boyce, B.A.(1991). The effects of an insrtuctional srategy with two schedules of augmented KP feedback upon skill acquisition of a selected shooting task.引自张忠秋等译,运动技能学习与控制(第7版)[M].北京:中国轻工业出版社,2006.

[127] Brian R. Gaines. The learning of perceptual-motor skills by men and

machines and its relationship to training[J]. Instructional Science 1, 1972:263-312.

[128] C·D·威肯斯（Christopher D. Wichens），J·G·霍兰兹（Justin Hollands）著；朱祖祥等译．工程心理学与人的作业［M］．上海：华东师范大学出版社，2003．

[129] David .A., Rosenbaum, Richard. A. Carlson, Rick. O. Gimore. Acquisition of intellectua and Perceptual-Motor Skills[J].Annu. Rev. Psychol, 2001.52：453-70.

[130] Gentile, A.M（2000）. Skill acquisition: Action, movement, and neuromotor process. In J. H. Carr & R. B. Shepherd（Eds.）.张忠秋等译，运动技能学习与控制（第7版）［M］．北京：中国轻工业出版社，2006．

[131] Gross, S., Hall, C., Buckolz, E. & Fishburne, G.（1986）. Imagery ability and the acquisition and retention of motor skills.引自张忠秋等译，运动技能学习与控制（第7版）［M］．北京：中国轻工业出版社，2006．

[132] Gross, S., Hall, C., Buckolz, E. & Fishburne, G.（1986）. Imagery ability and the acquisition and retention of motor skills.引自张忠秋等译，运动技能学习与控制（第7版）［M］．北京：中国轻工业出版社，2006．

[133] Kahneman, D.（1973）. Attention and effort. Englewood Cliffs, NJ: Prentice Hall.引自张忠秋等译，运动技能学习与控制（第7版）［M］．北京：中国轻工业出版社，2006．

[134] Katja Stefan, Leonardo G.Cohen, Julie Duque, Riccardo Mazzocchio, Pablo Celnik, Lumy Sawaki, Leslie Ungerleider, Joseph Classen, Formation of a Motor Memory by Action Observation[J], The Journal of Neuroscience, October 12, 2005 .25（41）：9339－9346.

[135] Katrin Amunts, Gottfried Schlaug, Lutz Jancke, Helmuth Steinmetz, Axel Schleicher, Andreas Dabringhaus, Karl Zilles.Motor Cortex and Hand Motor Skills: Structural Compliance in the Human Brain[J]. Human Brain Mapping 5：206－215（1997）.

［136］Kelso, J.A.S.（1984）.Phase transitions and critical behavior in human bimanual coordiantion.引自张忠秋等译,运动技能学习与控制(第7版)［M］.北京：中国轻工业出版社，2006.

［137］Leonard D·Zaiehkowsky 著，张力为编译，马启伟审校.注意方式与体育运动［J］.北京体育学院学报，1992年第2期第15期.

［138］Lee, T.D. & Hirota, T.T.（1980）. Encoding specificity principle in motor short-term memory for movement extent.引自张忠秋等译，运动技能学习与控制（第7版）［M］.北京：中国轻工业出版社，2006.

［139］Lior Shmuelof, John W.Krakauer.Recent insights into perceptual and motor skill learning［J］.Frontiersin Human Neuroscience.2014.9，Volume 8，Article 683.

［140］Loken, G. & Collins, D.（2002）. Electroencephalographic differences between high and low mental imagery ability groups when learning a novel motor skill.引自张忠秋等译，运动技能学习与控制(第7版)［M］.北京：中国轻工业出版社，2006

［141］Morris, T. Psychological skills training in sport：An overview［D］National Coaching Foundation，1997，12：345-356.

［142］Minoru Yamada、Takashi Kawachi、Hideki Kawamitsu、Tatsuya Yamada、Junya Konishi、Masahiko Fujii、Kazuro Sugimura、KiyoshiI Maeda、Toshio Kawata.Effect of Perceptual Learning on Motor Skills of Hands：A Functional Magnetic Resonance Imaging Study［J］.Kobe J. Med. Sci.，Vol. 56，No. 1, pp. E29-E37（2010）.

［143］Mimi Mohaffyza Mohamad, Yee Mei Heong, Nurfirdawati Muhammad Hanafi, Tee Tze Kiong.Disparity of Learning Styles and Cognitive Abilities in Vocational Education［J］，World Academy of Science, Engineering and Technology International Journal of Social, Education, Economics and Management Engineering Vol：8，No：1，2014.

［144］Navon, D. & Gopher, D.（1979）.On the economy of the human processing system. 引自张忠秋等译,运动技能学习与控制(第7版)[M].北京：中国轻工业出版社，2006.

［145］Nitzan Censor, Dov Sagi, Leonardo G. Cohen, Common mechanisms of human perceptual and motor learning［J］.PERSPECTIVES.2012.9.

［146］Peter J. Fadde. Training Complex Psychomotor Performance Skills：A Part-Task Approach［Z］. New York：Pfeiffer of Wiley & Sons, in press. 2007.

［147］Polit, A. & Bizzi, E.（1978）. Processes controlling arm movements in monkeys. 引自张忠秋等译，运动技能学习与控制（第7版）[M].北京：中国轻工业出版社，2006.

［148］Rijintjes, M., Dettmers, C., Buchel, C., Kiebel, S., Frackowiak, R.S.J. & Weiller, C.（1999）.A blueprint for movement：Functional and anatomical representaions in the human motor system. 引自张忠秋等译，运动技能学习与控制（第7版）[M].北京：中国轻工业出版社，2006.

［149］Schmidt, R, A（1988）. Motor and action perspective on motor bahavior. In O.G. Meijer & K. Roth（Eds）. 引自张忠秋等译，运动技能学习与控制（第7版）[M].北京：中国轻工业出版社，2006.

［150］Schmidt, R, A. & Lee, T, D.（1999），Motor control and learning：A behaviorial emphasis（3rd ed）. 引自张忠秋等译，运动技能学习与控制（第7版）[M].北京：中国轻工业出版社，2006.

［151］Schmidt, R.A.（1975）. A schema theory of discrete motor skill learning theory. 引自张忠秋等译,运动技能学习与控制(第7版)[M].北京：中国轻工业出版社，2006.

［152］Taub, E. & Berman, A. J.（1963）.Avoidance conditioning in the absence of relevant proprioceptive and exteroceptive feedback. 引自张忠秋等译，运动技能学习与控制（第7版）[M].北京：中国轻工业出版社，2006.

［153］Taub, E. & Berman, A. J.（1968）.Movenment and learning in the absence of sensory feedback. In S. J. Freedman（Ed.）. 引自张忠秋等译，运动技能学习与控制（第7版）[M].北京：中国轻工业出版社，2006.

[154] Theresa A. Jones, Catherine J. Chu, Lucinda A. Grande, Aurora D. Gregory. Motor Skills Training Enhances Lesion-Induced Structural Plasticity in the Motor Cortex of Adult Rats [J]. The Journal of Neuroscience, November 15, 1999, 19 (22): 10153–10163.

[155] Watt, A.P., T, Morris and M.B. Andersen. Issues in the development of ameasure of imagery ability in sport [J]. Journal of Mental Imagery 2004.28 (3): 149–180.

[156] Wright, C. E. (1990). Generalized motor programs: Reexamining claims of effector independence in writing. In M Jeannerod (ED). 引自张忠秋等译, 运动技能学习与控制（第7版）[M]. 北京：中国轻工业出版社, 2006.

后 记

  本书由我和我的研究生时佩峰共同完成。

  职业操作技能的训练，窃以为是普通教育与职业教育最大的区别之一。因此，研究职业操作技能训练对于职业教育而言，无论在理论上还是实践上，都具有举足轻重的意义。本书力图从心理学的角度全面系统地阐述职业操作技能训练的理论和方法。就我们的视野所见，尚未发现国内有类似的书籍出版。在书中我们还对我国职业操作技能的实验研究做了较为全面的介绍，我们本期望此类研究在国家大力发展职业教育的今天应该是一派异彩纷呈的景象，但遗憾的是它们却寥若晨星。也正因此，这些研究就尤显得弥足珍贵！

  在本书的写作过程中，我们吸收、借鉴了许多相关的书籍和文献，在此，我们对这些书籍、文献的作者表示由衷的感谢！

  尽管我们在研究和写作过程中十分努力，我们仍然担心，不经意间可能造成职业操作技能训练理论和实践总结的疏漏，留下沧海遗珠甚至挂一漏万的遗憾。囿于水平，书中一定还存在不少谬误。对此，我们诚恳地敬请方家不吝赐教！（我的电子信箱：rh0950@sina.com）

武任恒

2016 年 9 月